Gesundheitsförderung in der Arbeitswelt

Gesundheitsförderung in der Arbeitswelt

Herausgegeben von der
Bundeszentrale für gesundheitliche Aufklärung
in Zusammenarbeit mit der
Weltgesundheitsorganisation
Regionalbüro für Europa

Redaktion: Annette Kaplun und Eberhard Wenzel

Springer-Verlag Berlin Heidelberg GmbH

Bundeszentrale für gesundheitliche Aufklärung
WHO-Kollaborationszentrum für Gesundheitserziehung
Ostmerheimer Str. 200
D-5000 Köln 91

Weltgesundheitsorganisation
Regionalbüro für Europa
8, Scherfigsvej
DK-2100 Kopenhagen

Beiträge von einer internationalen Tagung, die die Bundeszentrale für gesundheitliche Aufklärung als WHO-Kollaborationszentrum im Auftrag des Bundesministers für Jugend, Familie, Frauen und Gesundheit und in Zusammenarbeit mit der Weltgesundheitsorganisation, Regionalbüro für Europa, im Oktober 1985 in Köln durchgeführt hat.

Die in dieser Publikation geäußerten Auffassungen stellen die Meinung der Autoren dar und können nicht als Äußerung der Bundeszentrale für gesundheitliche Aufklärung oder der Weltgesundheitsorganisation, Regionalbüro für Europa aufgefaßt werden.

ISBN 978-3-540-50556-3 ISBN 978-3-662-07480-0 (eBook)
DOI 10.1007/978-3-662-07480-0

CIP-Kurztitelaufnahme der Deutschen Bibliothek
Gesundheitsförderung in der Arbeitswelt: Bericht über eine internationale Tagung der Bundeszentrale für Gesundheitliche Aufklärung, Köln, in Zusammenarbeit mit der Weltgesundheitsorganisation, Regionalbüro für Europa, Kopenhagen, Köln, 7. – 10. Oktober 1985 / [Red.: Annette Kaplun ; Eberhard Wenzel]. – Berlin ; Heidelberg ; New York ; London ; Paris ; Tokyo ; Hong Kong : Springer, 1989

NE: Kaplun, Annette [Red.], Bundeszentrale für Gesundheitliche Aufklärung <Köln>

Ursprünglich erschienen bei Springer-Verlag Berlin Heidelberg New York 1989.

Datenkonvertierung: Kieser, Neusäß;
2119/3020-543210. – Gedruckt auf säurefreiem Papier

Autorenverzeichnis

Dr. Jo Eirik Asvall

Direktor, Regionalbüro für Europa der Weltgesundheitsorganisation, 8, Scherfigsvej, DK-2100 Kopenhagen

Prof. Bernhard Badura

Technische Universität Berlin, Fachbereich 2, Institut für Soziologie, Dovestr. 1, D–1000 Berlin (West) 12

Prof. Lamberto Brizziarelli

Centro sperimentale per l'educazione sanitaria, Universita degli studi di Perugia, Via del Giochetto, I–61000 Perugia 3

Prof. Cary L. Cooper

Professor of Organisational Psychology, Department of Management Sciences, The University of Manchester Institute of Science and Technology, P.O. Box 88, GB–Manchester M6O 1QD

Dr. Rosmarie Erben

Referatsleiterin Auslandsbeziehungen, Bundeszentrale für gesundheitliche Aufklärung (BZgA), Ostmerheimer Str. 200, D-5000 Köln 91

Prof. Michael Frese

Universität München, Institut für Psychologie, Widenmayerstr. 46a, D–8000 München 22

Dr. Ralph Grossmann

Interuniversitäres Forschungsinstitut für Fernstudien der österreichischen Universitäten, Scharitzer Str. 10, A–4020 Linz

Prof. Hartmut Ising

Direktor des Fachbereichs Lärm, Institut für Wasser-, Boden- und Lufthygiene, Bundesgesundheitsamt, Thielallee 88–92, D–1000 Berlin (West) 33

Dr. Raija Kalimo

Senior Scientist, Institute of Occupational Health, Haartmaninkatu 1, SF–00290 Helsinki

Dr. Michael Kentner

Institut für Arbeits- und Sozialmedizin und Poliklinik für Berufskrankheiten der Universität Erlangen-Nürnberg, Schillerstr. 25–29, D–8520 Erlangen

Dr. Ilona Kickbusch

Regionalbeauftragte für Gesundheitsförderung, Regionalbüro für Europa der Weltgesundheitsorganisation, 8, Scherfigsvej, DK–2100 Kopenhagen

Dr. Heinz Leymann
National Board of Occupational Safety and Health, S–17184 Solna

Dr. Rüdiger Lutz
Zukunftswerkstatt, Kommunikationszentrum für Zukunfts- und Friedensforschung, Goldersbach 3, D–7400 Tübingen

Herr Reinhard Mann-Luoma
Referatsleiter Verhütung ernährungsbedingter Erkrankungen, Ernährungsaufklärung und Verbraucherschutz, Bundeszentrale für gesundheitliche Aufklärung (BZgA), Ostmerheimer Str. 200, D–5000 Köln 91

Dr. Helmut Milz
Allgemeinarzt, Auelstr. 2, D–5370 Kall

Prof. Rainer Müller
Fachbereich 11, Universität Bremen, Bibliotheksstr., D–2800 Bremen 33

Dr. Horst Noack
Institut für Sozial- und Präventivmedizin, Universität Bern, Finkenhubelweg 11, CH–3012 Bern

Dr. Kenneth Pelletier
Assistant Clinical Professor, Department of Medicine and Department of Psychiatry, School of Medicine, University of California at San Francisco, USA–San Francisco, California 94143

Herr Holger Pfaff
Wissenschaftlicher Mitarbeiter, Technische Universität Berlin, Fachbereich 2, Institut für Soziologie, Dovestr. 1, D–1000 Berlin (West) 12

Dr. Elisabeth Pott
Direktorin, Bundeszentrale für gesundheitliche Aufklärung (BZgA), Ostmerheimer Str. 200, D–5000 Köln 91

Herr Michael Rinast
Dipl.-Psychologe, Falkenburger Str. 118, D–2360 Bad Segeberg

Dr. Beate Ritz
Medizinische Soziologie, Universität Hamburg, Martinistr. 52, D–2000 Hamburg 20

Mr James Robertson
The Old Bakehouse, Ilges Lane, GB–Cholsey nr. Wallingford, Oxfordshire OX10 9NU

PD Dr. Wolfgang Slesina
Institut für Medizinische Soziologie, Medizinische Einrichtungen der Universität Düsseldorf, Moorenstr. 4, D–4000 Düsseldorf 1

Dr. Malcolm S. Weinstein
Senior Consultant, Wilson Banwell & Associates Ltd., Corporate Health & Development Service, Oceanic Plaza, Suite 1810, 1066 West Hastings Street, CND–Vancouver, B.C. V6E 3XI

Inhaltsverzeichnis

I. Konzeptioneller Bezugsrahmen

II. Streß und Stressoren

III. Streßbewältigung und Streßmanagement

IV. Ansätze zur Gesundheitsförderung in der Arbeitswelt

V. Die Zukunft gestalten

Geleitwort: Eine neue Ära der Entwicklung des Gesundheitswesens

Jo Eirik Asvall

Eine neue Ära der gesundheitlichen Entwicklung wurde vom europäischen Regionalbüro der Weltgesundheitsorganisation 1980 eingeleitet, als die Vertreter der Mitgliedsstaaten auf der 31. Sitzung des Regionalkomitees ihre gemeinsame Gesundheitspolitik verabschiedeten – die europäische Strategie „Gesundheit für alle" (WHO-EURO 1980).

Die Strategie, die einen grundlegenden Wandel der nationalen Gesundheitspolitiken fordert, empfahl, daß

- der Gesundheitsförderung und der Prävention von Krankheiten wesentlich mehr Aufmerksamkeit zu widmen sei;
- nicht nur das Gesundheitswesen, sondern alle sozialen Sektoren, die den Gesundheitszustand der Bevölkerung beeinflussen, positive Schritte zu seiner Erhaltung und Verbesserung ergreifen sollten;
- der Rolle von Individuen, Familien und Gemeinden für die gesundheitliche Entwicklung mehr Beachtung zu schenken sei;
- die primäre Gesundheitsversorgung der wesentliche Ansatz sei, diese Veränderungen hervorzubringen.

Gleichzeitig wurde auch gefordert, Regionalziele zur Unterstützung der Implementation der Strategie zu formulieren.

38 Ziele als Richtlinie für Aktivitäten

Heute ist dieser Wunsch Realität geworden. Auf seiner 34. Sitzung im September 1984 akzeptierte das Regionalkomitee 38 „Ziele" zur Unterstützung der Regionalstrategie. 7 von ihnen beschäftigen sich direkt mit der Erziehung zur Gesundheit. Die „Ziele"beschreiben die Grundvoraussetzungen, die erfüllt sein müssen, damit Menschen gesund bleiben, sie definieren die Verbesserungen im Bereich Gesundheit, die bis zum Jahr 2000 erreicht werden können und schlagen Aktivitäten vor, wie diese Verbesserungen sichergestellt werden können.

Sechs größere Themen haben die Strategie beeinflußt:

- Gesundheit für alle bedeutet *Gleichheit*, d. h. die bestehenden Ungleichheiten im Gesundheitsbereich zwischen und innerhalb von Ländern sollten so weit wie möglich reduziert werden.
- Ziel ist es, den Menschen einen positiven Eindruck von Gesundheit zu vermitteln, damit sie in vollem Umfang von ihren physischen, geistigen

und emotionalen Fähigkeiten Gebrauch machen können. Der Schwerpunkt liegt deshalb auf *Gesundheitsförderung* und der Prävention von Krankheiten.

- Gesundheit für alle wird von den Menschen selbst erreicht werden. Eine gut informierte und motivierte sowie sich aktiv beteiligende Gemeinde ist der Schlüssel für das Erreichen des gemeinsamen Zieles.
- Gesundheit für alle erfordert koordinierte Aktivitäten aller betroffenen Sektoren. Die Gesundheitsbehörden können nur einen Teil der Probleme lösen; *multisektorale Zusammenarbeit* ist deshalb der einzige Weg, die Voraussetzungen für die Gesundheit, d. h. Förderung gesunder Politiken und Reduktion von Risiken in der physikalischen, ökonomischen und sozialen Umwelt wirksam sicherzustellen.
- Der Schwerpunkt des Gesundheitswesens sollte auf der *primären Gesundheitsversorgung* liegen, d. h. die grundsätzlichen gesundheitlichen Bedürfnisse jeder Gemeinde werden durch Dienste befriedigt, die so nah wie möglich dort angesiedelt sind, wo die Menschen leben und arbeiten; sie müssen leicht und für alle zugänglich sein und sie gründen sich auf die umfassende Mitgestaltung der Gemeinde.
- Gesundheitsprobleme überschreiten nationale Grenzen. Umweltverschmutzung und der Handel mit gesundheitsgefährdenden Produkten sind offensichtliche Beispiele für Probleme, deren Lösung internationale Zusammenarbeit erforderlich macht.

Gesundheit und Arbeitswelt

Eines der 38 Ziele, die vom Regionalkomitee akzeptiert wurden, betrifft den Arbeitsplatz; es schlägt einige Lösungen für die schwierigen Probleme vor, denen sich die europäischen Länder in diesem Bereich gegenübersehen. Ich möchte hier aus dem offiziellen Dokument „Einzelziele für ‚Gesundheit 2000'" (WHO-EURO 1985) zitieren:

> Eine befriedigende Tätigkeit in einer sicheren, angenehmen Umgebung ist zur Wahrung von Gesundheit und Wohlbefinden maßgeblich. Allerdings sind die physikalischen und psychischen Gegebenheiten am Arbeitsplatz noch allzu häufig Ursache für Krankheiten und Verletzungen.
>
> Viele Arbeitnehmer sind gegenüber toxischen Chemikalien, schädlichen Stäuben und Fasern exponiert bzw. Lärmbelästigungen und tödlichen oder Behinderungen verursachenden Unfallgefahren ausgesetzt. In den letzten 10 Jahren konnten in einigen europäischen Ländern die Zahl der Unfälle am Arbeitsplatz geringfügig gesenkt werden. In bestimmten Industriezweigen, wie etwa im Bergbau, in Steinbrüchen oder im Bauwesen, gibt es beträchtliche Abweichungen zwischen den einzelnen Ländern der Region in bezug auf die Unfallhäufigkeit je geleisteter Arbeitsstunde, was offensichtlich zum größten Teil auf unterschiedlich effektive Arbeitsschutzregelungen und Sicherheitsaufklärung für die Beschäftigten zurückzuführen ist. Häufig sind Selbständige und Arbeitnehmer in der Landwirtschaft, Bauarbeiter und Arbeitnehmer in kleinen Betrieben der herstellenden Industrie am meisten gefährdet.
>
> Die Gesamtinzidenz von Berufskrankheiten in der Region ist nicht bekannt, obwohl Informationen über die Wirkungen bestimmter Substanzen, z. B. Blei, Arsen, Asbest und Vinylchlorid, oder industrielle Prozesse, z. B. Kohleabbau, Steinbrucharbeiten und Möbelherstellung vorliegen. Todesfälle infolge von Berufskrankheiten wie etwa Asbe-

stose, Silikose, Staublungenerkrankung und Byssinose wurden in einigen Ländern verzeichnet. Individuelle Verhaltensweisen wie Rauchen können das Risiko von Gesundheitsschäden durch Expositionen am Arbeitsplatz beträchtlich erhöhen.
Angesichts der zunehmenden Beschäftigung von Frauen, die gegenwärtig 30–40 Prozent der Arbeitnehmerschaft in Europa darstellen, wächst das Interesse an einer Erkennung und Eindämmung der potentiellen Wirkungen von Chemikalien auf den Reproduktionsprozeß, sowohl bei Männern als auch bei Frauen. Psychische Störungen, Hypertonie und Myokard-Infarkt wurden gelegentlich mit psychischen und sozialen Streßfaktoren als Folge von bestimmten Gegebenheiten am Arbeitsplatz, Veränderungen der Arbeitsbedingungen und Arbeitslosigkeit in Verbindung gebracht. Lärm-Emissionen können schädliche Wirkungen auf die Arbeitnehmer entfalten und zu schweren körperlichen Störungen führen.

In den meisten Ländern der Region ist die Datenerfassung über berufsbedingte Erkrankungen unzulänglich, und es ist nicht möglich, eindeutige Querverbindungen zu den allgemeinen Morbiditäts- und Mortalitätsstatistiken herzustellen. Oftmals ist die Koordinierung zwischen den arbeitsmedizinischen Einrichtungen und dem übrigen Gesundheitsdienst unzureichend (WHO-EURO 1985, S. 118 f.).
Angesichts dieser Situation haben sich die Mitgliedsstaaten der europäischen Region folgendes Ziel gesetzt:

Bis zum Jahr 1995 sollte die Bevölkerung der Region nachhaltig gegen berufsbedingte Gesundheitsgefahren geschützt sein.

Die Erreichung dieses Ziels setzt folgendes voraus: entsprechende Arbeitsschutzeinrichtungen, um den Bedürfnissen aller Arbeitnehmer gerecht zu werden; die Ausarbeitung von Gesundheitskriterien zum Schutz der Beschäftigten gegen biologische, chemische und physikalische Gefährdungsfaktoren; die Durchführung technischer und bildungsbezogener Maßnahmen zur Verringerung berufsbedingter Risikofaktoren; Schutz besonders gefährdeter Gruppen von Arbeitnehmern.

Dieses Ziel könnte erreicht werden, indem sichergestellt wird, daß die arbeitsmedizinischen Dienste den Bedürfnissen aller Arbeitnehmer Rechnung tragen, dazu gehören gleichfalls Meldesysteme zur Erleichterung der Erkennung von Gefahren, Risikoabschätzung und Beurteilung der Wirksamkeit von Vorsorgemaßnahmen.

Arbeitsmedizinische Vorsorge sollte alle Arbeitsstätten – auch den Arbeitsplatz Haushalt – betreffen. In einigen Ländern wird es erforderlich sein, Bildungsprogramme für die verschiedenen Berufssparten vorzulegen oder voranzutreiben. Es ist wichtig, Arbeitnehmer, Arbeitgeber und die breite Öffentlichkeit dabei einzubeziehen und diesem Personenkreis Orientierungshilfen zur Verbesserung der Arbeitsbedingungen und Verhütung von Risiken am Arbeitsplatz zu geben; das beinhaltet gleichermaßen Aufklärung über die Kombinationswirkungen von berufsbedingten Risiken und individuellen Verhaltensweisen wie z. B. Rauchen.

Durch gesetzgeberische Maßnahmen, wirtschaftliche Anreize und eine verstärkte Zusammenarbeit zwischen Arbeitgebern und Arbeitnehmern sollten Gesundheitsschutz und Risikovermeidung effektiver werden. Vor allem sollten Vorsorgemaßnahmen durch die Registrierung von exponierten Arbeitnehmern und Erfassung von berufsbedingten Expositionen gegenüber potentiell schädlichen Verfahrenstechniken und Arbeitsstoffen erleichtert werden. Besonders stark gefährdete Gruppen verdienen erhöhte Aufmerksamkeit. Maßnahmen zur Minderung der Risiken sollten die Einführung sicherer Produktionsverfahren und in einigen Fällen die ersatzweise Anwendung weniger gefährlicher Arbeitsstoffe bzw. strikte Kontrolle von Chemikalien, deren Schadwirkungen bekannt sind, insbesondere krebserzeugende, embryotoxische oder mutagene Substanzen, beinhalten.

Die Methoden und Verfahren zur Überwachung von Chemikalien, Stäuben, Fasern und Strahlung am Arbeitsplatz müssen verbessert werden. International erarbeitete Gesundheitskriteriendokumente über alle nachgewiesenen Schadstoffe sollten als Grundlage für Risikoabschätzung und Vorsorgestrategien dienen. Epidemiologische Studien und Gesundheitskontrollen für Arbeitnehmer müssen in vielen Ländern der Region in verstärktem Maße durchgeführt werden.

Hinsichtlich einer Intensivierung der Querverbindungen zwischen arbeitsmedizinischen Diensten und den übrigen Einrichtungen des allgemeinen Gesundheitswesens müssen auf allen Ebenen, d. h. von den höchsten Regierungsstellen bis hin zu den Primärversorgungseinrichtungen, Anstrengungen unternommen werden.

Von besonderem Interesse für die Leser dieser Publikation wird der Teil des Zieles sein, der sich mit pädagogischen Maßnahmen befaßt, die notwendig sind, um größeres Wohlbefinden am Arbeitsplatz zu erreichen. Diese pädagogischen Maßnahmen sollten auf alle 5 relevanten Gruppen zielen, auf deren aktiver Beteiligung an der Implementation die europäische Strategie beruht: die Gesundheitsbehörden, die Gesundheitsberufe, andere als der Gesundheitssektor, internationale Organisationen und – last but not least – die Menschen.

Gesundheit für alle: für die Menschen, mit den Menschen, von den Menschen

Die wichtigste Gruppe sind zweifellos die Menschen selbst. Die Bewegung „Gesundheit für alle" *ist für die Menschen*. Und Menschen haben beides: Rechte und Privilegien: das Recht auf gleiche Möglichkeiten zur Gesundheit zu gelangen, das Recht auf gesundheitliche Versorgung, das Recht auf Information und das Recht, beteiligt zu werden.

„Gesundheit für alle" ist aber auch eine Bewegung *mit den Menschen*. Die Menschen sind Partner in dieser Bewegung: sie teilen sich die Verantwortlichkeiten. Deshalb müssen sie sich der Relevanz ihrer eigenen aktiven Beiträge auf individueller, familiärer und gemeindebezogener Ebene zur Erreichung des Ziels „Gesundheit für alle" in vollem Umfang bewußt sein. Sie sollten aktiv die verfügbaren Möglichkeiten zur Entwicklung und Erhaltung der Gesundheit ergreifen. Es sind letzten Endes die Menschen, die den Wert der Gesundheit für ihr Leben bestimmen, obwohl ihre tatsächlichen Optionen ernsthaft durch die ökonomische, soziale, kulturelle und physikalische Umwelt eingeschränkt sein können. Die Menschen müssen die Fähigkeit entwickeln, ihre Bedürfnisse zu definieren, zu erkennen und zu formulieren und sie sollten sich bewußt werden, wann und wie sie die Gesundheitsversorgung nutzen können, um diesen Bedürfnissen zu entsprechen. Die Menschen haben das Recht, informiert zu werden; sie sollten aktiv die bestehenden Möglichkeiten nutzen, die erforderlichen Informationen zu erhalten, sie zu analysieren und Schlußfolgerungen aus ihnen zu ziehen.

Die Menschen haben das Recht, beteiligt zu werden. Sie müssen aktiv deutlich machen, daß dieser Anspruch verwirklicht werden kann, befriedigende gesundheitliche Voraussetzungen für alle zu schaffen, die Umwelt gesund zu erhalten und Bedingungen zur Verfügung zu stellen, die es leicht machen, gesunde Lebensweisen zu entwickeln. Sie müssen vom Gesundheitswesen fordern, auf ihre Bedürfnisse einzugehen. Vor allem aus diesem Grund ist „Gesundheit für alle" eine Bewegung *von den Menschen*.

Es stellt eine größere Herausforderung an die Politiker dar, die erforderliche Unterstützung seitens der breiten Öffentlichkeit und der vorwiegend betroffenen Gruppen zu mobilisieren, um derartigen Programmen auf allen relevanten Ebenen des gesundheitspolitischen Entscheidungsprozesses in den Mitgliedsstaaten höchste Priorität einzuräumen und die für ihre nachhaltige Umsetzung erforderlichen Ressourcen bereitzustellen.

Ein Grundsatz gilt für alle Länder: Der Schlüssel zur Lösung vieler Gesundheitsprobleme liegt außerhalb des Gesundheitssektors bzw. bei den Betroffenen selbst. Deshalb sollte es insbesondere als vorrangig eingestuft werden, dem Beitrag, den andere Sektoren und die breite Öffentlichkeit zur Gesundheitsförderung v. a. auf lokaler Ebene leisten können, neue Impulse zu verleihen. In dieser Hinsicht ist das Akzeptieren des Grundprinzips, daß die Einbeziehung der Bevölkerung in die Gesundheitsentwicklung nicht nur passiv sein sollte, von maßgeblicher Bedeutung. Ein grundlegendes Element des Konzeptes „Gesundheit 2000" ist die dahingehende Vermittlung von Erkenntnissen an und Einflußnahme auf die Bevölkerung, daß Gesundheitssicherung nicht nur für, sondern auch mit und durch die Bevölkerung erfolgt.

Weltweit gibt es ein wachsendes Interesse an Gesundheitsförderungsprogrammen in der Arbeitswelt, das ein breites Spektrum von Branchen und Firmengrößen erfaßt. Gegenwärtige Erfahrungen werden dokumentiert durch Risikoanalysen, Erziehungs- bzw. Beratungsprogramme, von Firmen getragene Sporteinrichtungen, Vereinbarungen über Nichtrauchen am Arbeitsplatz und Kantinenernährung sowie die Einrichtung von Selbsthilfegruppen. Die Bedeutung der Arbeitsbedingungen für die Gesundheit hat zu Änderungen der Arbeitsorganisation und der Arbeitspraktiken geführt, wie an Programmen festgestellt werden kann, die sich sowohl auf die Gesundheit als auch die Qualität des Arbeitslebens beziehen. Es gibt eine Reihe von Gesundheitsförderungsprogrammen, die die Rolle der Industrie für die gemeinde- und familiennahe Gesundheitsförderung unterstreichen.

Die zunehmende Bereitschaft, sich für die Gesundheitsförderung der Beschäftigten zu engagieren ist z. T. im Anstieg der Krankenversicherungskosten zu sehen (General Motors gibt z. B. mehr für Krankenversicherung als für irgendeinen anderen Bereich aus); zu einem anderen Teil ist der Grund in den Gefahren für die Produktivität zu sehen, die sich aus Fehlzeiten, mangelhafter Gesundheit und geringer Arbeitsmoral ergeben. Diese Entwicklungen reflektieren auch das parallel steigende öffentliche Interesse an Partizipation bezüglich Gesundheit sowie den Möglichkeiten, die sich aus der Gestaltung der Arbeitsplätze ergeben. Die Bereitschaft zur Gesundheitsförderung in der Arbeitswelt wird in dem Augenblick weiter wachsen, wie erfolgreiche und effektive, mit angemessener Evaluation belegte Programmbeispiele bekannt werden. Das WHO-Regionalbüro für Europa wird diese Entwicklungen mithilfe eines Netzwerkes von Institutionen seiner Mitgliedsstaaten – unter denen die Bundeszentrale für gesundheitliche Aufklärung in Köln (Bundesrepublik Deutschland) eine wichtige Größe darstellt – fördern.

Kopenhagen, im September 1988

Vorwort: Eine Gewißheit haben wir

Elisabeth Pott

Ein so weitgehend industrialisiertes Land wie die Bundesrepublik Deutschland, das seine wirtschaftliche Prosperität v. a. auch der Qualität der Arbeitsplätze im Land verdankt, muß sich zwangsläufig darum kümmern, daß Arbeit und Gesundheit keine Gegensätze sind. Deshalb sind auch schon in der Vergangenheit erhebliche Anstrengungen unternommen worden, um durch zahlreiche Arbeitsschutzvorschriften, Arbeitsschutzgesetze, Verordnungen und Bestimmungen die Arbeitsplätze möglichst gesund und sicher zu machen. Trotzdem bleibt natürlich noch viel zu tun. Ein großes Forschungsprogramm der Bundesregierung „Humanisierung der Arbeitswelt" zielt genau auf die Fragen, die uns hier interessieren: Wie kann Technik für den Umgang am Arbeitsplatz menschlicher gestaltet werden? Und wie kann man Technik mehr den besonderen Bedürfnissen der Menschen anpassen, die mit ihr umgehen müssen?

Gesundheitsförderung in der Arbeitswelt soll den Arbeitnehmern dienen, indem sie auf die Entwicklung gesundheitsfördernder Verhaltens- und Lebensweisen hinwirkt, und sie soll der weiteren Entwicklung der Arbeitswelt dienen, indem sie die gesundheitsförderliche Gestaltung der Arbeitsabläufe und Arbeitsplätze unterstützt. Diese doppelte Zielsetzung erfordert anspruchsvolle Programme, die die Bundesrepublik Deutschland und andere europäische Länder gerade erst zu entwickeln beginnen.

Wenn wir die Arbeitswelt betrachten, so hat sich von der Vergangenheit bis heute eine bedeutende Entwicklung abgespielt. Während früher schwere körperliche Arbeit mit erheblicher Belastung der Muskulatur im Vordergrund stand, sind es heute mehr Arbeitsprozesse, die in besonderer Weise nervlich belastend sind. Dieser psychosoziale Streß verdient im Kontext von Gesundheitsförderung in der Arbeitswelt unsere ganze Aufmerksamkeit. Allerdings ist Streß heute keineswegs die einzige Belastung; eine große Zahl von Arbeitnehmern arbeitet immer noch bei Zugluft, Hitze und Kälte, unter Lärmbelästigung, in körperlichen Zwangshaltungen, in Rauch, Staub, Gasen oder Dämpfen. Diese Probleme sind also keineswegs aus der Arbeitswelt verschwunden, sie stehen aber nicht mehr so im Vordergrund, auch wenn sie immer noch ein wichtiger Bereich für die Gesundheitsförderung in der Arbeitswelt darstellen.

Wir können, was Berufskrankheiten angeht, eine erhebliche Veränderung feststellen, die direkt mit der Entwicklung der Arbeitswelt zusammenhängt. Während früher zu Zeiten des Bergbaus die Silikose die häufigste Berufskrankheit war, stehen heute ganz andere Erkrankungen an der Spitze; zeitweise waren es die Lärmerkrankungen, heute sind es in der Bundesrepublik Deutschland v. a. Hauterkrankungen und Allergien. Wir haben jährlich über 1 Mio. Arbeitsplatzvorsorgeuntersuchungen zu verzeichnen, was einerseits zeigt, daß schon eine Menge getan wird, andererseits aber auch dokumentiert, daß es noch viele gesundheitsgefährdende Arbeitsplätze gibt, die solche Vorsorgeuntersuchungen notwendig machen.

Statistiken dieser Vorsorgeuntersuchungen zeigen, daß wir uns nicht allein auf die Bereiche der Berufserkrankungen, Arbeitsunfälle und Unfälle auf dem Weg von und zur Arbeit beschränken können, sondern daß unsere Aufmerksamkeit sich wesentlich auch auf den großen Graubereich der sogenannten arbeitsbedingten Erkrankungen konzentrieren muß. Diese Erkrankungen spielen in der sozialpolitischen Diskussion eine zunehmend größere Rolle, obwohl es im Einzelfall durchaus schwierig sein kann, den konkreten Nachweis zu führen, daß eine bestimmte belastende Situation am Arbeitsplatz später eine bestimmte (z. B. Herz-Kreislauf-)Erkrankung ausgelöst hat.

Die Gesundheitsförderung muß in allen Sektoren unserer Gesellschaft wirksam werden, wenn wir unser Ziel „Gesundheit für alle bis zum Jahr 2000“ erreichen wollen. Deshalb muß die Arbeitswelt auch stärker als bisher in unsere Bemühungen integriert werden. Wie dies im einzelnen geschehen kann, welche Rolle wir dabei spielen können oder sollten, welche Schwerpunkte gesetzt werden und wie schließlich konkrete Programme zur Gesundheitsförderung vor Ort in den Betrieben organisiert und durchgeführt werden, das wird sich von Land zu Land, von Betrieb zu Betrieb sicher unterscheiden. Diese Konferenz bot die einzigartige Gelegenheit, Informationen, Konzepte, Strategien und Erfahrungen miteinander auszutauschen und internationale Erfahrungen in der Gesundheitsförderung in der Arbeitswelt zusammenzuführen. Die Bundeszentrale für gesundheitliche Aufklärung könnte in dieser Hinsicht auch zukünftig hilfreich sein, zumal die Förderung und Unterstützung beim Austausch von Informationen ein Gegenstand ihrer Arbeit ist.

Gesundheitsförderung in der Arbeitswelt ist ein vielschichtiges Aufgabengebiet, das sich gegen oberflächliche Lösungen sperrt. Wir können einen vernünftigen – aus unserer Sicht vielleicht sogar angemessenen – Standpunkt beziehen und verkünden, daß sich alle Sektoren dem Prinzip der Gesundheitsförderung unterzuordnen hätten; aber es dürfte klar sein, daß dies einfach nicht realistisch ist. Wenn wir in der Arbeitswelt zu einem stärker gesundheitsfördernden Vorgehen kommen wollen, müssen wir ganz realistisch von der Ausgangssituation ausgehen.

Der technologische Wandel in den vergangenen Jahren hat zu einer grundlegenden Umstrukturierung von Arbeitsabläufen und Arbeitsprozessen geführt. Auf diese Umstellungen haben sich die Menschen noch nicht vollständig einstellen können, es sind hier noch erhebliche Hilfen notwendig. Die Bedeutung des Dienstleistungs- und Verwaltungssektors für unsere Volkswirtschaft wird nach Ansicht der Ökonomen weiter ansteigen; dabei werden auch hier Automatisierung und Rationalisierungsprozesse um sich greifen. In Zukunft wird es durch die Flexibilisierung und schrittweise Verkürzung der Monats- und Lebensarbeitszeit notwendig werden, daß die Menschen eine neue Einstellung zur Arbeit entwickeln.

Wir müssen uns auch darüber klar sein, daß alle unsere Ziele und Vorstellungen erhebliche ökonomische Auswirkungen haben und sowohl volks- als auch betriebswirtschaftlich aufgefangen werden müssen. In dieser schwierigen Situation wird das Thema Gesundheitsförderung in der Arbeitswelt ganz sicher nicht von allen mit Begeisterung aufgenommen werden.

Es ist deshalb von grundlegender Bedeutung, daß wir, wenn wir überzeugend sein wollen, klare Konzepte und Strategien entwickeln und vorstellen, die einfach zu verstehen und im Betriebsalltag angewandt werden können. Gleichzeitig müssen wir aber auch Ansätze für die Zukunft entwickeln und Ziele für das Jahr 2000 formulieren; ob diese dann realistisch und erreichbar sind, muß untersucht und geprüft werden.

Ganz gleich welche Probleme wir zu lösen haben, so bleibt uns doch eine Gewißheit: Gesundheitsförderung in der Arbeitswelt, wie auch in anderen Bereichen, wird nur dann erfolgreich sein, wenn wir gemeinsam für diesen Erfolg arbeiten.

Köln, im September 1988

Einleitung

Rosmarie Erben

Die internationale Konferenz „Gesundheitsförderung in der Arbeitswelt" wurde von der Bundeszentrale für gesundheitliche Aufklärung (BZgA), Köln, in Zusammenarbeit mit dem Regionalbüro für Europa der Weltgesundheitsorganisation (WHO-EURO), Kopenhagen, organisiert. Sie fand vom 07.–09. Oktober 1985 in Köln statt und führte 65 Teilnehmer aus 12 Ländern zusammen.

Die Bedeutung der Arbeitswelt im Hinblick auf die Entwicklung, Erhaltung und die Veränderung von gesundheitsfördernden individuellen und kollektiven Lebensweisen wird zunehmend wichtiger eingeschätzt. Zuzüglich zu den physikalischen und biochemischen Gefährdungen in der Arbeitswelt, auf die sich die klassischen präventiven Ansätze bisher konzentriert haben, treten psychosoziale Variablen und die verschiedenen Auswirkungen von Streß am Arbeitsplatz verstärkt in den Mittelpunkt des Interesses; dies v. a. auch im Zuge der Diskussionen über den Zusammenhang von Gesundheitschancen und Lebensweisen vor dem Hintergrund sozialepidemiologischer Forschungsergebnisse.

Der Ansatz, über die Förderung gesundheitsdienlicher Lebensweisen auch in der Arbeitswelt eine möglichst breit angelegte Gesundheitsförderung zu verfolgen, ist eine notwendige, personenbezogene Ergänzung zu den Ansätzen der strukturellen Risikoreduzierung am Arbeitsplatz, wie auch zu Maßnahmen, die auf eine Verminderung oder gar Eliminierung von Risikoverhaltensweisen abzielen.

Die Konferenz befaßte sich schwerpunktmäßig mit einem Teilaspekt des Themas, zu dem höchst widersprüchliche Forschungsergebnisse und entsprechend unterschiedliche Handlungsansätze vorliegen: den vielfältigen Streßphänomenen in der Arbeitswelt und ihren Auswirkungen auf die Gesundheit. Folglich konzentrierte sich die Konferenz darauf, Möglichkeiten zur Streßreduktion und Ansätze zum besseren Umgang mit Streß im Hinblick auf ihre Konsequenzen für Gesundheitsförderung und -erziehung zu erörtern. In diesem Kontext wurden 3 Themen besonders debattiert:

1. Welche Möglichkeiten bestehen, Streßreaktionen zu beeinflussen, wenn man bedenkt, daß die gleichen Stressoren durchaus sehr unterschiedlich bewältigt werden?
2. Welche Möglichheiten für Bewältigungsstrategien gibt es für Streß, der sich aus den Arbeitsbedingungen, Arbeitsunzufriedenheit, Wandel in der

Arbeitswelt, dem Betriebsklima ergibt? Wie wird das Problem bezüglich der psychosozialen Faktoren im Spannungsfeld von Arbeit und Freizeit gesehen?

3. Welche Bedeutung ist der Tatsache zuzuschreiben, daß einige der klassischen Risikoverhaltensweisen durchaus als Bewältigungshandeln bei Streß anzusehen sind, aber umgekehrt auch wieder als Stressoren bzw. als Faktoren gelten, die Streßreaktionen verstärken?

Innerhalb dieses breiten Rahmenkonzepts bestand das Ziel der Konferenz darin,

a) vielfältige Ansätze der Gesundheitsförderung in der Arbeitswelt zu identifizieren, sie zu diskutieren und Ansätze für die zukünftige Entwicklung aufzuzeigen;
b) einen Beitrag zur lebensweisenorientierten Strategie der Gesundheitsförderung unter Berücksichtigung spezifischer Gesundheitsrisiken zu leisten, wie sie in den Zielen der Regionalstrategie der WHO-EURO formuliert ist;
c) die Aktivitäten der BZgA im Bereich der Prävention von kardiovaskulären Erkrankungen zu unterstützen;
d) Empfehlungen für die WHO und nationale Organisationen zu formulieren und einen intensiven Erfahrungsaustausch zwischen Experten und Angehörigen der eigentlichen Zielgruppen wie Arbeitnehmern, Arbeitgebern usw. zu stimulieren.

Organisationsform und Zielgruppen

Für die Vorstellung und Diskussion grundlegender Konzepte und Ansätze zur Gesundheitsförderung in der Arbeitswelt unter besonderer Berücksichtigung der Streßprävention und Streßbewältigung wurde am 1. Tag ein Workshop mit einer kleinen Gruppe von Experten organisiert. Die Experten vertraten unterschiedliche Arbeitsgebiete und Disziplinen wie Medizin, Psychologie, Management, Gewerkschaften, Selbsthilfegruppen, Zukunftsforschung und Massenmedien. Der Workshop sollte als Ideenlieferant fungieren, in dem besonders ganzheitliche Ansätze der Gesundheitsförderung debattiert wurden; darüber hinaus stellte er ein Zukunftslaboratorium dar, in dem Innovationen und die Entwicklung neuer Ideen ermöglicht wurden. Dem Workshop folgte am 2. Tag ein Seminar, an dem potentielle Initiatoren und Multiplikatoren, d. h. Vertreter von Gruppen, Institutionen und Organisationen aus der Arbeitswelt teilnahmen; es handelte sich dabei um Vertreter von Selbsthilfegruppen, Arbeitnehmer- und Arbeitgeberorganisationen, (Betriebs-)Krankenkassen sowie Repräsentanten von staatlichen und nichtstaatlichen Einrichtungen der Gesundheitserziehung, die über Gesundheitsförderungsprojekte in der Arbeitswelt berichteten. Die Verknüpfung von theoretischen Beiträgen, Forschungsberichten und Diskussionsergebnissen des Workshops einerseits und die Erfahrungen und Beiträge des Seminars auf der anderen Seite ermöglichten einen lebendigen Erfahrungsaustausch.

Der 3. Konferenztag war dem Informations-Basar gewidmet, der einer breiteren Öffentlichkeit die Möglichkeit der Konferenzteilnahme einräumte. Teilnehmer hatten die Gelegenheit, ihre verschiedenen Ansätze und Konzepte Vertretern von Arbeitnehmer- und Arbeitgeberorganisationen, die zum Basar eingeladen worden waren, vorzustellen. Spiele, gymnastische und meditative Übungen und andere Formen erfahrungsorientierten Lernens wurden angeboten, um die Gesundheitsförderungsmodelle anschaulich zu vermitteln und die Publizität des Konferenzthemas zu verstärken. Fragen und Anregungen der Besucher stellten eine weitere Informationsquelle für die Organisatoren und Teilnehmer der Konferenz dar.

Der Konferenz gelang es, ein Netzwerk von Personen aufzubauen, die ihre Erfahrungen austauschten und auch zukünftig miteinander arbeiten werden. Das neue Konzept Gesundheitsförderung und der Lebensweisenansatz wurden ernsthaft diskutiert. Eine ganze Reihe von Teilnehmern hatte bisher die Gesundheit am Arbeitsplatz noch nicht unter diesen Gesichtspunkten gesehen und entdeckte sozusagen eine neue Welt. Die während der Konferenz vorgestellten Forschungsergebnisse über Streß, Ressourcen und soziale Unterstützung am Arbeitsplatz machten deutlich, daß wir unsere Perspektiven in der Gesundheitserziehung am Arbeitsplatz – und vielleicht auch einige Ansätze der betrieblichen Gesundheit selbst – neu orientieren bzw. erweitern müssen.

Die Vorstellung von Beiträgen zum Workshop und Seminar sind in diesem Bericht nach inhaltlichen Kriterien zusammengestellt worden, d. h. daß einige Beiträge zum besseren Verständnis in gewisse Teilabschnitte unterteilt wurden. Dem Leser wird es dadurch erleichtert, in jedem Kapitel alle Äußerungen zu folgenden Themen gebündelt vorzufinden:

- Der neue konzeptionelle Bezugsrahmen wie er von der Gesundheitsförderung und dem Lebensweisenansatz bereitgestellt wird;
- die Forschungsergebnisse im Hinblick auf a) Streß, Stressoren und andere Gesundheitsprobleme am Arbeitsplatz und b) Bewältigungsstrategien bei Streß;
- Streßmanagement und Gesundheitsförderungsprogramme in verschiedenen Arbeitsbereichen;
- Zusammenfassung und Empfehlungen der Konferenz.

Jedem Kapitel wird eine Einleitung vorangestellt, die einen Überblick über das jeweilige Thema bietet; diese Einleitung ist dem zusammenfassenden Bericht der WHO über die Konferenz entnommen.

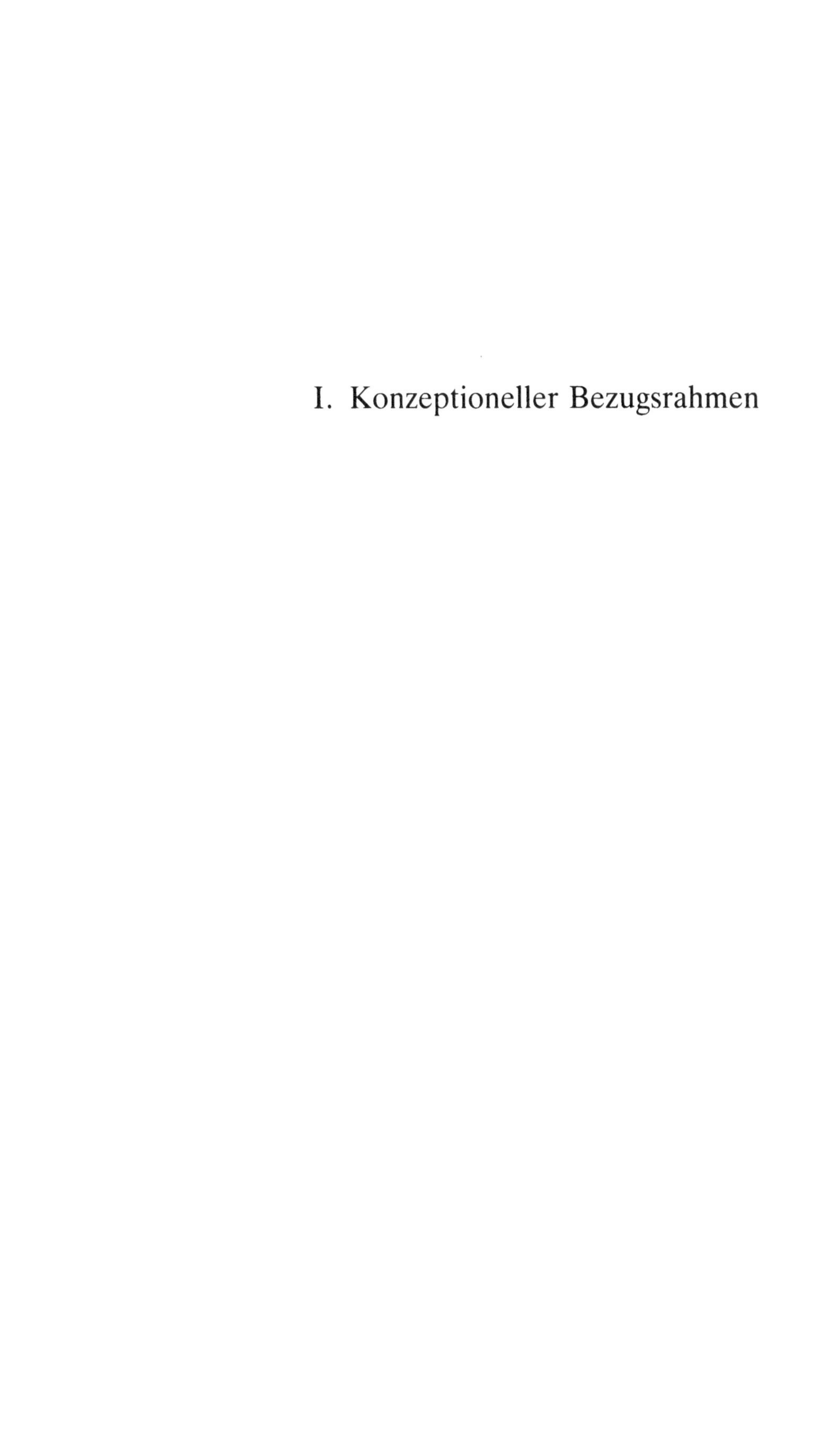

I. Konzeptioneller Bezugsrahmen

Einführende Bemerkungen

Gesundheitsförderung kann gemäß der Definition der Weltgesundheitsorganisation als ein Prozeß begriffen werden, der Menschen, Gruppen und Gemeinden befähigt, ihre Kontrolle über Ursachen der Gesundheit zu verstärken, um damit ihr psychisches und soziales Wohlbefinden zu verbessern.

Gesundheitsförderung ist Ausdruck einer gemeinsamen konzeptuellen Grundlage für Programmansätze, die die Verbesserung von Lebensweisen *und* Lebensbedingungen anstreben. Sie setzt bei den jeweiligen Lebenszusammenhängen an und ist bemüht, persönliche und gesellschaftliche Verantwortlichkeiten miteinander in Einklang zu bringen, um auf eine gesündere Zukunft hinzuwirken (WHO-EURO 1984).

Die allgemeinen Ziele der Gesundheitsförderung bestehen darin, den Zugang zur Gesundheit zu verbessern, eine gesundheitsfördernde Lebensumwelt zu schaffen, soziale Netzwerke zu stärken und positives Gesundheitsverhalten durch die Partizipation der Betroffenen und die Einbeziehung der Professionellen im Gesundheitswesen sowie weiterer Sektoren zu ermöglichen.

Gesundheitsförderung orientiert sich an der Gesamtbevölkerung und dem Alltagsleben. Die Arbeitswelt nimmt im Rahmen der Gesundheitsförderung einen wichtigen Platz ein. Zum einen wird ihr eine zentrale Rolle in der Herausbildung und Veränderung gesundheitsrelevanter Lebensweisen zugesprochen; zum anderen ist inzwischen in zahlreichen Studien belegt worden, daß der Arbeitswelt eine wichtige Bedeutung nicht nur für die Verursachung von Krankheiten, sondern auch für die Förderung des Wohlbefindens zukommt.

Tatsächlich zeichnet sich eine neue gesundheitspolitische Programmatik ab, die mit den Stichworten „Ganzheitlichkeit“ und „positive Gesundheit“ charakterisiert werden kann.

1 Gesundheitsförderung: ein neuer Ansatz für die Arbeitswelt

Ilona Kickbusch

Das Gesundheitsförderungsprogramm des Regionalbüros für Europa der WHO wurde 1984 in enger Anlehnung an die Politikdokumente, die das Regionalbüro die vorangegangen 5 Jahre entwickelt hatte, eingerichtet. Diese Dokumente stellen die erste gemeinsame Gesundheitspolitik aller 33 Mitgliedsstaaten der europäischen Region der WHO dar.

1980 schlug das Regionalbüro eine regionale Strategie für „Gesundheit für alle bis zum Jahr 2000" vor, die sich um die Gesundheitsprobleme gruppiert, die die Mitgliedstaaten für die kommenden 20 Jahre als wesentlich ansahen. Um die hier angesprochenen Themen zu operationalisieren, wurden Regionalziele formuliert, die 1984 von den Mitgliedstaaten angenommen wurden. Ein zentraler Bereich in Regionalstrategie und -zielen betrifft gesundheitsfördernde Lebensweisen (WHO-EURO 1980, 1985).

Lebensweisen wurden eine gewisse Zeit immer nur mit spezifischen, eng umrissenen Risikoverhaltensweisen gleichgesetzt. Das Regionalbüro behandelte das Thema von einer wesentlich weiteren Perspektive aus, indem es erkannte, daß das Verhalten von Menschen v. a. durch ihre jeweiligen Lebensbedingungen geprägt ist. Deshalb besteht auch die Verantwortlichkeit aller gesellschaftlichen Sektoren, die „gesundheitlichen Optionen als die leichter zu treffenden" zu gestalten. Gegenwärtig hat immer noch eine große Anzahl Menschen geringe oder keine Wahlmöglichkeiten; es bedarf deshalb noch großer Anstrengungen der allgemeinen und Gesundheitspolitik, bis die Lebensbedingungen wirklich einem gesunden Leben förderlich sind.

1.1 Prinzipien

Die WHO hat Gesundheitsförderung definiert als „den Prozeß, der die Menschen in die Lage versetzt, die Kontrolle über ihre Gesundheit zu verstärken und damit ihre Gesundheit zu verbessern". Diese Definition impliziert eine Reihe von Prinzipien:

1) Gesundheitsförderung richtet sich auf die gesamte Bevölkerung in ihren alltäglichen Lebenszusammenhängen anstatt auf Menschen, die für bestimmte Krankheiten risikobehaftet sind. Die Arbeitswelt ist einer der alltäglichen Lebensbereiche, in dem die Menschen vermutlich die meiste

Zeit verbringen und in dem sie einen großen Teil ihrer Energie verbrauchen. Allzu häufig haben Gesundheitserziehungs- und Lebensweisenprogramme sich auf die Familie oder die Freizeit konzentriert, wobei sie die Bedeutung der Arbeitswelt ebenso wenig erkannt haben wie die Familie als Ort für Arbeit.

2) Gesundheitsförderung richtet sich aktiv auf die Determinanten und Ursachen für die Gesundheit. Damit steht sie relativ eng im Einklang mit der Tradition der Programme zur Sicherheit und Gesundheit am Arbeitsplatz, die während der vergangenen mehr als 100 Jahre versucht haben, in dieselbe Richtung zu arbeiten.
3) Gesundheitsförderung verknüpft unterschiedliche, aber komplementäre Methoden und Ansätze. Diese schließen u. a. ein: Kommunikation, Erziehung, Gesetzgebung, steuerliche Maßnahmen, organisatorischer Wandel, Gemeindeentwicklung und spontane lokale Aktivitäten, die von den Menschen selbst initiiert werden. Es geschieht häufig, daß Gesundheitsförderung mit Gesundheitserziehung gleichgesetzt wird. Wir interpretieren Gesundheitsförderung aber wesentlich umfassender im Hinblick auf ihre Aktivitäten – und dies ist besonders wichtig bezüglich der Arbeitswelt.
4) Gesundheitsförderung zielt besonders auf die wirkungsvolle und konkrete öffentliche Partizipation der Menschen. Es gibt nur eine kleine Anzahl von Programmen, die von Anfang an so sehr die Beteiligung der Menschen in den Vordergrund gestellt haben. Es ist deshalb kein Wunder, daß die neuen Ideen noch nicht in dem Umfang in denjenigen Organisationen debattiert werden, die sich mit der Gesundheit der arbeitenden Bevölkerung beschäftigen.
5) Da die Gesundheitsförderung im Bereich des Gesundheits- und Sozialbereiches angesiedelt ist, handelt es sich grundsätzlich nicht um eine medizinische Dienstleistung. Sie umfaßt eine große Bandbreite von Professionellen.

1.2 Themenbereiche

In einem nächsten Schritt wurden die Themenbereiche der Gesundheitsförderung definiert.

Das *erste* Thema lautet: Zugang zur Gesundheit. Es bedeutet, daß die Ungleichheiten bei der Gesundheit der Menschen reduziert und gleichzeitig die Möglichkeiten, die Gesundheit zu verbessern, vergrößert werden.

Das *zweite* Thema betrifft die Verbesserung der Gesundheit, die von der Entwicklung einer gesundheitsfördernden Umwelt am Arbeitsplatz und zu Hause abhängt. Was wir in den vergangenen 100 Jahren „Arbeit" genannt haben, war „bezahlte Arbeit". Es gibt aber darüber hinaus sehr viel unbezahlte Arbeit in der Gesellschaft – vor allem diejenige, die von Frauen geleistet wird, aber auch doppelte Arbeit, was wir inzwischen nicht mehr übersehen können.

Drittens bedeutet Gesundheitsförderung die Stärkung der sozialen Netzwerke und der sozialen Unterstützungssysteme, die von anderen häufig die Ressourcen für die Gesundheit genannt werden.

Das zentrale Ziel der Gesundheitsförderung ist, *viertens,* die Förderung positiven Gesundheitsverhaltens und angemessener Bewältigungsstrategien.

Und *fünftens* schließlich besteht ein grundlegendes Ziel der Gesundheitsförderung natürlich darin, das Wissen der Menschen zu vermehren und entsprechende Informationen zu verbreiten.

1.3 Gegenwärtige Programme und Projekte

Die WHO versucht, die Gesundheitsförderung in verschiedenen Bereichen zu entwickeln. Wir haben mit der Familie angefangen. Danach kam die Schule: wir haben ein Projekt und eine Tagung mit dem Thema „Die gesundheitsfördernde Schule" durchgeführt, in der eine große Anzahl Kinder und Jugendlicher sozusagen den größten Teil ihres Arbeitstages verbringen. Und nun stellt die Gesundheitsförderung in der Arbeitswelt einen weiteren Bereich dar. Hier finden gegenwärtig viele Veränderungen statt – nicht nur im technologischen Sinne, sondern auch in Richtung auf die Dienstleistungsgesellschaft.

Eine wesentliche Frage muß beantwortet werden: In welcher Beziehung stehen unsere Arbeitsstile zu unseren Lebensweisen, und wie beeinflussen sie sich gegenseitig? Häufig betrachten wir die Menschen nur in ihrem Arbeitszusammenhang und vergessen ihr Leben außerhalb des Arbeitsplatzes. Die Tatsache, daß unsere allgemeinen Lebensweisen, unser Familienleben sich verändert hat, stellt eine sehr wichtige Bezugsgröße zur Arbeitswelt dar.

Es muß als Priorität angesehen werden, Möglichkeiten für die Gesundheitsförderung in der Arbeitswelt zu identifizieren und neue Ansätze hierfür zu entwickeln. Dafür benötigen wir detaillierte Beschreibungen von den Erfahrungen, um lebensweisenorientierte Strategien entwickeln zu können. Vielleicht könnte mit Unterstützung der Bundeszentrale für gesundheitliche Aufklärung (Köln) die WHO in diesem Zusammenhang ein Informationszentrum zur Gesundheitsförderung in der Arbeitswelt einrichten, das die Mitgliedstaaten in Europa mit wichtigen und nützlichen Informationen für die eigene Programmentwicklung ausstatten sollte.

2 Ansätze für eine ganzheitliche Gesundheitsförderung in der Arbeitswelt

Helmut Milz

Der wichtigste Beitrag der Gesundheitsförderung in der Arbeitswelt besteht in der Schaffung von menschenwürdigen und menschengerechten Arbeitsplätzen. Gesellschaftliche Organisation der Arbeit und ihre spezifischen Bedingungen sind von Menschen geschaffen und insofern auch von ihnen veränderbar. Bisher ist allgemeine Gesundheit nur dann ein wesentlicher Bestandteil des kapitalistischen Produktionsprozesses, wenn durch Krankheiten die benötigte Anzahl der menschlichen Arbeitskräfte gefährdet ist oder die durch Krankheitsfolgen entstehenden Kosten ökonomisch einen zu hohen Anteil einnehmen. Für die Betroffenen mag dies anders sein, wenn sie bereit sind, sich für den Wert ihrer Gesundheit zu öffnen und sie aktiv zu fördern.

Gesundheit als positive Perspektive bedeutet eine Verbesserung der Lebensqualität und der Lebensweise. Sie kann nicht an den Fabrik- und Bürotüren haltmachen. Und ebenso ergibt es nur wenig Sinn, gesundheitsfördernde Maßnahmen innerhalb eines Betriebes zu entwickeln, wenn die Umweltbelastung desselben Betriebes die Gesundheit draußen wieder gefährdet oder die Produkte dieser Betriebe die Gesundheit zerstören.

Gesundheit ist als gemeinsame Forderung bisher kaum positiv formuliert worden. Statt dessen dominiert noch die Forderung nach ausreichender medizinischer Versorgung im Krankheitsfall, nach Verminderung der Risikofaktoren für bestimmte Krankheiten.

Die bisherigen Strategien der gewerkschaftlichen und politischen Forderungen für die Gesundheitsförderung in der Arbeitswelt sind defensiv definiert – Verminderung von gesundheitsgefährdenden Unfall- und Schadstoffrisiken, Verminderung des Arbeitstempos und Verkürzung der Arbeitszeit usw. Sie implizieren einen Begriff von Gesundheit, der identisch ist mit der Abwesenheit von objektiv quantifizierbaren Krankheiten. Folglich richten sie ihr Augenmerk auf äußere Faktoren und die Bedingungen – die Reize – und weniger auf die subjektiven Faktoren – die Reaktionen. Solche Strategien sind weiterhin von großer Bedeutung, aber in ihrer Einseitigkeit verfehlen sie wesentliche Faktoren der psychosozialen und psychophysischen Prägungen, die die Gesundheit der Betroffenen und das Risiko zu erkranken erheblich mitbestimmen. Die Dimension des Subjekts in der Krankheitsentstehung wird zumeist nur im Vorwurf des falschen Verhaltens der Betroffenen aufgegriffen. Häufig wird diese Haltung mit „blaming the victim“ umschrieben. Folge dieser Haltung ist das Stehenbleiben der gesundheitlichen Aufklärung bei Warnungen und Verboten. Eine veränderte Haltung, die auf positive Gesundheitsförderung abzielt, muß an die Stelle der Warnungen treten und die Organisation eines Lernprozesses ermöglichen, der bei der Schulung der Wahrnehmung ansetzt und alternative Möglichkeiten für Verhalten und Handeln erfahrbar macht.

Forschungen der klinischen Psychologie und der Lernpsychologie haben sich in jüngster Zeit verstärkt dem Phänomen der Hilf- und Hoffnungslosigkeit zugewandt. Dabei wird Hilflosigkeit als das Nichtvorhandensein kognitiver oder verhaltensbezogener Bewältigungsstrategien bei Unterbrechung eines Verhaltensplans gesehen. Hoffnungslosigkeit wird durch lang anhaltende oder extrem häufige Hilflosigkeitserfahrungen ohne Möglichkeiten des Erwerbs von Bewältigungsreaktionen (z. B. Vermeidung oder Veränderung) ausgelöst (Birbaumer 1977).

Solche Erfahrungen der Hilf- und Hoffnungslosigkeit sind nicht nur durch die objektiv gegebene, sondern auch durch die subjektiv erlebte Hilflosigkeit des Verhaltens bestimmt. Deshalb ist es erforderlich, daß die Veränderung in beiden Bereichen – den objektiven äußeren und den subjektiven inneren – gefördert wird. Erst bei einer ganzheitlichen Sicht, die die Grenzen einzelner Spezialdisziplinen überschreitet und einen gleichberechtigten Diskurs zwischen Erfahrung und Wissenschaft fordert, kann Gesundheitsförderung in der Arbeitswelt mehr werden als ein dilletantisches Kurieren von Symptomen.

Gesundheitsförderung, die sich an Lernen und der Suche nach Möglichkeiten der Überwindung von Hilf- und Hoffnungslosigkeit orientiert, ist der Versuch, ein Stück Identität in der Entfremdung wiederzufinden, also mehr richtiges Leben im falschen zu finden. Die Steigerung des subjektiven und kollektiven Wohlbefindens ist zur gleichen Zeit subversiv wie sie die Produktivität der Arbeit der Beschäftigten fördert.

2.1 Wie soll Gesundheit definiert werden?

„Wenn Gesundheit als Projekt an die Stelle des Lebens tritt und sogar seinen Namen annimmt, dann verliert das Leben seine Bedeutung an eine abstrakte Norm“ (Basaglia 1985).

Gesundheitsförderung am Arbeitsplatz ist ein Projekt, das sich im Spannungsfeld der Diskussionen um die Definition von „Gesundheit“ bewegt. Da ist einerseits die öffentliche, wissenschaftliche, objektive, definierte, meßbare oder statistisch signifikante Gesundheit – als Gegensatz zur und als Abwesenheit von Krankheit. Auf der anderen Seite steht die private, subjektive, nicht normierbare und nicht meßbare Gesundheit – das Wohlbefinden. Sicherlich lassen sich beide Positionen nicht sinnvoll voneinander trennen und müssen in ihren mannigfachen Interaktionen betrachtet werden.

Gesundheit ist keine Subdisziplin der Medizin. Die Menschen können nur im Austausch mit dem existieren, was sie nicht sind. Austausch heißt dabei ebenso flexible Anpassung an den ökologischen und sozialen Kontext wie deren planende Veränderung.

Gesundheit und Glück können keine absoluten und dauerhaften Werte sein . . . biologischer Erfolg ist in all seinen Erscheinungsformen Ausdruck von Angemessenheit (Fitneß), und diese Angemessenheit erfordert ständige Mühe der Anpassung an eine komplexe Umwelt, die sich ihrerseits in ständiger Veränderung befindet (Dubos 1959).

Dieser ständige Austauschprozeß zwischen Mensch und Umwelt prägt die psychophysiologischen Erfahrungen und Strukturen des Individuums, welche die zukünftige „Angemessenheit" seines Verhaltens und seiner Handlungen bestimmen.

Es gehört zu den Besonderheiten des menschlichen Organismus, daß sein selbstreflexiver Geist die Fähigkeit der *Antizipation* hat – „passiv als Erwartung und vorweg genommene Erfahrung, aktiv, das heißt zielsetzend, als schöpferische Gestaltung seiner Zukunft" (Jantsch 1984). Bezogen auf die Gesundheit kann dies als die *Lebendigkeit* und die *persönliche Sicherheit* verstanden werden, die es dem Menschen erlaubt, sich selbst und seine Umwelt zu erforschen und zu akzeptieren, mit all den damit verbundenen Ängsten, Schmerzen und Verwirrungen sowie ihren positiven Aspekten von Wärme und Liebe. Gesundheit bedeutet ebenso einen *relativen* Wert wie Krankheit, „relativ in Bezug auf die Ereignisse, Erfahrungen und Widersprüche eines Lebens, das sich stets zwischen Gesundheit und Krankheit bewegt. Nur wenn dieser Wert *der Mensch* ist, bedeutet Krankheit nicht dessen Entwürdigung" (Basaglia 1985).

Die genaue Definition von Gesundheit und Krankheit ist fast eine unmögliche Aufgabe; man ist versucht, jede der beiden als die Abwesenheit der anderen zu definieren, und darin versteckt sich eine Wahrheit, zu der wir uns entschieden bekennen, nämlich: daß Gesundheit und Krankheit Worte sind, die nur eine Richtung, nicht einen absoluten Zustand angeben. Es wäre logisch korrekt, nur von mehr Gesundheit, weniger Gesundheit und noch weniger Gesundheit zu sprechen und das Wort Krankheit gänzlich fallen zu lassen. Das hieße allerdings, dem üblichen Sprachgebrauch Gewalt anzutun (Menninger 1974).

Ich persönlich halte die Begriffe „Gesundheit" und „Krankheit" für Pole eines Kontinuums, innerhalb dessen sich unser Leben bewegt. Vertreter ganzheitlicher Konzepte für Gesundheit und Krankheit betonen häufig, daß Krankheit und Krankheitssymptome Ausdruck und Zeichen dafür sind, daß ein Mensch am Leben leidet, an dem er teilhat und in das er eingespannt ist. Es ist dieses Leben, das ihn schmerzt. Dadurch gewinnen psychosoziale Faktoren eine gleiche Bedeutung wie biochemische Schädigungen, und erst aus dem komplexen Wechselspiel all dieser Komponenten der spezifischen Lebenssituation eines Menschen entsteht die Erfahrung von Gesundheit und Krankheit.

2.2 Anmerkungen zur Arbeitswelt

Der Begriff „Arbeitswelt" könnte zu der mißverständlichen Annahme führen, daß es sich hierbei um eine eigene, in sich abgeschlossene „Welt" handele. Eine Betrachtung, die die Arbeitswelt als ein *Ganzes* darstellt, ist nur eine mögliche Sicht, denn darüber hinaus ist die „Arbeitswelt" *Teil* des gesamten sozialen Gefüges und weitgehend von deren Organisationsprinzipien geprägt. Ebenso ist die Arbeit im Leben eines Menschen einmal eine Einheit für sich und im nächsten Moment untrennbar mit der Gesamtsituation seines gesamten Lebensalltags verknüpft.

Die spezifischen Charakteristika der „Arbeitswelt" - ob lohnabhängige oder selbständige Tätigkeit, handwerkliche oder industrielle Arbeit, Hand- oder Kopfarbeit, ob die Arbeitszeit vorgegeben oder selbstorganisiert ist, ob sie bei Tag oder bei Nacht ausgeführt wird, ob sie etwas produziert oder eher im reproduktiv-sozialen Sektor angesiedelt ist usw. - prägen entscheidend die Möglichkeiten und Erfordernisse der Gesundheitsförderung.

Neben der allgemeinen Aussage, daß die sozialen und ökonomischen Organisationsstrukturen die „Arbeitswelt" und damit auch die Belastungen der einzelnen arbeitenden Menschen prägen, gilt gleichzeitig, daß die Menschen nicht *nur als Opfer,* sondern *auch als Ursprung* ihrer Institutionen zu verstehen sind, als deren Subjekt und Objekt, als Produzenten und Produkt zugleich. Sie haben generell die Einsicht, die Möglichkeit zu verstehen und zu lernen, Bewußtsein zu entwickeln und verändernd sowohl in ihr eigenes Verhalten als auch in die gesellschaftlichen Verhältnisse einzugreifen.

Im Spannungsfeld sozialer Normierung und Formung der „Arbeitswelten" sowie den Möglichkeiten der individuellen und kollektiven Einflußnahme auf dieselbigen bewegen sich die verschiedenen Ansätze zur Gesundheitsförderung. Dabei bieten sowohl die Möglichkeit der wissenschaftlichen Einzelanalyse von Arbeitsplätzen als auch die der Arbeitsorganisation wesentliche Hilfen für solche Konzepte. Die Beschreibung einzelner Risikofaktoren ist hilfreich, aber sie unterliegt einem isolierenden, messenden Verstand, der über die spezifische Analyse hinaus kaum Betrachtungen über die Kumulierung, Interaktionen und Verstärkungen einzelner Risikofaktoren anstellt (Friczewski 1984).

2.3 Gesundheitsförderung in der Arbeitswelt: ein Lernprozeß

Nur die Betrachtung des Wechselspiels zwischen äußeren und inneren Stressoren, zwischen Reizen und unterschiedlichen Reaktionsmöglichkeiten kann zu einem emanzipativen Verständnis von Gesundheit führen. Die einzelnen wissenschaftlichen Forschungsbereiche der Arbeitsmedizin, Arbeitshygiene, Arbeitswissenschaften und Betriebspsychologie können wesentliche Hilfestellungen in der Analyse von Daten und spezifischer Pathologie liefern. Zur Realisierung gesundheitsfördernder Programme reicht von außen verordnetes oder gesteuertes Verhalten nicht aus. Erst die freiwillige und bewußte Einbeziehung der Betroffenen, die gleichberechtigte Berücksichtigung ihrer Erfahrungen und die Schulung der Wahrnehmung der Beschäftigten kann längerfristige Erfolge für eine bessere Gesundheit bewirken.

Abbau von gesundheitsgefährdenden Arbeitssituationen und Schadstoffen, Förderung von Bewegung und Entspannung, qualitative Verbesserung der Ernährung, der Kommunikationsstrukturen und sozialen Strukturen, die geeignet sind, die Hilf- und Hoffnungslosigkeit zu durchbrechen – all diese Momente sind für eine ganzheitliche Gesundheitsförderung wesentlich. Die Gewichtung und Bedeutung der einzelnen Komponenten ist jeweils spezifisch für die verschiedenen Arbeitswelten zu prüfen. Die vorhandenen „health management programs" verschiedener Konzerne und Institutionen können als Modelle diskutiert werden, aber sie müssen unter Berücksichtigung der spezifischen Gegebenheiten kritisch modifiziert und gemeinsam mit den Betroffenen entwickelt werden.

„Die Auswirkungen der physikalischen und sozialen Umwelt können nicht verstanden werden, ohne ein Wissen über die Geschichte der betroffenen Individuen zu haben" (Dubos 1959). Dies heißt für uns, daß eine Förderung von Gesundheit am Arbeitsplatz nicht möglich ist, wenn sie nicht Bezug nimmt auf die soziale und ökologische Wirklichkeit des außerbetrieblichen Alltags der Betroffenen.

3 Lebensweisen, Streß und Arbeit: Strategien für die Gesundheitsförderung

Malcolm S. Weinstein

3.1 Das Lebensweisenkonzept und seine Auswirkungen auf die Gesundheitsförderung

Nach der buddhistischen Lehre hat die Arbeit 3 Funktionen:

1) den Menschen zu helfen, ihre Fähigkeiten zu entwickeln;
2) die Ich-Bezogenheit dadurch zu überwinden, daß der einzelne bei gemeinsamen Aufgaben mit anderen zusammenkommt;
3) die Güter und Dienste hervorzubringen, die für eine angemessene Existenz notwendig sind.

In diesem Papier geht es um den Begriff der „Lebensweise" – die sozialen Werte und persönlichen Gewohnheiten, die unsere Gesundheit ausmachen – im Verhältnis zur Arbeitswelt. Arbeit wird heute häufig so organisiert, daß positives Gesundheitsverhalten verhindert wird und verstärkt Gefühle von Machtlosigkeit und Streß erzeugt werden; diese Situation trägt zu massiven Störungen des Familien- und Gemeindelebens bei und wird umgekehrt davon intensiviert. Um Erfolg zu haben, müssen Strategien der Gesundheitsförderung in der Arbeitswelt ihren Schwerpunkt auch auf die *Arbeit selbst* legen und nicht nur auf den Arbeitnehmer.

Es besteht grundsätzlich Uneinigkeit über die Definition des Begriffs „Lebensweise". Nach dem Regierungsdokument zur kanadischen Politik „A New Perspective of the Health of Canadians" (Lalonde 1974) bezieht sich der Begriff „Lebensweise" auf die Summe der Entscheidungen einer Person, die sich auf ihre Gesundheit auswirken und die in gewissem Umfang von der betreffenden Person kontrolliert werden können; Entscheidungen, die einen negativen Einfluß auf die Gesundheit zur Folge haben, stellen also selbstverursachte Risiken dar; in diesem Sinne ist dann der einzelne mitverantwortlich für seine eigene Krankheit oder seinen Tod (Lalonde 1974, S. 32).

Der Begriff „Lebensweise", wie er von der WHO verwendet wird, umfaßt mehr als die Summe der Entscheidungen über das persönliche Verhalten. Er ist „eher ein analytischer als ein pragmatischer Begriff . . . ein Begriff der Vermittlung zwischen Sozialstrukturen und dem einzelnen bzw. sozialen Gruppen". Der Begriff Lebensweise bezieht sich auf Verhaltensmuster, Werte, Traditionen und die Kultur, die sozialen Gruppen gemeinsam sind, d.h. sie stellt „ein Reservoir (dar) an gesellschaftlich ausgewählten Verhaltensmustern und Interpretationen sozialer Situationen, das von der Gruppe entwickelt und verwendet wird, um das Leben auf eine gemeinsame Art zu bewältigen" (Wenzel 1982, S. 5).

Eine andere Möglichkeit, Lebensweisen zu betrachten, betrifft die persönliche Einteilung von Zeit, Geld und Energie für unterschiedliche Aktivitäten. Untersuchungen über das Zeitbudget von Menschen (vgl. Moss u. Lawton 1982) stellen einen relevanten Ansatz dar, Lebensweisen unter diesem Gesichtspunkt zu analysieren. Wenzel weist darauf hin, daß sich die Menschen in ihrem sozialen, politischen und beruflichen Umfeld häufig machtlos fühlen. Sie können – häufig unbewußt – als Folge davon Verhaltensweisen entwickeln, die ihre Gesundheit dadurch gefährden, daß sie lieber einer unmittelbaren Entspannung wie z. B. durch Rauchen den Vorrang geben, als daß sie nach gesünderen, langfristigen Strategien zur Risikoverminderung suchen. Als ich einen Israeli unlängst nach dem hohen Anteil an Rauchern in seinem Land fragte, antwortete er mir: „Wie können Sie davon sprechen, das Rauchen aufzugeben, wenn ich jederzeit eingezogen werden kann, um in den Krieg zu gehen und dort möglicherweise zu sterben?"

3.2 Die Wahrnehmung von Macht

Die Ergebnisse einer Untersuchung zum Präventionsindex, die von Harris und seinen Mitarbeitern 1984 in den USA für die Zeitschrift *Prevention Magazine* durchgeführt wurde, bestätigen diese Einstellung (Taylor 1984). Die Studie ergab vor allem, daß bei Menschen, die glaubten, mehr Einfluß auf ihre eigene Gesundheit zu haben, die Präventionswerte höher lagen als bei denjenigen, die meinten, nur einen geringen Einfluß zu haben. Bei denjenigen, die weniger Streß ausgesetzt waren, waren die Präventionswerte ebenfalls höher als bei denen, die größere Belastungen erfuhren.

Leider werden bei Gesundheitsprogrammen, die auf eine Reduzierung spezifischer Risikofaktoren abzielen, keine Daten darüber gesammelt, wie Arbeitnehmer Macht wahrnehmen. Studien zur Arbeitsmoral von Arbeitnehmern untersuchen ebenfalls nicht ihr gesundheitsgefährdendes Risikoverhalten. Ich möchte darauf hinweisen, daß wir als Teil unserer Strategien zur Gesundheitsförderung in der Arbeitswelt solche Daten sammeln sollten. Warum sollten wir z. B. zu unseren bereits vorhandenen Gesundheitsrisikobewertungen nicht auch Fragen hinzufügen, die sich mit der Wahrnehmung von Macht am Arbeitsplatz beschäftigen? Wir könnten dann sogar unseren Ansatz erweitern und Fragen nach persönlichen Einflußmöglichkeiten hinsichtlich der Gesundheit in anderen sozialen Bereichen wie z.B. der Familie oder der Gemeinde stellen.

Welche Definitionen von Gesundheit und Gesundheitserziehung sollten wir für unsere Programme zur Änderung von Lebensweisen zugrundelegen?

Nach welchen Kriterien werden Entscheidungen über Lebensweisen getroffen? Sollten Programme zur Veränderung von Lebensweisen auf der traditionellen Epidemiologie von Krankheiten beruhen, wie von manchen gefordert wird, oder auf einer Epidemiologie der Gesundheit (vgl. Terris 1975)?

Laut WHO ist Gesundheitsförderung „der Prozeß, durch den Menschen in die Lage versetzt werden, den Einfluß auf ihre Gesundheit zu verstärken bzw. zu verbessern"; Gesundheit ist kein Selbstzweck, sondern „eine Ressource für das tägliche Leben", die es einer Person oder Gruppe ermöglicht, „Erwartungen und Handlungsbedürfnisse zu verwirklichen . . . und andererseits mit der Umwelt fertig zu werden bzw. sie zu verändern" (Wenzel 1982). Die Förderung von gesundheitsdienlichen Lebensweisen – d. h. die Förderung positiven Gesundheitsverhaltens und angemessener Bewältigungsstrategien – ist ein Hauptanliegen der Gesundheitsförderung.

Die meisten Definitionen von Gesundheit spiegeln den Ursprung des Wortes selbst wider – psychische, spirituelle und physische Ganzheit und Harmonie zwischen den verschiedenen Aspekten des Lebens, v. a. Arbeit, Liebe und Spiel. In dem Maße, wie unsere Lebensweisen zu dieser Harmonie beitragen, sind wir gesund. Die Übereinstimmungen und Unterschiede zwischen unseren Handlungsmustern in den Bereichen Liebe, Arbeit und Spiel sind wichtige Gesichtspunkte in unseren Strategien zur Gesundheitsförderung.

3.3 Die Bedeutung der Arbeitswelt für die Entwicklung und Aufrechterhaltung von Lebensweisen

Die Arbeitswelt bietet uns wichtige Möglichkeiten zur Gesundheitsförderung (Weinstein 1983; Fielding 1984; Pelletier 1984). Erstens verbringen die meisten Erwachsenen mindestens ein Drittel ihres Lebens mit geregelter bezahlter Arbeit. Zweitens stellen Arbeitsbedingungen die notwendige Kontinuität zur Verfügung, um persönliche Gesundheitsrisiken erkennen zu können, zur Teilnahme an Programmen zur Risikoreduzierung aufzufordern und die Veränderung von Verhaltensgewohnheiten über einen gewissen Zeitraum zu unterstützen und zu beobachten. Sowohl die Regierung als auch private Körperschaften in Kanada und den USA haben wichtige Anstrengungen unternommen, um Veränderungen von Lebensweisen in der Arbeitswelt zu fördern und zu untersuchen (Bezold u. Carlson 1984).

In Kanada werden auf der Grundlage des im Bericht von Lalonde (1974) geschilderten Vorgehens und gestützt auf landesweite Untersuchungen über den Gesundheitszustand, die Fitneß und Einstellungen zur Gesundheit sowie auf Untersuchungen über den Zusammenhang von Arbeitslosigkeit und psychischer Gesundheit (Kirsch 1983) derzeit große Anstrengungen unternommen, um die Arbeitnehmer zu ermutigen, ihre Engagement bei der Arbeit (im Zuge des Programms der Bundesregierung zur Partizipation) zu verstärken und die Qualität des Arbeitslebens zu verbessern (Dorion 1981).

Der Bericht *Healthy People* des amerikanischen Gesundheitsministers (U.S. Surgeon General 1979) hat dazu geführt, daß sich der Staat dazu verpflichtet hat, bis zum Jahr 1990 mehr als 200 Zielsetzungen für das Gesundheitswesen - von denen viele sich mit dem Wohlbefinden am Arbeitsplatz beschäftigen - zu erreichen. In den USA gibt es eine Vielzahl privater Unternehmen, die auf dem Gebiet der Gesundheitsförderung tätig sind; dieser Geschäftszweig erweitert sich ständig, weil Krankenhäuser und Unternehmer die Annehmlichkeiten und Gewinnmöglichkeiten bei der Vermarktung von Gesundheits- und Fitneßprogrammen entdecken. Nationale Informationszentren wie die „Washington Business Group on Health" schaffen wichtige Verbindungen zwischen Professionellen im Gesundheitswesen und Arbeitnehmern; darüber hinaus gibt es spezialisierte Zeitschriften wie *Corporate Commentary*, die über die jüngsten Entwicklungen der Branche berichten. Unterstützungsprogramme für Arbeitnehmer („Employee Assistance Programs"), die der Rehabilitation von Arbeitnehmern dienen, deren Alkohol- und Drogenmißbrauch ihre Arbeitsleistungen negativ beeinflußte, stellen eine umfassende, schnell wirksame Methode zur Bewältigung einer ganzen Reihe von streßbedingten Problemen dar. Bei meiner eigenen Arbeit mit solchen Programmen in Kanada stellte ich fest, daß immer mehr Arbeitnehmer an Programmen zur Streßbewältigung interessiert sind. Gewerkschaftsführer bemerken ebenfalls verstärkt, daß solche Programme für ihre Mitglieder von wirklichem Nutzen sein können und fordern deshalb ihre Einbeziehung in Tarifverträge. In einem Fall, mit dem ich vor kurzem befaßt war, teilten sich Gewerkschaften und Unternehmen die Kosten für die Beratung bei der Entwicklung von gesundheitsfördernden Lebensweisen.

In den USA und Kanada sind Programme im Hinblick auf eine Reihe von Faktoren entwickelt worden. Erstens: Kosten des Gesundheitswesens. In Nordamerika bezahlen z. B. viele Firmen die Krankenversicherung für alle Mitarbeiter. Viele der großen Konzerne sind selbstversichert. Chrysler z. B. schätzt, daß 20 000 Autos verkauft werden müssen, um die Kosten für die Gesundheit seiner Mitarbeiter aufzubringen. Das bedeutet einen Betrag von $ 600000/Jahr. In der Literatur wird der Kosten-Nutzen-Aspekt der Gesundheitsförderung immer deutlicher herausgestellt. Es gibt Schätzungen, daß z.B. Unterstützungsprogramme für Arbeitnehmer eine Relation von 14 : 1 haben, d. h. für jeden Dollar, den das Unternehmen investiert, spart es 14.

Ein weiterer Gesichtspunkt ist, daß immer weniger Dollar für Gehaltserhöhungen zur Verfügung stehen, weshalb Arbeitgeber nach alternativen Möglichkeiten suchen, die sie ihren Beschäftigten als Belohnung anbieten können. Sie suchen nach etwas, was man „psychologisches Gehalt" nennen könnte. Gesundheitsförderung ist dafür ein Beispiel.

Unter den Beschäftigten hat sich inzwischen auch ein stärkeres Bewußtsein in bezug zu Risikofaktoren entwickelt. Heutzutage kann man kaum noch eine Tageszeitung oder Magazin aufschlagen, ohne daß einem mitgeteilt wird, was schlecht für die Gesundheit sei. Dies hat u. a. dazu geführt, daß immer mehr Arbeitnehmer Verbesserungen ihrer Arbeitsplätze fordern – Lärmfaktoren, schlechte Qualität des Kantinenessens, Rauchbelästigung usw.

Der Erfolg der Programme hat auch etwas mit dem Marketing zu tun. In den USA und Kanada entwickeln gegenwärtig Krankenhäuser, öffentliche Einrichtungen und andere sehr umfassende Programme – und sie verkaufen sie genauso wie andere Firmen. Sie verkaufen ganz einfach Gesundheit. Einige werden dagegen Einwände haben, weil sie meinen, daß Gesundheit an sich akzeptiert werden sollte. Leider müssen wir uns aber – ob wir wollen oder nicht – gegen ziemlich mächtige Interessen durchsetzen und deshalb: warum nicht die Methoden benutzen, die sie so erfolgreich gemacht haben?

Schließlich gibt es als weiteren Faktor für das Interesse an der Gesundheitsförderung die soziodemographische Entwicklung hin zu einer älteren Bevölkerung. In Nordamerika und Europa ist der Anteil der älteren Bürger auf 25% gestiegen; d.h., der Anteil der Bevölkerung, der einen relativ großen Teil der Kosten für das Gesundheitswesen verursacht, wird weiter steigen. Je länger wir die Menschen gesund erhalten, desto weniger werden sie Kosten verursachen. Einige sprechen von der Kompression von Morbidität, d. h., wir werden ein gesundes produktives Leben bis etwa 80 leben und dann tot umfallen – hoffentlich wegen einer Herzattacke. Dies sind einige der Faktoren, die zu einem verstärkten Interesse an der Gesundheitsförderung geführt haben.

3.4 Elemente für das Wohlbefinden am Arbeitsplatz

Wie ich an anderer Stelle ausgeführt habe (Weinstein 1985), werden Programme zur Veränderung von Lebensweisen am Arbeitsplatz aus vielfältigen Perspektiven her entwickelt. Es scheint, daß fast jeder – von herkömmlichen Experten für Gesundheit und Sicherheit am Arbeitsplatz bis zu Organisationsberatern, von Befürwortern der paritätischen Mitbestimmung bis zu Streßforschern – den Nutzen einer langfristigen Gesundheitsförderungsstrategie zur Erreichung von Wohlbefinden in der Arbeitswelt erkennt. Während wir noch eine Weile auf die Ergebnisse dieser Aktivitäten warten müssen, werden die Elemente einer allgemein geteilten Vorstellung darüber, was unter Wohlbefinden in der Arbeitswelt verstanden werden soll, immer deutlicher:

1. Der systemtheoretische Ansatz. Jeder arbeitende Mensch ist Teil eines offenen, dynamischen Systems, das durch seine interne und externe Umgebung beeinflußt wird und seinerseits darauf einwirkt.
2. Risikoidentifikation. Programme müssen die gesundheitsgefährdenden Arbeitssituationen der Arbeitnehmer identifizieren, die ihre psychische wie physische Gesundheit bedrohen.
3. Potentiale für Wohlbefinden. Es ist nicht notwendigerweise so, daß die Abwesenheit von krankheitsverursachenden Faktoren automatisch

Wohlbefinden bedeutet (Headey et al. 1984). Die Ergebnisse der traditionellen Krankheitsepidemiologie können nicht als adäquate wissenschaftliche Grundlage für die Gesundheitsförderung dienen. Eine Epidemiologie der Gesundheit ist erforderlich.

4. Die Arbeit selbst darf nicht unberücksichtigt bleiben. Bei Maßnahmen, die sich lediglich auf den Arbeitnehmer und die Umwelt beziehen, kann auf lange Sicht nicht mit Erfolgen gerechnet werden. Die im Gesundheitswesen traditionell zugrundegelegte Trias „Agens-Umwelt-Wirt“ sollte umfassender auf ihren Nutzen für die Gesundheitsförderung in der Arbeitswelt untersucht werden. Dieses Modell legt nahe, dem Agens, d. h. der Natur und Struktur des Phänomens Arbeit größere Aufmerksamkeit als bisher zu schenken.
5. Verhaltensänderungen benötigen Unterstützung. Kollegen am Arbeitsplatz, die Familie und Gemeinde sind von entscheidender Bedeutung für die Entwicklung und Beibehaltung von Lebensweisen. Sie müssen in die Bemühungen um die Veränderung von Lebensweisen einbezogen werden.

1980 veröffentlichte das WHO Regionalbüro für Europa den Bericht einer Arbeitsgruppe über „Gesundheitsrelevante Aspekte des Wohlbefindens am Arbeitsplatz“. Obwohl in dem Bericht nicht ausdrücklich auf Lebensweisen oder Gesundheitsförderung eingegangen wird, ist doch bemerkenswert, daß Wohlbefinden im Mittelpunkt des Berichts steht. Die Arbeitsgruppe erkannte die Vielfalt der Faktoren, die die Gesundheit bei der Arbeit beeinflussen – v. a. die psychosozialen, d. h. „diejenigen die Gesundheit und das Wohlbefinden des einzelnen und der Gruppe beeinflussenden Faktoren, die sich aus der Psyche des einzelnen ergeben und aus der Struktur und Funktion der Arbeitsorganisation“ (WHO 1980 b, S. 4).

Nach einem Überblick über die verschiedenen Ursachen für gesundheitliche Probleme und mangelndes Wohlbefinden zeigen die Autoren Maßnahmen zu ihrer Bewältigung auf. Eine der wichtigsten Schlußfolgerungen, zu denen die Arbeitsgruppe gelangte und in die frühere Untersuchungen über psychosoziale Probleme bei Angestellten des öffentlichen Dienstes in Schweden einbezogen wurden, lautet, daß nicht das Individuum, sondern die Organisation im Mittelpunkt der Bemühungen stehen sollte. Die Arbeitsgruppe schlug vor, daß in den arbeitsmedizinischen Diensten „ein Mitarbeiter angestellt sein sollte, der für Verhaltenswissenschaften kompetent ist – ein neuer Typ des Gesundheitsexperten, der Einsicht in die Organisationsstruktur gewinnen, Kontakte und Kommunikation im Betrieb fördern und Veränderungsvorschläge machen könnte“ (WHO 1980 b, S. 15).

Die Gesundheitsförderung muß auf die gesamte Ökologie der Arbeit einwirken und nicht allein auf den einzelnen Arbeitnehmer. Diese Forderung wurde im Juni 1985 auch in der Zeitschrift *Corporate Commentary* der „Washington Business Group on Health“ erhoben. In einem sehr interessanten Papier mit dem Titel „Individual and organizational health at Rockwell International“ – Rockwell ist eine sehr große Firma –, das in dieser

Zeitschrift publiziert wurde, wurde deutlich herausgestellt, daß Programme zur Qualität des Arbeitslebens und zum Wohlbefinden der Arbeitnehmer das gleiche fundamentale Ziel haben: Veränderungen in der Arbeitswelt zu erzeugen und beizubehalten. Beide Programme gehen Hand in Hand. Es ist schwierig, eine gesunde Organisation aufzubauen, wenn die Mitarbeiter ungesund sind; genauso ist es für Arbeitnehmer schwierig, ihre Gesundheit zu erhalten, wenn ihre Organisation sich ungesund verhält.

3.5 Die Notwendigkeit weiterer Verknüpfungen

Wenn es um Lebensweisen geht, können wir die Arbeit nicht klar vom Zuhause und von der Familie trennen. Bei meiner Arbeit als Kliniker bin ich immer wieder überrascht über die Verknüpfung von Arbeit und z. B. der Ehe. In den letzten Monaten habe ich eine Unzahl an Ehen scheitern sehen. Ich war erstaunt über die Ähnlichkeiten zwischen den betreffenden Paaren. Das typische Paar ist Mitte bis Ende zwanzig. Beide arbeiten Vollzeit. Sie waren gewöhnlich zwischen 3 und 7 Jahren verheiratet. Die Frau ist jünger, sie hat im Alter zwischen 17 und 20 Jahren geheiratet, um dem unangenehmen Leben zu Hause, das durch eine dominierende Mutter und einen abwesenden, manchmal auch betrunkenen und ausfallenden Vater gekennzeichnet war.

„Ich kann mit ihm nicht mehr reden – er grummelt nur vor sich hin", ist eine Beschwerde, die man häufig hört. Ihr Sexualleben ist minimal. Ihre Arbeitsleistungen lassen immer mehr nach; den Vorgesetzten und Kollegen ist klar, daß etwas Ernsthaftes los ist. Die Frau würde ihren Mann gern verlassen, jedoch halten sie Schuldgefühle davor zurück. Wenn ihr Mann nicht wieder zu alter Form aufläuft, dann läuft sie aus dem Hafen der Ehe aus.

Einer oder gar beide leiden an Bluthochdruck, Kopfschmerzen, chronischen Beschwerden, Magengeschwüren usw. Dieses Muster hat sich tief eingegraben – sie haben wenig Energie und sind auch nicht fähig, den Ehevertrag neu zu verhandeln. Infolgedessen bezeichnet jeder den anderen als seiner nicht wert und gibt dem anderen die Schuld am Scheitern der Ehe. Die Kinder werden von beiden Elternteilen geschickt als „Boten" benutzt, um Botschaften der Schuldzuweisung und Feindseligkeiten zwischen ihnen zu überbringen.

Dieses Muster von gescheiterter Ehe und Gesundheit spiegelt die gemeinsamen Belastungen von Arbeit und Familienleben wider. Arbeit und Familienleben ihrerseits spiegeln die Ergebnisse sozialer Politiken für nichtgesundheitsbezogene Felder wider: Arbeitsmarkt- und Wohnungspolitik, Landwirtschafts-, Verkehrs- und Energiepolitik.

Hancock (1982) hat die Verflechtungen des Gesundheitswesens – treffender auch als Krankheitswesen bezeichnet – mit diesen nichtgesundheitsbezogenen Sektoren überzeugend beschrieben. Um Gesundheitsplanung für die Arbeitswelt oder zu Hause durchzuführen, ist es notwendig, daß wir über unseren traditionellen Bereich ärztlicher Versorgung hinausblicken und gemeinsam Maßnahmen ergreifen, um die Entscheidungsträger auf die gesundheitlichen Auswirkungen ihrer Aktivitäten aufmerksam zu machen. Verbesserungen im Gesundheitswesen sind in der Tat mit erheblich höherer Wahrscheinlichkeit auf Verbesserungen in nichtgesundheitsbezogenen Sektoren (z. B. Qualität von Luft, Wasser und Nahrung) zurückzuführen als auf Verbesserungen der medizinischen Technologien, wie sich im Laufe der Geschichte herausgestellt hat. Was wir brauchen, ist mehr als nur Maßnahmen im Gesundheitswesen; wir brauchen gesunde staatliche Politiken, die auf die Entwicklung einer gesunden Gesellschaft ausgerichtet sind und die von ihrem Ansatz her ganzheitlich orientiert sind, eine Zukunftsperspektive besitzen und einen Sinn für persönliche Freiheit und Selbstrespekt vermitteln (Hancock 1982, S. 9).

3.6 Ein Leben ohne Arbeit?

Ähnliches läßt sich für die Förderung gesundheitsdienlicher Lebensweisen und Arbeitsplätze sagen. Verbesserungen in den persönlichen, gesundheitsrelevanten Verhaltensweisen, die sich bei vielen Menschen auf ihren Gesundheitszustand auswirken, sollten als Ziel nicht aus dem Auge verloren werden. Wir dürfen darüber aber nicht vergessen, daß bei vielen die Gesundheit täglich negativ beeinflußt wird durch die Art ihrer Arbeit und das Gefühl von Macht- und Sinnlosigkeit, das sie im Zusammenhang mit ihrer Rolle im Betrieb verspüren. Wie sagte doch kürzlich ein Klient, er war Bankdirektor, zu mir:

„Ich war immer bei guter Gesundheit, bis man mir die Befugnisse entzog, Kredite zu vergeben, und mir auch noch mein eigenes Büro wegnahm. Ich hatte immer eine gewisse Kontrolle über meine Arbeit und meinen Raum. Jetzt fühle ich mich hilflos und hereingelegt. Am Ende jedes Tages verspüre ich Brechreiz – und häufig muß ich auch brechen. Mein Blutdruck ist zu hoch. Ich habe wieder zu rauchen angefangen. Meditation allein reicht nicht aus – ich muß mich aus diesem Geschäft zurückziehen!“

Manchmal ist die Meinung vertreten worden, daß es den Arbeitnehmern heute besser als früher geht. Läßt man jedoch einmal die Arbeit außer acht und betrachtet lediglich die Freizeit, so beginnen sie sich erst jetzt der Situation der Arbeitnehmer des 13. Jahrhunderts zu nähern (Wilensky 1981). Im Durchschnitt arbeitet der Mensch heute noch 1900 bis 2500 h jährlich und hat etwa dieselbe Anzahl an freien Tagen, Ruhepausen und Ferien, wie er vor 600 Jahren gehabt hätte.

Welche Punkte müssen bei der Herstellung von Verbindungen für die Gesundheitsförderung in der Arbeitswelt berücksichtigt werden?

1) Jeder Mensch hat ein Leben außerhalb der Arbeitswelt. Einige stehen der Arbeit gleichgültig gegenüber, anderen bereitet sie Sorgen, wieder andere nutzen sie als eine Quelle für ihr Selbstwertgefühl und ihren Stolz. Gesundheitsförderungsprogramme müssen den verschiedenen Bedeutungen der Arbeit für die Menschen Rechnung tragen.

2) Veränderungen der Lebensweisen – Ernährung, Rauchen, Streßbewältigung usw. – , die weitere einschneidende Veränderungen mit sich bringen, werden eher Erfolg haben, wenn die betroffenen Menschen die Maßnahmen unterstützen bzw. sie zumindest nicht sabotieren.
3) Groß angelegte Gemeindestudien, um soziale Werte und Normen zu verändern, können ein positives Klima für Änderungen der individuellen Lebensweisen schaffen. Der Erfolg solcher Bemühungen bei der Reduktion von Risikofaktoren für Herz- Kreislauf-Erkrankungen – z. B. die Nordkarelien Studie (Salonen et al. 1981) oder die „Stanford 3-Community Study" (Farquhar et al. 1977) – bestätigen diese Tatsache. Einige Ergebnisse dieser Studien sind allerdings kritisiert worden, weil sie weniger eindrucksvoll als erhofft ausfielen, denn auch in den jeweiligen Kontrollgruppen zeigten sich während des Untersuchungszeitraumes Verbesserungen. Anstatt uns von diesem „Kontaminationseffekt" verunsichern zu lassen, sollten wir uns vor Augen halten, daß er auch eine Veränderung der sozialen Normen zugunsten gesundheitsfördernder Lebensweisen bewirken kann.

Während die Bemühungen um eine Veränderung der Lebensweisen am Arbeitsplatz zunehmen werden, darf man nicht vergessen, Kinder und Jugendliche bei der Entwicklung gesundheitsfördernder Lebensweisen zu unterstützen. Familienorientierte Programme in der Arbeitswelt können dazu beitragen, Familienmitglieder mit den Arbeitnehmern in Programme einzubeziehen, um sich über Ernährung, körperliche Bewegung und Streßbewältigung zu informieren. Die Unternehmen können dabei helfen, indem sie Programme und Kampagnen über gesundheitsfördernde Ernährungs- und Lebensweisen sowie gegen das Zigarettenrauchen von Kindern und Jugendlichen unterstützen. Die kanadische Regierung arbeitet gegenwärtig intensiv darauf hin, bis zum Jahr 2000 eine Generation von Nichtrauchern zu schaffen. Die Privatwirtschaft wirbt um die Unterstützung prominenter Sportler und Persönlichkeiten des Showbusineß, um den Jugendlichen gute Beispiele in punkto Gesundheit – oft in der Schule – präsentieren zu können.

Im Bewußtsein der Bedeutung, die gerade die kulturelle Einbindung der Gesundheitsförderung besitzt, veröffentlichte das amerikanische Gesundheitsministerium 1981 eine Broschüre, in der Strategien für die Gesundheitsförderung bestimmter Bevölkerungsgruppen, wie z. B. Schwarze, Hispanoamerikaner oder die älteren Mitbürger beschrieben werden. Im Fall der Hispanoamerikaner wurde festgestellt, daß „die Familie für alle Hispanoamerikaner von äußerster Wichtigkeit ist ... alle Gesundheitsdienste mit besonderem Schwerpunkt auf die Familiengesundheit sollten unter einem Dach verfügbar sein ... Selbst psychische Problem wie Alkohol- und Drogenmißbrauch sollten unter Einbeziehung der Familien behandelt werden" (U.S. DHSS 1981, S. 25).

Ich werde in Teil III dieses Buches einige praktische Ansätze zur Veränderung von Lebensweisen und Versuche, Streß in der Arbeitswelt zu reduzieren, untersuchen.

3.7 Zusammenfassung

1) Das Lebensweisenkonzept in der Gesundheitsförderung bezeichnet Entscheidungsmuster, die die Gesundheit eines Menschen beeinflussen. Strategien der Gesundheitsförderung, bei denen das Individuum im Mittelpunkt steht, mögen dort angebracht sein, wo Entscheidungen ohne Hemmnisse getroffen werden können; unsere Arbeit könnte aber mehr Erfolg haben, wenn wir sie auf die Strukturen und Systeme konzentrieren. Obwohl sie vielleicht ungesund erscheinen, bleiben einige Verhaltensgewohnheiten unabdingbar für das Überleben eines Menschen in bestimmten Arbeitsumfeldern.
2) Das Arbeitsumfeld bietet eine wesentliche Gelegenheit, die Lebensweisen der Menschen zu beeinflussen – v. a. um Veränderungen auf der Systemebene zu unterstützen bzw. zu hemmen.
3) Gesundheitsfördernde Lebensweisen in der Arbeitswelt werden über wichtige Schaltstellen entwickelt: die Qualität der Arbeit, das Wohlbefinden am Arbeitsplatz, Arbeitsplatzsicherheit und Gesundheitsverbesserungen im Betrieb. Es zeichnet sich ein Zusammenspiel dieser Ansätze ab.
4) Bemühungen von Firmen zur Veränderung von Lebensweisen nehmen zu; einige zeigen bereits positive Ergebnisse. Dabei scheinen weiterhin das Individuum und seine gesundheitsbezogenen Gewohnheiten im Mittelpunkt zu stehen. Die Arbeit selbst wird außer acht gelassen, was jedoch nicht der Fall sein sollte.
5) Um Streß zu beeinflussen, müssen wir Programme zur Veränderung des Betriebs und der Lebensweisen mit besonders sorgfältigen Analysen der Arbeit selbst verknüpfen.
6) Effektive Programme zur Gesundheitsförderung in der Arbeitswelt müssen zu ihrer Verstärkung und Unterstützung andere soziale Sektoren heranziehen. Arbeitswelt, Gemeinde, Nachbarschaft, Familie sind untereinander verflochtene soziale Bereiche, die weiter intensiviert und ausgedehnt werden müssen. Man muß auch die Welt außerhalb der Arbeit, die Welt der noch nicht Arbeitenden, der Arbeitslosen und der nicht mehr Arbeitenden einbeziehen.

4 Partizipation: drei größere Hindernisse

Ralph Grossmann

Eine zentrale Frage für die Entwicklung der Gesundheitsförderung betrifft die Rolle der Menschen in der Arbeitswelt. Für die überwältigende Mehrheit der lohnabhängig Beschäftigten sind die Arbeitsbedingungen charakterisiert durch einen hohen Grad an Streß, wenig Spielraum für unabhängige Gestaltung und Kontrolle der Arbeitsvorgänge, geringe Arbeitsqualifikationen und wenig Lernchancen am Arbeitsplatz.

Welche Möglichkeiten haben die Menschen tatsächlich, ihr Arbeitsumfeld zu beeinflussen und zu kontrollieren? Man stimmt darin überein, daß die Arbeitnehmer eine aktive Rolle spielen sollen, und deshalb sollten sie ermutigt werden, ihre Arbeits- und Lebensbedingungen kritisch, unabhängig und verantwortungsvoll zu untersuchen. Und natürlich ist man auch einer Meinung, daß unterschiedliche sozialen Gruppen bei der Entwicklung von gesundheitsfördernden Lebensweisen und Arbeits- und Lebensbedingungen zusammenarbeiten müssen. Diese Einigkeit ist aus politischer und professioneller Sicht allerdings alles andere als offensichtlich.

4.1 Eine Gefährdung der Machtstruktur

In den Betrieben ist Gesundheit von größerer Bedeutung, weil sie erstens einen Kostenfaktor darstellt und weil sie zweitens Teil einer sehr konsequent entwickelten Machtstruktur ist, die dazu dient, die Kontrolle abzusichern über die Produkte, die Produktionsweisen und die Verteilung der aus der Produktion entstehenden Gewinne, die häufig von vernünftigen ökonomischen Ansätzen im Produktionsprozeß abweicht.

Es gibt viele Beispiele, in denen Arbeitnehmer oder ihre Repräsentanten gefordert bzw. vorgeschlagen haben, die Arbeitsbedingungen zum Wohle der Gesundheit der Arbeitnehmer zu verbessern. Die Vorschläge sind allerdings häufig abgelehnt worden, auch wenn eine positive Beziehung zwischen Aufwand und Ertrag gegeben war. Vielleicht deshalb, weil solche Verbesserungen Nebenwirkungen auf die Machtstruktur eines Betrieben hätten haben können.

Die politische Geschichte zeigt, daß es keinen steten Wandel in den sozialen Bedingungen für die Arbeitnehmer gibt, wenn sie ihn nicht selbst als Teil ihrer Arbeitsbedingungen erkämpft haben. Dieser Sachverhalt sollte berücksichtigt werden, wenn man über Gesundheitsförderung in der

Arbeitswelt nachdenkt, denn die Struktur der Arbeitsbedingungen selbst – die Arbeitskultur – ist als zentraler Faktor bei der Entwicklung gesundheitsfördernder Bedingungen anzusehen.

4.2 Das System: viele negative gesundheitliche Auswirkungen

Wenn man sich von den Herrschaftsbeziehungen zwischen Arbeitgeber und Arbeitnehmer zu der Rolle der Arbeitnehmer im Bereich Gesundheitsförderung und den Interventionen, die „Experten" initiieren, hinwendet, erkennt man schnell im bestehenden System für die Bereitstellung von Gesundheit und Sicherheit am Arbeitsplatz ein weiteres Hindernis für die Mitbestimmung der Arbeitnehmer. Die Art und Weise, wie das System aufgebaut ist, determiniert auch die Beziehungen, wie Gesundheit und Arbeit wahrgenommen werden, und auch die Möglichkeiten, durch die Gesundheitsförderung erreicht werden kann. Gesundheitsförderung muß von den bestehenden Bedingungen ausgehen und von dort sie weiterentwikkeln.

Welche Rolle spielen die Arbeitnehmer in diesem System? Es gibt diesbezüglich beträchtliche internationale Unterschiede. In der Bundesrepublik Deutschland und in Österreich werden die Arbeitnehmer im Arbeitsschutzsystem weitgehend davon ausgeschlossen, sich aktiv für die Sicherung ihrer Gesundheit einzusetzen. Sie spielen eine passive Rolle als Objekte von Präventions- und Rehabilitationsmaßnahmen. Arbeitnehmer werden untersucht, versetzt, entlassen, therapeutisch behandelt, rehabilitiert, wieder eingestellt, wieder untersucht, von Vorgesetzten beurteilt, von Rechtsanwälten der Versicherungen geprüft, entschädigt. Sie sind im wesentlich Empfänger in bezug auf gesundheitliche Belange, keineswegs Handelnde.

Die Institutionen, die wir zur Sicherung gesunder Arbeitsplätze geschaffen haben, sind falsch, denn ihre Strukturen erlauben den Arbeitnehmern keinen Handlungsspielraum. Für diese sozialpolitische Situation gibt es historische Gründe, die darauf zielen, zu beschützen, anstatt den Menschen zu helfen, sich selbst zu schützen.

Die politisch umstrittensten Beispiele sind die medizinischen Eingangsuntersuchungen vor Antritt eines Arbeitsplatzes und die regelmäßigen medizinischen Untersuchungen in der Folge. Obwohl sie im Interesse der Arbeitnehmer eingeführt wurden, führen sie in der Praxis oft dazu, daß die Gesundheitsrisiken steigen. In der Bundesrepublik Deutschland sind z. B. etwas mehr als 30 % der langfristig Arbeitslosen aus Gesundheitsgründen in dieser Situation. Es ist deutlich geworden, daß das bedrohlichste Gesundheitsrisiko in den industrialisierten Ländern im Streß der Arbeitslosigkeit liegt – ein Streß, der von den Experten miterzeugt wird, die eigentlich dem Arbeitnehmer gegenüber eine schützende Rolle einnehmen sollen.

Das bestehende System hat eine Reihe bedenklicher Auswirkungen auf die Sicherstellung und Förderung der Gesundheit; wir müssen diese Effekte mit neuen Konzepten angehen. 1) Das System verhindert die Entwicklung von Bewußtsein, das ja durch einen Prozeß der aktiven und kritischen Auseinandersetzung mit Problemen entsteht. Die treibenden Kräfte zur Bewußtseinsentwicklung sind Aktivitäten und Erfahrungen – nicht aber Belehrung. 2) Der präventive Ansatz arbeitet häufig gegen die Interessen der Arbeitnehmer, indem er sie ausschließt, obwohl dies nicht immer die Intention der Experten sein muß. 3) Eine Folge dieses Ausschlusses ist die Tatsache, daß die gesamte Bandbreite der Probleme in einem Betrieb verdeckt wird, da sie – metaphorisch gesprochen – von den Arbeitnehmern weggenommen und in die Sphäre von Appellen und Berichten verschoben werden, die von den Experten erstellt werden.

Ein weiterer Punkt in diesem Kontext ist das Problem der Frühinvalidität. Über 50% der Arbeitnehmer müssen aus Gesundheitsgründen frühzeitig pensioniert werden. Dieser Sachverhalt belegt die Notwendigkeit, die Arbeitsbedingungen genauer zu untersuchen. Hinsichtlich der medizinischen und finanziellen Aktivitäten, die bei Frühinvalidität erforderlich sind, werden tausende und abertausende von individuellen Schicksalen „bearbeitet"; diese Zahlen sollten Anlaß genug sein, über die bestehenden Verhältnisse wirklich nachzudenken. Der Frühinvalide wird als Person angesehen, die „es nicht geschafft" hat, d. h. als medizinischer und versicherungsrechtlicher Fall, und nicht etwa als Anlaß, primärpräventive Maßnahmen zu entwickeln.

4.3 Experten: wir brauchen einen neuen Ansatz

Trotz ihrer Untersuchungsinstrumente und -verfahren sind Experten nicht in der Lage, alle Streßfaktoren in einer einzigen Firma zu untersuchen oder gar die multiplen Stressoren, wie es Arbeitssoziologie und -medizin letzten Endes fordern, zu behandeln. Streß insgesamt – oder, um es positiver zu formulieren: die Ressourcen an einem Arbeitsplatz und ihre Angemessenheit für gesundheitsfördernde Arbeitsbedingungen – kann nur von den Arbeitnehmern selbst beurteilt werden. Wir finden hier Ähnlichkeiten mit der medizinischen Situation; wenn ein Arzt rechtzeitig eingreifen will, d. h. wenn die ersten Symptome und Unregelmäßigkeiten auftreten, bevor die chronische Erkrankung erfolgt, dann ist er davon abhängig, was ihm die Patienten über ihre Lebens- und Arbeitsbedingungen sagen.

Ein zentrales Thema der Gesundheitsförderung muß die Gestaltung von neuen Beziehungen zwischen Experten und Betroffenen werden. Dies bedeutet nicht eine Abqualifizierung der Arbeit von Experten. In vielen Bereichen werden auch zukünftig hochqualifizierte Experten benötigt. Allerdings werden die Probleme, auf die sie sich konzentrieren, neu sein. Ihre berufliche und ihre Rolle in der Gesundheitsförderung muß allerdings grundsätzlich überdacht werden. Experten sollten nicht für, sondern mit den Menschen arbeiten. Dies wird sowohl für die einzelnen als auch die Institutionen ein schwieriger Lernprozeß sein, da Experten dazu neigen, zwischen sich und denjenigen, mit denen sie es zu tun haben, Distanz zu legen. Die wissenschaftlichen Methoden, die bisher bei der Arbeit mit Betroffenen angewandt wurden, haben zu dieser Distanz auch beigetragen. Kulturelle und soziale Unterschiede sollten nicht unterschätzt werden. Experten kommen meist aus anderen Bereichen als diejenigen, mit denen sie zu arbeiten haben – nicht nur individuell, sondern auch institutionell.

4.4 Veränderung von Normen zuerst

Wie können wir Organisationsstrukturen entwickeln, die stärker auf die Mitbestimmung derer orientiert sind, um deren Gesundheit es geht? Wie können wir das kulturelle Klima hinsichtlich des Wertes, der der Gesundheit am Arbeitsplatz gegeben wird, verändern? Es gibt bereits eine Menge Erfahrungen in dieser Hinsicht, aber leider sind viele Initiativen unbeachtet geblieben, weil wir in einer abgeschotteten Welt leben, in der die Überschreitung der Grenzen zwischen verschiedenen Bereichen sehr schwierig zu sein scheint.

Wir sollten deshalb z. Z. jede sich bietende Gelegenheit nutzen, um die Gesundheit zu fördern. Jede Art von Mitteln und Wegen sollte angewandt werden. Wenn wir uns die Probleme ansehen, können wir feststellen, wie komplex sie sind: ein körperlich gesunder Arbeiter oder Wissenschaftler kann genauso gut ein grausamer Ehemann sein und sich seinen Kindern gegenüber unmöglich verhalten. Oder: körperlich gesunde Arbeitnehmer produzieren trotzdem weiter militärische Technologien; oder sie müssen chemische Substanzen herstellen, die die Gesundheit ihrer Kollegen und der Konsumenten gefährden.

Gesundheitsförderung ist außerordentlich stark in die allgemeine gesellschaftliche Struktur und ihr Wertesystem, die die Arbeitswelt insgesamt prägen, eingebunden; ihre Fortschritte werden davon abhängen, wie erfolgreich wir sein werden, die vorherrschende Wertestruktur zu verändern.

5 Partizipation der Arbeiter: ein Schlüssel zur Gesundheitsförderung in der Arbeitswelt

Lamberto Brizziarelli

Gesundheitsförderung in der Arbeitswelt kann nur durch die volle Partizipation der Arbeiter in den grundlegenden Aspekten des Prozesses erreicht werden. Dies bedeutet:

- Identifikation und Analyse von Risikofaktoren und Gesundheitsgefahren;
- Analyse der Arbeitsorganisation, um herauszufinden, wie und wann Gesundheitsgefährdungen auftreten;
- allgemeine Veränderungen in den Arbeitsbedingungen – sowohl im Hinblick auf das Arbeitsumfeld als auch die Arbeitsorganisation.

Zwei Voraussetzungen sind gleichzeitig erforderlich:

- Bewußtsein von und Wissen um Risiken (und damit auch von Streßfaktoren);
- direkte Veränderungsmöglichkeit in bezug auf:
  a) die Analyse (Entwicklung von Wissen)
  b) Planung (Entwicklung von Veränderungsstrategien)
  c) Beteiligung (Veränderungsaktivitäten).

Die Gesundheitsdienste haben auf die Bedürfnisse der Arbeiter meist nur in Begriffen der kurativen Medizin reagiert, ein Typ von Medizin, der die Dominanz technischer Aspekte innerhalb eines rigiden autoritären und hierarchischen Systems ermöglicht. Die kurative Medizin meint, als Inbegriff von (einer zwar falschen) „Neutralität" bezüglich gesundheitlicher Gefahren gelten zu können. Tatsächlich handelt sie aber als „Partner" des „Establishment", indem sie sich auf die Verletzungen anstatt auf die Risiken handelnd konzentriert; dadurch verdeckt sie offensichtlich die ungesunde Umwelt und Arbeitsorganisation. Selbst wenn die offizielle Medizin gelegentlich präventive Maßnahmen durchgeführt hat, war dies immer noch Ausdruck eines medizinischen Systems, das die Direktiven des Establishment ausführt: selektive und frühe Diagnose, die einfach die erlittenen Verletzungen nur registriert; es fehlt ihr sowohl an der Fähigkeit und dem Willen, zum Kern der Gesundheitssicherung vorzudringen oder die wahren Risiken und berufsbedingten Krankheiten wahrzunehmen (Brizziarelli et al. 1977).

5.1 Die Komplementarität von Experten und Arbeitern

Es ist offensichtlich notwendig, einen neuen Typ von Medizin zu fördern. Nicht einfach eine Medizin der Gesundheit, wie sie heute vorherrscht, sondern eine Medizin *für* die Gesundheit. Dies bedeutet sowohl eine kulturelle wie technische Wahl – und ist die einzige Lösung, die den formulierten Bedürfnissen der Menschen entspricht.

Diese neue Gesundheitspolitik sollte die Zusammenarbeit zwischen Experten und Arbeitern stärken, damit Experten und Arbeiter einen gemeinsamen Kampf um eine gemeinsame Sache, die auf gemeinsamen Interessen und Zielen basiert, ausführen können, welcher schließlich in ein unterschiedliches Medizinsystem einmünden wird.

Wir schlagen 2 Phasen (und *nicht* 2 unterschiedliche Ansätze) der Partizipation im Hinblick auf die Bewältigung beruflicher Gefahren vor: 1) die Partizipation der Arbeiter einerseits, und 2) die Partizipation der Experten andererseits.

Durch ihre Beteiligung müssen die Arbeiter ihren Willen und das Bedürfnis, ihre Gesundheitsangelegenheiten selbst zu regeln (d. h. Kontrolle ihrer Lebens- und Arbeitsbedingungen), ausdrücken; außerdem müssen sie bei den alternativen Entscheidungsmöglichkeiten des Gesundheitsdienstes mitbestimmen können. Dies ist weit mehr als nur interne Solidarität; es gründet sich auf wissenschaftliche Notwendigkeiten, die weit über das hinausgehen, was mit der Hypothese „Krankheit als Verlust der Teilhabe am Leben“ (Parsons 1967) gemeint ist. Was wir meinen bedeutet nicht ein demagogisches System der Partizipation, sondern ein sich selbst regelndes System, das die Fähigkeit besitzt, persönliches Leiden in einer homogenen Arbeitsgruppe zu identifizieren und es in bezug zu seinen Ursachen und zu all seinen kulturellen, organisatorischen und sprachlichen Implikationen zu setzen.

Dies ist um so notwendiger, wenn wir an Streß und die Typologie von Faktoren denken, die ihn hervorrufen – sowohl innerhalb als auch außerhalb der Arbeitszeit.

Eine Ursache für Streß liegt in der passiven Rolle, die die traditionelle Präventivmedizin für die Arbeiter vorsieht (regelmäßige Arztbesuche, Untersuchungen, multiphasisches Screening usw.). Die aktive Rolle von Arbeitern ist in diesem Kontext allerdings von entscheidender Bedeutung – und zwar als Unterstützung für die Arbeit des Experten, besonders im Bereich der psychischen Erkrankungen. Die Arbeiter, besonders als Gruppe, können viel mehr zum Ausdruck bringen – häufig von größerer Relevanz als das, was die meisten Ärzte berichten können. Tatsächlich fehlt den Ärzten häufig das erforderliche professionelle Instrumentarium, um Krankheiten identifizieren zu können – und darüber hinaus auch die kognitiven Fähigkeiten, Ursache-Wirkung-Relationen festzustellen.

Die beiden folgenden Übersichten beschreiben die komplementären Beiträge von Experten und Arbeitergruppen, die durch ihre Homogenität charakterisiert sind, d.h. durch die Tatsache, daß sie über gemeinsame Erfahrungen, Probleme und Ziele verfügen. Sie werden deshalb auch von Marri (1972), einem italienischen Experten, der diesen Problemen große Aufmerksamkeit widmet, als „homogene Arbeitergruppen" bezeichnet.

Die in den Übersichten dargestellten Überlegungen treffen auf alle Arbeitssituationen zu, auch wenn jede einzelne bestimmte Charakteristika aufweist. Beträchtliche Unterschiede bestehen v. a. im Bereich Handwerk, Landwirtschaft und Einzelhandel, wo hinsichtlich der Kontrolle und Reduktion herkömmlicher Risikofaktoren (physikalische, chemische und biologische) größere Probleme bestehen. Die Kontrolle von Streßfaktoren ist dort umso schwieriger, weil bestimmte positive Elemente – d. h. Gewerkschaften, Klassenbewußtsein, Gruppensolidarität usw. – fehlen, die im industriellen Bereich gegeben sind.

Andere Schwierigkeiten ergeben sich bei Angestellten, Managern und Beamten im öffentlichen Dienst. In diesem Bereich herrscht intensiverer Streß, wie sich aus der erhöhten Inzidenz bestimmter Erkrankungen ablesen läßt. Darüber hinaus gibt es hier einen offenen Widerspruch zwischen den Gratifikationen, die einer Tätigkeit eigen sind (d. h. dem Beruf), und den negativen Auswirkungen, die sich aus der Arbeit selbst ergeben. Allerdings müssen weitere Faktoren wie Konkurrenzdruck und die Wirkungen von Einflüssen, die außerhalb der Arbeitswelt liegen, in Erwägung gezogen werden.

Unser gegenwärtiges Problem liegt nicht darin, daß wir eine andere Form der Partizipation oder andere Interventionsprogramme benötigen, sondern daß wir andere Mittel und Wege brauchen, mit denen Partizipation im Hinblick auf Prävention und Gesundheitsförderung verwirklicht und verbessert werden kann.

Wenn man akzeptiert, daß die Partizipation von Arbeitern im Bereich Prävention essentiell ist und alle Bereiche umfassen muß, sehen wir uns folgendem Problem gegenübergestellt: Wie läßt sich dies realisieren, welche Mittel und Wege gibt es, die Arbeiter, Selbstständigen, Professionellen, Angestellten und die Beamten daran zu beteiligen?

5.2 Ein Modell zur Gesundheitsförderung in der Arbeitswelt

Gegenwärtig wird im nationalen Gesundheitswesen Italiens ein Modell zur Gesundheitsförderung in der Arbeitswelt eingeführt, das einige Jahre erprobt worden ist. Das Modell enthält 3 wesentliche Komponenten: Wissen, Kommunikation und Veränderung.

Wissen

Zwei Grundlagen können unterschieden werden: 1) das technische bzw. „Expertenwissen", das das Resultat von empirischen Untersuchungen, Messungen bzw. Literaturstudien ist, die sich auf die Umwelt und den Menschen beziehen; und 2) das (subjektive) Wissen der „Arbeiter", das sich direkt durch die täglichen Erfahrungen am Arbeitsplatz bildet.

Tabelle 1.

Beiträge der Arbeiter		
Beschreibung des Arbeitsprozesses	Risikofaktoren	Gesundheitsstörungen und Erkrankungen
Das Wissen der Arbeiter ist wichtiger und umfassender als das der Experten. Dies hat mit ihren direkten Erfahrungen etwas zu tun; außerdem sind die Arbeitsprozesse niemals genauso, wie sie von den Experten vorhergesehen und in Büchern dargestellt werden; sie verändern sich ständig aufgrund praktischer Erfahrungen.	Die homogene Arbeitergruppe ist der einzige Indikator für Umweltfaktoren, der nicht unmittelbar instrumentell gemessen werden kann (z. B. die Ursachen, die zu Ermüdungserscheinungen führen). Was instrumentell meßbare Faktoren betrifft, hat die Gruppe nicht die Kenntnisse bezüglich der Instrumente und der zu verwendenden Techniken. Sie weiß allerdings bis zu einem gewissen Grade, wo solche Messungen durchgeführt werden sollten. Die Gruppe weiß auch, wann solche Messungen durchgeführt werden sollten, d. h. welche Arbeitsphasen gewöhnlich von spezifischen Faktoren beeinflußt werden; dies kann nur von Personen angegeben werden, die über detaillierte Kenntnisse des Produktionsprozesses verfügen.	Arbeiter sind in der Lage, mit Hilfe der epidemiologischen Methoden kausale Beziehungen herzustellen. Die Gruppe weiß, wo sie die Ursachen für die Gesundheitsschäden suchen muß, inklusive der Gründe für allgemeine Ermüdungserscheinungen, und sie ist auch in der Lage, diese Gründe zu Umweltfaktoren in Beziehung zu setzen. Deshalb kann die Gruppe auch Ursachen für das Auftreten bestimmter Befindlichkeitsstörungen bei einer Reihe von Personen angeben – oder sie kann Krankheiten benennen, die im Zusammenhang mit bestimmten Umweltfaktoren wie Staub, Dämpfe, Gase, Verdunstungen, Arbeitstempo usw. auftreten.

Tabelle 2.

Beiträge der Experten		
Angenommene Risiken	Datenerhebung in der Umwelt	Kontrolle individueller Gesundheit (medizinische und andere notwendigen Untersuchungen)
Die Möglichkeit, potentielle Risiken zu benennen, die die Gruppe nicht wahrgenommen hat und derer sich der Experte aufgrund internationaler medizinischer Erkenntnisse bewußt ist. Schwierigkeit und/oder Unmöglichkeit, kausale Beziehungen herzustellen; Notwendigkeit, auf die Erfahrungen der homogenen Arbeitergruppe und ihrer Beobachtungen zurückzugreifen.	Der Experte weiß, wie man Umweltfaktoren mißt und wo diese Messungen durchgeführt werden; er kennt z. B. das spezifische Gewicht von Gasdämpfen und damit die Höhe, auf der sie mit bestimmten Instrumenten und Techniken zu messen sind. Er weiß aber nicht, wann Messungen zu erfolgen haben. Wann und wo dies zu geschehen hat, muß von der homogenen Arbeitergruppe angegeben werden. Er weiß nicht, wann, wo und wie sich die Ursache für allgemeine Ermüdungserscheinungen messen läßt. Der Experte muß deshalb sein Wissen mit den Erfahrungen der Gruppe verknüpfen, wenn er die Umweltdaten instrumentell erhebt. Was andere am Menschen zu messende Faktoren betrifft, muß er lernen, Gebrauch von den diagnostischen und epidemiologischen Fähigkeiten, d. h. der „subjektiven“ Evaluation der Gruppe zu machen.	Der Experte weiß, welche medizinischen Untersuchungen und Laboratoriumsanalysen erforderlich sind. Wenn er das Programm für Kontrolluntersuchungen bei den Arbeitern vorbereitet, weiß er, welche medizinischen Untersuchungen und welche Laboratoriumsanalysen wann durchgeführt werden müssen; allerdings muß er zunächst mit der homogenen Arbeitergruppe alle Risikofaktoren, die im Zusammenhang mit dem Arbeitsprozeß stehen, definieren.

Die objektiven Informationen werden in 2 Schritten zu sogenannten Risikokarten verarbeitet: zunächst wird eine vorläufige Karte erstellt, die sich ausschließlich auf die Beobachtungen der Arbeiter stützt; sie wird dann durch die von den Experten erhobenen Daten ergänzt. Obwohl herkömmliche Gesundheitsrisiken immer noch existieren, sehen die heutigen Karten doch ganz anders als in den 70er Jahren aus; sie bedürfen darüber hinaus noch weiterer Modifikationen, um den Zusammenhang zwischen Individuum und Organisationsstruktur angemessen abzubilden. Die Karten müssen sich noch stärker auf Erkenntnisse der Handlungswissenschaften wie Soziologie, Psychologie, Psychoanalyse und Kommunikationswissenschaften stützen. Denn sie stellen die Schlüsselkategorien zum Verständnis und zur Interpretation der Prozesse und Daten zur Verfügung.

Was das subjektive Wissen betrifft, stellt die homogene Arbeitergruppe das wichtigste Instrument zur Erhebung von Informationen dar. Diese Gruppe dient als eine Art epidemiologischer Kontrollgruppe, die die Identifizierung von Ursache-Wirkung-Relationen zwischen Risikofaktoren und Gesundheitsschädigungen ermöglicht.

Dieses Modell zur Sammlung von Informationen wird auch heute noch im Hinblick auf traditionelle Risikofaktoren verwendet – besonders bei dauerhaften Arbeitsplätzen mit bestimmten Prozeßabläufen, um den Arbeitern einen Überblick über den Arbeitsprozeß zu vermitteln. Sofern neue Technologien und Arbeitsprozesse eingeführt werden, die eine völlige Trennung einzelner Arbeitsphasen nach sich ziehen (vgl. meinen Beitrag in Teil II), muß die Rolle der homogenen Arbeitergruppe fallweise neu bestimmt und, wo notwendig, an die neuen Bedingungen angepaßt werden. Darüber hinaus müssen auch die Gruppenfragebögen und -diskussionen sowie die formalen Interventionsverfahren neu gefaßt und entsprechend der neuen Arbeitsweisen verändert werden.

Kommunikation

Die Vermittlung der erhobenen Informationen an die Arbeiter findet dann statt, wenn alle (subjektiven und objektiven) Erkenntnisse über die Arbeitsbedingungen und den Arbeitsplatz gesammelt worden sind. Diese Phase ist selbst wiederum das Ergebnis verschiedener Kommunikationssituationen (z. B. Diskussionen über Untersuchungsergebnisse, biostatistische Daten und Risikokarten). Dabei kann ein sehr hohes Maß an Gesundheitserziehung am Arbeitsplatz erreicht werden. Bewußtsein und Wissen sind streßreduzierende und damit auch gesundheitsfördernde Faktoren.

Veränderung

Diese Phase folgt den beiden oben beschriebenen. Hier werden Modifikationen in der Arbeitsorganisation und der Umwelt vorgeschlagen, die darauf zielen, die bestehenden Risikofaktoren zu reduzieren, wenn nicht vollständig abzubauen.

Experten und Arbeiter erreichen hier ihre Unabhängigkeit wieder und ihre Vorschläge sind, wenn auch manchmal verschieden, deutlich und klar.

In den Verhandlungen beziehen sich die Experten auf ihre formale Autorität und Macht; die Arbeiter nutzen Strategien zur Durchsetzung ihrer Forderungen, die sie für angemessen erhalten.

Das Modell bietet einen umfassenden Ansatz zur Bewältigung von gesundheitsbezogenen Problemen, die auch die Lebensbedingungen und die sog. Berufskrankheiten umfassen. Es gründet sich auf der festen Überzeugung, daß die Partizipation der Arbeiter sehr wichtig ist und daß sie infolgedessen im Rahmen einer prononcierten Form der Gesundheitserziehung entwickelt werden muß, die völlig in die Dienste integriert ist, die für Arbeitssicherheit und die Gesundheitsförderung der Arbeiter zuständig sind.

5.3 Gesundheitserziehung in der Arbeitswelt: viele Widerstände müssen überwunden werden

Auf dem Hintergrund der vorgestellten Überlegungen wird deutlich, daß die herkömmlichen Methoden der Gesundheitserziehung radikal verändert werden müssen. Das beschriebene Modell stellt für einige der gegenwärtigen Prinzipien der Gesundheitserziehung eine Herausforderung dar; es verneint rigide Organisationsstrukturen der Gesundheitserziehung, die sie zum ausschließlichen Arbeitsgebiet professioneller Gesundheitsarbeiter machen.

Alle Betroffenen müssen entscheiden, wann Interventionen mit welchen Zielen und Inhalten wie implementiert werden. Eine andere Möglichkeit gibt es nicht, da Interventionen an die konflikthaften Klassenauseinandersetzungen sowie an die ökonomische und politische Situation gebunden sind, die ihre Implementationschancen sowohl verbessern als auch schwächen können; darüber hinaus sind sie aber auch im Kontext der vertraglichen Verhandlungen zwischen allen Betroffenen zu sehen. Dies erklärt z. B. das Scheitern von Gesundheitsprogrammen in bestimmten Sektoren – ohne daß dies Experten verhindern könnten –, wenn nicht alle Betroffenen beteiligt worden sind.

Obwohl es eine Vielzahl von Initiativen gegeben hat, die Gesundheit von Arbeitern zu schützen bzw. zu verbessern, ist dort der Gesundheitserziehung kaum Aufmerksamkeit geschenkt worden. Für diesen Sachverhalt gibt es mehrere Gründe.

Zunächst einmal mußte sich die Gesundheitserziehung in den vergangenen Jahren mit einer Reihe wirklicher Probleme auseinandersetzen, wenn sie die Arbeitswelt erreichen wollte – und diese Probleme haben sich inzwischen verschärft, da die Arbeiterbewegung und Gewerkschaften durch die ökonomische Entwicklung und die negative Politik des Establishments geschwächt worden sind.

Die zweite Schwierigkeit ergibt sich aus den Einstellungen der Gesundheitsarbeiter, die 2 Ausprägungen haben: a) einerseits gibt es die Abneigung, Personen von politischer Bedeutung und politischem Einfluß auf die Veränderung der gesamten Gesellschaft „zu erziehen“; dies ist die Folge einer falsch verstandenden Arbeitskultur, die sich nach der 68er Bewegung entwickelt hat; b) andererseits gibt es die Auffassung, daß die Verantwortlichkeit und Funktion von Gesundheitsarbeitern darin liegen, ausschließlich technische Maßnahmen (und zwar solche, die ihrer Erstausbildung entsprechen) wie Messung von Risikofaktoren und Kontrolle der Gesundheit der Arbeiter durchzuführen – obwohl sie selbst sich dabei der Subjektivität der Arbeiter bedienen.

Beide Einstellungen sind falsch. Erstens sind Arbeiter nicht „umfassend entwickelte" Subjekte, die vorbereitet und in der Lage sind, ihre eigenen Erfahrungen richtig zu nutzen; zweitens bedeutet Klassenbewußtsein nicht gleichzeitig Gesundheitsbewußtsein.

Wie andere Menschen auch ignorieren Arbeiter im allgemeinen Gesundheitsprobleme, auch wenn sie eine positive Einstellung zur Prävention entwickelt haben. Gesundheitsthemen werden delegiert, anstatt sich für sie zu engagieren; sie zeigen, wie andere Gruppen auch, kein größeres Interesse, ihre Lebensweisen zu ändern, welche von den Zwängen und Bedingungen der Gesellschaft, in der sie leben, geprägt sind.

Vielleicht wird diese Perspektive auch dadurch beeinflußt, daß man die Ziele der Gesundheitsförderung, d. h. die Veränderung der Umwelt und Arbeitsorganisation, automatisch mit den allgemeinen Zielen der Arbeiterklasse gleichsetzt, d. h.: die Veränderung der Produktionsverhältnisse und der Gesellschaft an sich. Dadurch begibt man sich aber in eine Tautologie, wobei das Erreichen der einen Ziele das Erreichen der anderen Ziele automatisch nach sich ziehe und dieselben Strategien für beide Zwecke geeignet seien. Grundsätzlich ist das zwar richtig, aber die ideologische Überbetonung des Problems hat die Möglichkeiten zur Gesundheitsförderung in der Arbeitswelt negativ beeinflußt.

5.4 Ein breiter, multisektoraler Ansatz ist erforderlich

Die Erfahrung lehrt uns, daß die Wirksamkeit von Gesundheitserziehungsprogrammen von spezifischen Faktoren der Arbeitswelt und allgemeinen Aspekten des alltäglichen Lebens sowie von Risikoverhaltensweisen abhängt.

Die Berufsausbildung ist Teil dieser Faktoren, so weit sie sich auf das erforderliche Wissen bezieht, das der Arbeiter zur Erfüllung seiner Arbeitsaufgaben benötigt. Genaue Kenntnisse der Maschinen und ihrer Funktionen, der Arbeitsinstrumente, Materialien und zu gebrauchenden Substanzen sind wesentlich für die Sicherung der Gesundheit und sollten Teil des Rüstzeugs eines Arbeiters sein. Für Arbeitgeber – und falls nötig: für die Gewerkschaften – sollte verbindlich vorgeschrieben werden, diese Informationen an die Arbeiter weiterzugeben, bevor der Arbeiter in den Produktionsprozeß eingegliedert und mit bestimmten Arbeitsaufgaben betraut wird.

Gesundheitserziehung muß völlig in den allgemeinen Kontext von Prävention und Intervention integriert werden. Sie darf kein Anhängsel oder ein separater Bereich sein, für den nur begrenzte Zeit zur Verfügung steht.

Sie darf auch nicht von Personen durchgeführt werden, die keinen Anteil am übrigen Programm haben. Es ist natürlich allgemein akzeptiert, daß Gesundheitserziehung durch Kurse oder andere didaktische Maßnahmen vermittelt werden kann. Dies ist selbstverständlich erforderlich, aber der gesamte Prozeß sollte einen wesentlich größeren Bereich umfassen, indem die direkte, aktive Partizipation der Menschen auf alle 3 Aspekte des Modells: Wissen, Kommunikation und Veränderung ausgedehnt wird.

Dieser Ansatz hat sich in solchen Fällen als erfolgreich erwiesen, in denen die Arbeiterbewegung selbst, oder vergleichbare Organisationen, die Forderung nach solchen Maßnahmen erhoben haben. Dies gilt besonders für Mittel- und Großbetriebe. Wie kann man aber in andere, bislang vernachlässigte Bereiche wie Transportwesen, Bauwesen, Landwirtschaft oder Handwerk intervenieren? Sie zeichnen sich typischerweise durch folgende Faktoren aus:

- vorwiegend Selbstständige,
- Vereinzelung der Arbeiter,
- geringerer gewerkschaftlicher Organisationsgrad,
- geringer oder kein gewerkschaftlicher Einfluß auf Arbeiter oder Angestellte,
- beträchtliche Risikofaktoren und
- kein Bewußtsein vom Wert der Prävention.

Abgesehen von ein paar Ausnahmen werden in diesen Sektoren von den Arbeitern kaum Forderungen nach Prävention oder Intervention gestellt; im Gegenteil, sie scheinen diese Idee aus verschiedenen Gründen abzulehnen. Es muß also noch eine Menge Arbeit geleistet werden, um in diesen Branchen ein Bedürfnis nach Intervention zu entwickeln, Bewußtsein im Hinblick auf ihre Notwendigkeit zu fördern und die Bereitschaft der Arbeiter zu stärken, an den verschiedenen Phasen solcher Aktivitäten teilzunehmen.

Dies sind wichtige Arbeitsaufgaben für die lokalen Gesundheitseinrichtungen, denn Erziehung ist – zumindest in Italien – ein grundlegender Teil ihrer Programme. Die Aufgabe ist zweifellos schwierig – sowohl bezüglich der objektiven Bedingungen als auch im Hinblick auf die herkömmliche Ausbildung der Gesundheitsarbeiter und Experten, die sie nur darauf vorbereitet, in den jeweiligen Diensten technische Tätigkeiten auszuüben. Prävention und Intervention können aber nur durch entsprechende Förderung andere, bisher vernachlässigte Sektoren erreichen und zuvörderst den Partizipationsprozeß in Gang setzen, der für die Prävention essentiell ist.

Drei Gruppen von Arbeitnehmern sind betroffen:

- die Gesundheitsarbeiter im öffentlichen Gesundheitswesen, in der Arbeitsmedizin, in Ausbildungsstätten usw.;
- Vertreter der Gewerkschaften und Belegschaften, die eine Schlüsselrolle als Vermittler zwischen Arbeitgebern und Arbeitnehmern spielen und die auch eine wesentliche erzieherische Funktion besitzen; dies trifft besonders für Vertreter zu, die von den Arbeitern selbst ernannt werden;

- verschiedene Fachleute für den Produktionsprozeß, die Informationen und Erkenntnisse weitergeben können, die für Prävention und Gesundheitsförderung relevant sind.

Zieht man die vielen Probleme in Betracht, die gegenwärtig die Arbeitswelt bestimmen, herrscht keine Notwendigkeit, neue Modelle zu entwickeln, sondern vielmehr das bestehende Wissen in neue Ansätze zu integrieren und sich auf andere Interventionsfelder zu konzentrieren als auf die, die in den 70er Jahren Priorität hatten. Die herkömmlichen Disziplinen, die sich mit Gesundheit und Sicherheit beschäftigen (Medizin, Ingenieurwissenschaften, Ergonomie usw.) dürfen nicht ausgeschlossen werden, sondern müssen ihren Gegenstandsbereich erweitern, um den gegenwärtigen Anforderungen entsprechen zu können.

Alle, die von Gesundheits- und Sicherheitsproblemen in der Arbeitswelt betroffen sind, müssen sich der neuen Komplexität ihrer Aufgabe bewußt werden – außer, sie wollen sich auf repetitive und bedeutungslose Verfahren zurückziehen. Es gibt einen Weg zu innovativer und lebendiger Forschung, frischer Motivation und einer neuen Kultur der Gesundheitsförderung.

II. Streß und Stressoren

Einführende Bemerkungen

In der Forschung ist bisher eine Reihe potentieller Streßursachen dargestellt worden: der Arbeit innewohnende Belastungen, Belastungen, die mit der Arbeitsrolle zusammenhängen, karrierebedingte Belastungen und Belastungen, die aus den Beziehungen, der Organisationsstruktur, dem Organisationsklima sowie aus den Wechselwirkungen zwischen Arbeit und Familie herrühren.

Zu den der Arbeit innewohnenden Faktoren zählen u.a. schlechte physikalische Arbeitsbedingungen, Schichtarbeit, Arbeitsüberlastung und Unterforderung. Die Streßquelle „Arbeitsrolle" weist 3 wesentliche Streßfaktoren auf: Rollenkonflikt, Rollenunsicherheit und Verantwortung für Personen. Berufliche Entwicklung als potentieller Streßbereich erhält ihre gesundheitliche Bedeutung aus Problemlagen wie Arbeitsplatzunsicherheit, Beförderungsstau und Mißverhältnis zwischen beruflichem Status und persönlichen Karriereerwartungen. Doppelbelastungen durch Arbeits- und Hausfrauenrolle sowie berufliche Diskriminierungen treffen besonders Frauen. Organisationsstruktur und -klima können zu potentiellen Streßquellen werden, wenn z. B. ein Mangel an Partizipationsmöglichkeiten in Entscheidungsprozessen vorliegt.

Die Beziehung zwischen Arbeit und Familie gewinnt durch den sozialen Wandel unter streßtheoretischen Gesichtspunkten besondere Bedeutung. Vor allem die Entwicklung zur Zwei-Karrieren-Familie, in der sowohl die Frau als auch der Mann eine eigene berufliche Karriere anstreben, kann in Zukunft eine immer bedeutsamere Streßquelle darstellen.

In der Einführung neuer Informationstechnologien wird ein zusätzlicher Streßfaktor gesehen, insofern dies zu einem Sinnverlust der Arbeit, zu verringerten Dispositionsspielräumen und zu unpersönlicheren Beziehungen am Arbeitsplatz führt. Die kulturellen Rahmenbedingungen, die allgemeinen Lebensbedingungen sowie die damit zusammenhängende wirtschaftliche Lage der Arbeitnehmer können eine streßverstärkende Wirkungen haben.

In Studien konnte gezeigt werden, daß überdurchschnittliche berufliche Belastungen im Zusammenhang mit der Frühinvalidisierung stehen. Berufliche Belastungen sind danach für die Pathogenese chronischer Erkrankungen mitverursachend.

1 Was heißt Streß?

Rüdiger Lutz

Schon seit Jahrzehnten führt der Belastungsfaktor Streß die Liste der Arbeitsbelastungen in hochindustrialisierten Ländern an. Der Anteil der Streßbetroffenen in der arbeitenden Bevölkerung der Bundesrepublik Deutschland beträgt z.B. über 25%. Nimmt man den zweithäufigsten Belastungsfaktor, nämlich Monotonie und Gleichförmigkeit bestimmter Arbeitsroutinen noch hinzu, dann heißt dies, daß die Hälfte aller arbeitsbezogenen Belastungen eine Form von Streß darstellt. Erst danach kommen rein physische Aspekte wie Lärm, Hitze, Staub, Geruch und sonstige Belästigungen hinzu (vgl. Tabelle 1).

Streß in Form von Überbelastung oder Unterforderung bzw. Monotonie ist somit das belastende Moment hochindustrialisierter Gesellschaften.

Tabelle 1. Häufigkeit von Belastungsfaktoren in der Bundesrepublik Deutschland (Aus: Volkholz 1977, S. 113)

Belastungsfaktor	Anteil der Betroffenen an der Erwerbsbevölkerung	Anzahl der Betroffenen (Mio.)	Statistischer Vertrauensbereich (Mio.)
Streß	25,4	6,8	5,9–7,7
Monotonie	22,7	6,1	5,3–6,9
Lärm	22,2	6,0	5,1–6,8
Schicht	21,7	5,8	5,0–6,6
Hitze	17,1	4,6	3,9–5,3
Arbeit im Freien	16,0	4,4	3,7–5,1
Zugluft	16,4	4,3	3,6–5,0
Staub	14,8	4,0	3,3–4,6
Konzentrierte Beobachtung	14,5	3,9	3,2–4,6
Schwere Lasten	13,4	3,6	3,0–4,3
Nässe	10,9	2,9	2,3–3,5
Nachtarbeit	8,5	2,3	1,7–2,8
Schweres Werkzeug	7,9	2,1	1,6–2,7
Rütteln, Vibrieren	6,9	1,8	1,4–2,3
Gestank, giftige Gase	6,5	1,7	1,3–2,2
Akkord	6,2	1,7	1,2–2,2
Schlechte Beleuchtung	5,5	1,5	1,0–1,9
Grelles Licht	4,6	1,2	0,8–1,6
Kälte	3,2	0,9	0,6–1,1

Für die nähere und mittelfristige Zukunft ist zu erwarten, daß dieser Streß in seiner Bedeutung keinesfalls zurückgeht, sondern möglicherweise noch zunimmt. Allerdings gilt es zu betonen: nicht für die Gesamtbevölkerung, sondern für einen immer kleiner werdenden Anteil der Gesellschaft, nämlich denjenigen, der im rein produktiven Bereich tätig ist. Dies ergibt sich aus der Tatsache, daß die neuen superindustriellen Technologien auf immer mehr Arbeitende verzichten können. Diejenigen, die jedoch im Produktionsprozeß bleiben, werden erhöhten Streßbelastungen und Anforderungen ausgesetzt. Dabei ist besonders eine Verschiebung von physikalisch-materiellem zu mehr nervlich-psychischem Streß zu beobachten (Sonntag 1983).

Es ist die Verantwortung des Überwachungsingenieurs oder die Daueranstrengung des Bildschirmarbeiters sowie die schleichende Anpassung an den Rhythmus der Maschine (nämlich des Computers oder Roboters), welche hauptsächlich den Streß der Zukunft ausmachen werden. Diese Aussagen sind nun keineswegs absolut zu nehmen, sondern stellen lediglich *eine* wahrscheinliche Entwicklung unter Beibehaltung gegenwärtiger Trends dar.

Wie immer bei Zukunftsfragen stehen Optionen offen. Und genau hier liegt auch die Chance qualitativer Verbesserungen in bezug auf die Struktur und Gestalt der Arbeitswelt.

1.1 Zwei Arten von Streß: positiv oder negativ

Grundsätzlich ist Streß ja kein bloßes Negativum. Streß ist sowohl ein notwendiger Faktor in der menschlichen Evolution wie in der persönlichen Entwicklung. Ohne bestimmte Spannungszustände, Krisensituationen und Anforderungen ist Weiterentwicklung geistiger, kultureller und materieller Art kaum denkbar. Allerdings gibt es Toleranzgrenzen. Überhöhte Anforderungen oder zu chaotische Situationen können nur destruktiv, nicht konstruktiv wirken.

Wir können deshalb 2 Arten von Streß unterscheiden: Das eine, das positive und konstruktive Element ist der *Eu-Streß* und das destruktiv, negierende Element ist der *Dis-Streß*. Eu-Streß und Dis-Streß sind die Pole eines äußerst komplexen Systems, welches sich zwischen diesen beiden Extremen bewegt. Man kann schwerlich eine klare Grenze zwischen Eu-Streß und Dis-Streß ziehen, denn was sich für den einen Menschen aufgrund seiner Entwicklung anspornend und damit konstruktiv auswirken könnte, mag für einen anderen vernichtend und damit Dis-Streß sein (Selye 1976).

Ich will deshalb auch den Arbeitsstreß nicht als eine absolute Konstante betrachten, sondern als einen situationsbedingten Parameter, der im Kontext von Gesellschaft und Industrie und dem jeweils bestehenden Wertesystem einzuschätzen ist. Damit kommen wir schon zu einem ersten Kernpunkt unserer Ausführungen: Es kann nicht darum gehen, rein äußerliche Streßfaktoren zu benennen und diese dann innerbetrieblich auszumerzen. Dies führt im Endeffekt erfahrungsgemäß zu rein bürokratischen Verfah-

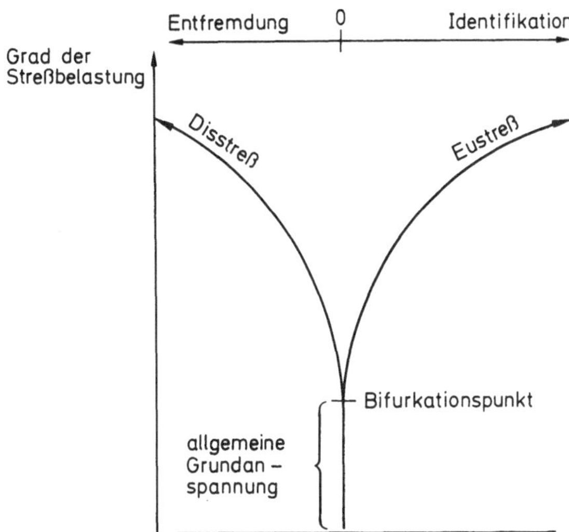

Abb. 1. Distreß oder Eustreß: zwei mögliche Ausprägungn von Streßbelastung

rensweisen. Es muß vielmehr die persönliche und gesellschaftliche Entwicklung hinsichtlich ihrer destruktiven und konstruktiven Aspekte untersucht werden. Eine weitere Meßlatte, die in unmittelbarem und auch in empirischem Zusammenhang zu Eu-Streß und Dis-Streß steht, ist der Grad der Entfremdung bzw. Identifikation der Gesellschaft und des Individuums von bzw. mit der Arbeit (Schacht 1970). Graduelle Entfremdung geht eindeutig mit einem zunehmenden Maß an Dis-Streß für die Betroffenen einher. Auf der anderen Seite ermöglicht die Identifikation mit der Arbeit eine steigende Streßbelastung, die jedoch als motivierend empfunden wird (Dean 1961; vgl. Abb. 1).

Ein typisches Beispiel für diese Aussage ist die Entwicklung in den hochindustrialisierten Gesellschaften in der sogenannten Dualökonomie oder informellen Wirtschaft. Während im formellen Sektor unserer Ökonomie die Arbeitszeit von maximal 40 h allmählich auf 38 h oder sogar auf die 35-h-Woche bzw. auf die vielerorts praktizierten 2/3-Stellen zurückgeht, ist im informellen Wirtschaftssektor von einer solchen Arbeitszeitreduzierung keine Rede. Dort sind Wochenarbeitszeiten von 70 und 80 h keine Seltenheit (Huber 1985). Zwar wird dies von einigen Kritikern und Ablehnern solcher Alternativökonomie als „Selbstausbeutung“ bezeichnet, aber dies trifft in keiner Weise den wahren Sachverhalt. Während der abhängig und zunehmend von seiner Arbeit entfremdete Angestellte sich darum bemüht, seine Arbeitszeit so weit wie möglich zu minimieren, identifiziert sich der Dualwirtschaftler oder Alternativler mit seiner Arbeit so sehr, daß er sie nicht quantifiziert und damit zeitlich mißt, sondern versucht, den Inhalt bzw. das Arbeitsprodukt zu optimieren.

1.2 Die kreativen Möglichkeiten der Technologie

Nun sind dies zwei idealtypische Extreme – die Realität spielt sich dazwischen ab. Selbstverständlich identifizieren sich auch viele Arbeiter, Angestellte und Manager im formalen Wirtschaftssektor mit ihrer Arbeit und sind aufgrund dessen zu längeren Arbeitszeiten bereit. Ebenso gibt es bei den alternativ Wirtschaftenden Aspekte des Dis-Stresses und damit Anzeichen der Entfremdung. Wichtig ist meiner Ansicht nach lediglich, daß es diese Bifurkation in der Arbeitswelt gibt und daß sie für unsere zukünftige Entwicklung von Bedeutung sein wird (vgl. Abb. 2).

Statt also eine rein kosmetische Humanisierung der Arbeitswelt mit ergonomischen, rechtlichen und organisatorischen Instrumentarien zu betreiben, geht es darum, das Grunddilemma einer auf Entfremdung und Dis-Streß angelegten Arbeitswelt zu beseitigen. Die Technologie modernster Machart ist kein Schlüssel zur Lösung oder Beseitigung dieses Problems, sondern lediglich ein anschauliches Symptom. Gerade bei der aktuellen Diskussion um die neuen Medien und die Computer- bzw. Robotertechnologie wird dies offensichtlich.

Warum kann z. B. ein und dieselbe Maschine wie ein Mikrocomputer auf der einen Seite, nämlich als Bildschirmarbeitsplatz in einem Groß- oder Mittelunternehmen, zum Horrorbild und Versklavungsinstrument à la Orwell werden, und andererseits als Heimcomputer und Teleterminal ein beliebtes privates Spiel- und Arbeitszeug (Volpert 1985)? Es ist somit nicht diese neue Maschine, die von sich aus Dis-Streß oder Eu-Streß beim Menschen hervorruft, sondern ihre spezifische Funktion in einem Arbeits- und Lebenszusammenhang. Dasselbe läßt sich meiner Ansicht nach bezüglich

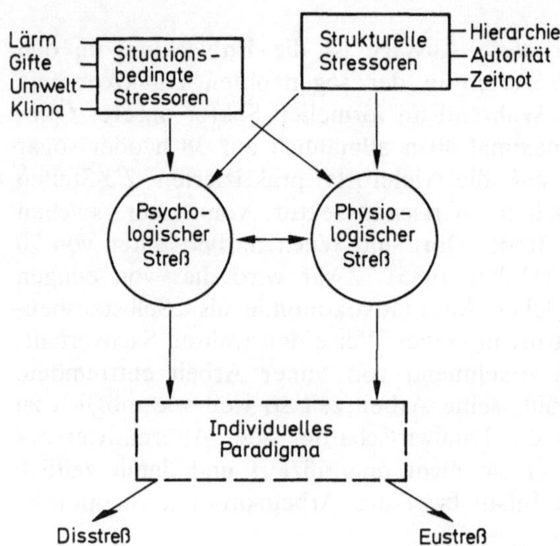

Abb. 2. Die Bedeutung des individuellen Paradigmas für die Ausprägung des Stresses, der durch situationsbedingte oder strukturelle Stressoren bewirkt wird

Automaten und Robotern sagen: Auch hier wird Dis-Streß erst dadurch hervorgerufen, daß der Roboter in einen ganz spezifischen Sinn- und Arbeitszusammenhang gestellt wird.

Nun mag mancher aus meinen Ausführungen eine gewisse Wertneutralität der Technik herauslesen. Dies zu postulieren, ist jedoch nicht meine Absicht. Worum es mir geht, ist den Gesamtzusammenhang herzustellen, sowie auf die Gestaltungsmöglichkeiten der Technologie hinzuweisen. Selbstverständlich kann die Hard- und Software einer vollautomatisierten Fabrik dergestalt sein, daß ihre Auswirkungen auf den Menschen nur noch Dis-Streß zur Folge haben. In vielen Bereichen unserer Arbeitswelt ist dieser Zustand erreicht. Diese Tatsache bedeutet jedoch nicht, daß Automaten und Roboterfertigungen grundsätzlich abzulehnen sind. Sie sind es nur in dieser bestimmten Form und unter bestimmten gegebenen Bedingungen. Gerade in diesem Zusammenhang sei auf die vielversprechenden, aber leider politisch bedingt erfolglosen Konzepte und Versuche von Stafford Beer im Chile Allendes hingewiesen; er konzipierte supermoderne Produktionskomplexe unter der Selbstverwaltung der Arbeiter, die nur mit Hilfe von Computern und Roboterautomaten möglich gewesen wären (Beer 1975).

1.3 Neue Stressoren: ein Anstoß zum Nachdenken

Doch gehen wir nun auf einige Spezifika der sich abzeichnenden Produktionstechnomisere der nächsten Jahrzehnte ein. An allererster Stelle ist ein neuer Streßfaktor zu nennen, der in der Diskussion immer größere Bedeutung gewinnt und einen Übergang von unserer Hardware-Industriegesellschaft zu einer neuen Software-Gesellschaft andeutet: der Informationsstreß (Meier 1972). Mit diesem Begriff ist meistens die Tatsache gekennzeichnet, daß aufgrund neuer Medien und ihrer Vernetzung eine derartige Menge von Informationen sowohl den Arbeitenden wie auch den Konsumenten und Bürger bestürmt, daß sie schlichtweg nicht mehr zu bewältigen ist. Stichworte hierzu sind: personale Informationssysteme, Automatenüberwachung, Kabelfernsehen, Bildschirmtext usw. Nun ist gerade dies ein paradigmatisches Modell für die oben genannte Bifurkation zu Eu-Streß oder Dis-Streß.

Die meist genannte Befürchtung beim Stichwort Informationsstreß ist die Annahme, daß die menschliche Wahrnehmung und intellektuelle Verarbeitungskapazität quantitativ beschränkt sei. Daraus ergibt sich die logische Konsequenz, daß ab einer bestimmten Menge einströmender Daten ein „information-overload", also eine Informationsüberlastung entsteht, die zu psychisch-emotionalem Streß und zu kontraproduktiven Handlungen, gar zur Geisteskrankheit beim Menschen führen kann.

Diese Erklärung klingt auf den ersten Blick recht plausibel, entspringt jedoch unseren bisherigen Denkmodellen und Vorstellungen, denn sie repräsentiert ein durch und durch mechanistisch-quantitatives Modell. Die menschliche Wahrnehmung und intellektuell-kognitive Verarbeitungskapazität mit einem quantitativ begrenzten Computerspeicher und Prozessor zu vergleichen, ist eine völlig unbewiesene Fiktion. Selbstverständlich gibt es Belege dafür, daß Menschen mit auf sie einströmenden Informationen nichts mehr anfangen können und sich überlastet fühlen. Dies bedeutet aber nicht, daß es eine klar definierte Informationsmenge gibt, die zu Informationsstreß führt, sondern lediglich, daß bei der informationsgestreßten Person Wahrnehmungsstrukturen und kognitive Modelle nicht vorhanden sind, um das einströmende Datenmaterial sinnvoll zu ordnen.

Auch hier ist die situative und kontextuale Voraussetzung wieder maßgebend für das Urteil, ob die Umweltsignale zu Dis-Streß oder Eu-Streß führen. Schon rein neurophysiologisch führen die neuen Medien zu einigen Paradoxien. So ist bekannt, daß die Technologie der Kathodenstrahlröhre, also der Bildröhre, sowohl im Fernsehgerät als auch in sämtlichen Computerdisplays zu einem Hemisphären-„shift" führt. Dies bedeutet, daß die Aktivität der beiden unterschiedlich arbeitenden Hirnhälften durch die Kathodenstrahlröhre verändert wird. Während die linke Gehirnhälfte, die normalerweise mit intellektueller, linear-kausaler Denkweise in Verbindung gebracht wird, mit den Bildschirmsignalen aufgrund ihrer Geschwindigkeit und Frequenz nichts anfangen kann und geradezu „einschläft", wird die rechte Hemisphäre, in der das visuell träumerische Denken eher zu Hause ist, aktiviert. Man könnte also die Kathodenstrahlröhre als einen Stressor bezeichnen, der einen veränderten Wahrnehmungsmodus provoziert (Kaplan 1972). Dies ist das Ergebnis entsprechender Fernsehforschung und Technologiefolgenabschätzung.

Doch es geht noch weiter: nicht nur, daß die neue Technologie einen neuen Wahrnehmungsmodus hervorruft, allein das Vorhandensein einer quasiintelligenten Maschine stellt eine Herausforderung für den denkenden Menschen dar; nämlich für den Menschen im Selbstverständnis der Aufklärungsära, in der wir uns ja immer noch befinden. Die amerikanische Psychologin Sherry Turkle hat dies in ihrem Buch „Die Wunschmaschine" (Turkle 1984) klar herausgearbeitet. Sie untersuchte bei Kindern und Jugendlichen die Wirkung der neuen Maschine und fand dabei heraus, daß, angefangen vom kleinen Videospiel bis hin zum komplexen Computerprogramm, die Struktur, also der Aufbau der neuen Maschine, eine provozierende Funktion besitzt. Der Computer ist ein evozierendes, also herausforderndes Medium, das ganz eindeutig kognitiven Streß produziert, aber – und das ist dann die These von Sherry Turkle – nicht unbedingt in einem destruktiven, entfremdenden Sinn, sondern in einem evolutionären, konstruktiven Sinn.

Das Vorhandensein der neuen Technologien ermöglicht es den Menschen, ihre eigenen Denkstrukturen besser zu reflektieren und zu hinterfragen. Darüber hinaus gibt es die Möglichkeit, aus dem eigenen, d. h. dem sich eingebildeten maschinellen Denken herauszukommen. Dies sei hier festgehalten, genau mit der Einschränkung, die wir anfangs nannten: Der Kontext muß stimmen, d. h. die Entfaltungsmöglichkeiten für das Individuum müssen gegeben sein. Im anderen Falle kann es tatsächlich zu einer reinen Überwachungs- und Entfremdungsmaschinerie kommen. Es gibt also keinen absoluten Informations- oder Computerstreß, sondern lediglich unzureichende Wahrnehmungs- und Reaktionsmuster.

1.4 Technologischer Wandel fordert neue Paradigmen

Die zu Beginn genannte Priorität des Streß unter den Arbeitsbelastungsfaktoren deutet darauf hin, daß gegenwärtig nicht ausreichend adäquate Verarbeitungsmuster im Individuum und in der Gesellschaft entwickelt sind. Diesem Umstand gilt es also den Kampf anzusagen (Dohrenwend u. Dohrenwend 1974). Die von mir entwickelten sieben Zukunftsszenarien (vgl. Teil V dieses Buches) sind Versuche, neue Kontexte und Paradigmen anzubieten, welche es ermöglichen, gegenwärtige und zukünftige Entwicklungen anzunehmen und produktiv zu bewältigen (Lutz 1984). Sie können helfen, den scheinbaren Dis-Streß in Eu-Streß zu verwandeln. Voraussetzung dafür ist selbstverständlich ein kulturelles und gesellschaftliches Klima, das Experimente und Innovationen zuläßt.

Die Industriegesellschaft steht wahrscheinlich vor der größten Veränderung seit ihrem Bestehen. Wer glaubt, daß die gegenwärtigen Probleme mit den Mitteln des Frühkapitalismus oder der beginnenden Industrialisierung zu bewältigen sind, begibt sich auf das dünne Eis der Illusionen, was automatisch zum Dis- Streß nicht nur einzelner Arbeitnehmer, sondern des gesamten gesellschaftlichen Systems führen muß. Die soziale Phantasie und damit das vorhandene Innovationspotential unserer Gesellschaft muß dadurch motiviert werden, daß Veränderungen positiv angenommen und adäquat verarbeitet werden. Streß auf individueller wie auch gesamtgesellschaftlicher Ebene ist dabei unvermeidbar; man kann ihn weder abbauen noch ignorieren, sondern lediglich mit adäquaten neuen Paradigmen ihm begegnen. Erste Angebote für derartig adäquate Paradigmen sind vorhanden. Jedoch erst wenn sich große Teile der Gesellschaft diesem Paradigmenwandel stellen, werden wir von dem Dis-Streß einer untergehenden Arbeitsgesellschaft bewahrt.

2 Sechs wesentliche Quellen von Streß am Arbeitsplatz

Cary L. Cooper

Hans Selye (1946) war mit seiner Theorie des „allgemeinen Adaptationssyndroms" einer der ersten, die den Entstehungsprozeß streßbedingter Krankheiten zu erklären versucht haben. Er beschrieb darin 3 Stadien individueller Reaktion auf Streßsituationen:

1. *die Alarm-Reaktion,* bei der auf eine anfängliche Schockphase verringerter Widerstandsfähigkeit einen Gegenschock folgt, in dessen Verlauf die Abwehrmechanismen des Individuums wirksam werden.
2. *Resistenz,* das Stadium optimaler Adaptation und – hoffentlich – erfolgreicher Rückkehr zum Gleichgewicht für das Individuum. Wenn jedoch der streßauslösende Faktor anhält oder die Abwehr nicht funktioniert, wird er das dritte Stadium erreichen.
3. *Erschöpfung,* wenn die Adaptationsmechanismen versagen.

Seit Selye als erster diesen Prozeß umweltbedingter Streßfaktoren und körperlicher Reaktionen postulierte, ist sehr viel Forschungsarbeit auf dem Gebiet des arbeitsbedingten Stresses geleistet worden. Aus der ständig zunehmenden einschlägigen Literatur ergibt sich, daß die zur Verfügung stehenden Daten in dem folgenden vereinfachenden Modell (Abb. 1) dargestellt werden können.

Der Großteil der Forschungsarbeiten deutet darauf hin, daß in Abhängigkeit von der jeweiligen Tätigkeit und dem betreffenden Unternehmen die eine oder andere Kombination der Streßursachen in dem oben abgebildeten Modell zusammen mit bestimmten Persönlichkeitszügen auf eine Vielzahl von Streßsymptomen schließen lassen kann, wie z. B. Erkrankungen der Herzkranzgefäße, Störungen der psychischen Gesundheit, Unzufriedenheit mit der Arbeit, Disharmonie in der Ehe, exzessiver Konsum von Alkohol und anderen Drogen usw.

Die 6 Hauptursachen für arbeitsbedingten Streß werden im folgenden erörtert: tätigkeitsspezifische Faktoren, Rolle in der Hierarchie des Betriebes, berufliche Entwicklung, zwischenmenschliche Beziehungen am Arbeitsplatz, Struktur und Klima des Unternehmens und das Verhältnis zwischen Arbeits- und häuslicher Situation.

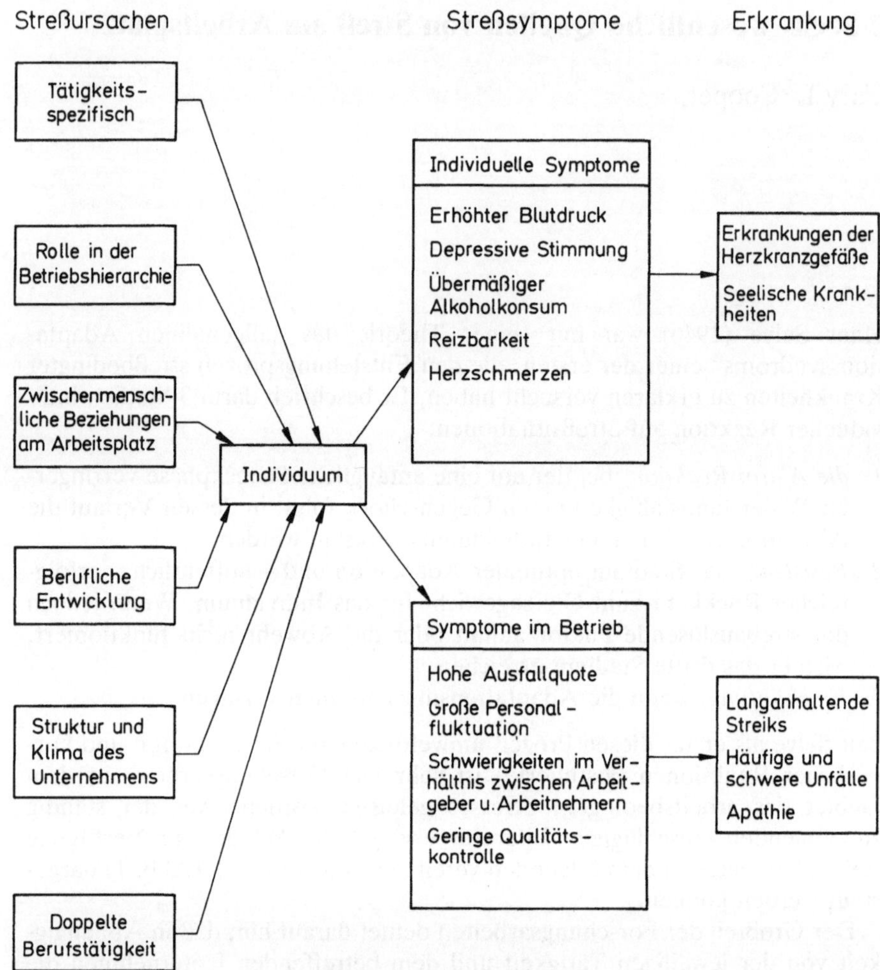

Abb. 1. Streßursachen und streßbezogene Krankheiten

2.1 Tätigkeitsspezifische Faktoren

Tätigkeitsspezifische Streßursachen umfassen bei einer Vielzahl von Berufen schlechte physische Arbeitsbedingungen, Schichtarbeit, Über- oder Unterforderung durch die Arbeit, körperliche Risiken, balancierte Person-Umwelt-Beziehungen und Arbeitszufriedenheit (Cooper u. Payne 1980).

2.1.1 Schlechte physische Arbeitsbedingungen

Schlechte physische Arbeitsbedingungen können den Streß bei der Arbeit erhöhen. Was z. B. das Bedienungspersonal in Atomkraftwerken betrifft, so meinen Otway u. Misenta (1980), daß das Design des Kontrollraums selbst einen bedeutenden Einfluß auf die Streßsituation hat. Sie fordern daher eine

Modernisierung des Designs der Kontrollräume, wozu verbesserte ergonomische Konzepte notwendig sind. Darüber hinaus beziehen sie sich auf eine Untersuchung, in der ein entscheidender Streßfaktor beim Unfall von Three Mile Island hervorgehoben wurde: die Verwirrung bei exzessivem Notalarm.

Eine von Kelly u. Cooper (1981) durchgeführte Untersuchung über die streßauslösenden Faktoren beim Gießen in einer stahlverarbeitenden Fabrik ergab, daß schlechte physische Arbeitsbedingungen ein bedeutender Streßfaktor sind. Viele der Streßfaktoren betrafen hauptsächlich die physischen Aspekte Lärm, Rauch und, in geringerem Ausmaß, Hitze; hinzu kommen die sozialen und psychischen Folgen von Isolation und zwischenmenschlichen Spannungen. Eine weitere mögliche Streßursache wurde in der fehlenden Arbeitszufriedenheit gesehen, die v. a. von den oben genannten Streßfaktoren herrührt und die teilweise durch die Art des Gießens von flüssigem Stahl bedingt ist, das in einem kontinuierlichen Prozeß etwa 70 min dauert. Während 75 % dieses Arbeitsvorganges waren die Gießer einem sehr hohen Geräuschpegel (ein Großteil der Zeit bis zu 110 dB) ausgesetzt, dem sie sich aufgrund ihrer Tätigkeit nicht entziehen konnten. Das gleiche gilt für eine periodische, unangenehme Luftverschmutzung, die durch die Tätigkeit anderer Arbeiter und Maschinen in ihrer Nähe verursacht wurde. Die Arbeitsumstände machten es außerdem erforderlich, Ohrenschützer in Form von Ohrenmuffs oder Wattebäuschen zu tragen, die die Arbeiter unter den in der Fabrik herrschenden Bedingungen praktisch voneinander isolierten.

2.1.2 Schichtarbeit

Zahlreiche Untersuchungen zum arbeitsbedingten Streß haben ergeben, daß Schichtarbeit eine häufige Ursache für Arbeitsstreß ist und neurophysiologische Rhythmen wie Körpertemperatur, Stoffwechselrate, Blutzuckerkonzentration, geistige Leistungsfähigkeit und Arbeitsmotivation beeinträchtigt, was letztlich zu streßbedingten Erkrankungen führen kann (Selye 1976). Eine Untersuchung von Cobb u. Rose (1973) bei Fluglotsen ergab, daß bei den Testpersonen der Bluthochdruck vier Mal so häufig und leichter Diabetes und Magengeschwüre ebenfalls häufiger vorkamen als bei der Kontrollgruppe rangniederen Luftfahrtpersonals. Obwohl die genannten Autoren andere streßauslösende Faktoren bei der Arbeit nachweisen konnten, die an der Entstehung dieser streßbedingten Symptome beteiligt sind, wurde die Schichtarbeit als ein entscheidender Problembereich herausgestellt.

2.1.3 Überforderung durch die Arbeit

Für French et al. (1982) gibt es 2 Arten der Überforderung durch die Arbeit: quantitative Überforderung (d. h. der Arbeitnehmer hat zu viel zu tun) und qualitative Überforderung (d. h. die Arbeitsaufgaben sind zu

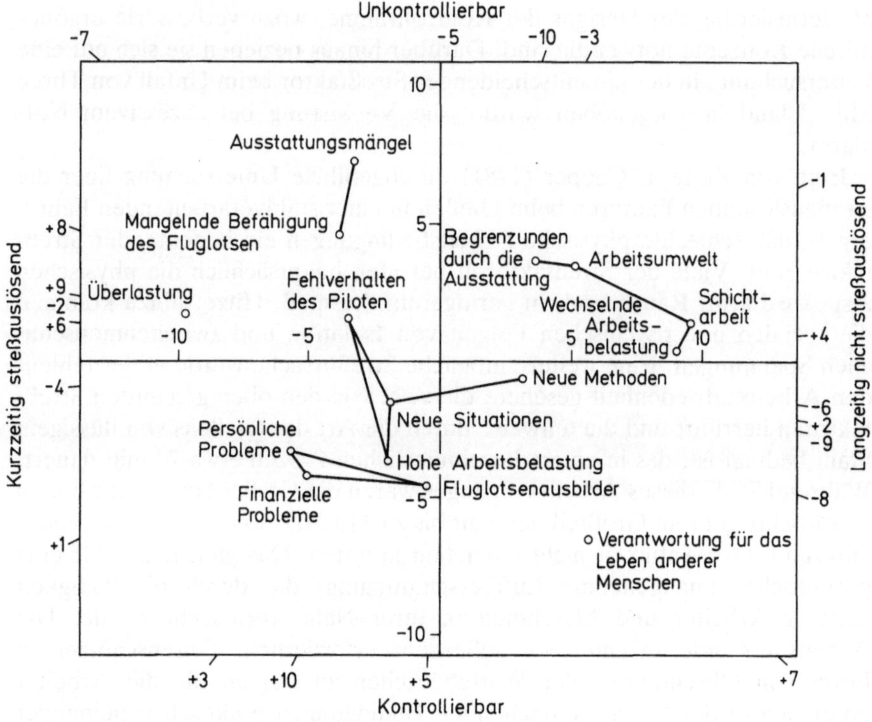

Abb. 2. Beruflicher Streß bei Fluglotsen (Nach Crump et al. 1981)

schwierig). Bestimmte Verhaltensstörungen sind mit der Überforderung durch die Arbeit in Verbindung gebracht worden (Cooper u. Marshall 1976). Beispielsweise fanden Crump et al. (1981) bei einer Untersuchung über Fluglotsen heraus, daß einer der bedeutendsten – zwar kurzzeitigen, aber unkontrollierbaren – Streßfaktoren die Überforderung ist. Unter Verwendung von Vierfeldertafeln (Abb. 2) entwickelten sie eine einzigartige Methode zur Messung des Arbeitsstreß, die es ihnen ermöglichte, die Streßursachen bei Fluglotsen als paarweise Korrelate zu beurteilen (z. B. kontrollierbar/unkontrollierbar und Langzeit-/Kurzzeitstreß).

In einer anderen Untersuchung über Streß bei britischen Polizeibeamten fanden Cooper et al. (1982) heraus, daß Überforderung bei der Arbeit ein bedeutender Streßfaktor bei den unteren Dienstgraden, besonders Wachtmeistern ist. Bei Wachtmeistern, deren Anfälligkeit für Depressionen nach dem empirischen Crown-Crisp-Index besonders hoch war, handelte es sich v. a. um ältere Einsatzbeamte, die sich für überlastet hielten und in deren Augen eine Reihe bürokratischer und sonstiger Hindernisse die effektive Tätigkeit der Polizei erschwerte. Sie beklagten sich über die lange Arbeitszeit und die große Arbeitsbelastung und gleichzeitig über die vermehrte Büroarbeit, die fehlenden Geldmittel und das Versagen der Gerichte bei der Strafverfolgung.

2.1.4 Unterforderung durch die Arbeit

Unterforderung durch die Arbeit, verbunden mit sich wiederholenden, routinemäßigen, langweiligen und wenig anregenden Tätigkeiten ist mit Gesundheitsstörungen in Verbindung gebracht worden (Cox 1978). Darüber hinaus müssen bei bestimmten Berufsgruppen wie z. B. Piloten bei Luftfahrtgesellschaften, Fluglotsen usw. Zeiten von Langeweile in Kauf genommen werden. Daneben besteht die Möglichkeit, daß der Dienst aufgrund einer Gefahrensituation plötzlich unterbrochen wird. Dies kann für den körperlichen und psychischen Zustand des Arbeitnehmers einen plötzlichen Schlag bedeuten und eine schädliche Wirkung auf seine Gesundheit haben. Außerdem können Langeweile und Desinteresse bei der Arbeit die Reaktionsfähigkeit des Arbeitnehmers in Gefahrensituationen herabsetzen.

2.1.5 Körperliche Risiken

Es gibt bestimmte Berufe, die im Hinblick auf potentielle Gefahren als risikoreich beschrieben worden sind, z. B. Polizist, Bergarbeiter, Pilot, Soldat oder Feuerwehrmann (Cooper u. Payne 1980). Der Streß, der durch den ungewissen Ausgang von Ereignissen mit körperlichen Risiken hervorgerufen wird, vermindert sich jedoch häufig entscheidend, wenn sich der Beschäftigte adäquat ausgebildet und ausgerüstet fühlt, um Ausnahmesituationen meistern zu können.
Schließlich gibt es ein erwähnenswertes Kriterium für die Arbeitszufriedenheit und die damit verbundenen Variablen: balancierte Person-Umwelt-Beziehungen („P-E fit") (Beehr et al. 1976). Nach McMichael (1978) kann das „P-E fit" als die Wechselwirkung zwischen den psychosozialen Charakteristika einer Person und den objektiven Umwelt- und Arbeitsbedingungen definiert werden. Demnach kann man das Maß des „P-E fit" erhalten, wenn man das Ausmaß bzw. den Grad eines einzelnen tätigke+itsspezifischen Faktors (z. B. Arbeitsbelastung), den eine Person als optimal empfindet, von dem tatsächlichen Betrag in der Arbeitswelt dieser Person subtrahiert. Es wird von der Hypothese ausgegangen, daß bei einem „P-E"-Mißverhältnis Streß auftreten und zu Problemen wie Beklemmungszuständen, Depressionen, Unzufriedenheit mit der Arbeit und psychischen Erkrankungen führen kann.

2.2 Rolle in der Hierarchie des Betriebes

Die Rolle einer Person in der Arbeitswelt ist als entscheidende Ursache für arbeitsbedingten Streß, der v. a. aus konfligierenden Arbeitsanforderungen (Rollenambiguität) und der Verantwortung für andere Menschen und für Konflikte, die sich aus der Betriebsorganisation ergeben, erkannt worden (Cooper u. Marshall 1976). French u. Caplan (1972), Beehr et al. (1976) und Shirom et al. (1973) haben darauf hingewiesen, daß diese arbeitsbedingten Streßfaktoren zu streßbedingten Erkrankungen der Herzkranzgefäße führen können. Darüber hinaus meint Cooper (1983), daß Berufsgruppen

Tabelle 1. Auswirkungen persönlichkeits- und tätigkeitsbedingter Streßfaktoren auf erhöhten diastolischen Blutdruck bei Zahnärzten. (Nach Cooper et al. 1978)

Persönlichkeits- und tätigkeitsbedingte Streßfaktoren	R-Vielfaches	R^2	R^2-Differenz
Alter	0,36	0,13	0,13
Zahnärzte als Schmerzverursacher	0,40	0,16	0,04
Umgang mit schwierigen Patienten	0,45	0,20	0,04
Verwaltungsaufgaben	0,49	0,24	0,04
Zu wenig Arbeit	0,52	0,27	0,3
16PF Faktor QII „Beklemmung"	0,54	0,29	0,02
Unterhalt und Einrichtung einer Praxis	0,55	0,31	0,02
Beeinträchtigung des Privatlebens durch die Arbeit	0,57	0,32	0,01

mit überwiegend geistiger Tätigkeit, wie z. B. Manager, Angestellte, Freiberufler verstärkt aufgrund von Rollenkonflikten zu arbeitsbedingtem Streß neigen.

Nach Durchsicht der einschlägigen Literatur kommt Kasl (1973) zu dem Schluß, daß die Korrelationen zwischen Rollenkonflikt/Ambiguität und Komponenten der Arbeitszufriedenheit in der Regel hoch sind (demgegenüber sind die Korrelationen mit psychischer Gesundheit eher gering). Persönlichkeitsunterschiede bestimmen jedoch in hohem Maße darüber, wie eine Person auf einen Rollenkonflikt reagiert; bei Introvertierten entsteht eine größere tätigkeitsspezifische Anspannung als bei Extrovertierten. French u. Caplan sind außerdem der Ansicht, daß anpassungsfähige Menschen in Konfliktsituationen größere tätigkeitsspezifische Anspannung zeigen als nichtanpassungsfähige.

Das Maß der Verantwortung für andere Menschen und deren Sicherheit scheint ebenfalls eine bedeutende Ursache für arbeitsbedingten Streß zu sein. Kroes (1976) sieht z. B. die Verantwortung für andere Menschen als einen möglichen Streßfaktor bei Polizisten an, wenn auch nicht im selben Ausmaß wie bei Fluglotsen. Dies ist kürzlich durch eine Studie über beruflichen Streß bei Fluglotsen verifiziert worden, in der die Verantwortung für die Sicherheit und das Leben anderer Menschen als bedeutender Langzeitfaktor für arbeitsbedingten Streß herausgestellt wurde (Crump et al. 1981).

Die Probleme, die durch Rollenkonflikte entstehen können, wurden von Cooper et al. (1978) in ihrer Untersuchung über Zahnärzte ausführlich dargelegt. Sie stellten fest, daß es sich bei den Variablen, die einen ungewöhnlich hohen diastolischen Blutdruck bei Zahnärzten erwarten ließen, um Faktoren handelte, die mit der Rolle des Zahnarztes zusammenhing, d. h. daß er sich selbst eher als „Schmerzverursacher" denn als „Heiler" betrachtet; daß er nichtmedizinische Aufgaben wie z.B. Verwaltungsarbeiten ausführen muß; daß er sich um den Unterhalt und die Einrichtung der Praxis kümmern muß; und schließlich beeinträchtigt seine Rolle auch sein Privatleben, v. a. im Hinblick auf zeitliche Verpflichtungen (Tabelle 1).

2.3 Berufliche Entwicklung

Die nächste Gruppe umweltbedingter Streßfaktoren hängt mit der beruflichen Entwicklung zusammen, die Cooper (1982) als fundamentalen Streßfaktor bei der Arbeit beschreibt; er bezieht diesen Faktor auf „die Wirkung von zu schneller oder zu langsamer Beförderung, Statusinkongruenz, fehlender Arbeitsplatzsicherheit, frustriertem Ehrgeiz". Statusinkongruenz oder das Ausmaß beruflichen Weiterkommens (einschließlich Beförderung in eine höhere Gehaltsstufe) steht wie Erickson et al. (1972) in ihrer Untersuchung bei einer großen Zahl von Marineangestellten herausfanden, in positiver Korrelation zu militärischer Leistungsfähigkeit und in negativer Korrelation zum Auftreten psychischer Störungen. Was die Bezahlung betrifft, so meinen jedoch Otway u. Misenta (1980), daß beträchtliche Gehaltserhöhungen bei einem Arbeitnehmer nicht notwendigerweise eine Erhöhung der Arbeitszufriedenheit implizieren und letztlich auch dazu führen, daß die Beschäftigten in Positionen verbleiben, die ihnen keine Befriedigung verschaffen.

Blockierungen der beruflichen Entwicklung spielen v.a. bei weiblichen Managern eine Rolle (Davidson u. Cooper 1983). In dieser Untersuchung sammelten die Autoren Daten von über 700 weiblichen und 250 männlichen Managern auf allen Ebenen der Unternehmenshierarchie von mehreren hundert Firmen. Es stellte sich heraus, daß Frauen bedeutend mehr als Männer unter organisationsbedingten Stressoren leiden; die schädlichste Wirkung auf ihre Gesundheit und Arbeitszufriedenheit hatten diejenigen Faktoren, die mit ihrer beruflichen Entwicklung und den damit verbundenen Stressoren zusammenhingen (z. B. Diskriminierung der Frau bei Beförderungen, inadäquate Ausbildung, Bevorzugung männlicher Kollegen, zu wenig Delegierung von Aufgaben an Frauen).

2.4 Zwischenmenschliche Beziehungen am Arbeitsplatz

Die Beziehungen am Arbeitsplatz – dazu gehören die Art der Beziehungen zu Kollegen, Chefs und Untergebenen sowie die soziale Unterstützung durch sie – sind ebenfalls mit beruflichem Streß in Verbindung gebracht worden (Payne 1980). Laut French u. Caplan können schlechte Beziehungen zu anderen Mitarbeitern des Unternehmens durch Rollenambiguität im Betrieb herbeigeführt werden, die ihrerseits psychische Belastungen in Form geringerer Arbeitszufriedenheit bewirken kann. Darüber hinaus stellten Caplan et al. (1982) fest, daß große soziale Unterstützung von Gleichgestellten die Arbeitsbelastung verringerte und auch dazu beitrug, die Wirkungen von beruflichem Streß auf den Cortisonspiegel, Blutdruck, Glukosespiegel und die Zahl der gerauchten Zigaretten zu senken bzw. die Bereitschaft zum Aufgaben des Rauchens zu erhöhen. Es ist interessant zu bemerken, daß unter Fluglotsen mehr Hilfe und soziale Unterstützung (nach dem Kriterium des „repertory grid") von Freunden und Kollegen gewährt wurde als von denjenigen, die leitende Positionen innehatten.

Wo männliche leitende Angestellte Probleme hatten, waren diese mit Schwierigkeiten in zwischenmenschlichen Beziehungen verbunden, wie Cooper u. Melhuish (1980) in ihrer Untersuchung bei 196 männlichen Mitarbeitern in Spitzenpositionen feststellten. Es ergab sich, daß die Veranlagung leitender männlicher Angestellter (z. B. extrovertiert, durchsetzungsfähig usw.) und ihre Beziehungen am Arbeitsplatz für ihr erhöhtes Blutdruckrisiko von zentraler Bedeutung waren. Sie waren besonders anfällig für Belastungen durch gestörte Beziehungen zu Untergebenen und Kollegen, fehlende persönliche Unterstützung zu Hause und bei der Arbeit sowie für die Konflikte zwischen ihren eigenen Wertmaßstäben und denen ihres Unternehmens.

2.5 Struktur und Klima des Unternehmens

Eine andere mögliche Ursache für beruflichen Streß hängt mit der Struktur und dem Klima des Unternehmens zusammen, d. h. mit Faktoren wie Büroorganisation, Fehlen effektiver Beratungsmöglichkeiten, mangelnder Beteiligung an Entscheidungsprozessen, Verhaltensrestriktionen usw. Margolis et al. (1974) und French u. Caplan (1972) haben herausgefunden, daß mehr Mitbestimmung zu höherer Produktivität, verbesserter Leistung, geringerer Personalfluktuation und niedrigeren Ausfallquoten aufgrund körperlicher und psychischer Erkrankungen führt (einschließlich solch streßbedingter Verhaltensweisen wie Flucht in den Alkohol und starkes Rauchen).

2.6 Verhältnis zwischen Arbeits- und häuslicher Situation

Für eine ans Haus gebundene Frau ist es ohne Zweifel schwierig, ihren geldverdienenden Mann zu unterstützen und gleichzeitig für die Belange der Familie zu sorgen. Dennoch streben immer mehr Frauen auch noch eine berufliche Karriere an. Nach Informationen des amerikanischen Arbeitsministeriums macht die amerikanische Durchschnittsfamilie, bestehend aus dem geldverdienenden Mann, der Hausfrau und 2 Kindern, nur noch 7% aller amerikanischen Familien aus. Tatsächlich gingen 1975 45 % aller verheirateten Frauen und 37% der Frauen mit Kindern unter 6 Jahren arbeiten; 1960 betrugen die entsprechenden Zahlen 31% bzw. 19%. Viele Psychologen und Soziologen behaupten, daß die Entwicklung zur Familie mit Doppelverdienern die Hauptursache für den beträchtlichen Anstieg der Scheidungsrate in den USA und den westeuropäischen Ländern während der letzten 10 Jahre darstellt.

Die Probleme, die diese Entwicklung für die männlichen Arbeitnehmer mit sich bringt, sind enorm; sie betrifft fast alle Aspekte des Arbeitslebens. Zum Beispiel wird von vielen Männern in qualifizierten Berufen (Managern, Piloten usw.) als Teil ihrer Tätigkeit erwartet, daß sie mobil sind, d. h. daß sie sich bereitwillig ins In- oder Ausland versetzen lassen. In der Vergangenheit haben diese Männer, mit wenigen Ausnahmen, beförderungsbedingte Umzüge meist ohne Diskussionen in der Familie akzeptiert. In den 80er und 90er Jahren werden sich die Aussichten von Männern in qualifizierten Berufen, die für rasche Versetzungen verfügbar sind, beträchtlich vermindern, da die Frauen selbst anfangen, einer Vollzeittätigkeit im Gegensatz zu Teilzeitjobs nachzugehen. Künftig werden also derartige Umzüge große Schwierigkeiten für beide Verdiener in der Familie mit sich bringen. Wir können dies bereits jetzt in Europa und den USA erleben; das Problem wird besonders noch durch die Tatsache verschärft, daß sich die Unternehmen noch nicht hinreichend auf diesen Wandlungsprozeß eingestellt haben. In vielen Unternehmen gibt es bisher noch zu wenig Möglichkeiten, um den beiden berufstätigen Familienmitgliedern zu helfen.

3 Neue Stressoren

Lamberto Brizziarelli

Zwei Ursachen von psychosozialem Streß in der Arbeitswelt lassen sich unterscheiden: die Arbeit selbst und die externen Faktoren, die sich auf das Umfeld des Arbeiters beziehen. Die Komponenten der *ersten* Gruppe sind in den Beiträgen von Lutz und Cooper in Teil II dieses Buchs hinreichend beschrieben, d. h. also Arbeitstempo, Monotonie, übermäßige Verantwortung, Entpersonalisierung, Druck von Vorgesetzten, Veränderungen im Produktionsprozeß, Unfähigkeit zur Anpassung an neue Technologien, Arbeitsplatzunsicherheit. Diese Faktoren betreffen auch die Familie des Arbeitnehmers. Eine kürzlich in der Region Piedmont durchgeführte Studie über Kopfschmerzen bei Kindern ergab eine bedeutend höhere Rate bei Kindern von Arbeitnehmern mit monotonen, sich ständig wiederholenden Arbeitsabläufen.

In der *zweiten* Gruppe von Stressoren sind unterschiedliche Faktoren beteiligt:

- die soziale Gruppe (Jugendliche, Frauen, ältere Personen usw.);
- der kulturelle Hintergrund (Schulabschluß, Berufsausbildung, soziale Integration);
- Lebensbedingungen (inclusive Art und Lage der Wohnung);
- ökonomische Faktoren (allgemeine und spezifische);
- Gewerkschaften und ihr Kampf um Rechte (sowohl des einzelnen als auch des Sektors, zu dem er gehört).

Jeder dieser potentiell streßerzeugenden und sich gegenseitig verstärkenden Faktoren ist untersucht worden. Ihr Vorkommen und ihre Merkmale unterscheiden sich von Land zu Land, von der Art der Arbeit und der zum Zeitpunkt der Studien herrschenden sozialpolitischen Situation.

Streß wird auch durch die grundlegenden Veränderungen in der Struktur und dem Management von Unternehmen – als Folge der raschen Verbreitung der Mikroelektronik – erzeugt. Produktionsfaktoren einschließlich der Pflichten und Rollen von Arbeitnehmern werden umorganisiert, um flexiblen Modellen zu entsprechen, die die Ziele der Unternehmen besser umsetzen helfen. Neue Arbeitsmuster wurden eingeführt, die die Tätigkeiten der Arbeiter von den Arbeitsobjekten trennt, die frei im Betrieb zirkulieren; als Ergebnis dieser Entwicklung müssen die Menschen über Maschinen kommunizieren, was wiederum die Möglichkeiten der Arbeiter reduziert, sich ein Bild vom ganzen Produktionsprozeß zu machen (Gualandri 1984).

3.1 Ein einfacher Aufpasser von Maschinen

Die wichtigste Veränderung betrifft die neuen Möglichkeiten der Anpassung, Überwachung und Steuerung des eigentlichen Produktionsvorganges mit Hilfe der Datenverarbeitung; dies ermöglicht es dem Management, direkt in den Produktionsprozeß einzugreifen. Das bedeutet, daß inzwischen die Management- und Entscheidungsprozesse selbst sehr flexibel geworden sind; allerdings sind die Möglichkeiten der Arbeiter, die Arbeit ihrem eigenen Rhythmus anzupassen, drastisch eingeschränkt.

Über diesen Verlust der Autonomie bei der Kontrolle ihres Arbeitsumfeldes sind die Arbeiter am meisten besorgt. Der erfahrene und im Betrieb und in der Überwachung seiner Maschinen versierte Facharbeiter, der seine Arbeit gestalten konnte, ohne blind den vorgeschriebenen Verfahrensweisen folgen zu müssen, wird jetzt durch einen einfachen Aufpasser von Maschinen ersetzt, die bereits die Informationen enthalten, die einst wesentlicher Bestandteil des Fachwissens des Arbeiters waren.

Dis-Streß wird unerträglich werden, wenn die Arbeitnehmer keine Gelegenheit mehr haben, mit Kollegen in Beziehung zu treten. Ihr einziger Kollege wird das automatisierte Informationssystem sein, von dem sie nichts anderes als Befehle erhalten, die unbedingt ausgeführt werden müssen. Einsamkeit am Arbeitsplatz und Mangel an Kontakt zu Kollegen sowie Mangel an Lob für seine Arbeit kann zu Angst führen; der Arbeitnehmer beginnt, an seinen Fähigkeiten zu zweifeln und kann sogar einen Verfolgungswahn entwickeln.

Dieser Zustand von Dis-Streß ist das „Gläserner-Mann-Syndrom" genannt worden („. . . sie können alles sehen, was ich mache, und ich kann nichts daran ändern").

3.2 Arbeit wird sinnlos

Die innere Bedeutung der Arbeit geht verloren. Dies ist eines der wesentlichsten Probleme, mit denen wir heute konfrontiert sind. Zwei Faktoren scheinen dafür ausschlaggebend zu sein:

a) leitende, manuelle und/oder intellektuelle Tätigkeiten gehen zurück, weil sie in naher Zukunft von einem automatisierten Prozeß oder einer Maschine übernommen werden;
b) die Arbeit in automatisierten Bereichen ist sehr verschieden und beansprucht nicht dieselben rationalen und logischen Fähigkeiten und Motivationen wie diejenige, die mit dem gegenwärtigen System verknüpft sind.

Der Bedeutungsverlust der eigenen Tätigkeit (Arbeit) ist der Schlüssel zum Verständnis des allgemeinen Unbehagens, das durch den Verlust an Selbstachtung (Entwertungsprozesse) beim einzelnen und/oder in der Gruppe entsteht und heutzutage von vielen Arbeitern gespürt wird.

Diese Übergangsphase wirft sicherlich ungeheuere Probleme für diejenigen auf, die für die Gesundheit am Arbeitsplatz verantwortlich sind. Der Zusammenhang zwischen organisierter Arbeit und Gesundheit ist möglicherweise zum ersten Mal sehr deutlich geworden.

Dieser technologische Wandel ist nicht ein weiterer Schritt vorwärts in einem vertrauten, kontinuierlichen Rationalisierungsprozeß; er stellt einen neuen Ansatz dar, mit dem die Arbeitsphasen isoliert werden. Arbeit wird immer mehr zu einer Sequenz geplanter Handlungen – ob in der Fabrik oder im Büro; die Zusammenarbeit zwischen Gruppen ist nicht mehr so wichtig, wie sie einmal war, weil das stark zentralisierte Arbeitsmuster eine ständige Auseinandersetzung (d. h. Zusammenarbeit mit den Kollegen) nicht mehr erforderlich macht, sondern nur noch das Befolgen der vom automatisierten Informationssystem erteilten Anweisungen.

Unter diesen Umständen hat der Arbeitnehmer erhebliche Schwierigkeiten, sich mit seiner Gruppe zu identifizieren; die zwischenmenschlichen Beziehungen werden extrem unpersönlich. So tritt wegen des fehlenden Faktors der Zusammenarbeit, der für den Arbeiter bei der Betrachtung seiner Leistung und Produktion von entscheidender Bedeutung ist, Dis-Streß auf.

Wir leben in einer Zeit, in der der Bedeutungsverlust der Arbeit, die Isolierung des einzelnen und Verzweiflung aufgrund der verlorenen Hoffnung auf einen Wandel dazu führen, daß der Arbeiter Identität und Anerkennung von der Firma selbst sucht, die mehr und mehr die Rolle eines „Retters" und „Beschützers" übernimmt.

Neuanpassung provoziert häufig regressive Prozesse, die ernsthafte psychische Störungen zur Folge haben können. Bei den heutigen Organisationsmodellen (von Banken bis zu Industriefirmen, die beispielsweise Vergaser herstellen) existiert eine radikale Kluft zwischen den operativen Bereichen und den Informationssystemen, d. h. zwischen den Arbeitsspitzen und dem System, die diese Spitzen in logischer Weise kontrollieren.

Diese neue Atomisierung des Arbeitsprozesses wird von den Arbeitern als völlige Beraubung des Zugangs zur gesamten unsichtbaren Rationalität und Logik des Produktionskreislaufs gesehen, welche aus einer neuen Verkörperung des „Taylorismus" zu bestehen scheint.

4 Lärm: eine führende Ursache von Streß

Hartmut Ising

Im Zuge der industriellen Entwicklung haben sich die Belastungen des Menschen am Arbeitsplatz wesentlich verändert. Dieser Beitrag beschäftigt sich mit der Zunahme an Lärmbelästigung und ihren Beziehungen zum Mangel an Magnesiumzufuhr.

Mit wachsendem Wohlstand werden weniger pflanzliche und mehr tierische Produkte aufgenommen. Dadurch wird u. a. die Magnesiumzufuhr pro Kalorie gesenkt und durch die erhöhte Proteinzufuhr der Magnesiumbedarf erhöht. Durch geringe körperliche Arbeit sinkt der Nahrungsbedarf und damit unter anderem auch die Magnesiumzufuhr. Hinzu kommt, daß durch die Nahrungsmitteltechnologie der Magnesiumgehalt von pflanzlichen – besonders von Getreideprodukten – stark reduziert wird. Außerdem ist durch magnesiumarme künstliche Düngung auch der Magnesiumgehalt der Böden und damit auch der Pflanzen in den letzten Jahrzehnten deutlich gesunken. Diese Faktoren führten dazu, daß die Bevölkerung der Industriegesellschaften nicht mehr optimal mit Magnesium versorgt ist.

Diese Veränderungen der Lebensweisen wirken synergetisch mit der Lärmbelästigung und können zu einer Veränderung des Mineralstoffwechsels führen. In einigen Organen nimmt intrazelluläres Magnesium ab, während der intrazelluläre Kalziumgehalt ansteigt. Hierdurch wächst das Risiko für aurale (Innenohrschäden) und extraaurale Schadwirkungen (besonders Herz- Kreislauf-Schäden) des Lärms (vgl. Abb. 1, S. 64).

4.1 Magnesiumverlust bei Lärmbelastung

Bei Lärm und anderen psychomentalen Belastungen werden vermehrt Katecholamine (Streßhormone, z. B. Adrenalin und Noradrenalin) freigesetzt. Dadurch wird z. B. an Herz- und Gefäßmuskelzellen die Membranpermeabilität erhöht, wodurch der Kalziumeinstrom erhöht wird und intrazelluläres Magnesium vermehrt in den extrazellulären Bereich gelangt.

Durch 2stündige Belastung mit Lärm [95 dB(A)] oder durch Zusammenpferchen in einem Käfig stieg bei Meerschweinchen die Magnesiumkonzentration im Serum (SMg) um 67%, gleichzeitig sank der Magnesiumgehalt der Erythrozyten (EMg) um 24%. Ratten reagierten etwas schwächer.

Die Geschwindigkeit, mit der SMg bei Belastung zunahm, wurde an Menschen untersucht. Bei Lärmbelastung [110 dB(A)] stieg SMg innerhalb von 6 min um 5% an.

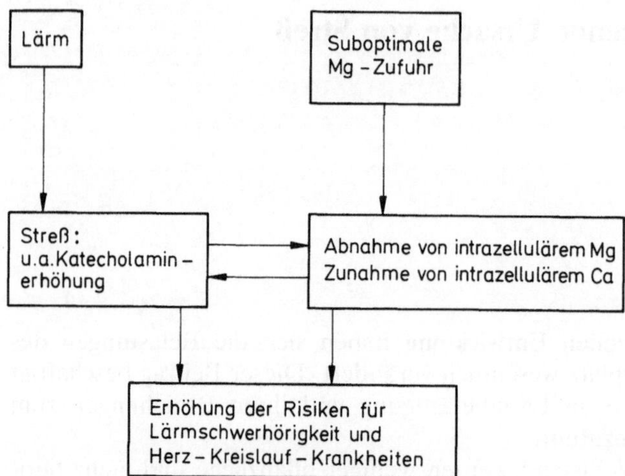

Abb. 1. Wechselwirkungen von Streß und Mg-Verlust mit langfristigen Auswirkungen

Starke Anstiege von SMg haben eine gefäßerweiternde Wirkung und sind bei streßbedingten Blutdruckanstiegen als Gegenregulation physiologisch sinnvoll. Beim Kreislaufschock wurden Anstiege von etwa 50 % beschrieben (Ising et al. 1981 a, b), die in diesen Fällen allerdings die Kreislaufentgleisung verstärken dürften.

Die streßdämpfende Wirkung von SMg-Erhöhungen wurden an 18 gesunden Männern nachgewiesen. Bei den Testpersonen wurde der Blutdruckanstieg gemessen, den eine Noradrelanininfusion bei normalem und bei künstlich erhöhtem SMg bewirkt. Wir fanden eine deutliche Verringerung der Blutdrucksteigerung bei dieser pharmakologischen Streßsimulation, solange SMg erhöht war. Die SMg-Erhöhung bei Streß bringt aber nicht nur den Nutzen der Streßdämpfung, sie ist auch mit Kosten verbunden, bedingt durch eine erhöhte Magnesiumausscheidung durch die Nieren. Damit verliert der Körper bei langfristiger Lärmbelastung Magnesium, und die Fähigkeit zu der beschriebenen SMg-Erhöhung bei Streß nimmt ab.

In Abb. 2 sind einige psychische und biochemische Veränderungen schematisch dargestellt, die bei Lärmbelastung oder anderem psychomentalem Streß zu Veränderungen im Mg-/Ca-Gleichgewicht führen. Das Schema wird durch Untersuchungen an 57 gesunden Männern bestätigt, die einen Tag lang in Ruhe und einen Tag lang bei extrem lautem Verkehrslärm [Dauerschallpegel 85 dB(A)] arbeiteten (Tabelle 1).

Bei Lärm stieg die psychische Spannung signifikant an. Im Sammelurin wurden Anstiege von Adrenalin um 27 %, Noradrenalin um 8.5 % und c-AMP um 4.3 % nachgewiesen. In Blutproben, die 5 min nach Beendigung der Lärmbelastung abgenommen wurden, war EMg um 1.5 % vermindert und SMg um 2.4 % angestiegen. Die Magnesiumausscheidung im Sammelurin war unter Lärm 15 % höher als bei Ruhe.

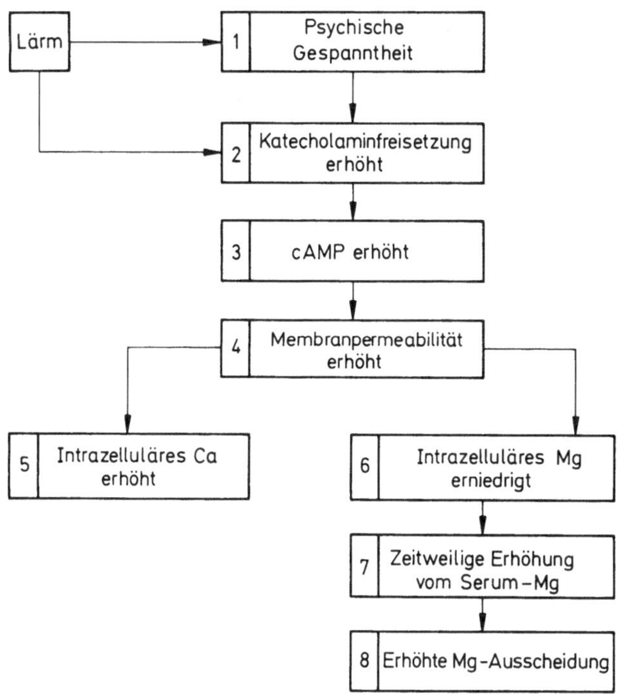

Abb. 2. Auswirkungen von Lärmbelästigung auf das Verhältnis von intrazellulärem Kalzium *(Ca)* und Magnesium *(Mg)*

Tabelle 1. Mittlere Änderungen der aufgeführten Parameter bei 57 Probanden, die 7 Stunden unter Verkehrslärm [Leq = 85 dB (A)] arbeiteten, bezogen auf die Werte bei Arbeit ohne Lärm

Nr. in Abb. 2	Parameter	Lärmbedingte Änderung
1	Psychische Gespanntheit	+ 0,5 Skalenteile auf [c] 5-stufiger Skala
2	Adrenalin Noradrenalin	+ 27 % [b] + 8,5 %
3	c-AMP	+ 4,3 % [a]
6	E-mg	– 1,5 % [a]
7	S-mg	+ 2,4 % [b]
8	Mg-Ausscheidung im Urin	+ 15 % [b]

Signifikanzniveaus (Wilcoxon Test): [a] 5 %, [b] 1 %, [c] 0,1 %

Der Magnesiumgehalt der Erythrozyten wurde hier als Modell für intrazelluläres Magnesium gewählt. An Ratten mit verschiedener Magnesiumzufuhr und 12wöchentlicher Lärmbelastung wurde eine befriedigende Korrelation zwischen den MagnesiumKonzentrationen in den Erythrozyten und im Myokard gefunden.

In ähnlichen Experimenten wurde gezeigt, daß mit der Abnahme des Magnesiums im Myokard ein Kalziumanstieg verbunden ist.

4.2 Verstärkung von Lärmwirkungen durch Magnesiummangel

Lärm verursacht aurale und extraaurale Wirkungen. Beide Typen von Lärmwirkungen werden durch reduzierte Magnesiumzufuhr in der Nahrung verstärkt.

Die Lärmschwerhörigkeit ist die häufigste Berufskrankheit in den Industriegesellschaften. Nach langjähriger Exposition mit Dauerschallpegeln über 80–90 db (A) entwickelt sich bei einem Teil der Exponierten ein bleibender Innenohrschaden. Die Ursachen für die großen Einzelempfindlichkeitsunterschiede für lärmbedingte Hörschwellenverluste des Menschen sind bisher unbekannt. An Meerschweinchen und Ratten konnten wir zeigen, daß Magnesiummangel die lärmbedingten Hörverluste wesentlich verstärkt. Der Hörverlust der Versuchstiere war negativ korreliert mit der Magnesiumkonzentration der Perilymphe (Innenohrflüssigkeit).

Bei Menschen mit vergleichbarer Lärmexposition, aber deutlich unterschiedlichen Hörverlusten fanden wir signifikant niedrigere SMg-Werte in der Gruppe mit stärkerem Hörverlust. Dieser Befund ist ein erster Hinweis darauf, daß auch bei Menschen erniedrigte Mg-Konzentrationen zu erhöhter Empfindlichkeit bei lärmbedingten Hörschäden führen kann.

Zwei Mechanismen scheinen die verstärkten Hörverluste bei Magnesiummangel zu bewirken:

1) Eine Reduktion von Perilymphmagnesium bewirkt eine Erhöhung des Energieverbrauchs der Haarzellen zusätzlich zu dem akustisch bedingten Energieverbrauch.
2) Das so bedingte Energiedefizit kann außerdem verstärkt werden durch eine Reduktion der Innenohrdurchblutung aufgrund von Vasokonstriktion, verursacht durch chronische Magnesiumabnahme und Kalziumzunahme in den Blutgefäßen des Innenohres.

Von den extraauralen Lärmwirkungen sollen hier nur die indirekten Wirkungen auf Herz und Kreislauf betrachtet werden. Lärm wird heute als ein Belastungsfaktor betrachtet, der bei entsprechend veranlagten Personen die Ausbildung einer manifesten Hypertonie verstärken kann. Akute Blutanstiege bei Lärmbelastung wurden an 30 Arbeitern im Lärmbereich 86–102 db (A) nachgewiesen, die an verschiedenen Tagen mit bzw. ohne Gehörschutz ihre gewohnte Arbeit taten.

Tabelle 2. Veränderungen der Ausscheidung von Noradrenalin (NA) und Vanillinmandelsäure (VMA) sowie des systolischen (ps) und diastolischen Blutdruckes (pd) bei Arbeit mit und ohne Gehörschutz in Abhängigkeit vom Dauerschallpegel (Leq) und vom Magnesiumgehalt der Erythrozyten (EMg)

Leq	EMg	n	NA	VMA	ps	pd
dB(A)	mmol/kg dw		g/8 h	mg/8 h	mm Hg	mm Hg
86– 94	6.2–8.6	6	0.0	0.27	1.7	2.7
86– 94	4.9–6.1	7	1.0	0.48	4.9	2.0
95–102	6.2–8.6	7	5.9	0.56	5.0	1.0
95–102	4.9–6.1	7	8.5	0.81	11.0	2.7

Die bei Arbeit ohne Gehörschutz erhöhte Ausscheidung von Noradrenalin (NA) und dessen Abbauprodukt Vanillinmandelsäure (VMS) sowie der Anstieg des systolischen Blutdruckes (ps) waren in der Gesamtgruppe signifikant. Eine Unterteilung der Gruppe in hohe und niedrige Lärmexposition und hohes und niedriges EMg zeigten eine Dosisabhängigkeit der Lärmeffekte und ein Ansteigen der Lärmempfindlichkeit mit abnehmenden EMg der Testpersonen, wie Tabelle 2 zeigt.

In der oben erwähnten Untersuchung mit 57 Testpersonen wurde die subjektive Lärmempfindlichkeit mit einem Fragebogen erhoben. Dabei fanden wir ebenfalls eine Zunahme der Lärmempfindlichkeit mit abnehmendem EMg.

4.3 Streßempfindlichkeit kann reduziert werden

Im Laufe der industriellen Entwicklung hat die Magnesiumversorgung der Bevölkerung abgenommen. Hierdurch hat sich – verstärkt durch die unter Streß vermehrte Magnesiumausscheidung – bei einem Teil der Bevölkerung das Verhältnis von Kalzium zu Magnesium besonders in einigen intrazellulären Bereichen so verschoben, daß eine deutlich erhöhte Streßempfindlichkeit resultiert.

Hieraus darf allerdings nicht der Schluß gezogen werden, daß allein durch erhöhte Mg-Zufuhr ein ausreichender Schutz vor Streß erreicht werden könne. Die unter Streß erhöhte Membranpermeabilität führt dazu, daß trotz erhöhter Mg-Zufuhr der intrazelluläre Magnesiumgehalt nicht oder nur unzureichend ansteigen kann. Notwendig sind deshalb ausreichend lange streßfreie Perioden kombiniert mit optimaler Magnesiumzufuhr, um die intrazellulären Kalzium- und Magnesiumgehalte zu normalisieren. Zum Abbau des Streß gehört auch ein Verzicht auf Nikotin.

Begünstigend für die Normalisierung der intrazellulären Kalziumgehalte wirkt regelmäßige körperliche Aktivität, wie wir an Langstreckenläufern zeigen konnten; diese Gruppe hatte etwa 40 % niedrigere ECa-Werte als eine gleichaltrige Gruppe ohne Langlauftraining. Bei erhöhter physischer Leistung sollte aber darauf geachtet werden, daß die dadurch erhöhten Magnesiumverluste durch magnesiumreiche Nahrung ausgeglichen werden. Durch körperliches Training zusammen mit optimaler Magnesiumzufuhr kann also die Streßempfindlichkeit gesenkt werden.

5 Streß und Krankheit: welche Relationen gibt es?

Michael Kentner

5.1 Einleitung und Definitionen

Gesundheitsförderung in der Arbeitswelt setzt – genauso wie in anderen Sektoren – zielgerichtetes, ökonomisches Handeln voraus. Garanten hierfür sind Steuerungsindikatoren, welche auf Assoziationen beruhen, die Kausalcharakter erlangt haben. So liegen für die in der gegenwärtig gültigen Liste aufgeführten *Berufskrankheiten* wissenschaftliche Erkenntnisse hinsichtlich der Verursachungsfaktoren vor, die in Fachkreisen Allgemeingeltung gewonnen haben und nicht die Meinung einzelner Personen darstellen. Diese Erkenntnisse basieren auf experimentellen, empirisch-kasuistischen und epidemiologischen Forschungsergebnissen, die bestimmte Belastungen und Einwirkungen am Arbeitsplatz als wesentliche Ursache definitiver Krankheitsbilder identifizieren konnten. Expositionsprophylaktische Bemühungen in Zusammenhang mit technologischem Wandel führten so beispielsweise zu eindeutig rückläufigen Trends bei erstmals entschädigten wichtigen Berufskrankheiten wie Silikose (Trendumkehr ab 1953) und Lärmschwerhörigkeit (Trendumkehr ab 1977).

Weitgehend ungeklärt ist die Rolle, die berufsspezifische Einflüsse in der Ätiopathogenese sogenannter *arbeitsbedingter Erkrankungen* spielen. Generell werden unter arbeitsbedingten Erkrankungen Gesundheitsschäden subsumiert, bei deren Entstehung Arbeitseinflüsse tatsächlich mitwirken, ohne eine wesentliche Bedingung darzustellen.

Zwischen arbeitsbedingten Leiden und *Frühinvalidität* bestehen breite Überschneidungsfelder. Der Status Frühinvalidität bezieht sich im folgenden auf Rentenfäle wegen Berufs- und Erwerbsunfähigkeit. „Früh“ besagt dabei in aller Regel, daß die Berentung vor den für normale Ruhestandsbezüge maßgeblichen Altersfristen wegen dauernder gesundheitlichen Schäden erfolgt. Derzeit wird Frühinvalidität in der Bundesrepublik Deutschland zu 80–90 % durch *5 Haupterkrankungsgruppen* bestimmt. Es sind dies in abnehmender Häufigkeit:

- Herz-Kreislauf-Erkrankungen,
- Erkrankungen des Stütz- und Bewegungsapparates,
- bösartige Neubildungen,
- psychiatrische und psychovegetative Erkrankungen,
- Erkrankungen der Atmungsorgane (Kentner et al. 1983).

Diese Leiden repräsentieren auch das Hauptkontingent derjenigen Krankheiten, die als zumindest teilweise arbeitsbedingt eingestuft werden. Belastungen am Arbeitsplatz sollen also für den hohen Anteil der wegen Krankheit vorzeitig aus dem Erwerbsleben ausscheidenden Personen verantwortlich sein. Diese von verschiedenen Seiten getroffene Feststellung basiert zumeist auf Zahlen aus der Frührentenstatistik des Verbandes Deutscher Rentenversicherungsträger. Leider wird die Aussagekraft dieses Zahlenwerkes in bezug auf Morbiditätsbetrachtungen dadurch beeinträchtigt, daß normative und institutionelle Faktoren das Frührentengeschehen in erheblicher Weise beeinflussen. Rentenärztliche Begutachtungsgrundlagen und insbesondere Maßnahmen der Legislative und Jurisdiktion sowie Arbeitsmarktentwicklungen und die Bevölkerungsstruktur determinieren die Frührentenstatistik nicht nur in quantitativer, sondern auch in qualitativer Hinsicht. Das Institut für Arbeits- und Sozialmedizin der Universität Erlangen-Nürnberg hat in einer umfangreichen Untersuchung in Zusammenarbeit mit dem Institut für empirische Soziologie Nürnberg, initiiert durch das Ministerium für Arbeit, Gesundheit und Sozialordnung des Landes Baden-Württemberg erst kürzlich hierzu Stellung genommen (Ministerium für Arbeit, Gesundheit und Sozialordnung, Baden-Württemberg 1984, Kentner et al. 1985).

5.2 Bedingungen für die Entstehung von Frühinvalidität

Inwieweit Einflußgrößen aus Umwelt und Arbeitswelt bei der Entstehung von Frühinvalidität respektive chronischen Erkrankungen beteiligt sind, ist an Hand der Frührentenstatistik nicht befriedigend zu klären. Aus diesem Grund führten wir eine katamnestische Fallkontrollstudie durch, welche sämtliche im Jahr 1982 im Bereich der LVA Baden-Württemberg frühberenteten Personen unter 60 Jahren einbezog. Bei Rücklaufquoten zwischen 50 und 60 % wurden 17 595 Frührenter, sowie eine gleich große strukturähnliche Kontrollstichprobe mittels eines standardisierten Fragebogens hinsichtlich möglicher Ursachen der vorzeitigen Berentung in Arbeits-, Umwelt- und Lebensgewohnheiten befragt. Zusätzlich bestand u. a. Zugriff auf die im rentenärztlichen Begutachtungsverfahren objektivierten frühinvalidisierungsrelevanten Diagnosen. Ohne hier auf Einzelheiten näher eingehen zu können, erbrachte die Analyse personengebundener latenter Strukturen ein *erhöhtes Frühinvalidierungsrisiko* bei:

- prädispositionell gesteigerter Erkrankungsbereitschaft;
- ungünstigen persönlichen Lebensumständen (Familienverhältnisse, sozioökonomische Lage, Durchstehen extremer Lebenssituationen);
- gesundheitswidrigem Eigenverhalten (in erster Linie Genußmittelabusus);
- geringer beruflicher Qualifikation;
- zeitmäßig überdurchschnittlichen beruflichen Belastungen.

Frühinvalidität ist also auf ein multifaktorielles Geschehen zurückzuführen, wobei sich *quantitative* Beziehungen zu arbeitsbedingten Belastungen herstellen lassen.

5.3 Beziehungen zwischen Arbeitsbelastungen und chronischen Erkrankungen

Im Rahmen einer Sonderuntersuchung wurde versucht, auch *qualitative* Beziehungen zwischen Arbeitsbelastungen und chronischen Erkrankungen herzustellen. Dazu wurden diejenigen Personen ausgewählt, bei denen aufgrund der Fragebogenangaben mit hoher Wahrscheinlichkeit davon auszugehen war, daß sie zeitlebens innerhalb desselben Berufes tätig waren. Die diversen Berufe wurden in 16 Berufsgruppen und die einzelnen Erkrankungen in 15 Erkrankungsgruppen aggregiert. Dies geschah unter dem Hauptgesichtspunkt einer ausreichenden Trennschärfe und Zellenbesetzung. Zusätzlich wurden die 28 verschiedenartigen, zeitmäßig abgefragten beruflichen Anforderungen und Belastungen mit Hilfe aufwendiger statistischer Verfahren in *8 Belastungsfaktoren* verdichtet:

1) Über-/Fehlbelastung des Bewegungsapparates;
2) Nässe, Hitze, Kälte, Arbeit im Freien;
3) Zugluft;
4) Lärm;
5) Vibration;
6) repetitive Tätigkeit, Zeitdruck, Fließband- und Akkordarbeit;
7) unregelmäßige Arbeitszeit;
8) gesundheitsgefährdende Arbeitsstoffe.

Diese Vorarbeiten ermöglichten zum einen die Überprüfung der Validität der gebildeten Belastungsfaktoren durch Bildung berufsspezifischer Belastungsprofile und zum anderen die Herstellung von Beziehungen zwischen den Belastungsfaktoren am Arbeitsplatz und einzelnen chronischen Erkrankungen. Hier soll auf einzelne ausgewählte Beispiele näher eingegangen werden.

Abbildung 1 zeigt eine Gegenüberstellung des *Belastungsprofils* bei frühinvalidisierten Männern, welche in Verkehrsberufen, und für Männer, welche in der Landwirtschaft tätig waren.

Während bei den Verkehrsberufen die Belastungsfaktoren für „unregelmäßige Arbeitszeit" und „Zugluft" im Vordergrund stehen, unterliegen landwirtschaftlich tätige Personen besonders „Über- und Fehlbelastungen des Bewegungsapparates" sowie „ungünstigen klimatischen Einwirkungen" wie Nässe, Hitze und Kälte. Derartige plausibel zu interpretierende Belastungsprofile ergaben sich durchweg für alle Berufsgruppen und für beide Geschlechter. Insofern ist von einer akzeptablen Realiabilität der ausgewählten Belastungsfaktoren auszugehen.

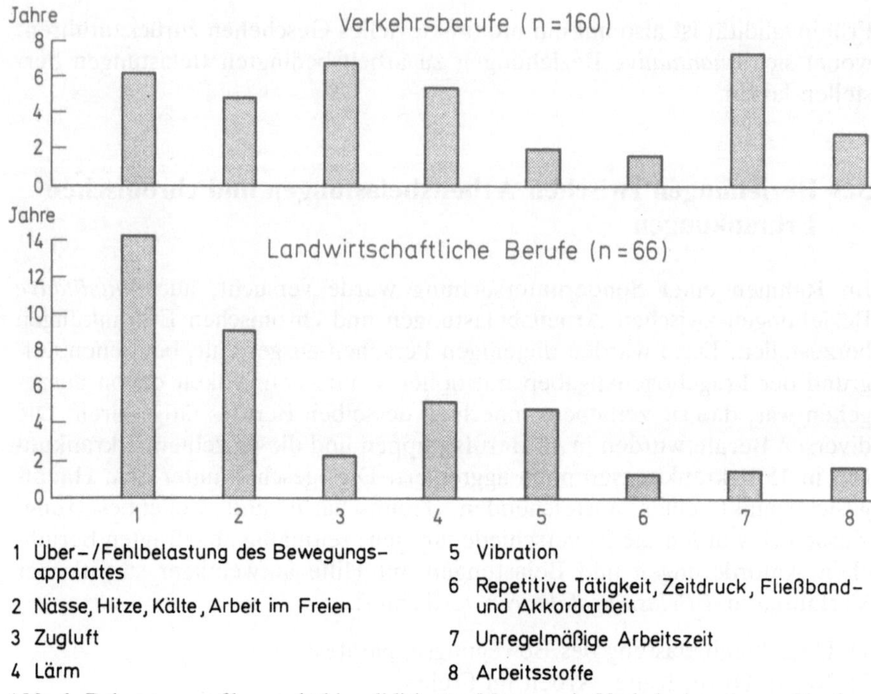

Abb. 1. Belastungsprofile von frühinvalidisierten Männern in Verkehrsberufen und in der Landwirtschaft

Bildet man nun mit denselben Belastungsfaktoren Belastungsprofile für die einzelnen Gruppen von chronischen Erkrankungen, ergeben sich für alle Erkrankungsgruppen ähnliche Profile, die sich nur im getrenntgeschlechtlichen Vergleich wesentlich unterscheiden. In der Abb. 2 ist dieses Phänomen für 4 ätiopathogenetisch unterschiedliche *Erkrankungsgruppen* dargestellt.

Bei *Männern* dominieren im wesentlichen Belastungsfaktor 1 (Über- und Fehlbelastung des Bewegungsapparates) und 4 (Lärm), während bei *Frauen* noch zusätzlich Faktor 6 (repetitive Tätigkeit, Zeitdruck, Fließband- und Akkordarbeit) im Vordergrund steht. Diese rein optisch zu treffenden Feststellungen können im übrigen mit Hilfe eines speziellen Testverfahrens auch statistisch abgesichert werden.

5.4 Streß: nur teilweise eine Ursache

Damit liegt die Folgerung nahe, daß Frühinvalidität bzw. arbeitsbedingte Erkrankungen nicht durch qualitative berufliche Belastungsmerkmale begründet werden können (Kentner 1985). An dieser Stelle muß ausdrücklich darauf hingewiesen werden, daß der Belastungsfaktorenbildung und -analyse Daten zugrunde liegen, die subjektiv und retrospektiv erhoben wurden. Insofern darf der statistische Zusammenhang eines erhöhten Früh-

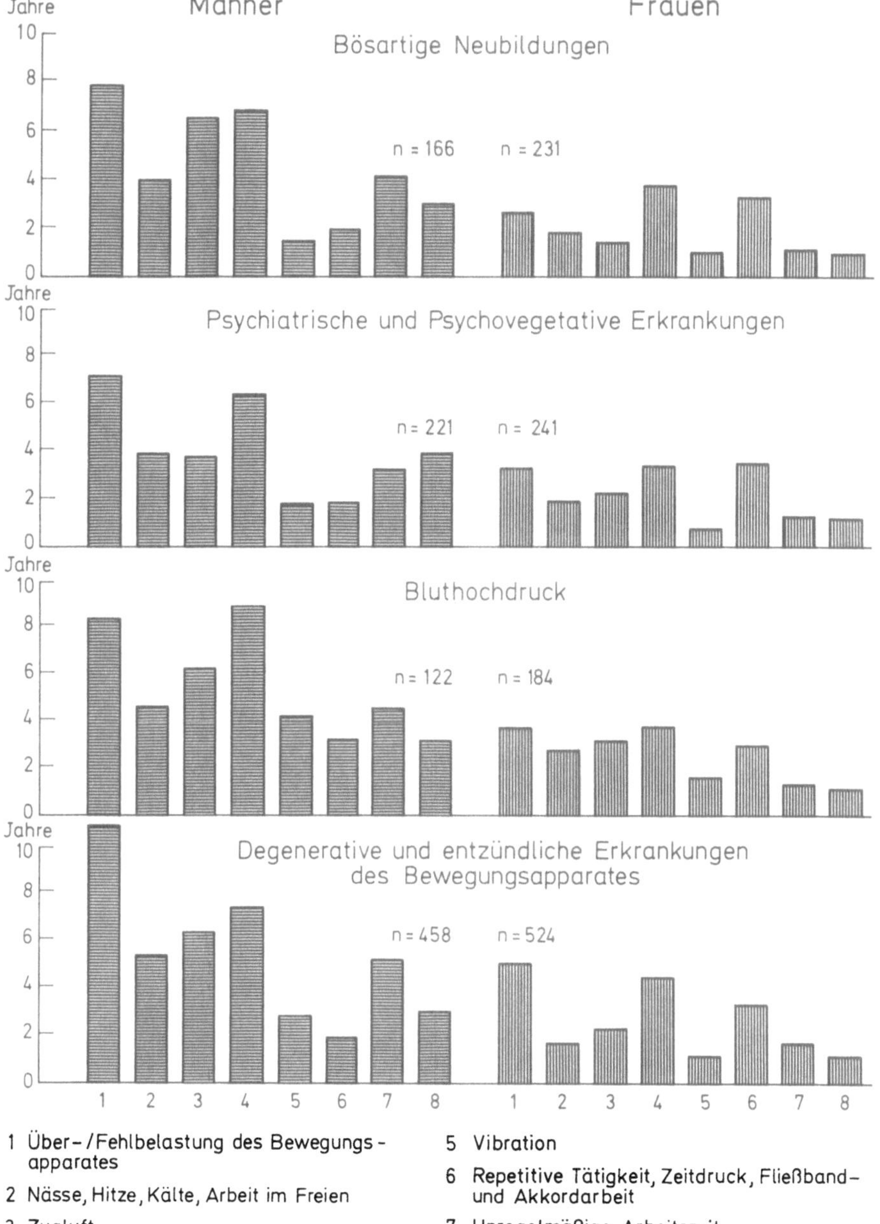

Abb. 2. Beziehung zwischen 8 Belastungsfaktoren und 4 Erkrankungsgruppen

invalidisierungsrisikos bei zeitgemäß überdurchschnittlichen Belastungen nicht als Kausalitätsmodell für chronische Erkrankungen fehlinterpretiert werden. Es ist daraus lediglich der Hinweis abzuleiten, daß diverse arbeitsbedingte Belastungen in der Pathogenese chronischer Erkrankungen teilursächlich mitwirken können. Die Klärung, inwieweit hier spezifische Wirkmechanismen eine Rolle spielen, bleibt Felduntersuchungen, möglichst unter Einsatz moderner naturwissenschaftlicher Methoden, vorbehalten.

6 Ein ganzheitlicher Ansatz ist erforderlich

Helmut Milz

Die wissenschaftlich-analytische Erforschung der verschiedenen gesundheitsgefährdenden Stressoren der Arbeitswelt ist eine wesentliche und notwendige Hilfe für die Betroffenen. Wenn sie den Betroffenen eine verständliche Hilfe sein will, dann muß sie sich an Einsteins Bemerkung orientieren: „Alles Wissen von der Wirklichkeit geht von der Erfahrung aus und mündet in ihr". Analytisch-experimentelle Untersuchungen und Bewertungen einzelner Stressoren werden aus der Wissenschaftslogik heraus unter möglichst genau determinierten Test- oder Laborbedingungen durchgeführt. Dadurch erfolgt eine bewußt vorgenommene Isolierung einzelner Phänomene aus ihrem alltäglichen Kontext. So gewonnene Ergebnisse dieser Untersuchungen bedürfen einer erneuten Bewertung, wenn sie auf die alltäglichen Lebens- und Arbeitsbedingungen übertragen werden sollen.

Eine besondere Bedeutung der theoretisch wissenschaftlichen Analyse liegt darin, daß sie Konzepte entwickelt, die die Auswirkungen von nicht unmittelbar erfahrenen Stressoren – sogenannten „invisible hazards" – auf biologische Zell- und Gewebestrukturen und physiologisch-chemische Regulationsprozesse untersuchen und bewerten können. Sie helfen, präventive Strategien zur spezifischen Risikoverminderung zu entwickeln und legislativ festzulegen.

Die Notwendigkeit der Isolierung einzelner Phänomene oder Faktoren in analytisch-experimentellen Untersuchungen bedingt gleichzeitig, daß deren Ergebnisse immer nur allgemeiner Natur sind und nur annähernde Aussagen für die Praxis machen können.

6.1 Chemische Noxen und das Problem der Toxizität

Identifikation und Bewertung von Schadstoffen am Arbeitsplatz sind eine Domäne des wissenschaftlich-analytisch geprägten Stressormanagements. Die Beschäftigten erfahren die Auswirkungen von Schadstoffen erst in Form von funktionellen Beschwerden, später als organische und/oder psychische Leiden. Damit die Forderungen der Beschäftigten nach Veränderung oder Beseitigung des Schadstoffexposition Gehör finden oder gesetzliche Absicherung erfahren können, muß der wissenschaftliche Beweis einer möglichen Kausalität der Schädigung erbracht werden. Quantifizierung und statistische Signifikanz sind moderne Götzen der Industriegesellschaften, ohne die keine Änderungen am Arbeitsplatz vorgenommen werden. Aus dem Blickwinkel der Unternehmen oder des Staates gilt zumeist die Maxime: „Solange es keine wissenschaftlichen Daten (Beweise) gibt, ist das Problem für uns nicht existent."

Der Zugang zur Gewinnung dieser Daten ist für die unterschiedlichen sozialen Gruppen ungleich. Die Art der Fragestellung und der Arbeitshypothesen, mit denen Wissenschaftler eine Untersuchung durchführen, haben Einfluß auf das Ergebnis ihrer Prüfungen.

In den letzten Jahren finden Konzepte größere Beachtung, die neben der Untersuchung von Einzelsubstanzen die Aufmerksamkeit auf die *Kumulation* verschiedener Substanzen und deren gemeinsame Schädigungen betrachten. Sie problematisieren die Aussagekraft bisheriger Festlegungen von toxischen Schwellengrenzen und maximalen, zugelassenen Arbeitsplatzkonzentrationswerten. Potentielle Belastung und Bedrohung durch einzelne Schadstoffe werden in den Kontext der Gesamtbelastungen gestellt, verursacht durch den Grad kontinuierlicher Streßbelastungen an spezifischen Arbeitsplätzen sowie durch die Arbeitsorganisation. Darüber hinaus wird die besondere „Verletzbarkeit" der betroffenen menschlichen Organismen als „Empfänger" der Belastungen untersucht, welche durch Komponenten wie genetische Disposition, Alter, Geschlecht, Erziehung usw. bestimmt wird.

„Sichere" Konzentrationen von Schadstoffen bleiben relative Werte und sollten nicht dazu führen, den möglichen, spezifischen Beitrag einzelner Substanzen bei funktionellen Leiden oder manifesten Krankheiten zu übersehen. Modelle zur empirischen Prüfung von Reaktionen und die gesammelte Erfahrung von etwa 40 Jahren finden sich im Bereich der klinischen Ökologie, die nahrungsmittel- und schadstoffbedingte Leiden untersucht, prüft und behandelt (Bell 1982). Die Ergebnisse der klinischen Ökologie sind zumeist rein empirischer Natur und entsprechen nicht den geforderten wissenschaftlich-standardisierten Anforderungen. Sie können bisher kaum zur gezielten Unterstützung allgemein gesundheitsfördernder Programme in der Arbeitswelt verwendet werden (Lerner 1985).

Eine Hypothese der klinischen Ökologie, nach der es gemeinsame biologische Mechanismen gibt, die in der Frühphase einer Erkrankung von qualitativ unterschiedlichen Stressoren (Inhalationsstoffe, Chemikalien, Nahrungsmittel, körperliche und psychosoziale Faktoren) in ähnlicher Weise bedroht und geschädigt werden, gilt es zu prüfen. Dabei richtet sich das Interesse hauptsächlich auf Schädigungen und Veränderungen im Bereich des Immunsystems und des Zentralnervensystems.

Detaillierte Untersuchungen solcher Zusammenhänge liefert seit einigen Jahren der rasch zunehmende Forschungsbereich der Psychoneuroimmunologie.

Auch die umfangreichen Untersuchungen zum Streßphänomen haben gezeigt, daß völlig verschiedene Stressoren zu allgemeinen, unspezifischen Streßreaktionen des Gesamtorganismus führen können, die nicht zuletzt auch die Immunabwehr beeinflussen. Eine weitere besondere Problematik bei der Bewertung der potentiellen Schädigungen durch chemische Noxen und deren potentieller Kanzerogenität ergibt sich durch Langzeitexposition und Langzeitschädigung, die sich sowohl der unmittelbaren Erfahrung als auch der unmittelbaren Prüfung entziehen. Ihre Auswirkungen zeigen sich bisweilen erst nach Jahrzehnten.

Besonders fatal ist, daß diese Expositionen genetische Schädigungen des Erbgutes bedingen können, die sich in erhöhter Morbidität der folgenden Generationen auswirken. Das National Institute of Cancer schätzt, daß etwa 20–40 % aller Krebserkrankungen durch Schadstoffexposition am Arbeitsplatz bedingt sind (Pelletier 1984). Dies dürfte in ähnlicher oder stärkerer Weise auch auf andere funktionelle oder organisch manifeste Krankheiten (besonders im Bereich der Haut sowie der Lungen und des Verdauungstraktes) zutreffen.

Während einerseits der Prozeß der wissenschaftlichen Identifikation von toxischen Substanzen methodisch fortgesetzt werden muß, kann dies nicht als Entschuldigung für eine Verzögerung von unmittelbaren Maßnahmen dienen, die in denjenigen Arbeitsplätzen der Schadstoffexposition notwendig sind, wo gefährdende Auswirkungen bereits offensichtlich sind. In diesen Fällen ist das Zögern eher Ausdruck der politischen und ökonomischen Interessen denn einer objektiven Wissenschaft.

Vorläufiges Fazit dieser Ausführungen: Die Wahrnehmung und Anerkennung der subjektiven, oft funktionellen Beschwerden der Beschäftigten durch Schadstoffe muß verstärkt geschult werden. Dies kann das Auftreten manifester Erkrankungen verringern. Bessere Kommunikation zwischen Beschäftigten und Betrieb über diese Beschwerden müssen ebenfalls Ausgangspunkt für spezifische Maßnahmen zur verminderten Risikoexposition werden. Wissenschaftliche Prüfung ist wesentlich und notwendig, aber sie ist nur eine begleitende Maßnahme und darf nicht zum verzögernden und allein bestimmenden Maßstab notwendiger Veränderungen werden.

6.2 Bewegungsarmut und einseitige Überlastungen des Bewegungsapparates

Seit den systematischen Untersuchungen über das Streßphänomen und die Streßreaktionen des Organismus wird der an sich sinnvolle Gehalt dieses Phänomens immer wieder betont. Die Streßreaktion ermöglicht dem Körper, auf Belastungen und Gefährdungen mit Hilfe einer akuten Mobilisierung von Energiereserven entweder mit Angriff oder Flucht zu reagieren. Verschiedene Stressoren am Arbeitsplatz setzen die gleichen physiologisch-chemischen Reaktionen frei, aber die Arbeitssituation erlaubt den Betroffenen zumeist nicht, sich zu wehren oder zurückzuziehen.

Mechanisierung und Automation der industriellen Arbeitsprozesse haben die körperlichen Tätigkeiten der meisten Beschäftigten stark reduziert und vereinfacht – im Extremfall bis auf denselben immer wieder auszuführenden Handgriff.

> Damit verliert der Einzelne zugleich die Übersicht über den Gesamtprozeß. Seine Tätigkeit muß von außen gesteuert werden, damit die Einzelarbeiten sich zu einem sinnvollen Ganzen ordnen können. Es ist somit nicht nur vorgeschrieben, *was* der Einzelne tut, sondern auch *wie* er dies zu tun hat, wann und in *welcher Zeit*.... Die Ganzheitlichkeit wird von den arbeitenden Individuen abgelöst und verselbständigt sich als eine übergeordnete Struktur (Bamme et al. 1983).

Um den reibungslosen Ablauf solch komplexer Arbeits- und Fertigungsprozesse zu garantieren, müssen individuelle Lebensäußerungen weitgehend genormt bzw. zerstört werden. Dies gelingt aber nur begrenzt, und es hat für die Gesundheit der Einzelnen erhebliche Konsequenzen.

Im Arbeitsprozeß unterdrückte Bedürfnisse, angestaute energetische Potentiale, ständig unterforderte Körperfunktionen usw. – für diese Fehlregulation kann die Freizeit kaum adäquaten Ausgleich bieten. Zudem beeinflussen Muster des Arbeitsprozesses in wesentlichem Umfang auch Muster der Freizeitgestaltung.

Verschiedene Stressoren mobilisieren die muskulären und hormonellen Systeme für aktive Handlungen. Ohne adäquate Handlung staut sich Anspannung im Organismus und kann folglich für eine geraume Zeit fortbestehen. Über verschiedene Fehlsteuerungen innerhalb der körperlichen Selbstregulationsmechanismen kann nicht abgebauter Streß – Dis-Streß – Magengeschwüre, Bluthochdruck, rezidivierende Kopfschmerzen, Schlaflosigkeit, Depressionen usw. bedingen. Verstärkte Stimulierung der Nebennierenproduktion verändert unter anhaltendem Streß die gesamte Situation des Glukose- und Fettstoffwechsels. Dies bewirkt entscheidende Steigerungen der kardiovaskulären Risikofaktoren, die zur verstärkten Progredienz von ateriosklerotischen Prozessen führen. In ähnlicher Weise werden Gerinnungsprozesse beeinflußt und können somit die Gefahr der Thrombusbildung erhöhen, die eine Basis von Herzinfarkt und Schlaganfall darstellt. Zusammen mit der genannten Schwächung der Immunabwehr finden wir bei Dis-Streß eine Erhöhung aller entscheidenden Risikofaktoren für die in den Industrieländern vorherrschenden Erkrankungen und Todesursachen wieder (Selye 1976).

Dies sollte Grund genug sein, gesundheitsfördende Maßnahmen innerhalb der Arbeitswelt nicht allein in spezifischen, an einzelnen Risikofaktoren orientierten Programmen zu organisieren, sondern darüber hinaus Programme einer allgemeinen Streßminderung zu fördern, die einen veränderten Umgang mit Stressoren und Streß ermöglichen.

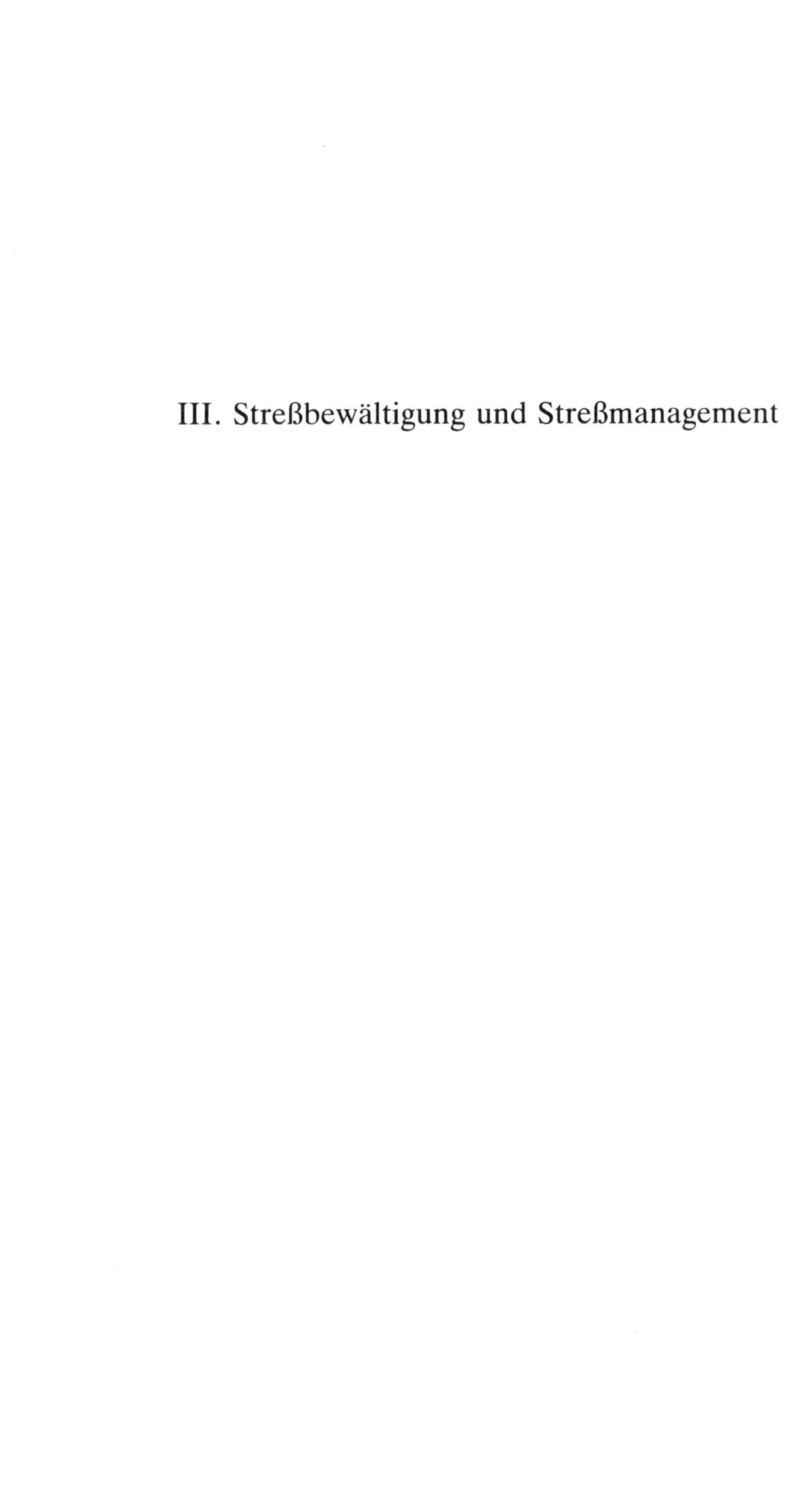

III. Streßbewältigung und Streßmanagement

Einführende Bemerkungen

Die Analyse von Streßfaktoren in der Arbeitswelt greift häufig noch zu kurz. Es muß geprüft werden, welche sozialen, persönlichen und rechtlich-organisatorischen Ressourcen zur Streßbewältigung gegeben sind, um Arbeitsbelastungen wirksam begegnen zu können.

Risikoverhalten ist eine Möglichkeit, mit der Betroffene auf Streß reagieren. Die Forschung zeigt, daß es Zusammenhänge zwischen belastenden Arbeitsbedingungen und gesundheitsgefährdendem Verhalten (wie z. B. erhöhter Zigaretten-, Medikamenten- und Alkoholkonsum oder geringe körperliche Bewegung) gibt. Damit wird noch einmal unterstrichen, daß das Gesundheitsverhalten der Arbeitnehmer nicht per se selbstverschuldet ist.

Das Vorhandensein oder Nichtvorhandensein von gesundheitsrelevanten Ressourcen entscheidet oft darüber, ob eine potentiell streßhafte Arbeitsbedingung als Stressor wirkt oder aber eine Herausforderung ist, deren Bewältigung sich positiv auf das Wohlbefinden des betroffenen Arbeitnehmers auswirkt. Die Qualifikation einer Person und ihre berufliche Erfahrung stellen z. B. *persönliche* Ressourcen dar, die es erleichtern, mit potentiell belastenden Situationen fertig zu werden. Kontrolle über die Arbeit zu haben und in ein unterstützendes Netzwerk von Arbeitskollegen integriert zu sein, bilden *soziale* und *organisatorische* Ressourcen, die ebenfalls dazu beitragen können, Streßursachen zu beseitigen oder gegebene Belastungen besser zu bewältigen.

Der Streßressourcenansatz impliziert somit zweierlei für die Gesundheitsförderung in der Arbeitswelt. Die Ressourcen der Arbeitnehmer am Arbeitsplatz müssen gestärkt werden, damit ein leichterer Umgang mit potentiellen Streßbedingungen gewährleistet ist. Dadurch wird eine schrittweise Transformation belastender in motivierende Arbeitsbedingungen möglich. Darüber hinaus sind die Bemühungen um eine humanere Gestaltung der Arbeitsbedingungen weiter zu intensivieren.

Viele Firmen bieten inzwischen schon Gesundheitsförderung für ihre Beschäftigten an; dies schließt auch Beratungsdienste ein, um das Wohlbefinden der Mitarbeiter zu sichern. Darunter werden in der Regel Fitneßprogramme, Qualitätszirkel, „Awareness"-Training usw. verstanden.

A. Individuelle Ebene

1 Ressourcen: ein zentrales Mittel beim Umgang mit Streß

Michael Frese

In einer Vielzahl von Studien ist nachgewiesen worden, daß Streß am Arbeitsplatz Erkrankungen hervorrufen kann (Frese 1982, 1986). Ich werde in diesem Beitrag dafür plädieren, zwischen Stressoren und Ressourcen begrifflich zu unterscheiden, um stärker herausstellen zu können, welchen langfristigen Einfluß Stressoren auf die Gesundheit haben können.

Wie in Teil II erwähnt, sind Beispiele für Stressoren in der Arbeitswelt: Monotonie, hohe Arbeitsgeschwindigkeit oder Störungen im Arbeitsfluß. Beispiele für Ressourcen sind die Kontrolle über die Arbeitsbedingungen (d. h. das Ausmaß an Handlungsfreiheit bei der Arbeit) oder soziale Unterstützung. Stressoren und Ressourcen stehen bei der Entwicklung von Erkrankungen miteinander in Beziehung. Die Unterscheidung in Stressoren und Ressourcen ist notwendig, um eine angemessene Theorie der Streßdynamik und effektiver Interventionsmöglichkeiten entwickeln zu können. Nur dann ist es möglich, die ganze Bandbreite präventiver Strategien zu erkennen, mit denen potentiell gesundheitsgefährdende Auswirkungen von Streß in der Arbeitswelt reduziert werden können.

Zunächst werde ich erläutern, was ich unter dem Begriff Streßprozeß verstehe; danach werde ich eine Theorie der Beziehungen zwischen Stressoren und Ressourcen formulieren.

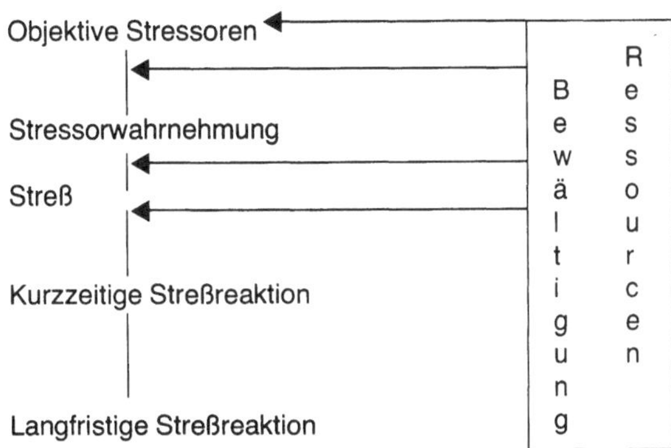

Abb. 1. Der Streßprozeß

Abbildung 1 stellt mein Konzept vom Streßprozeß vor. Sie illustriert die verschiedenen Aspekte des Prozesses:

1. *Objektive Stressoren.* Diese Stressoren (Arbeitsanforderungen) lösen den Prozeß aus. Ein objektiver Stressor kann zum Beispiel die Notwendigkeit sein, auf ein Gefahrensignal sofort zu reagieren. Sie sind in dem Sinne „objektiv", als die Bedingungen unabhängig von individuellen Bewältigungsstrategien oder Streßreaktionen festgelegt sind. Der Streßprozeß wird durch die objektiven Stressoren natürlich nur potentiell ausgelöst; Menschen mit guten Bewältigungsstrategien oder Ressourcen werden vielleicht niemals Streß erfahren.
2. *Stressor-Wahrnehmung.* Die objektive Streßsituation wird wahrgenommen, z. B. das Individuum nimmt das Gefahrensignal wahr, das eine sofortige Reaktion erfordert.
3. *Streß.* Nachdem der Stressor wahrgenommen worden ist, wird die Unabwendbarkeit der Situation festgestellt. Dieser Punkt bezieht sich auf den primären Feststellungsprozeß von Lazarus (1966). Die potentielle Gefährdung einer Person oder die Gefährdung ihrer Ziele kann zur Gefahrensfeststellung führen. Die Notwendigkeit, auf das Gefahrensignal zu reagieren, kann in sich selbst unabweislich sein.
4. *Kurzfristige Streßreaktionen.* Nachdem die Unabwendbarkeit der Situation festgestellt worden ist, können verhaltensbezogene, physiologische und emotionale Reaktionen eintreten, z. B. kann sich die Person bedroht fühlen, weil ein Gefahrensignal von ihr eine sofortige Reaktion verlangt.
5. *Langfristige Streßreaktionen.* Auf lange Sicht kann eine Person, deren Arbeit viele Stressoren einschließt, psychosomatische oder psychologische Beschwerden oder Störungen entwickeln, z. B. Magenbeschwerden oder Magengeschwüre.

Wie in Abb. 1 beschrieben, können Bewältigungshandeln und Ressourcen einen Einfluß auf die objektiven Stressoren (d. h. sie können sie eliminieren) oder auf die intervenierenden Prozesse haben (tatsächlich argumentieren einige Experten, daß die Ressourcen einen direkten Einfluß auf Streß und Streßreaktionen haben können, obwohl ich dies bezweifle). In diesem Beitrag werde ich mich nicht mit Bewältigungshandeln (vgl. Frese 1986) beschäftigen, sondern mich auf die Ressourcen konzentrieren.

1.1 Die Beziehungen zwischen Ressourcen und Stressoren

Ressourcen sind die Mittel, die ein Individuum in die Lage versetzen, ein Ziel zu erreichen, aversive Situationen zu vermeiden und mit Streß am Arbeitsplatz umzugehen (zum Konzept Ressourcen vgl. Badura 1981). Es gibt *interne und externe Ressourcen.* Interne Ressourcen liegen in der Person, externe Ressourcen werden von der Umwelt bereitgestellt. Im folgenden findet sich eine Aufstellung von Ressourcen.

Interne Ressourcen schließen ein:

1. Kompetenz und Fähigkeiten. Es handelt sich um Fähigkeiten, die bei der Arbeit genutzt werden. Zum Beispiel ist die Arbeitsintensität für eine nicht adäquat qualifizierte Person höher. Die Kenntnis von Signalen und kognitive Modelle über die Maschinen gehören auch hierher; bestimmte Geräusche von Maschinen werden z. B. von den Arbeitern so wahrgenommen, daß alles in Ordnung sei, während andere Geräusche anzeigen, daß sich ein Problem entwickeln kann. Diese Signale zu kennen, helfen dem Arbeiter, Gefahren zu vermeiden oder eine bessere Arbeitsqualität zu entwickeln.
2. Soziale und politische Kompetenzen. Diese Kompetenzen ermöglichen dem Individuum den Umgang mit Kollegen und Vorgesetzten. Die Kenntnis der eigenen Rechte und ihres Gebrauchs, um eigene Ziele zu erreichen, sowie das Wissen, wie man vom Betriebsrat Unterstützung erhalten kann (Fricke 1975) sind ebenfalls wichtige Kompetenzen.

Externe Ressourcen schließen ein:

3. Veränderbarkeit der Arbeitsbedingungen. Wenn Arbeitsbedingungen verändert werden können, können auch Stressoren verändert werden.
4. Handlungsfreiheit bei der Arbeit. Darunter ist der Spielraum zu verstehen, den man bei der Planung spezifischer Arbeitsaufgaben besitzt oder wann man Ruhepausen einlegen kann.

Die Veränderbarkeit der Arbeitsbedingungen und die Handlungsfreiheit bei der Arbeit können unter dem Begriff „Arbeitskontrolle" zusammengefaßt werden – und zwar im Sinne der Kontrolle über individuelle Arbeitsbedingungen und Arbeitsplanung.
5. Sinn der Arbeit. Streß kann reduziert werden, wenn man versteht, warum bestimmte Aufgaben notwendig sind. Jacobi u. Weltz (1981) berichten z. B., daß Sekretärinnen, die verstehen, warum bestimmte komplizierte Tabellen geschrieben werden müssen, in einer besseren Position sind, mit dieser (ungeliebten) Aufgabe fertigzuwerden.
6. Soziale Unterstützung. Das bedeutet direkte Hilfeleistungen (z. B. bei Arbeitsüberlastung einer Person einen Teil ihrer Arbeit zu übernehmen) und emotionale Unterstützung (z. B. den Problemen einer anderen Person zuzuhören). Soziale Unterstützung kann von Kollegen, Vorgesetzten, Partnern und Freunden gewährt werden. Es ist klar, daß damit Streßauswirkungen reduziert werden (Frese 1987 b; House 1981).
7. Einfluß auf technologische Änderungen am Arbeitsplatz. Personen, die einen entscheidenden Einfluß darauf haben, welche neuen Technologien am Arbeitsplatz eingeführt werden sollen, zeigen geringere psychologische Probleme (Frese 1987 c; Gardell 1979).

Aus diesen 7 Ressourcen sind Arbeitskontrolle und soziale Unterstützung am weitesten untersucht worden. Die empirische Forschung zeigt übereinstimmend, daß Ressourcen entweder die Beziehung Belastung – Streß mildern oder daß sie Auswirkungen auf die Stressoren und Streßreaktionen haben (Broadbent 1985; Frankenhaeuser u. Gardell 1976; Frese 1987 a; Frese et al. 1981; Gardell 1971, 1978; Hackman u. Lawler 1971; House 1981; Karasek 1979; Kohn u. Schooler 1982; Margolis et al. 1974; Schardt u. Knepel 1981; Semmer 1984; Semmer u. Frese 1987).

Die Frage ist aber jetzt: Welchen Einfluß haben diese Ressourcen auf den Streßprozeß. Wie in Abb. 1 beschrieben, können Ressourcen auf die objektiven Stressoren wirken; sie können aber auch die Beziehung zwischen a) objektiven und subjektiven Stressoren, b) subjektiven Stressoren und Streß und c) Streß und kurzfristige Streßreaktionen mindern. Im folgenden behandele ich die Arbeitskontrolle, d. h. die Kontrolle über oder den Einfluß auf die individuellen Arbeitsbedingungen und die Arbeitsplanung. Die von mir vorgetragenen Argumente gelten aber auch für die soziale Unterstützung.

1.2 Kontrolle und Nichtkontrolle: ihre positiven und negativen Auswirkungen

Um feststellen zu können, unter welchen Bedingungen Kontrolle bzw. Nichtkontrolle einen negativen Einfluß haben, ist es notwendig, über die potentiellen Mechanismen nachzudenken, durch die Nichtkontrolle einen negativen und Kontrolle einen positiven Effekt haben können. Folgende potentielle Mechanismen existieren:

1) Kontrolle reduziert Streß am Arbeitsplatz;
2) Kontrolle beeinflußt nicht den Streß am Arbeitsplatz, aber sie reduziert seine Auswirkungen a) dadurch, daß man in der Lage ist, streßbelastete Aufgaben zeitlich den eigenen psychologischen und physiologischen Bedingungen entsprechend zu planen, oder b) durch ein Sicherheitssignal;
3) ein Bedürfnis nach Kontrolle, das entweder phylogenetisch, ontogenetisch oder kulturell entwickelt ist, hat Einfluß auf die Wirkung von Stressoren.

Diese potentiellen Mechanismen werden im folgenden erläutert.

Ad 1): Da Kontrolle in diesem Fall impliziert, daß man die Umwelt verändern kann, können auch umweltbezogene Stressoren abgebaut werden.

Ein einfaches Beispiel hierfür ist die Abschaffung von Lärm durch das Schließen einer Tür (d. h. dadurch wird der Stressor Lärm kontrolliert). Ein kompliziertes Beispiel ist das einer Person, die eine hohe Arbeitskontrolle hat und die die Gestaltung ihrer Arbeit beeinflussen will, um dadurch Stressoren zu reduzieren. Da die Stressoren reduziert bzw. abgeschafft werden, werden durch die Kontrolle negative Streßwirkungen reduziert.

Ad 2): Diesem Mechanismus entsprechend werden die Stressoren nicht verändert oder ausgeschaltet, sondern ihr Einfluß auf psychologische und psychosomatische Störungen wird modifiziert. Die erste Möglichkeit besteht darin, den Zeitpunkt der Stressorenexposition den eigenen psychologischen und physiologischen Voraussetzungen entsprechend anzupassen. So sollten die anspruchsvollsten Arbeiten dann geleistet werden, wenn eine Person besonders fit ist, sie auch zu tun (z. B. sollten ermüdende und streßbelastete Arbeiten morgens geleistet werden, wenn man noch nicht müde ist).

Die zweite Möglichkeit ist komplexer: entsprechend der Sicherheitssignalhypothese (Miller 1979; Seligman 1975) bedeutet Kontrolle, daß das Individuum in der Lage ist, das schlechtest mögliche Ergebnis zu bestimmen. Selbst wenn eine Person streßbelastete Bedingungen nicht gleich ändert (weil dies vielleicht schwierig ist oder zu anderen unerwünschten Ergebnissen führt), weiß sie doch, daß sie die Bedingungen ändern kann, wenn sie zu schlecht werden. Deshalb ist man wesentlich entspannter und Streß am Arbeitsplatz hat nur einen geringen Einfluß auf psychologische und psychosomatische Störungen. Ein Beispiel: wenn eine Person weiß, daß sie ihren Arbeitsplatz aufgeben kann, weil sie anderswo einen mindestens gleich guten findet, wird ihr Streß nicht außer Kontrolle geraten. Wenn diese Alternative existiert, kann man entspannter mit bestehenden Stressoren am Arbeitsplatz umgehen.

Ad 3): Verschiedentlich ist behauptet worden, daß es ein Bedürfnis nach Kontrolle gebe (Frese 1978; Oesterreich 1981; White 1959). Wenn man keine Kontrolle am Arbeitsplatz hat, kann das zu negativen Auswirkungen führen, weil dem Bedürfnis nach Kontrolle nicht entsprochen wird. Dies würde die direkten Auswirkungen von Nichtkontrolle auf psychologische und psychosomatische Störungen erklären. Es ist aber auch möglich, daß die Kontrollbedürfnishypothese nur einen Moderatoreneffekt von Kontrolle erklärt. Man könnte argumentieren, daß Streßbedingungen das Bedürfnis nach Kontrolle auslösen. Wenn eine Person in einer Situation von Nichtkontrolle gestreßt wird, wird der Versuch gemacht, die Situation zu kontrollieren. Im Falle der Nichtkontrollierbarkeit, wird die Situation aversiver.

Das Bedürfnis nach Kontrolle kann das Ergebnis phylogenetischer oder ontogenetischer Entwicklung sein. Trifft letzteres zu, können Menschen eine bestimmte Erwartung bezüglich Kontrolle entwickeln, die wahrscheinlich von kulturellen und sozialen Bedingungen abhängt. Hulin u. Blood (1968) haben z. B. argumentiert, daß nur Mittelschichtenarbeiter einen hohen Erwartungsgrad bezüglich Kontrolle haben, während Unterschichtenarbeiter kein Interesse an einem hohen Maß an Kontrolle besitzen. Diese These wurde nicht direkt überprüft; es scheint aber klar zu sein, daß die Anpassung an nichtkontrollierbare Situationen keineswegs die negativen

Auswirkungen dieser Situationen auf psychologische und psychosomatische Störungen reduziert bzw. ausschaltet. Es scheint also so zu sein, daß, wenn es ein Bedürfnis nach Kontrolle gibt, dies phylogenetisch bedingt ist.

1.3 Ressourcen bestimmen Rolle und Wirkungen von Stressoren

Der hier dargestellte Streßprozeß hat wichtige theoretische und praktische Implikationen. Die wichtigste theoretische Implikation ist, daß *die Ressourcen bestimmen, ob ein Stressor wirklich ein Stressor oder eine Herausforderung ist.* Potentielle Schwierigkeiten am Arbeitsplatz können die negative Wirkung der Gesundheitsgefährdung besitzen. Aber dieselben Probleme können auch die positive Funktion einer Herausforderung bedeuten, wenn die Person über die Ressourcen zur Bewältigung der Stressoren verfügt. Deshalb definieren die Ressourcen, ob eine gegebene Streßsituation positive oder negative Funktionen besitzt.

Auf der pragmatischen Ebene bedeutet das hier vorgestellte Konzept, daß es ziemlich unergiebig ist, sich ausschließlich auf die Stressoren zu konzentrieren, wenn man kurz- und langfristige Streßwirkungen verhindern will. Wenn man Stressoren verringert, kann man auch das Maß an Herausforderungen reduzieren. Es ist deshalb notwendig, wesentlich mehr Ressourcen in der Arbeitswelt zur Verfügung zu stellen. Wir müssen allerdings berücksichtigen, daß Stressoren auch einige Auswirkungen haben, die unabhängig von den verfügbaren Ressourcen entstehen. Die beste Präventionsstrategie ist deshalb: Reduktion von Stressoren und Vergrößerung der Ressourcen.

Ein weiterer Grund, warum Ressourcen so wichtig sind, liegt darin, daß sie die Entwicklung individueller Muster zu Reduzierung von Streß am Arbeitsplatz ermöglichen (z. B. Kontrolle über die Arbeitsbedingungen). Nimmt man die Geschwindigkeit der technologischen Entwicklung, wird dies umso wichtiger. Wenn man versucht, eine neue Streßsituation auf wissenschaftlicher Grundlage zu verstehen, braucht man dazu meistens ziemlich viel Zeit. Inzwischen kann sich die Arbeitssituation wieder verändert haben. Indem man die Ressourcen vergrößert, gibt man den Arbeitern die Möglichkeit, mit neuen potentiellen Stressoren, die noch nicht im Vordergrund wissenschaftlicher Diskussionen stehen, umzugehen.

Diese Sichtweise bedeutet natürlich auch, daß neue Strategien zur Gestaltung von Arbeitsplätzen wie „job enrichment" oder semiautonome Arbeitsgruppen (Emery u. Thorsrud 1976; Ulich et al. 1973) präventive Auswirkungen im Gesundheitsbereich besitzen. Es ist allerdings notwendig, diese Strategien durch Zurverfügungstellen von internen und externen Ressourcen anzureichern. Mit anderen Worten: Arbeiter müssen die notwendigen arbeitsbezogenen und sozialen Fähigkeiten lernen, bevor sie externe Ressourcen effektiv nutzen können.

Die letzte Implikation lautet schließlich, daß das Konzept der Ressourcen nicht kompatibel mit einem passiven Konzept von Gesundheit ist. Ressourcen setzen das Individuum in die Lage, aktiv an der Umgestaltung von Arbeitsplätzen und der Arbeitssituation mitzuwirken; dabei werden die Stressoren und die Streßreaktionen ebenfalls verändert. Das hier vorgestellte Konzept weist auf die Relevanz aktiver Strategien hin, die von den Ressourcen gestützt werden. Auf diese Weise beteiligt sich das Individuum an der Prävention von Krankheiten und der Förderung von Gesundheit.

2 Risikoverhalten als Bewältigungsstrategie

Raija Kalimo

Streß kann sich in bezug auf das Verhalten und auf die psychische Befindlichkeit von Menschen verschieden und in unterschiedlicher Stärke auswirken. Manchmal bleiben die Wirkungen verborgen, insbesondere bei denen, die an Dis-Streß leiden. Bei anderen treten sie deutlich zutage – und können einen dramatischen emotionalen und Verhaltensausdruck gewinnen. Um Streßreaktionen verstehen zu können, müssen v. a. 3 Kernformen ihrer graduellen Entwicklung im Arbeitsprozeß unterschieden werden: wahrgenommene Belastungen, Bewältigungsstrategien und das gelegentliche Scheitern dieser Strategien. Die beiden letzten Punkte werden in diesem Beitrag diskutiert.

2.1 Streßbewältigung

Die wesentlichen Gründe für die Entstehung von Streß am Arbeitsplatz liegen in überzogenen Arbeitsanforderungen im Vergleich zu den Fähigkeiten des Arbeiters und im Vergleich zu den Erwartungen des Arbeiters an sich selbst bzw. seine Unzufriedenheit mit sich und im Hinblick auf seine Bedürfnisse. Menschen sind befähigt, diese Situationen mit einer Reihe von Strategien zu bewältigen. Bewältigung kann man definieren als „verhaltensorientierte und intrapsychische Anstrengungen, umweltbezogene und interne Anforderungen und Konflikte, die die Ressourcen einer Person ausschöpfen, zu bearbeiten (bzw. zu meistern, auszuhalten, zu reduzieren oder zu minimalisieren)" (Lazarus u. Launier 1978).

Wenn es möglich ist, können Menschen dazu tendieren, in gewissen Situationen ihre Arbeitssituation zum Besseren zu verändern. Ein anderes Mal können sie versuchen, durch angemessenes Bewältigungsverhalten unerträgliche Situationen zu vermeiden. Falls keine dieser Alternativen aus externen oder internen Gründen möglich ist, bleiben ihnen nur Bewältigungsstragien übrig, die die Streßwirkungen lindern.

Einige der Bewältigungsstrategien können aber nur kurzzeitig hilfreich sein. Vermeidungs- und Fluchtverhalten mit Hilfe von z. B. Alkohol kann gelegentlich eine bewußt kontrollierte und lindernde Form von Bewältigungshandeln sein. Allerdings kann solch ein Verhalten im Laufe der Zeit immer unangemessener werden – dann, wenn es zur Gewohnheit wird mit beträchtlichen sozialen und gesundheitlichen Auswirkungen. Einige Bewältigungsstrategien können in bestimmten Situationen angemessen, in anderen unangemessen sein. Eine der wichtigsten Ressourcen für die eigene Gesundheit ist die flexible Verfügung über angemessene Bewältigungsstrategien (Kalimo u. Mejman 1985).

2.2 Wann Bewältigung mißlingt

Psychologische Stressoren am Arbeitsplatz und in den Arbeitsbedingungen sind häufig immer wiederkehrende Faktoren. Trotz aller Bemühungen der Menschen, mit ihnen fertigzuwerden, können ihre Anforderungen die Ressourcen der Menschen leicht erschöpfen – mit der Folge, daß Bewältigung wirkungslos bleibt bzw. auf lange Sicht selbst zum Problem wird. Die Auswirkungen solcher Bedingungen können bei Störungen von psychischen und Verhaltensfunktionen beobachtet werden. Als erste Indikatoren treten negative Gefühle wie Irritation, Verwirrung, Anspannung und Depressivität auf. Kognitive Störungen, die sich aus geringerer Arbeitsleistung ergeben, können sich anschließen. Vermeidungsverhalten – ursprünglich als Bewältigungsstrategie verwendet – kann zu einer unzweckmäßigen, fixierten Verhaltensstörung werden.

In diesem Beitrag wird einiges über den Zusammenhang von Verhaltensmustern, wie z.B. Rauchen, Alkoholkonsum und der Abwesenheit vom Arbeitsplatz berichtet (1); darüber hinaus die vorläufigen Ergebnisse einer Studie zu diesem Problemkreis (2) und (3) die Notwendigkeit für Gesundheitsförderungsprogramme in der Arbeitswelt. Ein laufendes Projekt zur Gesundheitsförderung in der Holzindustrie wird in Teil IV dieses Buches vorgestellt.

2.3 Verhaltensbezogene Bewältigungsstrategien

2.3.1 Rauchen und Ernährungsgewohnheiten

Rauchen stellt eine Gewohnheit dar, die eine Reihe von internen und externen Motiven besitzt. Sein Zusammenhang mit Angst und Anspannung ist nachgewiesen worden (McCrae et al. 1978). Beziehungen zwischen Streß am Arbeitsplatz und Rauchen sind beschrieben worden – besonders im Hinblick auf die negative Korrelation zwischen Stressoren am Arbeitsplatz und dem Wunsch, das Rauchen aufzugeben (Schar et al. 1973; Shirom et al. 1973). Caplan et al. (1975) haben allerdings keine Unterschiede zwischen Rauchern, ehemaligen Rauchern und Nichtrauchern im Hinblick auf Streß an ihrem Arbeitsplatz gefunden. Ihre Untersuchung an 200 männlichen Beamten, Ingenieuren und Wissenschaftlern konnte jedoch belegen, daß die Unfähigkeit, das Rauchen aufzugeben, in Relation zum Streß am Arbeitsplatz und zur Arbeitsmenge steht.

Veränderungen in den Ernährungsgewohnheiten, besonders hinsichtlich der Überernährung, werden immer wieder als Verhaltensreaktion bei intensiv auftretendem Streß beobachtet. Die gegenwärtig verfügbaren Daten sind allerdings uneindeutig. Deshalb sind Forschungen über den Zusammenhang von Übergewicht und arbeitsbedingten psychosozialen Faktoren dringend erforderlich – v. a. weil Übergewicht in der öffentlichen Gesundheit zunehmend an Bedeutung gewinnt.

2.3.2 Alkoholkonsum

Zunehmender bis exzessiver Alkoholkonsum bzw. Flucht in den Alkohol werden allgemein als mögliche Auswirkungen von arbeitsbezogenen Problemlagen angesehen. Die tatsächlichen empirischen Belege hier sind allerdings noch schwach. Eines der damit zusammenhängenden Probleme liegt in der Tatsache begründet, daß verläßliche Daten über den Alkoholkonsum nur schwer zu erheben sind. Andererseits regulieren kulturelle Traditionen und soziale Normen diesen Verhaltensbereich, weshalb es schwierig ist, den Alkoholkonsums eindeutig als Streßreaktion zu interpretieren.

Eine Fragebogenstudie von Kühlhorn (1971) bei Unternehmern, Managern, Ärzten und Gewerkschaftsfunktionären berichtet, daß von den Gewerkschaftsfunktionären als die wichtigsten arbeitsbezogenen Ursachen für Alkoholkonsum Arbeitsunzufriedenheit, zeitliche Belastungen und Streß angegeben worden sind. Die Vorarbeiter setzten zeitliche Belastungen und Streß an 3. Stelle; Ärzte setzten zeitliche Belastungen, Streß und Unsicherheitsgefühle an 2. Stelle, hinter Eheproblemen, die von allen Befragten an 1. Stelle gesetzt wurden.

Margolis et al. (1974) führten eine Untersuchung durch, in der Arbeitnehmer aus unterschiedlichen Berufen gefragt wurden, welche von 6 genannten Stressoren an ihrem Arbeitsplatz vorkommt und welche Verhaltensgewohnheiten sie diesbezüglich entwickelt haben. Flucht in den Alkohol wurde in Beziehung zu Unterforderung bzw. Überforderung am Arbeitsplatz, unangemessene Ausbildung, Arbeitsplatzunsicherheit und wenig Partizipationsmöglichkeiten gesetzt; dies gilt auch für die insgesamt wahrgenommene Arbeitsbelastung.

Bei Seeleuten war Alkoholkonsum mit dem wahrgenommenen Gesundheitszustand und beruflichen Streß verknüpft (Elo 1979). Untersuchungen über Streß bei Polizisten wiesen nach, daß große Streßbelastung die Tendenz zu starkem Alkohol-Konsum als Bewältigungsstrategie nach sich ziehen kann (Davidson u. Veno 1980).

Eine Analyse der medizinischen Daten von Klienten in einer ambulanten Alkoholklinik zeigt, daß Alkoholiker über eine geringe Arbeitszufriedenheit verfügen (Strayer 1957). Mehr als die Hälfte von ihnen hatte Schwierigkeiten, ihre Vorgesetzten zu akzeptieren. Nur etwa 20 % hatten den Eindruck, daß sie entsprechend ihrer beruflichen Zielsetzungen arbeiten konnten. Etwa ein Viertel hatte überhaupt keine beruflichen Ziele.

2.3.3 Abwesenheit vom Arbeitsplatz und Arbeitsplatzwechsel

Entsprechend vorliegender Schätzungen sind die Fälle von Abwesenheit vom Arbeitsplatz aufgrund von Krankheiten in den vergangenen Jahren in allen Industrieländern erheblich angestiegen. Die Zahl der Abwesenheiten steigt stärker als die Anzahl an verlorenen Arbeitstagen, was belegt, daß kurzfristige Abwesenheit häufiger vorkommt als langfristige.

Abwesenheit vom Arbeitsplatz und Arbeitsplatzwechsel stehen in Beziehung zu Arbeitsunzufriedenheit. Porter u. Steers (1973) stellten in einer Literaturübersicht fest, daß Arbeitsunzufriedenheit ein zentraler Faktor beim Rückzug von Arbeitnehmern ist. Der Grad der Arbeitszufriedenheit wird umgekehrt durch eine Menge an arbeitsbezogenen Faktoren bestimmt. Es ist deshalb notwendig, die Rolle des Arbeitsumfeldes bei den Ursachen für die Abwesenheit vom Arbeitsplatz zu untersuchen.

In Literaturberichten (Porter u. Steers 1973; Muchinsky 1977; Clegg 1983) wurde festgestellt, daß Abwesenheit vom Arbeitsplatz und Arbeitsplatzwechsel in bezug zu folgenden Faktoren der Arbeitswelt stehen: unerfüllte Gehalts- und Gratifikationserwartungen, geringe Beförderungsmöglichkeiten, Mangel an Anerkennung, Rückmeldungen und Gleichbehandlung durch Vorgesetzte, unerfahrene Vorgesetzte, Unzufriedenheit mit den Arbeitskollegen, Mangel an Unterstützung, Monotonie, Mangel an Verantwortung und Autonomie, Konflikte mit der Arbeitsrolle, große Betriebsabteilungen.

Die Forschungsergebnisse legen eine Tendenz vom Zuspätkommen zur Abwesenheit vom Arbeitsplatz (Clegg 1983) und von dort zum Arbeitsplatzwechsel nahe (Muchinsky 1977).

Andererseits wird über eine erhebliche Abnahme der Abwesenheitsraten berichten, wenn die Arbeitnehmer an Gesundheitserziehungsprogrammen teilgenommen hatten, die darauf zielten, angemessene Streßbewältigungsstrategien zu vermitteln (Seamonds 1982).

Soziodemographische Faktoren korrelieren stark mit der Abwesenheit vom Arbeitsplatz. Jugendliche bleiben dem Arbeitsplatz häufiger fern als Erwachsene. Mit zunehmendem Alter treten kurzzeitige gegenüber langfristigen Abwesenheiten zurück (Behrend u. Pocock 1976). Kinderzahl und die Verfügbarkeit von Kindertagesstätten sind Faktoren, die besonders bei Frauen mit dem Fernbleiben vom Arbeitsplatz zusammenhängen (Nyman u. Raitasalo 1978).

Ein Rückgang an sozialer Partizipation und körperlicher Bewegung ist mit Streß am Arbeitsplatz verbunden. Monotone und unterfordernde Arbeit wird im Zusammenhang mit Passivität in der Freizeit gesehen (Gardell 1976). Das heißt, die Kompensationshypothese – langweilige Arbeit wird durch reiches Freizeitverhalten kompensiert – stimmt offenbar nicht immer.

2.4 Ergebnisse einer laufenden Studie

Gegenwärtig (1985) werden durch die Autorin und Vuori verschiedene Formen von Risikoverhalten bei finnischen Arbeitnehmern aus unterschiedlichen Berufen untersucht. Für diesen Beitrag wurde ein „Subsample“ von 419 Personen aus dieser prospektiven Langzeitstudie gezogen. Die Personen

Tabelle 1. Korrelationen zwischen Arbeitsbelastungen und Verhalten. 210 männliche und 209 weibliche Beschäftigte (nur Korrelationen von 0,15 oder höher sind angegeben)

	Rauchen		Alkoholkonsum		Mangel an körperlicher Bewegung		Krankheitstage	
	m	w	m	w	m	w	m	w
Physische Arbeitsbelastung		0,15		0,17	0,17			
Gesamte psychische Arbeitsbelastung			0,28					
Unterforderung bei Fertigkeiten					0,21	0,21	0,32	0,15
Qualitative Überbelastung			0,19		0,16			
Quantitative Überbelastung			0,28					
Zeitdruck			0,17			0,20		
Monotonie					0,16			0,16
Rollenkonflikt	0,15		0,25			−0,22		
Mangelnde soziale Unterstützung					0,18		0,15	
Ungerechte Vorgesetzte					0,21		0,27	0,17
Mangelnde Leistungen			0,17		0,20		0,17	0,22
Mangelnde Entscheidungsfreiheit	−0,17			−0,27	0,17	0,16	0,24	0,16
Mangelnde Anerkennung					0,21	0,23		

wurden als Jugendliche vor 20 Jahren vor Eintritt in die Arbeitswelt untersucht und dann wieder 1985. Daten wurden erhoben in bezug auf Alkohol- und Tabakkonsum, körperliche Passivität und krankheitsbedingte Abwesenheit vom Arbeitsplatz; darüber hinaus wurde nach der Arbeit, dem Arbeitsumfeld, nach Streß und verschiedenen selbstberichteten Gesundheitsindikatoren gefragt. Die vorläufigen Ergebnisse, die hier berichtet werden, beziehen sich auf den Zusammenhang von Risikoverhalten und Arbeitsbedingungen, wahrgenommenem Streß und Lebensperspektive (Tabelle 1).

Alkoholkonsum bei Männern hatte bemerkenswerte Korrelationen zu Arbeitsstressoren wie Über- und Unterforderung und Rollenkonflikte.

Rollenkonflikte waren bei Männern auch mit Rauchen verbunden. Bei Frauen war Alkohol- und Tabakkonsum entweder mit großer körperlicher

Arbeitsbelastung oder mit einem hohen Maß an Entscheidungssituationen am Arbeitsplatz korreliert. Als vorläufige Erklärung für diese Sachverhalte kann angenommen werden, daß bei Männern Arbeitsprobleme und Alkohol- und Tabakkonsum zusammenhängen, während bei Frauen der berufliche Status mit diesem Konsum in Beziehung steht, nämlich: entweder harte körperliche Arbeit oder unabhängige, emanzipierte Arbeitsrollen.

Personen, die die meisten Stressoren wahrgenommen haben, hatten die geringste Beteiligung bei verschiedenen körperlichen Übungen und blieben am häufigsten dem Arbeitsplatz wegen Krankheit fern.

Alkohol- und Tabakkonsum bei Männern standen in deutlicher Beziehung zu Streßreaktionen wie z. B. zu Hause Nachdenken über die Arbeit, Schlafstörungen, Depressionen und eine Reihe von anderen Reaktionen.

Bei Frauen scheint Alkohol- und Tabakkonsum umgekehrt mit guter Gesundheit und einem motivierenden Beruf, d. h. mit guten Statusindikatoren in Beziehung zu stehen. Rauchen stellte bei Frauen auch eine Streßreaktion dar, aber sie trat wesentlich seltener als bei Männern auf (Tabelle 2).

Korrelationen zwischen allen Verhaltensmustern und soziodemographischen Faktoren wurden eher bei Männern als bei Frauen gefunden. Auch bei diesen Daten ist Alkoholkonsum von Frauen einerseits mit dem sozialen Status, d. h. hohes monatliches Einkommen und andererseits mit niedriger Schulbildung verbunden:

Auf der Grundlage der „Sense of Coherence"-Theorie von Antonovsky (1979) wurden in dieser Untersuchung auch die kognitiven Ressourcen im Hinblick auf die Bewältigung von Lebensumständen untersucht (Tabelle 4). „Sense of Coherence" (SOC) besteht aus 3 grundsätzlichen Dimensionen, die die Menschen benutzen, um ihre Erfahrungen zu strukturieren: umfassende Verständnisfähigkeit, Bewältigungsfähigkeit und Sinn. Nach Antonovsky bedeutet die Position einer Person auf der SOC-Skala das Ausmaß, in dem sie/er ihr/sein Leben als strukturiert, geordnet und vorausschaubar (umfassende Verständnisfähigkeit), mit eigenen Mitteln oder mit Unterstützung von zuverlässigen Personen als kontrollierbar (Bewältigungsfähigkeit) und als lebenswert (Sinn) betrachtet. SOC spielt also eine große Rolle für die Gesundheit eines Menschen.

Rauchen bei Frauen korrelierte negativ mit SOC, während hierfür bei Männern keine Beziehungen festgestellt werden konnten. Bei Männern war Alkoholkonsum negativ mit SOC korreliert, während Trinken bei Frauen unabhängig vom SOC war.

2.5 Schlußfolgerungen und Implikationen für Interventionen

Gesunde, lindernde Bewältigungsformen und arbeitsbezogener Streß scheinen bis zu einem gewissen Ausmaß miteinander in Beziehung zu stehen. Die meisten Erkenntnisse basieren auf sektorübergreifenden Studien und korrelativen Daten, aus denen aber keine kausalen Schlüsse gezogen werden können. Jene, die ihre Arbeit als streßerzeugend wahrnehmen, rauchen,

Tabelle 2. Korrelationen zwischen Streßsymptomen und Verhalten. 210 männliche und 209 weibliche Beschäftige (nur Korrelationen von 0,15 und höher sind angegeben)

	Rauchen		Alkohol-konsum		Mangel an körperlicher Bewegung		Krankheits-tage	
	m	w	m	w	m	w	m	w
Zu Hause über die Arbeit nachdenken	0,15		0,30					
Arbeitsunzufriedenheit			0,15		0,18		0,25	0,26
Arbeitsplatz ist unbedeutend als Lebensinhalt				−0,15			0,19	0,23
Krankheitstage (Anzahl)	0,15		0,17	−0,18	0,16			
Gesundheitszustand als niedrig wahrgenommen			0,16		0,43		0,26	
Schlafstörungen	0,15	0,21	0,19				0,19	
Erschöpfung			0,17		0,25	0,27	0,18	
Schwierigkeiten, eigene Probleme wahrzunehmen		−0,16	0,18			0,16		
Depressionen	0,18		0,24				0,20	
Angespanntheit			0,28				0,20	
Einschlafstörungen	0,15	0,18	0,25			−0,16	0,21	
Allg. Streßgefühl			0,29				0,20	
Bedürfnis nach Beratung		0,15	0,19				0,25	
Lebensunlust		0,15	0,20		0,23	0,17	0,27	

trinken Alkohol, sind körperlich eher passiv und tendieren dazu, vom Arbeitsplatz häufiger fernzubleiben als andere. Dieser komplexe Zusammenhang erfordert weitere Untersuchungen.

Eine breite konzeptionelle Betrachtung von Gesundheits- und Risikoverhalten ist erforderlich. Wir müssen erkennen, daß Gesundheit nicht nur durch Verhaltensmuster beeinflußt wird, die eine vermittelte oder sekundäre körperliche Wirkung haben, sondern auch durch soziales Verhalten, dessen direkte Auswirkung geringer als die indirekten sind. Soziale Inaktivität z. B. verringert die Möglichkeiten für soziale Unterstützung und für die Entwicklung sozialer Fähigkeiten, die erforderlich sind, um mit Situationen in der Arbeitswelt und anderswo zwischenmenschlich fertig zu werden.

Tabelle 3. Korrelationen zwischen soziodemographischen Faktoren und Verhalten. 210 männliche und 209 weibliche Beschäftigte (nur Korrelationen von 0,15 und höher sind angegeben)

	Rauchen		Alkohol-konsum		Körperliche Bewegung		Krankheits-tage	
	m	w	m	w	m	w	m	w
Alter	0,18							
Schulbildung			0,15	−0,16	−0,17	−0,36		
Berufsausbildung			0,15			−0,20	−0,17	
Ökonomische Lage	0,17				0,19		0,24	0,20
Monatseinkommen			0,17	0,27			−0,20	
Arbeitsplatzsicherheit	0,15		0,24		0,26			

Tabelle 4. Korrelationen zwischen „sense of coherence" (SOC) und Verhalten. 210 männliche und 209 weibliche Beschäftigte (nur Korrelationen über 0,15 sind angegeben)

	Rauchen		Alkohol-konsum		Körperliche Bewegung		Krankheits-tage	
	m	w	m	w	m	w	m	w
Einsichtsfähigkeit („comprehensibility")		−0,21	−0,18					
Bewältigungsfähigkeit („manageability")			−0,23		−0,20		−0,24	
Bedeutsamkeit („meaningfulness")		−0,15	−0,22		−0,21	−0,18	−0,22	
SOC		−0,16	−0,20				−0,15	

Darüber können aggressive und andere antisoziale Formen von Bewältigungshandeln negative soziale Konsequenzen haben, die wiederum indirekt die Gesundheit eines Menschen beeinflussen.

Um arbeitsbezogenes Risikoverhalten zu verhindern und Gesundheit zu fördern, sollten 2 grundsätzliche Interventionsansätze implementiert werden:

1) Verbesserung der Arbeitswelt, um Stressoren abzubauen, die Risikoverhalten erzeugen, und stattdessen gesundheitsfördernde Bedingungen schaffen;

2) Erweiterung der Ressourcen von Arbeitnehmern, um mit arbeitsbezogenem Streß umgehen zu können und Risikoverhalten durch Gruppenprozesse sowie individuelle Beratung und Unterstützung abzubauen.

Das für die Gesundheit in der Arbeitswelt zuständige Personal kann im Rahmen seiner gegenwärtigen Aufgaben bereits eine Reihe von Aktivitäten hierzu unternehmen; dies betrifft besonders Interventionen, die auf die Arbeitnehmer gerichtet sind. Zur Änderung der Arbeitsverhältnisse müssen alle Betroffenen, d.h. Gewerkschaftsvertreter, Arbeitgeber, Sicherheits- und Gesundheitsexperten zusammenarbeiten. Um Veränderungen zu stimulieren, scheint das Hinzuziehen eines Partizipationsexperten nützlich zu sein.

Zur Evaluation von Methoden und Ergebnissen sowie angemessenen Strategien der Intervention ist weitere Forschung unabweisbar. Es müssen auch mehr Erkenntnisse über die Möglichkeiten zum Abbau von Risikoverhaltensweisen gewonnen werden. So könnten z.B. ehemalige Raucher daraufhin untersucht werden, welche Motive sie hatten, das Rauchen aufzugeben und welche Faktoren sie unterstützt haben, bei dieser Entscheidung zu bleiben.

3 Wie Büroarbeiterinnen mit Streß umgehen

Beate Ritz und Brigitte Hullmann

Ein zentraler Lebensbereich für die Menschen der industrialisierten Länder ist ihr Arbeitsplatz. Bisher haben verhältnismäßig wenige Studien über die organpathologische Verursachung von Erkrankungen hinaus die Arbeitszusammenhänge als wichtige, die Lebensweisen und den Umgang mit Belastungen beeinflussende Bedingungen berücksichtigt (Greif et al. 1983; House 1981; Folkman u. Lazarus 1980; Menaghan u. Merves 1983; Pearlin u. Schooler 1978). Während anfänglich nur die Bewältigung von Extrembelastungen und deren Auswirkungen auf die Gesundheit in sozialwissenschaftliche Konzepte Eingang gefunden hat (Life-event-Forschung), fanden im letzten Jahrzehnt auch die alltäglichen und chronischen Belastungen größeres Forschungsinteresse. So berücksichtigt das Modell eines „psychosozialen Immunsystems“ (Antonovsky 1979; Badura 1983; Cassel 1976) sowohl Alltagsanforderungen als auch Ressourcen und Möglichkeiten der Belastungsverringerung für den Prozeß der Krankheitsentstehung.

Eine solche Immunität oder aber Verletzlichkeit kann durch Umgangsformen mit belastenden Bedingungen entstehen und verändert werden. Die Arbeitssituation bildet einen Rahmen, in dem der Belastungsbewältigung dienende Lebens- und Verhaltensweisen ausgebildet werden.

3.1 Unterschiedliche Bewältigungsstrategien

Der Einfluß, den die Bedingungen unterschiedlicher Büroarbeitsplätze auf Handlungen im Umgang mit den jeweiligen Anforderungen haben, wurde im Forschungsprojekt „Arbeitsbedingungen, Gesundheitsverhalten und rheumatische Erkrankungen“ untersucht. Im folgenden sollen die Unterschiede im Bewältigungshandeln zwischen Sachbearbeiterinnen und weiblichen Angestellten für Textverarbeitung (überwiegend Phonotypistinnen in zentralen Schreibbüros) dargestellt werden (Ellinger et al. 1984).

Im Fall der Sachbearbeiterinnen leitet sich die Beanspruchung aus eher verantwortungsvollen und vielfältigen Tätigkeiten ab, die ihnen aber gleichzeitig mehr organisatorische Entscheidungsspielräume lassen als die Aufgaben der Phonoschreibkräfte. Die Schreibarbeitsplätze sind durch größere Monotonie und Einseitigkeit, Arbeitszuweisung und Leistungsvorgaben gekennzeichnet. Die dargestellten Unterschiede im Bewältigungshandeln sind auch mit Hilfe einer Diskriminanzanalyse als die Gruppen signifikant trennende Merkmale identifiziert worden. Aus Gründen der Anschaulichkeit haben wir uns in diesem Papier auf die Erläuterung der bivariaten Zusammenhänge beschränkt.

Kompetenzen, die über die eigentliche sachliche Qualifikation hinaus von den Frauen für ihre Tätigkeit als wichtig erachtet werden, verdeutlichen aus subjektiver Sicht die Unterschiede in den Arbeitsbedingungen. Entsprechend nennen die Sachberarbeiterinnen als wesentlich die Fähigkeit, Probleme selbstständig zu lösen, auf andere und deren Probleme eingehen und Verantwortung tragen zu können. Dagegen halten es die Schreibkräfte für besonders wichtig, „sich einfügen" zu können und Geduld und Ausdauer zu besitzen.

Die Häufigkeiten der wichtigsten Bewältigungshandlungen in den beiden Tätigkeitsgruppen sind in Abb. 1 unterschieden nach 4 Alterskategorien (jünger als 30 Jahre, 30–40 Jahre, 40–50 Jahre, älter als 50 Jahre) dargestellt. Die sich am stärksten unterscheidenden Umgangsformen mit Arbeitsbelastungen sollen im weiteren beschrieben und interpretiert werden.

Etwa gleich häufig finden sich für alle Untersuchten die Handlungsweisen „Gespräche mit Kollegen über Arbeitsprobleme", „gemeinsame Teilnahme an Beratungen, Versammlungen und Streiks", „Hineinfressen von Problemen", „Essen" und „Alkohol", wobei die beiden letzten generell selten genannt werden.

Eine ungleiche Altersverteilung zeigt sich in beiden Tätigkeitsbereichen für die Variable „Gespräche zu Hause über Probleme im Büro". Die bis zu 40jährigen Untersuchungsteilnehmerinnen geben diese Möglichkeit zur Entlastung noch doppelt so häufig an wie die älteren Angestellten. Ein Ergebnis, das sicherlich nicht unabhängig von der Familiensituation gesehen werden darf. Diese älteren, ganztätig erwerbstätigen Frauen sind auch öfter alleinstehend als ihre jüngeren Kolleginnen.

Im Umgang mit erhöhtem Arbeitsanfall oder schwierigen Aufgaben sehen die Sachbearbeiterinnen sehr viel eher eine Chance, „sich die Arbeit untereinander aufzuteilen" (4,5fach für die bis zu 40jährigen und doppelt so häufig bei den älteren im Vergleich zu den Schreibkräften). Dies ist leicht erklärbar, da für die eigenständige Arbeitsaufteilung in den starren, hierarchischen Strukturen der Schreibdienste nur wenig und allenfalls informeller Raum bleibt. Auch können die Typistinnen seltener den erhöhten Anforderungen durch „mehr oder länger arbeiten" begegnen, wobei naheliegt zu vermuten, daß sie aufgrund der Normvorgabe durch Mindestanschlagzahlen kaum noch in der Lage sind, die Arbeitsleistung zu steigern oder sie über 8 h hinaus zu erbringen.

Sachbearbeiterinnen geben 2mal so oft an, sich von Belastungen abzulenken, indem sie über eine veränderte Arbeitssituation nachdenken. Diese Vorstellungen überwiegen generell bei allen jüngeren Angestellten, mit zunehmendem Alter hegen sie immer seltener Gedanken an Veränderung.

Die unter 40 Jahre alten Sachbearbeiterinnen sind 2mal häufiger gewerkschaftlich organisiert, verglichen mit ihren Kolleginnen in den Schreibbüros. Die Gewerkschaftsmitgliedschaft der älteren Sachbearbeiterinnen übersteigt

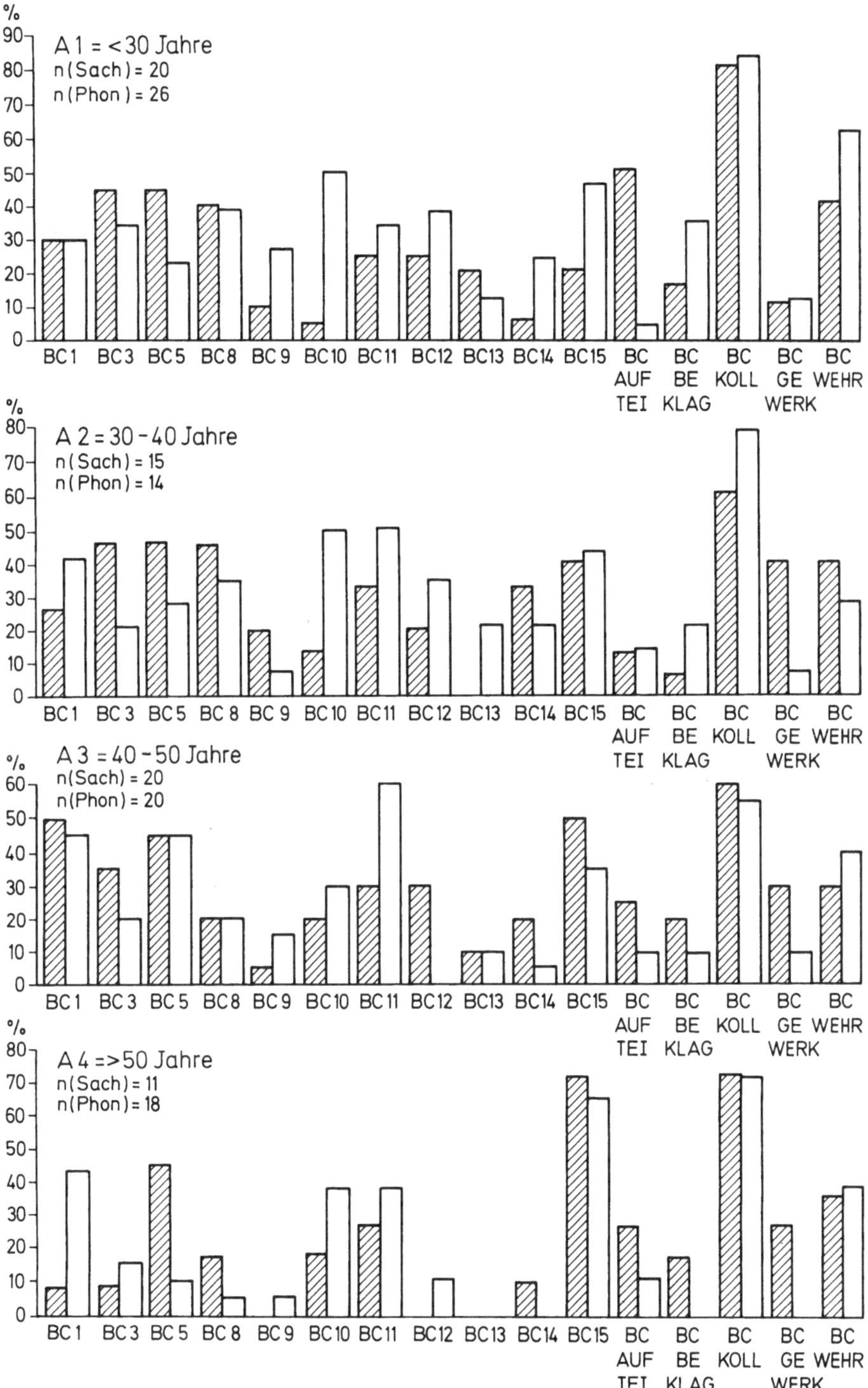

Abb. 1. Bewältigung von Arbeitsbelastungen in 2 Tätigkeitsgruppen, dargestellt in 4 Altersstufen

die der Schreibkräfte sogar um das 6fache. Diese auffallenden Unterschiede sind sicherlich dadurch zu erklären, daß der gewerkschaftliche Organisationsgrad in den Bundesbehörden, in denen der überwiegende Teil der untersuchten Sachbearbeiterinnen arbeitete, insgesamt weitaus höher ist als in den Behörden der Freien und Hansestadt Hamburg, bei denen die meisten der untersuchten Phonotypistinnen beschäftigt sind.

3.2 Flucht vor Streß

Die Phonotypistinnen bleiben deutlich häufiger (ca. 4,6mal) als die Sachbearbeiterinnen bei vermehrter Arbeitsbelastung auch einmal zu Hause. Diese der Entlastung dienende Verhaltensweise fällt besonders diskrepant bei den bis zu 40jährigen auf: sie ist ca. 10mal häufiger bei den jüngeren Typistinnen anzutreffen.

Wie bereits dargestellt, können die Schreibkräfte sich die Arbeit kaum untereinander aufteilen, so daß für sie individuelle Bewältigungsstrategien naheliegender sind. So scheint für viele von ihnen der kurzfristige Rückzug aus der Arbeitssituation ein noch offener Weg.

Weiterhin beklagen sich die unter 40jährigen Schreibkräfte öfter über die Anforderungen (ca. 3mal häufiger als die Sachbearbeiterinnen der gleichen Altersgruppe) oder kompensieren ihre Belastungen durch die Tätigkeit über vermehrtes Rauchen (ca. 2mal häufiger). Auch die Einnahme von Medikamenten überwiegt in dieser Tätigkeitsgruppe. Die bis zu 50jährigen Phonotypistinnen berichten 2mal mehr, Medikamente zu verwenden, um die Aufgaben an ihrem Arbeitsplatz bewältigen zu können. Die Angleichung dieser Verhaltensweise bei den ältesten Untersuchungsteilnehmerinnen zwischen beiden Arbeitsgruppen liegt sicherlich daran, daß zum einen die Beschwerden aller im Alter zunehmen, und zum anderen könnte bereits eine Selektion der gesünderen Erwerbstätigen stattgefunden haben. Damit wäre auch die Abnahme dieses Bewältigungsverhaltens nach dem 50. Lebensjahr (von 60% auf 38,5%) bei den Phonotypistinnen erklärbar.

3.3 Andere Bewältigungsformen können gefunden werden

Es ließ sich also in dieser Gegenüberstellung zeigen, daß die Handlungen, die auf eine Belastungsreduzierung oder -bewältigung abzielen, in den Tätigkeitsgruppen unterschiedlich stark angewendet werden und durchaus aus der Gesamtsituation am Arbeitsplatz heraus erklärt werden können. Dort, wo geringere Freiräume zur eigenständigen Arbeitsorganisation bestehen, finden sich auch vermehrt passive, d. h. nicht auf die Veränderung der Bedingungen einwirkende und auch individuelle, auf Rückzug ausgerichtete Verhaltensweisen.

Damit müssen die sogenannten Risikoverhaltensweisen wie erhöhter Tabak- und Medikamentenkonsum auch als ein Versuch gesehen werden, mit restriktiven Arbeitsbedingungen umzugehen und sich mit den verfügbaren Handlungsmöglichkeiten den Anforderungen zu stellen.

Die in der geschilderten Weise erfolgte Einengung von Bewältigungshandlungen im Umgang mit alltäglichen Belastungen unterstützt nicht nur risikoreiche und gesundheitsschädigende Handlungsstile, sondern birgt die Gefahr, auch für Verhaltensmuster in anderen Lebensbereichen bestimmend zu werden.

Eine Voraussetzung für die im Lebensweisenkonzept geforderte aktive Teilhabe aller an der Gesundheitsvorsorge und Prävention ist, daß auch die Arbeitssituation nicht nur individuell anpassende Bewältigungsmöglichkeiten offen läßt und sich nicht der Kontrolle der Menschen entzieht, sondern Freiräume für die eigene Gestaltung bietet.

4 Selbstausdruck – ein Gegenmittel gegen Streß

Michael Rinast

Können wir bei der Arbeit wir selbst sein? Oder müssen wir uns an eng definierte Rollen anpassen, die uns keinen Raum für die persönliche Selbstdarstellung bieten?

Schwierigkeiten, authentisch bzw. wir selbst zu sein, sind eine der wichtigsten Streßursachen im beruflichen Leben von Angestellten und Arbeitern. Die Menschen werden meistens gezwungen, bezüglich bestimmter Funktionen zu agieren und nicht etwa vorrangig als Menschen – was natürlich in der Folge zu einigen Problemen führt. Individuen, die in sog. „Lächelberufen" arbeiten, wie z. B. Sekretär(inen)n, Kellner(innen), Dienstleistungspersonal, bieten ein gutes Beispiel. Sie lächeln die ganze Zeit, sie müssen immer freundlich sein, auch wenn sie sich schlecht fühlen. Sie dürfen nicht ihr wirkliches Gesicht zeigen. Untersuchungen belegen, daß diese Menschen nach Arbeitsschluß völlig ausgebrannt sind. Sie trinken dann z. B. Alkohol, um von ihrem falschen Gesicht loszukommen.

4.1 „Sei, wer du bist . . ."

In meinen Kursen zum Managementtraining und zur Organisationsentwicklung verfolge ich das Ziel, die Teilnehmer zu befähigen, als menschliche Wesen in ihrer Arbeitswelt zu agieren; ich gebe ihnen die Möglichkeit, ihre Gefühle auszudrücken – und sich nicht von sog. „zivilisierten bzw. überzivilisierten Verhaltensweisen" blocken zu lassen.

Gefühle zu unterdrücken, kann selbst ein Stressor sein, auch wenn es im Bewältigungsprozeß als vermittelnde Variable eingesetzt wird: normale organische Reaktionen wie Angst, Wut, Fluchtbedürfnis werden gespürt (manchmal wird aber auch dieses Spüren bereits unterdrückt); wenn sie nicht angemessen ausgedrückt werden, können sich diese Reaktionen gegen das Individuum wenden. Das Zurückhalten von Aggressionen kann in Depressionen umschlagen; das Gefühl, kontrolliert zu werden, anstatt selbst kontrollieren zu können, kann in Gefühle von Hilflosigkeit umkippen. Wir wissen aufgrund alltäglicher Erfahrungen und wissenschaftlicher Erkenntnisse der Psychoneuroimmunologie und der Psychoendokrinologie, daß Depressionen und ähnliche Stimmungen die Immunabwehr des Organismus schwächen, die Aktivitäten der NK-Zellen („natural killer-cells") reduzieren und die hormonale Homöostase destabilisieren.

Wie neuere Erkenntnisse aus der Forschung zum Bewältigungsverhalten nahelegen, führt bereits der Gedanke, daß Kontrolle zu erhalten möglich sei, zu positiven Auswirkungen auf das Bewältigungsverhalten. Sich isoliert fühlen und von sozialen Netzwerken ausgeschlossen zu sein, verstärkt Gefühle der Hilflosigkeit: „Ohne Hilfe meiner Kollegen schaffe ich es nicht, ich schaffe es nicht, ich nicht."

Klinische Beobachtungen zeigen die Relevanz der Qualität von Beziehungen. „Erlernte Hilflosigkeit" lernt man in Situationen von Isolation und Verzweiflung, aber auch in solchen von Harmonie und übermäßigem Schutz. Familien mit einem „Alexithymiakommunikationsstil" (d.h. die Unfähigkeit, Gefühle zu kommunizieren und zu verstehen) tendieren dazu, psychosomatische Befindlichkeitsstörungen zu produzieren. Wenn Gefühle nicht ausgedrückt, wahrgenommen oder verstanden werden können, führt dieser Mangel an Empathie zu einer Reihe von Problemen: die Familienmitglieder können mit (intra- und interpersonalen) Konflikten nicht angemessen umgehen, Vermeidungshandeln wird zu einem alltäglichen Verhaltensstil, das Familienklima wirkt wie ein früher Wintertag: dünnes Eis. Dieses Klima ist für die meisten Firmen, Fabriken und Unternehmen typisch.

Wohlerzogene Männer und Frauen zeigen nicht ihre Gefühle; wir tragen lächelnde oder auch Eisengesichter, wenn wir unserer Arbeit nachgehen. Oberflächliche Harmonie und verborgene Feindseligkeit sowie Konkurrenz auf der horizontalen Ebene, Unterwerfung und „zähnebleckendes" Lächeln bei der Kommunikation „nach oben"; falls es überhaupt Bereiche für „wirkliches Verhalten" gibt, sind sie von den Bossen besetzt. Sie wissen, wie sie ihre Führungseffektivität durch angepaßte Kommunikationsstile, Verkleidungen oder durch ausschließlich rationale Argumente verbessern können.

Im Trainingskurs bitte ich die Teilnehmer, sie selbst zu sein: „Sei, wer du bist. Versuch aufrichtig zu deinen Kollegen zu sein." Zunächst kann dadurch Aggressivität entstehen. Warum nicht? Relativ schnell verändert sich die Atmosphäre und die Beziehungen und Kontakte zwischen den Teilnehmern bessern sich.

Diese Verbesserungen fallen natürlich nicht vom Himmel. Es ist ein ziemliches Stück Arbeit für alle Teilnehmer, einen Prozeß von Offenheit und Vertrauen zu entwickeln. Beide Aspekte sind eng miteinander verwoben: welcher kommt zuerst? Mitglieder einer Abteilung müssen die Erfahrung machen, daß Offenheit Vertrauen erzeugt und Vertrauen Offenheit zuläßt. Das bedeutet nicht: „erzähl alles" oder „zeig jedes Gefühl"; keine gruppendynamischen Spielchen wie: die Kollegen anbrüllen, Seelenstriptease oder gar Seelenpoker (wer ist die aufrichtigste Person im Raum?).

Es bedeutet vielmehr: die Teilnehmer lernen schrittweise, wie sie in Kontakt zu ihren Gefühlen kommen, wie sie die Mitteilungen ihres Gegenübers verstehen können und wie sie mit dem Spiel aufhören können „ich muß mich wie ein Roboter verkleiden, weil um mich herum nur Roboter sind". Dieses Spiel verursacht Streß und Schmerzen. Die einzigen Gewinner bei dem Spiel sind Psychiater, Psychologen und auch die Pharmaindustrie.

Nachdem sie einige Zeit diese merkwürdige Erfahrung „weder du noch ich sind Roboter, wir sind Menschen“ gemacht haben, entwickelt sich eine Basis für gegenseitige Verständigung. Gegenseitige Verständigung bedeutet ganz einfach Verständigung, nicht aber die Reduktion von zwischenmenschlichen Unterschieden. Sie führt nicht notwendigerweise zu Harmonie und Frieden; sie erlaubt aber eine Atmosphäre von direkter Kommunikation und Selbstkommunikation.

Dann fühlen sie: „Ich kann mich selbst ausdrücken“ – natürlich in den Grenzen konventionellen Verhaltens, ohne aufeinander loszugehen. Sie realisieren, daß sie mit sich selbst und Kollegen ehrlich sein können. Konkrete Streßursachen können eliminiert werden, indem man das Verhalten der Menschen zueinander verändert. Als Folge verändert sich das gesamte soziale Klima am Arbeitsplatz.

4.2 Das Kind in uns zutage fördern

Der Ansatz ist sehr einfach. Man braucht dazu nicht die Techniken progressiver Entspannung oder der Meditation zu vermitteln. Den Menschen muß nur gestattet werden, aufrichtig und ehrlich zu sein. Sie haben meist gelernt, ihre Gefühle in Beziehung zu anderen Menschen zu kontrollieren, d. h. eine Maske zu tragen.

„Masken“ können unterschiedliche Rollen sein, unterschiedliche Gesichtsausdrücke, die zu gewissen Situationen passen; Masken können Flannellanzüge mit entsprechenden „Flannellkommunikationsstilen“ sein. Moreno (1964) sagte einmal, daß die Rollen nicht aus dem Selbst kommen würden, sondern daß das Selbst aus den Rollen entstünde. Während des Enkulturationsprozesses lernen wir Rollen und Masken in einer Weise, die eher zur Rollenfixierung als zur Rollenflexibilität führt. Die Masken kontrollieren ihren Träger. Die Lektionen sind so weit internalisiert, daß man später unfähig ist, spontan zu agieren. Unser Ziel ist es, diesen Lernprozeß umzukehren – was allerdings nicht leicht zu erreichen ist.

Bei der Organisationsentwicklung haben wir es in der Regel mit „natürlichen Gruppen“, z. B. einer Abteilung oder Arbeitsgruppe zu tun. Bevor ein Entwicklungsprozeß in Gang gesetzt wird, sollte deutlich werden, ob es eine Basis für gegenseitiges Vertrauen und gemeinsame Interessen gibt. Man muß allerdings auch in Rechnung stellen, daß Vertrauen erst das Ergebnis dieses Prozesses sein kann.

Andere Gruppenstrukturen können genauso günstig sein. Wenn es darum geht, neue Erfahrungen und Verhaltensweisen in das alltägliche Leben zu integrieren, können auch Gruppen mit Teilnehmern aus verschiedenen Unternehmen einen Rahmen für Selbstexpression und Selbstaktualisierung darstellen. In „natürlichen Gruppen“ stehen wirkliche Konflikte und Beziehungen im Vordergrund; jeder muß wirkliche Beziehungen zu den anderen riskieren. Manchmal erscheint es einfacher zu sein, in einer Gruppe mit fremden Personen zu beginnen, bevor man mit seinen Arbeitskollegen weitermacht.

4.3 Unsere Körper wissen . . .

Da die gesprochene Sprache meist Fallen aufstellt, benutzen wir nonverbale Techniken und Spiele, wenn es darum geht, einen guten Kontakt zum eigenen Körper, den Empfindungen und Gefühlen wiederherzustellen. Nonverbale, den Ausdruck fördernde Methoden ermöglichen eine unzensierte Form der Bewußtwerdung und der Kommunikation: Pantomime, Bewegung, Tanz, Malen, Tonarbeiten usw.

Wir benutzen Körpersprache – d. h. dasselbe Mittel, das benutzt wurde, um das Ausdrücken von Gefühlen zu unterdrücken. Manchmal ist es angemessen, den Menschen die Möglichkeit zu geben, direkt zur Spontaneität ihrer Kindheit zurückzugehen. Wenn sie z. B. mit Ton anfangen zu spielen oder mit Puppen, kann man feststellen, wie sich ihr Gesichtsausdruck sehr schnell verändert. Sobald sie wieder in Kontakt mit ihrem kreativen Potential kommen, werden sie lebhafter. Trotz der Masken wurde dieses Potential nicht zerstört.

4.4 Welche Farben auch immer im Kopf sind

Masken sind nützlich, um in bestimmten Situationen überleben zu können. Berufliche Masken, private Masken, wissenschaftliche Masken: Wir brauchen sie.

Masken sind darüber hinaus eine gute Methode, um Selbstausdruck wieder zu erreichen. Wenn man die Maske verändern will, die man normalerweise trägt, kann es hilfreich sein, eine Maske zu entwickeln, die die normale Maske noch einmal übertreibt. Wenn eine Person normalerweise eine versteinerte Maske trägt, könnte sie eine eiserne Maske oder die eines römischen Imperators aufsetzen, also sehr brutal und unterdrückend; sie könnte mit dieser Maske und dem jeweils Gegenteiligen – z. B. ein Clown – anfangen zu spielen; dadurch erhält sie die Möglichkeit, mit unterschiedlichen Aspekten ihrer Persönlichkeit in Kontakt zu kommen.

Mit Masken zu spielen – seien sie aus Ton oder gemalt – oder Rollenspiele stellen Methoden dar, die Ausdrucksfähigkeit und die Fähigkeit, Gefühle zu zeigen, weiterzuentwickeln. In solchen Gruppen bereitet der Trainer praktisch die Dühne vor und gibt den Teilnehmern die Chance, wieder einmal Kind zu sein.

Dies kann allerdings auch zu tiefen Erfahrungen im Hinblick auf die Fähigkeiten führen, die man als Kind einmal hatte: neugierig sein, offene Systeme wahrzunehmen, motiviert sein zum Lernen, wachsen, schnell und begierig sein, Autoritäten in Frage zu stellen. Wenn die Teilnehmer einmal diese lang unterdrückten kindlichen Fähigkeiten wiederentdecken, betrachten sie sie als wesentliche Bestandteile ihres privaten Lebens (beim Sport, in der Familie usw.), aber auch als relevant für ihren Beruf: die Lust auf Kreativität, die Lust auf Ex-pression, d. h. sich ausdrücken.

In einem meiner Workshops arbeitete ein Topmanager mit Ton. Die Gruppe hatte 20 min Zeit zum „Spielen", und als diese Zeit vorbei war, bat ich sie, wieder zurückzukommen: „Meine Damen und Herren, würden Sie zu einem Ende kommen, damit wir weitermachen können." Der Mann war immer noch völlig vertieft in seine Tonarbeiten und brüllte: „Halten Sie den Mund! Ich habe keine Zeit für Sie! Sie haben mir überhaupt nicht zu sagen, wann ich aufhören soll! Ich brauche mindestens noch eine Stunde!" Und er machte einfach weiter, wie ein Kind zu arbeiten, spielte und machte eine Unmenge Witze. Seine Kollegen waren sehr überrascht. Sie hatten ihn so vorher nie gesehen. Aber er war auch überrascht über sich selbst: „Ich glaube, ich habe seit Jahren niemanden mehr so angebrüllt." Normalerweise war er eine total kontrollierte Person; das Spielen mit dem Ton brachte das Kind in ihm zu Tage – und er wollte nicht gestört werden, als er sich in dieser kindlichen Stimmung so gut fühlte.

Durch sein „Fehlverhalten" gab er der Gruppe die Erlaubnis, sich so zu fühlen und auszudrücken, wie sie es brauchte. Die gesamte Atmosphäre veränderte sich in eine Art Kindergartensituation. Wir konnten den Workshop nicht pünktlich beenden. Es ging den ganzen Abend weiter.

Diese Selbstenthüllung des Chefs ermöglichte eine offenere Kommunikation in der Gruppe, andere Teilnehmer wagten, „kindisch" zu sein, Ideen wurden entwickelt und durchgespielt. Dieses Beispiel zeigt den positiven Effekt eines Chefs in der Gruppe; natürlich gibt es auch negative Beispiele. Manchmal wird es nur den Chefs gestattet, „kindisch" zu sein; viel häufiger ist allerdings die Situation, daß der Chef die Bemühungen nicht unterstützt, diese Fähigkeiten wieder neu zu entdecken. Für Organisationen, die in ihrem Management eine Sprache benützen, die dem Militär entlehnt ist, ist jeder Ansatz gefährlich, der Spiellust, Freude oder Kreativität fördert.

4.5 Ein Gefühl von Stärke

Es gibt noch einen anderen Effekt, über den die Teilnehmer berichten. Sie sagen: „Wenn ich authentisch bin, wenn ich mich auf meine eigene Art und Weise ausdrücken kann, fühle ich eine Art von Stärke. Ich realisiere, daß ich die Situation kontrollieren kann. Ich habe nicht nur objektive, sondern auch subjektive Optionen. Ich bekomme ein Gefühl von Selbstbewußtsein. Ich fühle mich lebendig." Dieses Gefühl scheint ein wichtiger Bestandteil psychischer Gesundheit zu sein. Die einschlägige Forschung zeigt, daß der „locus of control" sehr wichtig ist. Wenn Menschen das Gefühl haben, „Ich kann kontrollieren, was mit mir geschieht", verschwindet Streß sehr schnell.

Es gibt leider keine Langzeitforschungen darüber, was nach solchen Seminaren mit den Teilnehmern passiert – nur informelle Rückmeldungen von Gruppen und Organisationen. Es ist klar, daß man nicht in einem 2tägigen

Seminar alles auf einmal verändern kann, wenn man 20–30 Jahre gebraucht hat, seine Gefühle zu unterdrücken und nicht authentisch zu sein. Es gibt keine Wunderheilungen. Es wäre unsinnig, radikale Veränderungen zu erwarten.

Viel zu viele Variablen beeinflussen die Situation: der Arbeitsstil des Unternehmens, die unterschiedlichen Biographien der Personen, soziale und kulturelle Werte. Allerdings summieren sich kleine Schritte auch zu Kilometern.

Wir waren fähig, den Stil der Erwachsenen zu lernen, d. h. wir haben die Regeln gelernt, die Kreativität verhindern. Die Fähigkeiten des Gehirns, all diese (wichtigen und notwendigen) Dinge zu lernen, sollten nicht unterschätzt werden. Deshalb: Arbeits- und Kommunikationsstile sowie Werte können verändert werden. Liberale und demokratische Werte werden die autoritären auf lange Sicht ablösen. Wenn der Prozeß zur Entwicklung vieler Wahlmöglichkeiten, zur Erhöhung von Freiheitsgraden erst einmal in Gang gesetzt worden ist, wird er aus sich heraus weitergehen.

Teilnehmer berichten, daß sie weiterhin zusammenarbeiten: „O.K., laßt uns aufrichtig sein. Jede(r) soll sagen, was sie/er will. Laßt uns stressiges Verhalten und geheime Bündnisse abbauen. Laßt uns offen sein. Mein Interesse ist dies, deines jenes. Also, was können wir machen?" Dieser direkte Kommunikationsstil hat nach den Berichten der Teilnehmer positive Wirkungen, aber es gibt keine Evaluation per se. Es gibt auch keine wissenschaftlichen Studien, wie und warum die Beeinflussung des sozialen Klimas wirkt.

Es ist möglich, daß die Psychoneuroimmunologie die Wissenschaft sein wird, die erklärt, wie Arbeitsstile Gesundheit und Wohlbefinden beeinflussen. Einige der Variablen, die hierfür in Frage kommen, könnten sein: soziale Unterstützung, subjektive Kontrolle über die Situation und ihre Stressoren, aktive und aggressive Bewältigungsstrategien, um den Herausforderungen am Arbeitsplatz begegnen zu können. Wenn die Menschen wissen, daß ihre Kollegen ihnen gestatten, zu sein, wer sie sind, könnte darin eine gute Möglichkeit liegen, die Isolation zu überwinden.

Das Alexithmyiaproblem bei Familien und vergleichbare Probleme in Unternehmen haben etwas mit „negativen" Gefühlen zu tun. Forschungen und klinische Erfahrungen der Psychoneuroimmunologie zeigen, daß es günstiger ist, aggressive und andere „negative" Gefühle auszudrücken und zu kommunizieren. Die Vermeidung solcher Verhaltensweisen im Namen von Harmonie und rationalem Funktionieren zerstört die Grundlagen von Produktivität und Profit: Pseudokontakte ermöglichen keine sich entwikkelnde Unternehmen, Pseudobeziehungen und Vermeidungsverhalten scheinen die 3-Tage-Abwesenheit vom Arbeitsplatz zu steigern und können zu psychosomatischen und kryptogenen Erkrankungen führen.

Aggressive Kontakte sind wenigstens eine bestimmte Art von Kontakt. Sie sind sicher gesünder als verdeckte Feindseligkeit oder Konkurrenz. Zu

Beginn von Gruppenprozessen kann man schnell spüren, daß es noch eine Menge an verdeckter Feindseligkeit gibt. Meist drückt sie sich in offener Angst und Aggression aus – aber nach relativ kurzer Zeit entwickeln sich Beziehungen und Kontakte. Die Teilnehmer sind in der Lage, miteinander zu sprechen. Parallel zu den aggressiven Gefühlen findet man immer auch positive Gefühle, die zum Ausdruck kommen.

4.6 Verbesserung der Produktivität

Das Konzept, das hinter diesen Kursen zum authentischen Management und zur Veränderung von Arbeitsstilen steht, erweist sich auch als nützlich im Zusammenhang mit Innovationen und Qualitätszirkeln. Die Erfahrungen zeigen, daß in Gruppen, in denen ein gutes Klima herrscht und in denen die Gefühle zum Ausdruck gebracht werden können, die Entwicklung neuer Produkte bzw. die Qualitätsverbesserung von Produkten und/oder Dienstleistungen wesentlich besser abläuft. Die doppelte Polarität „Aggression – Attraktion" ist zwischen den Kollegen immer präsent. Wenn man neue oder bessere Produkte entwickelt, ist es wesentlich, das Potential für spontante Ausdrucksmöglichkeiten, das ein Schlüsselelement von Kreativität ist, zu verstärken.

All dies hat langfristig Auswirkungen auf die Gesundheit. Wenn ein Betrieb seinen Mitarbeitern erlaubt, Ideen zu entwickeln, wenn die Beschäftigten die Ziele kennen, für die sie arbeiten, fühlen sie sich tatsächlich als Mitglieder des Betriebs.

Es ist kaum nachzuvollziehen, wie angesichts der Tatsache, daß Menschen nach einem Lebenssinn, nach Herausforderungen, nach Selbstaktualisierung streben, in Firmen immer noch die Tradition von Taylor hochgehalten werden kann, die das menschliche Potential nicht ausreichend berücksichtigt.

Andererseits sind Personen, die in amerikanischen und kanadischen schnell expandierenden Unternehmen „Arbeitsstilprogramme" eingeführt haben, keine alternden Hippies, sondern harte Manager, die über jahrelange Erfahrungen mit praktischen Managementmethoden verfügen. Sie wissen, daß die Unternehmen von den Mitarbeitern gestaltet werden – und nur gesunde, selbstaktualisierende Mitarbeiter können gesunde Geschäfte durchführen. Manipulative Strategien sind veraltet.

Für ihr Selbstkonzept ist es gut sagen zu können: „Ich arbeite für XYZ, ich mag XYZ" oder „Das ist meine Erfindung . . .". Ich habe einmal einen Slogan entwickelt – und als ich ihn in den Zeitungen gedruckt sah, war ich stolz auf mich, was für meine psychische Gesundheit sicher positiv war. Das „Ich bin gut", „Du bist gut" und „Wir sind gut" sind Schritte in der Entwicklung einer Organisation. „Meine Organisation ist gut, ich bin Mitglied eines tollen Stammes". Die Identität mit dem Unternehmen hat definitiv Auswirkungen auf die Gesundheit.

4.7 Streß ausdrücken – nicht unterdrücken

Wir benutzen Kampfsportarten bei Leuten mit hohem Streß – nicht weil sie körperliche Stärke vermitteln, sondern aufgrund der Ausdrucksmöglichkeiten, die sie bieten. Die Teilnehmer benutzen Karate oder Aikido, um ihre aggressiven Gefühle auszudrücken. Dabei lernen sie durch Karate, daß es positiv ist, völlig direkt und sogar aggressiv zu sein. Es gibt einen Transfer von den Kampfsportarten zu ihrem Verhalten und Arbeitsstil. Diese Methode vermeidet die Streßakkumulation im Körper. Adrenalin wird nicht durch Entspannung weggebracht. Sich einer Situation bewußt zu sein und ihre Realität auszudrücken, ist oft eine effektivere Streßbewältigungsstrategie. Die Methode reduziert also nicht Streß, sondern bringt ihn zum Ausdruck.

Viele Beschäftigte versuchen, Streß zu reduzieren. Sie sagen: „Wenn du dich gestreßt fühlst, nimm ein Valium, mach progressive Entspannung, autogenes Training und entspanne." Ich denke, manchmal ist es günstiger zu sagen: „Nimm ein Amphetamin (oder irgendeine andere energiezuführende Methode) und agier deinen Streß aus."

Es gibt tatsächlich Menschen, die mit Entspannungstechniken nicht arbeiten können – etwa 30% wehren sich dagegen. Andere Menschen müssen sich gestreßt fühlen, um effektiv funktionieren zu können. Andere wiederum drücken ihren Ärger aus, wenn sie entspannen – dies gilt besonders für Menschen, die in einer protestantisch ethischen Umgebung aufgewachsen sind. Warum sollten sie also entspannen? Warum sollten wir ihnen sagen: „Du bist ein Typ A. Das ist nicht gut für dich. Du mußt umlernen und ein Typ B werden." Das ist unsinnig. Sie sind ein Typ A; was wichtig ist: wir müssen ihnen helfen, auf ihre Art und Weise mit ihrem Streß umzugehen. Die Menschen müssen individuelle Bewältigungsstrategien entwickeln. Sie müssen Methoden finden, die ihnen und nicht dem Therapeuten passen, der die „Valiumlösung" hat und sie allen anderen anbietet.

Dies ist ein Ansatz, mit Streß umzugehen. Er konzentriert sich nicht auf physische Fitneß, sondern auf emotionale Aspekte. „Sei du selbst!", lautet die Botschaft. „Trau dich, du selbst zu werden!", das ist der erste Schritt auf diesem Weg.

Die Grundidee ist, das Leben „zu legalisieren". In bestimmter Hinsicht scheint nämlich das Leben eine illegale Droge zu sein, die nicht in Familien, in „zivilisierten" Unternehmen, in ehrenwerten Regierungsstellen genommen wird. Es ist aber auch wahr: Das Leben ist eine der gefährlichsten Drogen, die wir kennen. Das Leben geht einher mit Aggression, Angst, Furcht, Lust, Zärtlichkeit, Traurigkeit. Überdosen oder zu kleine Dosen können (manchmal) den Tod bedeuten. Menschen, die sie nutzen, können abhängig davon werden. Abhängige revoltieren gegen die Arbeitsbedingungen; die Unterdrückung des Lebens arbeitet nicht erfolgreich.

Ein kleiner, aber eben nur ein Aspekt der Legalisierung des Lebens ist die Veränderung der Arbeits- und Kommunikationsstile in der Arbeitswelt.

B. Betriebsebene

5 Vier Hauptansätze für Wohlbefinden

Cary L. Cooper

Immer mehr Firmen betreiben Gesundheitsförderung und Beratungseinrichtungen, um für das Wohlbefinden ihrer Mitarbeiter zu sorgen – nicht so sehr wegen der alarmierende Statistiken über streßbedingte Krankheiten und der Häufigkeit von Erkrankungen der Herzkranzgefäße, sondern weil sie allmählich erkennen, welche Kosten dem Betrieb erwachsen, wenn er seine Arbeitnehmer nicht schützt. Diese Kosten sind breit gestreut; sie ziehen Ausgaben für durch Krankheit verlorene Arbeitstage und geschäftliche Gelegenheiten nach sich – und in jüngster Zeit einen beträchtlichen Anstieg der Klagen von Arbeitnehmern auf Entschädigung wegen Streß bei der Arbeit.

So haben z.B. Gerichte in Kalifornien „kumulativen Streß- oder Traumaklagen“ gegen Arbeitgebern stattgegeben, die nicht gewillt waren, die Arbeitsbelastungen möglichst gering zu halten. „Kumulative Traumaklagen“ sind eine Art Schadenersatzklage des Arbeitnehmers, bei der ein Beschäftigter geltend macht, eine schwere Erkrankung oder Behinderung sei das kumulative Ergebnis von jahrelangen geringeren Streßbelastungen am Arbeitsplatz. So verzeichnete die größte betriebliche Versicherungsgesellschaft im Staat Kalifornien, die Industrial Indemnity Company, zwischen Beginn und Ende der 70er Jahre einen hohen Anstieg an kumulativen Traumaklagen. Während 1971 der Anteil der anfänglichen Rücklagen für kumulative Traumaklagen in bezug auf alle Schadenersatzklagen 5.5% ausmachte, belief sich dieser Anteil bis 1980 auf über 20%.

Von Managern und anderen Angestellten werden gegenwärtig zunehmend Traumaklagen angestrengt, die sich auf die Entscheidung des obersten Gerichtshofs von Michigan im Fall Carter gegen General Motors aus dem Jahr 1960 stützen. In diesem Fall entschied das Gericht auf Zubilligung von Schadenersatz an James Carter, einen Maschinenführer, wegen eines seelischen Zusammenbruchs aufgrund von Arbeitsstreß. Die Klagen aufgrund von beruflichem Streß begannen sich jedoch erst Anfang der 70er Jahre zu vermehren und wurden dadurch begünstigt, daß die Industriebetriebe unfähig waren zu beweisen, daß sie geeignete Maßnahmen zur Reduzierung von streßbezogenen Faktoren bei verschiedenen Arbeitsplätzen getroffen oder Beratungsstellen und andere Einrichtungen zur Streßbewältigung zur Verfügung gestellt hatten.

Im folgenden Teil möchte ich die verschiedenen Möglichkeiten erörtern, wie Betriebe für das körperliche und seelische Wohlbefinden ihrer Mitarbeiter Sorge tragen können.

5.1 Fitneßprogramme

Viele amerikanische und einige europäische Firmen haben begonnen, ausgedehnte Fitneßeinrichtungen für ihre Mitarbeiter zur Verfügung zu stellen. Die Gesellschaft Pepsico Inc. beispielsweise hat ein umfassendes Programm für körperliche Fitneß an ihrem Hauptsitz in Purchase, New York eingerichtet. Sie verfügt über eine voll ausgerüstete Sporthalle mit Sauna, einer elektrischen Tretmühle, Sandsäcken (nicht in Gestalt des Geschäftsführers), stationären Fahrrädern, Whirlpools, Duschen und Massageeinrichtungen. Eine 1,85 km lange Laufstrecke umgibt das Verwaltungsgebäude. Das Programm wird von einem Physiotherapeuten und einem Arzt, die ganztags beschäftigt sind, geleitet; sie stellen auch maßgeschneiderte Programme für jeden Mitarbeiter zusammen. Obwohl diese Einrichtungen ursprünglich nur für leitende Angestellte geplant waren, werden sie nun von allen Mitarbeitern auf freiwilliger Basis genutzt. Der Sitz der Gesellschaft liegt in einer reizvollen, parkähnlichen Landschaft, um eine Atmosphäre körperlicher Fitneß zu fördern. Es werden auch Sonderprogramme wie Aerobic, wöchentliche Yogakurse, Diättraining usw. angeboten, um den Bedürfnissen der einzelnen Arbeitnehmern gerecht zu werden.

In der Bundesrepublik Deutschland holt der Chemiekonzern BASF 2mal im Jahr eine Gruppe von 36 leitenden Angestellten aus ihren Büros heraus zu einem zweiwöchigen Lehrgang zur Förderung persönlicher Gesundheit. Sie schwimmen, joggen, gehen in die Sauna, halten sich an eine sorgfältig geplante Diät und werden dazu angeregt, an Entspannungsübungen wie Yoga und transzendentale Meditation teilzunehmen. Dadurch, daß man die Mitarbeiter in ein intensives Gesundheitsprogramm schickt, hofft man, daß sie eine positive Einstellung zu körperlicher und psychischer Gesundheit internalisieren.

In Kanada haben sich die Gesellschaften Canada Life Assurance Co. und North American Life Assurance Co. gemeinsam an einem Forschungsprojekt beteiligt, um zu sehen, welche Resultate ein Fitneßprogramm für leitende Angestellte auf ihre Manager haben würde. Insgesamt wurden 1125 Manager aus beiden Firmen zu einem systematischen Kurs für körperliche Fitneß in der Sporthalle des Firmenhauptsitzes herangezogen. Es ergaben sich mehrere interessante Ergebnisse. Erstens ging die Abwesenheitsquote um 22% zurück, was – auf die beiden Firmen bezogen – eine Einsparung von etwa 20 0000 $ pro Jahr bedeuten könnte. Zweitens wurde in der Fitneßgruppe ein 3%iger Produktivitätsanstieg im Vergleich zu den nicht am Programm Beteiligten festgestellt. Darüber hinaus erwies sich, daß die trainierenden Manager eine wesentlich positivere Einstellung zur Arbeit hatten und angaben, ein besseres Verhältnis zu ihren Vorgesetzten und Untergebenen zu haben.

Die Converse Corp. in Wilmington variierte das Fitneßthema, indem sie ein 12 Wochen dauerndes, freiwilliges Entspannungsprogramm für ihre Mitarbeiter entwickelte. Über 140 Interessenten meldeten sich und wurden mit 63 willkürlich ausgewählten Personen, die nicht teilnahmen, verglichen. Die Teilnehmer erklärten sich einverstanden, 12 Wochen lang täglich Protokoll zu führen und ihren Blutdruck messen zu lassen. Darüber hinaus wurden während der Versuchsperiode ihr allgemeiner Gesundheitszustand und ihre Arbeitsbelastung beurteilt. Die Ergebnisse zeigten, daß eine Pause zum Entspannungstraining während der normalen Arbeitszeit nicht nur durchführbar war, sondern daß sie auch Verbesserungen des allgemeinen Gesundheitszustands, der Arbeitsleistung und des Wohlbefindens zur Folge hatte. Außerdem ging der Blutdruck der Manager von Beginn bis zum Ende des Trainings merklich zurück.

Vielleicht die beste Methode, die ein Unternehmen anwenden kann, ist das Beispiel der Maschinenbaufirma Emhart Corp. Sie war besorgt über den Gesundheitszustand ihrer Mitarbeiter, scheute jedoch davor zurück, große Geldsummen in ein Fitneßprogramm zu investieren, von dem ihre Mitarbeiter möglicherweise keinen Gebrauch machen würden. So befragte man zunächst die Mitarbeiter über ihre Einstellungen zu einem firmeneigenen Fitneßprogramm, und da die Reaktionen positiv waren, wurde eine kostengünstige Sporthalle gebaut. Als sich dann herausstellte, daß sie von den Arbeitnehmern regelmäßig benutzt wurde, wurden die Einrichtungen erweitert (z. B. stellte man erfahrene Übungsleiter ein usw.). Nach 1 Jahr war die Nachfrage so groß, daß eine Laufstrecke gebaut wurde. Es wurde also ein schrittweises Vorgehen gewählt, bei dem jeder vorhergehende Schritt den nächsten rechtfertigte.

Abgesehen von moralischen und humanitären Gründen – allein unter dem Gesichtspunkt von Kosten und Nutzen sollte der Schutz des Wohlbefindens der Mitarbeiter jedem Unternehmen besonders am Herzen liegen. General Motors gibt etwa 2000 $ jährlich pro Mitarbeiter für die Krankenversicherung aus, was sich auf 1,3 Mrd. $ jährlich summiert (etwa 30mal mehr als 1960). Detaillierte Beispiele für Gesundheitsvorsorgeprogramme finden sich in dem Buch von Marshall u. Cooper (1983) über Fallstudien von Ansätzen zur Streßprävention in unterschiedlichen Firmen.

5.2 Streßberatung

Gelegentlich beschäftigt der eine oder andere Betrieb einen Psychologen, der den Mitarbeitern zur Erörterung persönlicher Probleme zur Verfügung steht. Seine Dienste könnten äußerst hilfreich sein, wenn es darum geht, Mittel und Wege zur Streßlinderung für einzelne Personen zu finden. Das Problem liegt darin, daß sich einzelne Arbeitnehmer scheuen, solche Unterstützung für alle sichtbar in Anspruch zu nehmen; es könnte effektiver sein, wenn sich der „Experte“ hinter einem Titel wie Sozialreferent oder Referent für Managemententwicklung verbergen würde, dessen Rat eingeholt werden kann, ohne daß es zwangsläufig so aussieht, als gestehe man eine persönliche psychische Beeinträchtigung ein. Für die Gesundheit des Betriebes ist es jedoch meiner Meinung nach auf lange Sicht besser, aufrichtig zu sein und einen Beratungsservice einzurichten, wobei man die Existenz von Streß offen zugibt.

Ein Beispiel für eine Firma, die solch einen Beratungsservice eingeführt hat, ist die Kennecot Corp. Dort hat man sich auf die psychische Gesundheit der Manager und anderer Mitarbeiter konzentriert und Beratungseinrichtungen für einen breiten Problemfächer, die mit der Arbeit und der häuslichen Situation zusammenhängen, geschaffen. Zum Beispiel wurde eine Gruppe anonymer Alkoholiker für Mitarbeiter und ihre Familien organisiert. Ein anderes Unternehmen, das in Großbritannien das gleiche Prinzip angewendet hat, ist Shell Chemicals; es hat als eines der ersten britischen Unternehmen einen Beratungsservice für Mitarbeiter innerhalb der medizinischen Abteilung eingerichtet, der mit einem ganztags beschäftigten Berater (ein psychiatrisch geschulter Sozialarbeiter) besetzt ist. Mit diesem Ansatz wurde angestrebt, „einen vertraulichen Beratungsservice für alle Mitarbeiter und ihre Familien zu schaffen, mit Unterstützung freier Mitarbeiter für das Wohl der Beschäftigten zu sorgen und andere Aktivitäten in die Wege zu leiten, die die Qualität des Arbeitslebens erhöhen“. Die Control Data Corp. in den USA und Europa hat ebenfalls einen Streßberatungsservice eingerichtet.

5.3 Managertraining zur Streßerkennung bei anderen

Auden schreibt in seinem Gedicht „Der unbekannte Bürger“ (The Unknown Citizen): „War er frei? War er glücklich? Die Frage ist absurd: hätte irgendetwas nicht gestimmt, so hätten wir es sicherlich erfahren.“ Aber können oder sollten wir uns ausschließlich auf informelles innerbetriebliches Hörensagen über das Wohlbefinden eines unserer Kollegen verlassen? Streßbedingtes Verhalten kann nur allzu häufig auf irgendeine akzeptable Art kaschiert oder getarnt werden – zumindest in den Anfangsstadien. Bei den Belastungen des Lebens im Betrieb ist es wichtig, bei Managern ein gewisses Bewußtsein dafür zu schaffen, wie sich Streß bei ihnen selbst und bei anderen (z.B. Untergebenen und Kollegen) äußert. Sobald sich ein Manager der Streßsymptome bewußt ist – vor allem im Hinblick auf sich selbst und seine Untergebenen – ist es ihm eher möglich, etwas dagegen zu unternehmen; entweder in der Form, daß er die betreffende Person dazu ermutigt, an einem Trainingsprogramm zum Streßabbau teilzunehmen oder den auslösenden Faktor durch Modifikation der Arbeitstätigkeiten bzw. des Arbeitsplatzes zu beseitigen.

Man kann problemlos ein- oder zweitägige Trainingsprogramme entwikkeln, in denen die körperlichen und psychischen Symptome und Verhaltensweisen, die möglicherweise mit Streß zusammenhängen, im Mittelpunkt stehen. Einige der folgenden Symptome wurden von Melhuish und dem Autor in einer 10jährigen Langzeituntersuchung an 350 leitenden Angestellten in Großbritannien herausgefunden (Melhuish 1978; Cooper u. Melhuish 1980). In dieses Trainingsprogramm konnte nicht nur die Bewußtmachung möglicher Streßmanifestationen aufgenommen werden, sondern auch Selbsterfahrungssitzungen, in denen die Manager sich selbst beobachten und gemeinsam mit ihren Traineekollegen einen Weg suchen, wie sie auf Belastungen und die Ereignisse, Mitarbeiter, Charakteristika des Unternehmens reagieren, die sie für Streßauslöser halten. Indem man die eigenen Reaktionen und die anderer auf Streß in einem direkten Lernprozeß erkennt, kann man unmittelbares, beobachtbares Verhalten erörtern, das später unter den gegebenen Umständen bei der Beurteilung einer bestimmten Arbeitsumwelt von unschätzbarem Wert sein kann.

Wenn die Normen in einem Unternehmen verändert werden, um der Existenz von Streß im betrieblichen Leben Rechnung zu tragen, wird der Prozeß der Bewältigung erleichtert (im Gegensatz zur Beseitigung, die vermutlich weder möglich noch erstrebenswert ist) und das Bewältigungshandeln wird vermutlich wirkungsvoller. Eine der effektivsten Methoden, die Arbeitsbelastungen in Unternehmen eher zu *verhindern* als sie zu *bewältigen,* ist die Einrichtung von *sozialen Unterstützungssystemen* beim Führungspersonal: Ermutigung von Managern, sich gegenseitig zu helfen, ihre Sorgen zu teilen, die Arbeitsplanung und Aufgaben zu reorganisieren, um diejenigen zu entlasten, die es am dringendsten nötig haben; sich eingestehen, daß die familiären Umstände die Arbeitsleistung beeinträchtigen können; mit Rat und Tat ihren Kollegen und ihnen unterstellten Mitarbeitern beistehen, die häusliche Probleme haben usw. Die Schaffung von Unterstützungsgruppen auf verschiedenen Ebenen der Führungshierarchie könnte mit Organisationsberatern durchgeführt werden, die als informeller Beratungsservice für alle Manager fungieren würden. Es sollte nicht nur eine Einrichtung zur Lösung unmittelbarer Probleme sein oder für Manager, die sichtlich am Ende ihrer Kräfte sind, sondern eher eine Gruppe, die regelmäßig zusammenkommt, von der man erwarten kann, daß sie die Entstehung von Problemen und potentiellen Streßfaktoren erkennt und dem Einzelnen helfen kann, sie zu erkennen und Maßnahmen zu ihrer Reduzierung zu treffen, bevor es zu spät ist.

5.4 Überbrückung der Kluft zwischen Arbeitsplatz und Zuhause

Es gibt eine Vielzahl von Möglichkeiten, wie der Betrieb die Kluft zwischen Arbeitsplatz und Zuhause überbrücken könnte. Offensichtlich besteht einer der wichtigsten Schritte darin, bei den Mitarbeitern und ihren Familien herauszufinden, in welchen Bereichen Konflikte und Schwierigkeiten auftreten. Dies könnte eine Erweiterung dessen sein, was in verschiedenen Firmen bereits geschieht: daß man nämlich die Mitarbeiter nach ihrer Einstellung zu bestimmten Firmenpraktiken fragt. Norske Shell z.B., eine von etwa 500 Firmen der Royal-Dutch-Shell-Gruppe, führt jedes Jahr Umfragen über die Haltung der Mitarbeiter zum Unternehmen und seiner Politik durch. Der Fragebogen umfaßt Themen wie Bezahlung, persönliche Entwicklung, Mitbestimmung, Kommunikation, Arbeitszufriedenheit, Arbeitsbedingungen, Effizienz und Umwelt. Es besteht kein Grund, warum eine Anwendung dieser Methode anderswo nicht möglich wäre, ergänzt um Themen wie Haltung zu Geschäftsreisen, Versetzung, Arbeitszeit, Kenntnisse der Familie über die Firma und Arbeit des Mitarbeiters usw. Auf diese Weise können die Unternehmen ein Gespür für die Effizienz ihrer gegenwärtigen Personalpolitik und Informationen über potentielle zukünftige Probleme und Entwicklungen erhalten.

6 Multidimensionale Ansätze sind erforderlich

Malcolm S. Weinstein

Viele Modelle sind bislang vorgeschlagen worden, um arbeitsbedingten Streß und Charakteristika der Lebensweisen zu ihren Auswirkungen auf Arbeitsleistung und Gesundheit in Beziehung zu setzen. Wenn sich diese Modelle auch in manchen spezifischen Aspekten unterscheiden, so schließt doch jedes einzelne mindestens 4 Komponenten ein:

1) *Inputs,* die entweder objektive Umweltcharakteristika, subjektive Empfindungen oder beides betreffen;
2. *Thruputs,* die persönliche Empfindungen betreffen oder Charakteristika, die sich auf die Inputs auswirken;
3. *Outputs,* die sowohl die Auswirkungen auf die Gesundheit als auch auf die Arbeit spezifizieren; entweder positive, negative oder beides;
4. *Feedback*schleifen, die es ermöglichen, daß jeder einzelne Faktor die übrigen beeinflußt.

Eines der am besten erforschten Modelle, das „Person–Environment–Fit" (Balance zwischen Person und Umwelt; French et al. 1982), geht von der Hypothese aus, daß Streß hervorgerufen wird durch mangelnde Übereinstimmung zwischen – objektiven oder subjektiven – Anforderungen und unserer Fähigkeit, diese zu erfüllen – wiederum objektiv und subjektiv. Man nimmt weiterhin an, daß Streß, wenn er nicht erfolgreich bewältigt wird, ungünstige Auswirkungen auf Arbeitsleistung und Gesundheit hat.

Aus diesem Modell ergeben sich Implikationen für Interventionen. Dort, wo z. B. eine tiefe Kluft zwischen objektiven Arbeitsanforderungen und den objektiven Fähigkeiten des Arbeitnehmers besteht, sind vermutlich entweder eine Schulung des Beschäftigten oder ein Zurückschrauben der Anforderungen angebracht. Ein wesentliches Charakteristikum des Modells liegt darin, daß es sich auf das Individuum konzentriert, um die speziellen Lebens- und Arbeitsumstände jeder einzelnen Person widerzuspiegeln, d. h. die Art und Weise der Übereinstimmung zwischen der Balance von Individuum und Umwelt mit seinen Arbeitsanforderungen.

6.1 Die Beeinflussung von Streß am Arbeitsplatz

In einem kürzlich zusammengestellten Überblick über die Forschung zum Thema Streß und seine Auswirkungen auf die Arbeitswelt (Kahn et al. 1982) wurde der Schluß gezogen, daß – wenn auch die Auswirkungen von arbeitsbedingtem Streß auf die Gesundheit klar seien – die künftige Forschung gegenüber früheren Untersuchungen in vielerlei Hinsicht verbessert werden muß:

a) Sie muß eine Analyse der biologischen und psychologischen Risikofaktoren und der dazu vorhandenen Literatur einschließen.
b) Sie muß die durch „natürliche Experimente" gegebenen Forschungsmöglichkeiten nutzen.
c) Sie muß sich durch die Verwendung erfolgversprechender Modelle auf die wichtigsten Variablen bei gefährdeten Arbeitnehmern konzentrieren.
d) Die Arbeitsumstände (Anforderungen und zur Verfügung stehende Mittel) sowie individuelle Faktoren (Bedürfnisse und Fähigkeiten) müssen sorgfältig definiert werden, um diese Faktoren im Hinblick auf ihre Wechselwirkung zu untersuchen.

Untersuchungen zeigen, daß sich bei verschiedenen Berufsgruppen die Krankheits- und Sterblichkeitsziffern unterscheiden; bei Arbeitnehmern, deren Tätigkeit mit einem hohen Maß an Streß verbunden ist, sind diese Ziffern höher als bei denjenigen Tätigkeiten, die nur geringen Streß mit sich bringen. Je mehr Streß, desto höher also diese Ziffern. Das methodische Vorgehen bei derartigen Untersuchungen läßt jedoch häufig zu wünschen übrig. Kasl (1986) hat auf zahlreiche Fehler bei der Ausarbeitung solcher Untersuchungen hingewiesen – so auch auf die Tatsache, daß der Charakter des Individuums, das sich für einen Beruf entscheidet, eher als der Beruf selbst für die streßbedingten Resultate verantwortlich ist.

Welche Bedeutung haben diese Untersuchungen für die Beeinflussung von Streß am Arbeitsplatz? Wie in Teil I dargestellt wurde, müssen die Maßnahmen, die den arbeitenden Menschen bei der Bewältigung ihres arbeitsbedingten Stresses unterstützen sollen, multidimensional ausgerichtet sein. Können wir auf Erfolg hoffen, wenn wir den Menschen nur Fähigkeiten zur persönlichen Streßbewältigung vermitteln, wie z. B. Meditation, Abschalten der Gedanken oder sinnvolle Zeiteinteilung?

6.2 Ein gruppenzentrierter Ansatz

Sowohl in den USA als auch in Kanada blüht das Geschäft mit Seminaren zur Streßbewältigung. Ich werde häufig gebeten, auf Seminaren, deren Dauer von wenigen Stunden bis zu mehreren Tagen reicht, über Konzepte und Methoden der Streßbewältigung zu sprechen. Immer wenn man bittet, so etwas vorzutragen, befinde ich mich in einem Zwiespalt: Ergreife ich die Gelegenheit, den Menschen meine Vorstellungen näherzubringen, wenn auch nur in kurzer Zeit, oder lehne ich es ab mit der Begründung, daß die zur Verfügung stehende Zeit zu weit hinter meinem Ideal zurückbleibt? Das Ideal bedeutet meiner Meinung nach ständigen Kontakt mit einer kleinen Gruppe von Individuen, die innerhalb derselben Einheit oder Abteilung zusammenarbeiten. Nachdem zunächst die grundlegenden Vorstellungen über Streß und seine Auswirkungen dargestellt worden sind, helfe ich den Gruppen gern, spezifische Maßnahmenkataloge für sich als Individuen und für ihre Arbeitseinheit zu entwickeln, die sie in die Lage versetzen werden, während eines gewissen Zeitraums nicht nur persönliche Reaktionen auf Streß zu erkennen und unter Kontrolle zu bringen, sondern auch die Streßursachen zu beeinflussen, die außerhalb ihres unmittelbaren Umfeldes liegen. In Fällen, in denen ich diese Methode anwende, stelle ich fest, daß die Ergebnisse effektiver sind und länger anhalten. Die Menschen haben nicht nur die Zeit, die notwendig ist, um ihre Fähigkeiten zu entwickeln und zu verbessern, sondern sie entwickeln auch innerhalb der Gruppe die soziale Unterstützung und die Kraft, die unabdingbar sind, um mit den strukturellen Streßursachen fertig zu werden. Statt zu Opfern werden sie zu Problemlösern in Prozeß der Streßbewältigung.

Dieser gruppenzentrierte Ansatz ähnelt den Ansätzen zur Befähigung der Menschen, ihr eigenes Schicksal in die Hand zu nehmen (empowerment), die sich auf anderen Gebieten als erfolgreich erwiesen haben, so z.B. „Quality Circles" in Unternehmen, Problemlösungsgruppen usw. Er unterscheidet sich von diesen dadurch, daß er Streß und Gesundheit in den Mittelpunkt stellt, es Arbeitnehmern und Managern ermöglicht, zu einem großen Teil den Widerstand zu vermeiden, der gewöhnlich auftritt, wenn diese Methode zu sehr mit einer Reform der Arbeitsstrukturen gleichgesetzt wird (eine ausführliche Darstellung des Problems Streßmanagement am Arbeitsplatz findet sich in den ausgezeichneten Büchern von Albrecht 1979; Greenberg 1980; Matteson u. Ivancevich 1982; Weinstein et al. 1982).

Um zu sehen, wie die Faktoren Streß und Lebensweisen miteinander verflochten sind, habe ich nachfolgende Übersicht aus Albrechts Buch „Stress and the Manager" (1979) entnommen. Darin werden Lebensweisen mit hohem und mit geringem Streß, sowohl Arbeit als auch Freizeit betreffend, einander gegenübergestellt; sie enthält darüber hinaus eine brauchbare Checkliste für die Beeinflussung von Streß am Arbeitsplatz:

6.3 Die Form der Arbeit kann nicht ignoriert werden

Man kann Streß in der Arbeitswelt nicht beeinflussen, ohne die Natur der Tätigkeit selbst und den Rahmen der Gesellschaft zu berücksichtigen, in dem die Arbeit geleistet wird. Es gibt eine große Menge von Literatur, von der ein Großteil grundsätzlich ist in bezug auf paritätische Mitbestimmung, soziotechnische Systeme und die Qualität des Arbeitslebens (Trist 1981), Beteiligung der Arbeitnehmer am betrieblichen Entscheidungsprozeß und Strukturierung ihrer Arbeitstätigkeiten, d.h. wie die physikalische und soziale Technologie mehr oder weniger Streß bei der Arbeit erzeugen kann. So zeigen Untersuchungen eindeutig, daß negative Auswirkungen auf die Gesundheit häufig bei Tätigkeiten vorkommen, bei denen das Arbeitstempo durch Maschinen bestimmt wird, d.h. wo die Arbeitsbedingungen dem Arbeiter starke Beschränkungen auferlegen und wo seine ständige Auf-

Tabelle 1.

Lebensweisen mit hohem Streß	Lebensweise mit geringem Streß
Das Individuum	Das Individuum
– ist chronischem Streß ausgesetzt, der nicht abgebaut wird;	– akzeptiert „schöpferischen" Streß für verschiedene Perioden reizvoller Aktivität;
– gerät in eine oder mehrere andauernde Streßsituationen;	– hat „Fluchtwege", die ihm gelegentliches Sichzurückziehen und Entspannung ermöglichen;
– kämpft mit belastenden zwischenmenschlichen Beziehungen (Familie, Ehepartner, Liebhaber, Chef, Kollegen usw.);	– macht eigene Rechte und Bedürfnisse geltend; geht Beziehungen mit gegenseitigem Respekt und geringem Streß ein, wählt seine Freunde sorgfältig und knüpft Beziehungen, die ihm etwas geben und ihn nicht belasten;
– beschäftigt sich mit unangenehmer, langweiliger, schädlicher oder sonstwie unerfreulicher und unbefriedigender Arbeit;	– beschäftigt sich mit reizvoller, befriedigender, lohnender Arbeit, bei der Leistung wirklich belohnt wird;
– steht unter ständigem Zeitdruck; zu viel zu tun in der zur Verfügung stehenden Zeit;	– hat eine ausgeglichene und reizvolle Arbeitsbelastung; Überlastungen und Krisen werden durch „Verschnaufpausen" ausgeglichen;
– macht sich Sorgen über unangenehme Ereignisse, die möglicherweise bevorstehen könnten;	– gleicht beunruhigende Ereignisse durch lohnende Ziele und positive Ereignisse aus, auf die es sich freuen kann;
– hat gesundheitsschädliche Gewohnheiten (z. B. ungesunde Ernährung, Rauchen, Alkohol, Bewegungsmangel, geringes Maß an körperlicher Fitneß);	– verfügt über ein hohes Maß an körperlicher Fitneß, ißt gut, macht keinen oder nur sparsamen Gebrauch von Tabak und Alkohol;
– die Lebensaktivitäten sind einseitig und unausgeglichen (d. h. ausschließlich von einer Aktivität in Anspruch genommen, wie z. B. Arbeit, gesellschaftliche Aktivitäten, Geldverdienen, Alleinsein oder körperliche Aktivitäten);	– zeigt ausgeglichene Lebensaktivitäten: das Individuum investiert seine Energie in die verschiedensten Aktivitäten, die zusammengenommen ein Gefühl der Befriedigung bewirken (z. B. Arbeit, gesellschaftliche Aktivitäten, Entspannung, Alleinsein, kulturelle Interessen, Familie und enge Beziehungen);
– hat Schwierigkeiten, es sich einfach gutgehen zu lassen, zu entspannen und momentane Aktivitäten zu genießen;	– findet Gefallen an einfachen Aktivitäten, ohne daß es die Notwendigkeit verspürt, spielerisches Verhalten zu rechtfertigen;
– empfindet sexuelle Aktivitäten als unangenehm, unbefriedigend oder gesellschaftlich „programmiert" (z. B. durch Manipulation, Leistungszwang);	– führt ein erfülltes und befriedigendes Sexualleben, wobei es sexuellem Verlangen offen Ausdruck gibt;
– betrachtet das Leben als ernste, schwierige Situation; wenig Sinn für Humor;	– genießt das Leben im allgemeinen; kann über sich selbst lachen; hat einen gut entwickelten und gut trainierten Sinn für Humor;
– nimmt einengende, strapaziöse soziale Rollen an;	– lebt ein relativ rollenfreies Leben; ist fähig, natürliche Wünsche, Bedürfnisse und Gefühle ohne Entschuldigung auszudrücken;
– findet sich mit sehr bedrückenden oder belastenden Situationen ab, leidet schweigend.	– handelt entschlossen, um Streßsituationen nach Möglichkeit abzubauen; verschiebt Termine, die nicht einzuhalten sind; vermeidet es, sich unnötigen Streßsituationen auszusetzen; teilt seine Zeit effektiv ein.

merksamkeit notwendig ist, um in kurzen Abständen die richtigen Entscheidungen zu treffen (Johannson et al. 1981; Frankenhaeuser 1981).

Gleich welche Veränderungen der Lebensweisen bei der Arbeit herbeigeführt werden, sie sind höchstwahrscheinlich nicht von Dauer, wenn sie in erheblichem Widerspruch stehen zu den in der Gemeinde, Nachbarschaft oder Familie geltenden Wertmaßstäben. So gab es in einer Firma, die ich kürzlich beraten habe, einige Schwierigkeiten in einer ihrer Abteilungen, in der die meisten Angestellten starke Raucher waren. Das Rauchen filterloser starker Zigaretten gehört dort sogar zur Kultur – es gibt den männlichen Beschäftigten ein „Machoimage". Im Laufe meiner Organisationsberatung erkannten die Beschäftigten das Rauchen in der Öffentlichkeit als einen Faktor, der das Ansehen ihrer Firma negativ beeinflußte. Sie beschlossen deshalb, in Gegenwart von Kunden nicht zu rauchen. Als nächstes fragten sie sich, wie man die Kunden vom Rauchen abhalten könnte, obwohl es in ihrer Firma meistens erlaubt war. Sie schrieben an den Direktor der betreffenden Firma – der selbst 2 Päckchen pro Tag rauchte – einen Brief und baten ihn, eine Nichtraucherpolitik in seiner Firma zu verfolgen. Zu ihrer großen Überraschung – und zum Entsetzen der Raucher – war der Direktor damit einverstanden, das Rauchen in der gesamten Firma zu untersagen. Er selbst wollte aus gesundheitlichen Gründen aufhören und sah dies als willkommene Gelegenheit, etwas für seine Gesundheit zu tun.

Der potentielle Nutzen der Gesundheitsförderung liegt auf der Hand. Was wir jetzt brauchen, sind Ansätze, die auf das Organisationsklima zielen, damit dadurch die Bemühungen der Gesundheitsförderung zum Erfolg gelangen können. Wir brauchen differenzierte Forschung und – gleichbedeutend – eine vernünftige Darstellung unserer Bemühungen in den Medien, um die Politiker, Organisationen und Gewerkschaftsführer zu beeinflussen, daß die Arbeitnehmer an Gesundheitsförderungsaktivitäten von Beginn an beteiligt sein sollten – und daß es unser aller Interesse ist, uns zusammenzutun und einfach anzufangen.

7 Soziale Unterstützung durch Betriebsärzte

Rainer Müller

Das Thema scheint als selbstverständlich zu unterstellen, daß Betriebsärzte soziale Unterstützung zur Streßbewältigung am Arbeitsplatz leisten können. Man muß sich jedoch fragen, ob nicht Betriebsärzte selbst als Streßfaktoren wirken, gegen die soziale Unterstützung notwendig wird. Inwieweit Betriebsmedizin als soziales Unterstützungssystem funktionieren kann, wird davon abhängen, wie die strukturelle Ausstattung für die Rolle des Betriebsarztes gestaltet ist, welche berufliche Qualifikation er besitzt und welches persönliche Profil er seiner professionellen Rolle gibt.

Eine wissenschaftliche Studie, die sich mit den genannten Fragestellungen für die Situation der Betriebs- und Arbeitsmedizin in der Bundesrepublik Deutschland beschäftigt, liegt meines Wissens nicht vor. Mit der Institution Betriebsmedizin hat sich sozialwissenschaftlich in der Bundesrepublik bisher nur eine Forschergruppe am Wissenschaftszentrum Berlin beschäftigt. In diesem Projekt wurde der Frage nachgegangen, ob Betriebsärzte einen wirksamen Beitrag zum Gesundheitsschutz im Betrieb leisten können oder ob sie eher als personalpolitische Instrumente von Unternehmensleitungen wirken (Hauß 1983; Kühn 1982; Rosenbrock 1982).

Die nachfolgenden Ausführungen beruhen auf meiner wissenschaftlichen Beschäftigung mit Fragen der Arbeitsmedizin (Müller 1981 a, 1982, 1983; Volkholz et al. 1980; Müller u. Milles 1984; Milles u. Müller 1985) und eigenen Erfahrungen als praktisch tätiger Betriebsarzt.

Generell läßt sich sagen, daß Streßforschung sich mit den Problemen der Anpassung von Lebewesen an ihre Umwelt beschäftigt (Nitsch 1981). Die arbeitspsychologische Streßforschung ist darum bemüht, Aussagen über Interaktionen zwischen Merkmalen der Arbeitssituation, den in diesen Bedingungen handelnden Personen, deren Wahrnehmung und psychischer Verarbeitung einschließlich der kurzfristigen bzw. mittel- bis langfristigen psychophysiologischen Reaktionsweisen zu machen (Udris 1981). Dieser Ansatz geht erkenntnistheoretisch weit über das ergonomische Belastungs-Beanspruchungs-Konzept hinaus (Müller 1984).

7.1 Soziale Unterstützung: ein facettenreiches Konzept

Der Begriff der sozialen Unterstützung wurde in der Sozialepidemiologie bzw. sozialwissenschaftlichen Ressourcenforschung entwickelt. Die vorliegenden wissenschaftlichen Erkenntnisse zur sozialen Unterstützung erlauben nach Badura (1981, S. 37) folgende Hypothesen:

1) Soziale Hilfestellung, Schutz- und Unterstützungsleistungen vermögen zur Vermeidung, Beseitigung oder Früherkennung chronischer oder akuter Belastungen beizutragen (Präventionshypothese).
2) Umfang und Qualität vorhandener sozialer Hilfe und Unterstützung oder deren zusätzliche Mobilisierung kann mögliche psychische oder somatische Folgen von chronischen oder akuten Belastungen auffangen (Neutralisationshypothese).
3. Durch Hilfe- und Unterstützungsleistungen können eingetretene Krankheiten rascher bewältigt werden (Bewältigungshypothese).

Soziale Unterstützung kann bestehen in psychosozialer Hilfe wichtiger Bezugspersonen, die die psychischen Ressourcen einer Person mobilisieren und emotionale Belastungen bewältigen helfen. Weiterhin zählt zur sozialen Unterstützung praktische Hilfe, finanzielle und materielle Leistungen sowie informelle Hilfestellung, die eine bessere kognitive Orientierung erlauben. Auf die Bedeutung kognitiver Prozesse zur Wahrnehmung und Bewertung streßhafter Situationen und von Belastungen für das Bewältigungsverhalten von Personengruppen haben einige Studien aufmerksam gemacht (Caplan et al. 1982; Ulich 1983). Der Begriff von sozialer Unterstützung bleibt allerdings häufig auf psychosoziale Hilfe bzw. emotionale Zuwendung beschränkt.

An Unterstützungssystemen werden unterschieden: Familie oder Nachbarschaft, organisierte Laienhilfe oder Selbsthilfegruppen, religiöse Gemeinschaften oder Kirchen oder professionalisierte sowie bürokratische Hilfen. In den Betrieben gehören dazu sowohl Mitglieder der formalen Kontaktstruktur als auch Mitglieder der informellen Beziehungen.

Allerdings reicht es nicht aus, daß solche Personenbeziehungen und eine gewisse Interaktionsdichte vorhanden sind. Wichtig für eine wirksame Unterstützung ist das Empfinden der Person, angenommen, verstanden und unterstützt zu werden.

7.2 Der Betriebsarzt: eine Quelle sozialer Unterstützung oder von Streß?

Inwieweit können nun Betriebsärzte als Quellen sozialer Unterstützung für eine Prävention, Neutralisation und Bewältigung von Streß überhaupt angesehen bzw. auch real wirksam werden? Oder sind sie nicht vielmehr Streßfaktoren, gegen die soziale Unterstützung helfen muß?

Um diese Frage beantworten zu können, soll die formalrechtliche Einbindung der Betriebsärzte und ihre institutionelle Einbindung in die Betriebe vorgestellt werden. Man kann 3 Funktionen unterscheiden, die für die Bundesrepublik Deutschland, aber vermutlich auch für andere europäische Länder zutreffen:

Die Betriebsärzte handeln *erstens* im Rahmen eines Vertrages mit Unternehmern im Kontext personalpolitischer Kalküle des Betriebs. Sie führen in diesem Zusammenhang Tauglichkeitsuntersuchungen durch; d. h. sie entscheiden darüber mit, ob ein Arbeitsuchender einen Arbeitsplatz erhält oder ein Beschäftigter seinen Arbeitsplatz behält. Diese Beziehung von Betriebsarzt und Unternehmer ist historisch die älteste Tradition in der Betriebsmedizin. Betriebsmedizin wurde in diesem Zusammenhang zur Lösung personalpolitischer Fragen für Unternehmensziele funktionalisiert.

Zweitens führen Betriebsärzte gemäß den Vorschriften der Unfallversicherungsträger und z. T. des Staates arbeitsmedizinische körperliche Untersuchungen durch. Solche Untersuchungen sind dann durchzuführen, wenn Arbeitnehmer beschäftigt sind oder werden sollen, wo sie risikohaften chemischen, physikalischen und/oder biologischen Einwirkungen ausgesetzt sind oder gefährdende Tätigkeiten ausüben. Zwar dienen diese Untersuchungen der arbeitsmedizinischen Vorsorge von Erkrankungen der Arbeitnehmer, dennoch muß man feststellen, daß die Hauptintention dieser Früherkennungsuntersuchungen darin besteht, die Unfallversicherungen vor finanziellen Entschädigungsleistungen wegen Berufskrankheit bzw. Arbeitsunfall zu schützen. Die Früherkennungsuntersuchungen ermöglichen es dem Betriebsarzt, auf die Verbesserung der Arbeitsplatzverhältnisse Einfluß zu nehmen. Stellt er nämlich fest, daß der Untersuchte durch die Arbeitsverhältnisse gesundheitlich gefährdet ist, so hat der Betriebsarzt die Beschäftigung oder Weiterbeschäftigung von der Verbesserung der Arbeitsplatzverhältnisse abhängig zu machen (§ 7 bzw. § 10 der VBG 100 „Arbeitsmedizinische Vorsorgeuntersuchung" vom 01 .10. 1984).

Ermittelt der Betriebsarzt eine Gesundheitsgefährdung nach Sanierung der Arbeitsbelastung oder, weil sie aus produktionstechnischen Gründen (z. B. Arbeit in Kälte) nicht zu vermeiden ist, so darf der Unternehmer den Arbeitnehmer auf dem gefährdenden Arbeitsplatz so lange nicht beschäftigen oder weiterbeschäftigen, bis der gesundheitlichen Gefährdung durch medizinische Maßnahmen begegnet worden ist und der Betriebsarzt dies bestätigt hat.

Wendet der Betriebsarzt dieses arbeitsplatz- bzw. arbeitnehmerbezogene Interventionsinstrument an, so kann er in Konflikt mit dem Unternehmer, dem Beschäftigten oder beiden zugleich kommen. Vom Betriebsarzt wird also eine Konfliktfähigkeit und eine Konfliktbereitschaft verlangt. Beide hängen wesentlich von seiner Unabhängigkeit ab. Die Unabhängigkeit kann jedoch nicht darauf beschränkt bleiben, bei der Anwendung arbeitsmedizinischer Fachkunde weisungsfrei zu sein, wie es das Arbeitssicherheitsgesetz ausdrückt. Ein Rückbezug auf ärztliches Gewissen und ärztliche Schweigepflicht reicht meiner Einschätzung nach ebenfalls nicht aus. Konfliktfähigkeit bedarf entscheidend struktureller Absicherung durch eine klare Ausgestaltung der professionellen Rolle; ansonsten wird der Präventionsauftrag von der Stärke der Persönlichkeit des einzelnen Betriebsarztes abhängig gemacht.

Drittens beraten Betriebsärzte gemäß Arbeitssicherheitsgesetz von 1974 den Unternehmer in allen Fragen des betrieblichen Gesundheitsschutzes. Betriebsärzte haben Arbeitnehmer zu untersuchen und arbeitsmedizinisch zu beurteilen. Zu ihren Aufgaben gehört es, Ursachen von arbeitsbedingten Erkrankungen zu untersuchen und Maßnahmen zur Verhütung dieser Erkrankungen dem Arbeitgeber vorzuschlagen. Weiterhin haben sie darauf hinzuwirken, daß sich alle im Betrieb Beschäftigten den Anforderungen des Arbeitsschutzes entsprechend verhalten. Sie haben die Beschäftigten über die Unfall- und Gesundheitsgefahren sowie über die Einrichtungen und Maßnahmen zur Abwendung dieser Gefahren zu belehren.

Das Arbeitssicherheitsgesetz bietet damit den Betriebsärzten im Prinzip die Möglichkeit, auf die Bewältigung von Streß hinzuwirken und soziale Unterstützungsleistungen zu organisieren. Wie bereits gesagt, liegt eine wichtige Möglichkeit der sozialen Unterstützung darin, chronische bzw. akute Belastungen und Streß verursachende Arbeitsbedingungen aufzudekken und über deren Gefährdungs- und Bewältigungsmöglichkeiten sowohl die Betroffenen als auch das verantwortliche Management zu informieren und deren Blick dafür zu schärfen, Gefahren und Ressourcen zur Bewältigung selber zu entdecken und Maßnahmen zu ergreifen.

Allerdings stehen dieser Chance zur präventiven Intervention strukturelle Hemmnisse und ein verengtes, herrschendes Problembewußtsein der Arbeitsmedizin entgegen. Die Beschäftigten werden nämlich in dieser eingeschränkten Sicht lediglich als Objekte medizinischer Untersuchungen, als Ziele von Belehrungen und Verhaltensmaßregelungen angesehen. Die Fähigkeiten der Arbeitnehmer, Belastungen wahrzunehmen, ihr Problembewußtsein und Gesundheitsinteresse bleibt innerhalb des herrschenden Arbeitsschutzsystems weitgehend ungenutzt. Welche Erfahrungen und Veränderungspotentiale bei Belegschaften vorhanden sind, zeigen indessen nationale und internationale Studien (Bagnara et al. 1985; Dürholt et al. 1983).

7.3 Ein reduktionistisches Verständnis von Gesundheit

Das Problemverständnis der Betriebsärzte orientiert sich an den Konzepten und wissenschaftlichen Erkenntnissen der Arbeitsmedizin. Die herkömmliche Arbeitsmedizin geht wiederum von einem sehr verkürzten Verständnis über den Zusammenhang von Arbeit, Krankheit und Gesundheit aus. Isolierbare und naturwissenschaftlich meßbare Belastungsfaktoren und deren quantifizierbaren Beanspruchungsfolgen werden als relevant erachtet. Das Kausalitätsverständnis der Arbeitsmedizin wird stark bestimmt von einem eindimensionalen Ursache-Wirkung-Begriff im Sinne eines mechanistischen Weltbildes. Es herrscht das Dogma der spezifischen Ätiologie. Die Arbeitsmedizin hat selbst in Ansätzen kein sozio-psychosomatisches Krankheitskonzept formuliert.

In der Bundesrepublik Deutschland kann man z. Z. noch Ablehnung gegenüber einer Neuorientierung an einem sozio-psychosomatischen Krankheitsverständnis seitens der herrschen Arbeitsmedizin feststellen. Man geht eher von der Hypothese aus, daß berufliche Belastungen und Streß – wenn überhaupt – nur einen nachgeordneten Einfluß auf Krankheiten haben. Werden psychosoziale Ursachen für chronische Erkrankungen akzeptiert, so werden diese dem Fehlverhalten der Individuen angelastet. Erkenntnisse und Konzepte der Sozialepidemiologie bzw. der Streßforschung werden von der Arbeitsmedizin sehr zögerlich aufgenommen. Die Publikationen der letzten Jahre in den fachwissenschaftlichen Organen zeigen, daß man sich den fortschreitenden Erkenntnissen der Sozialepidemiologie, der soziologischen, psychologischen und psychophysiologischen Streßforschung sowie der psychosomatischen Medizin nicht versperren kann (Rutenfranz 1983; Hernberg 1984; Funke u. Tiller 1985; Valentin 1985; Kentner u. Valentin 1986). Die selektive Wahrnehmung vorliegender einschlägiger Veröffentlichungen erscheint allerdings recht bemerkenswert. Die fachintern beginnende Öffnung muß auch als eine Folge des gewachsenen Problembewußtseins auf politischer und staatlicher Ebene gewertet werden.

Die angesprochene reduktionistische Sichtweise der Arbeitsmedizin hat sich in den vorhandenen Arbeitsschutzvorschriften niedergeschlagen, die das Handeln der Betriebsärzte wesentlich prägen. Ärzte sind als Kliniker ausgebildet und mit naturwissenschaftlichen Fragestellungen über den Zusammenhang von Einzelnoxen am Arbeitsplatz und ihren gesundheitlichen Auswirkungen mehr oder weniger gut informiert. Eine betriebsärztliche Tätigkeit, die auf soziale Unterstützung zur Streßbewältigung setzt, bedarf einer soziologischen und psychologischen Problemwahrnehmung, -definition und -bearbeitung. Darüber hinaus verlangt diese Aufgabe von den Betriebsärzten eine größere kommunikative Kompetenz. Die seit 1970 im Medizinstudium erfahrenen Inhalte zur medizinischen Soziologie und Psychologie reichen bei weitem nicht aus, diese Kompetenz zu erhalten. In der Weiterbildung zum Arzt für Allgemeinmedizin nehmen solche Fragestellungen ebenfalls nur einen sehr geringen Raum ein.

Strukturelle Hemmnisse erwachsen einer optimalen Betriebsmedizin auch aus der institutionellen Form betriebsärztlicher Tätigkeit. In Großbetrieben sind Betriebsärzte ganztägig angestellt. In Klein- und Mittelbetrieben finden wir entweder nebenberuflich tätige Betriebsärzte oder Ärzte, die als Angestellte eines überbetrieblichen arbeitsmedizinischen Dienstes dort eingesetzt werden. Nebenberuflich sind niedergelassene Fachärzte oder Allgemeinmediziner mit einer entsprechenden Zusatzausbildung bestellt. Überbetriebliche arbeitsmedizinische Dienste werden von Unfallversicherungsträgern, technischen Überwachungsvereinen und privatwirtschaftlich organisierten Institutionen angeboten. Können in Großbetrieben oder in solchen Betrieben, wo ganztätig ein Betriebsarzt beschäftigt ist, in gewisser Weise die gesetzlich vorgeschriebenen Arbeitsschutzaktivitäten angegangen werden, so stößt dies in Klein- und Mittelbetrieben auf Schwierigkeiten. In diesen Betrieben halten sich die Ärzte nämlich nur für wenige Stunden in der

Woche auf. Es gelingt ihnen von daher kaum, einen systematischen Plan zur Bekämpfung von arbeitsbedingten Erkrankungen und zur Bewältigung sowie Verhütung von Streß zu erarbeiten und diesen systematisch umzusetzen. Ob eine solche systematische Strategie zustande kommt, und wenn ja, ob sie dann auch erfolgreich ist, hängt wesentlich von der Einsicht des Unternehmers bzw. seinem personalpolitischen Kalkül und der Fähigkeit sowie Bereitschaft des Betriebs- bzw. Personalrates ab, sich intensiv für die Bewältigung von Streß und die menschengerechte Gestaltung der Arbeitsplätze einzusetzen.

7.4 Eine Person mit drei Hüten

Die Möglichkeit, daß der Betriebsarzt als Gesundheitsanwalt der Beschäftigten wirksam werden kann, wird durch eine weitere ungünstige Konstellation erschwert. In der Regel übt der Betriebsarzt die 3 oben genannten Funktionen (als Angestellter des Unternehmens, Ausführungsorgan der Unfallversicherung und Informant über Arbeitsplatzgefährdungen sowie Bewältigungsmöglichkeiten) in einer Person zugleich aus. Hieraus entspringen widersprüchliche Anforderungsmuster und Rollenkonflikte. Betriebsärzte treten einerseits als Kontrollinstanzen der Leistungsfähigkeit und gesundheitlichen Lage der Arbeitnehmer auf, andererseits sollen sie als Gesundheitsanwälte der Belegschaft aktiv werden und auf die humane Gestaltung der Arbeitsbedingungen einwirken.

Für ein gesundheitsanwaltliches Engagement benötigen die Betriebsärzte jedoch das Vertrauen der Arbeitnehmer und ihrer betrieblichen Interessenvertreter. Dieses Vertrauen ist kaum zu erhalten, wenn die Ärzte auch zur Auslese von Personal eingesetzt werden.

In diesem Zusammenhang muß die Frage aufgeworfen werden, ob das Verhältnis Betriebsarzt-Arbeitnehmer mit dem üblichen Arzt- Patient-Verhältnis der kurativen Medizin gleichgesetzt werden kann. Das Arzt-Patient-Verhältnis beruht auf dem Vertrauen, das der Patient der ärztlichen Kompetenz und seiner Verschwiegenheit gegenüber Dritten vorschießt. Aufgrund dessen ist der Patient auch bereit, persönliche, intime Daten zu offenbaren. Er geht davon aus, daß ihm daraus keine sozialen Nachteile entstehen.

Die Beziehungen zwischen Betriebsarzt und Arbeitnehmer bzw. Arbeitsuchenden dürften demgegenüber nicht von Vertrauen gekennzeichnet sein; sie sind nämlich in ihrer Beziehung nicht unmittelbar aufeinander, sondern auf den Unternehmer bezogen. Die soziale Beziehung von Betriebsarzt und Arbeitnehmer wird vollständig beherrscht von dem Abhängigkeitsverhältnis des Erwerbstätigen bzw. Arbeitssuchenden vom Arbeitgeber und der Beauftragung des Betriebsarztes durch den Unternehmer. In diesem Verhältnis von Arzt und Arbeitnehmer zum Unternehmer geht es nicht um Diagnose und Therapie eines erkrankten Menschen, sondern um das betriebsärztliche Urteil über die körperliche Eignung des Arbeitnehmers bzw. Arbeitssuchenden für eine Tätigkeit, die der Arbeitgeber zu vergeben hat. Eine betriebsärztliche Entscheidung kann beträchtliche nachteilige soziale Konsequenzen für den Arbeitnehmer bzw. Arbeitssuchenden haben. Die Betriebsmedizin selbst wird so zu einer Ursache von Streß.

7.5 Unabhängigkeit: ein entscheidender Faktor

Wie verhalten sich nun Betriebsärzte in ihrer beruflichen Situation, die konflikthaft ist, den Arzt in ambivalente Rollenerwartungen bringt und in der sein professionelles Selbstverständnis von Autonomie und Autorität infrage gestellt ist? Empirisches Wissen liegt hierzu leider nicht vor. Ein Mangel der derzeitigen Betriebsmedizin besteht eben auch darin, daß sie aus sich heraus keine systematischen Informationen über Ausmaß und Richtung ihres Funktionierens produziert (vgl. Rosenbrock 1982).

Eine generelle Tendenz im Verhalten der Betriebsärzte läßt sich jedoch beschreiben: Die Betriebsärzte ziehen sich auf das zurück, worauf sie in ihrer Ausbildung im wesentlichen sozialisiert wurden, nämlich auf die diagnostische Untersuchung von Arbeitnehmern.

Es soll nicht der Eindruck erweckt werden, als ob Betriebsärzte grundsätzlich nicht zu einer personalen oder strukturellen sozialen Unterstützung in der Lage seien. Es kommt darauf an, die strukturellen Grenzen für eine solche Option darzustellen. Eine wissenschaftlich fundierte und reflektierende präventive Sozial- und Gesundheitspolitik hat sich dieser institutionellen Barrieren zu vergewissern, wenn sie erfolgreich sein will.

Selbstverständlich findet in einer Reihe von Betrieben eine Streßbewältigung im Sinne sozialer Unterstützung durch Betriebsärzte statt. Dies ist v. a. dort der Fall, wo die Mitbestimmung der Arbeitnehmer einen entwickelten Stand hat und wo ein Arbeitsplatzverlust weniger droht. Allerdings darf das Wirken von Betriebsärzten nicht nur in Schönwetterperioden des Arbeitsmarktes, bei starken Interessenvertretungen der Arbeitnehmer und heroischen Charakteren einzelner Betriebsärzte günstig sein. Die strukturelle Ausstattung der Rolle des Betriebsarztes muß solche positiven Abweichungen zum Normalfall machen.

Entscheidend ist hierbei die Unabhängigkeit des Betriebsarztes. Positive Beispiele geben institutionelle Regelungen in anderen westlichen Staaten ab (vgl. Bagnara et al. 1985). Eine Absetzung oder Versetzung von Betriebsärzten sollte nur durch ein Kollegium von Betriebsärzten möglich sein und z. B. nicht durch den kaufmännischen Leiter eines arbeitsmedizinischen Dienstes, der dazu von einem Arbeitgeber aufgefordert wurde. Weiterhin ist die professionelle Kompetenz und Erfahrung einschließlich der Fähigkeit zur Beratung von Gruppen besonders wichtig. Zu überlegen bleibt auch, ob Betriebsärzte überhaupt Einstellungsuntersuchungen durchführen sollten.

Soziale Unterstützung gewähren Betriebärzte heute schon, wenn eine solche Anforderung mit ihrem ärztlichen Selbstverständnis und ihrer beruflichen Qualifikation kompatibel ist. Gelernt haben Ärzte, Einzelfälle zu behandeln. So geben sie Rat in Krankheitsfragen einzelner Arbeitnehmer, setzen sich für leistungsgeminderte Arbeitnehmer beim Management oder der Sozialversicherungsbürokratie ein. Sie besprechen mit einzelnen Erwerbstätigen deren Streßprobleme, wenn diese Personen damit zu ihnen kommen.

Im Rahmen von Einzelfallhilfe sind Betriebsärzte in den genannten Grenzen im Stande, individuelle Bewältigungsstrategien von Personen zu stützen und zu fördern. Gruppenorientierte Beratung und Unterstützung sind zwar bei bestimmten Gefährdungen vorgeschrieben, werden z. T. auch praktiziert; Handhabungen, wie sie in Nordamerika oder in Italien z. T. ausgeführt werden, sind in der Bundesrepublik unüblich.

Die Einflußmöglichkeiten des Betriebsarztes auf die zentralen strukturellen und situativen, streßverursachenden Arbeitsbedingungen müssen angesichts der blockierenden organisatorischen Einbindung als eher gering eingeschätzt werden.

Eine gewisse Kompetenz kommt dem Betriebsarzt bei der Minimierung und Beseitigung chemischer, physikalischer und biologischer Einzelnoxen zu. Hier kann sich der Betriebsarzt auf rechtliche Vorschriften und mehr oder weniger gesicherte arbeitsmedizinische Erkenntnisse berufen. Offen bleibt jedoch, selbst wenn die Schutzstandards für einzelne Noxen durchgesetzt werden sollten, das Problem der Mehrfachbelastungen, d h. die Frage nach den langfristigen Folgen der kumulativ wirkenden Belastungen.

7.6 Ein neues Arbeitsmedizinkonzept ist erforderlich

Soll Betriebsmedizin im Sinne der 3 Hypothesen von Badura (1981) als eine Institution sozialer Unterstützung für Prävention, Neutralisation und Bewältigung von akuter und chronischer Belastung und Krankheit wirksam werden, dann wird eine Neubestimmung von Arbeits- und Betriebsmedizin nach folgenden Kriterien notwendig:

- Ganzheitlichkeit der Betrachtungsweise;
- Gesundheitsförderung statt Krankheitsbekämpfung;
- Konzentration auf die Arbeitsbedingungen, nicht nur auf die arbeitende Person;
- Entwicklung von humanen arbeitsweltlichen Lebensweisen;
- Einbeziehung der betroffenen Arbeitnehmer auf freiwilliger Basis, gleichberechtigte Berücksichtigung ihrer Erfahrungen;
- Mitbestimmung und Teilhabe der Betroffenen an der Thematisierung und Bewältigung von Streß sowie der Arbeitsgestaltung;
- Stärkung der Zusammenarbeit von Professionellen und Arbeitnehmern;
- Unabhängigkeit der professionellen Experten;
- Verknüpfung der betrieblichen bzw. arbeitsweltlichen Gesundheitsschutzpolitik mit einer gemeindeorientierten, demokratisch legitimierten und einer nicht medizin- bzw. arztzentrierten Gesundheitspolitik („Primary Health Care“-Konzept der WHO (Labisch 1985; WHO 1978).

Nur wenn die Arbeitsmedizin ihre Perspektive auf Gesundheit erweitert, wird sie in der Lage sein, effektiv im Hinblick auf die Prävention und Neutralisation von Streß zu wirken und angemessene Bewältigungsstrategien zur Verfügung zu stellen.

8 Streßmanagement am Arbeitsplatz

Helmut Milz

In den letzten Jahren ist ein lebhaftes wissenschaftliches und politisches Interesse für mögliche, arbeitsprozeßbezogene Streßverminderungsprogramme entstanden. Sie nahmen ihren Ausgang hauptsächlich auf der höheren Ebene der betrieblichen Hierarchien. Seit langer Zeit gehört der Begriff „Managerkrankheit" zur Umgangssprache. Er wurde spezifiziert in den Untersuchungen zum Typ-A-Verhalten und „workaholics" (Friedman u. Rosenman 1974).

Sie verweisen auf dauernden Ehrgeiz und Anspannung, Arbeitshetze ohne Pausen, körperliche und seelische Überforderung mit entsprechenden psychophysischen Zusammenbrüchen. Dazu hat sich der Begriff des „professional burnout" gesellt, der hauptsächlich für den Bereich der Dienstleistungs-, sozialen und therapeutischen Berufsgruppen (Ärzte, Psychologen, Lehrer, Sozialarbeiter, Feuerwehrleute usw.) geprägt wurde (Maslach u. Zimbardo 1982).

Verschiedene Begriffe haben Eingang in den allgemeinen Sprachgebrauch gefunden, die die Möglichkeiten der verhaltensbezogenen Bewältigungsstrategien zur Verminderung von Anspannungen im Arbeits- und Privatleben umschreiben. Allen voran steht das sogenannte *„stress management"*, also das Erlernen eines anderen, bewußten Umgangs mit Belastungen. *„Adaption"* und *„Streßbewältigung" („coping with stress")* beziehen sich ebenfalls auf eine veränderte Interaktion zwischen Individuum und Umwelt. Am weitesten geht sicherlich der Begriff der *„Streßeinimpfung" („stress inocculation")*, der sich auf Strategien der Gegenkonditionierung oder der bewußten Anwendung von Entspannungstechniken vor oder innerhalb einer besonderen Anspannung bezieht.

8.1 Streßfaktoren und subjektive Reaktion: eine komplexe Beziehung

Bezogen auf die „Arbeitswelt" sollte die Reihenfolge zur Gesundheitsförderung klar sein: an erster Stelle steht die soziale und politische Aufgabe der Verminderung oder des Abbaus von gesundheitsgefährdenden arbeitsplatz- und arbeitsprozeßbedingten Stressoren. Ansonsten kann die Diskussion um personenbezogene Verhaltensänderungen und Streßreduktionsprogramme leicht zu einer ideologischen Verschleierung der real existierenden äußeren

Gefährdungen werden. Dann läuft die emanzipatorische und sinnvolle Parole der individuellen Selbst- oder besser Mitverantwortung für die eigene Gesundheit Gefahr, zu einer subtileren Variante der alten „Blaming-the-victim“-Strategie zu werden. Arbeitsprozeßbedingte Stressoren lassen sich aber nur in unterschiedlichem Maße vermindern; in vielen Arbeitsprozessen, gerade im sozialen und Dienstleistungsbereich, werden einige potentielle Stressoren auch weiterhin fortbestehen.

Wissenschaftliche Analysen konzentrieren ihre Aufmerksamkeit auf die Identifikation von Stressoren und die Quantifizierung ihrer möglichen Folgen. Sie beziehen sich auf die Objektivität vorhandener Risikofaktoren und deren Auswirkungen auf die „Biomaschine Mensch“ als normierte biologische Struktur (Schmidt 1983). Ihr Interesse ist zielorientiert und auf die Formulierung allgemeiner Aussagen hinsichtlich der möglichen Pathologie von Stressoren und Risikofaktoren ausgerichtet.

Streßmanagementkonzeptionen können sowohl ziel- als auch prozeßorientiert sein. Zielorientiert sind solche, die auf die Ausschaltung von Stressoren der Umwelt abzielen, wie die Senkung des Ausstoßes von chemischen Schadstoffen, Verminderung der Lärmbelästigung, Änderung der Mechanik von Maschinen oder Arbeitsabläufen usw. (Stressormanagement). Prozeßorientiert sind solche Konzeptionen, die auf einen bewußten Umgang der Menschen mit ihren subjektiven psychophysischen Reaktionen auf die Arbeitsbelastung abzielen. Das Wissen um die mögliche Pathologie von Stressoren ist hilfreich, aber nicht ausreichend, um die eigene, subjektive Reaktion wahrzunehmen. Voraussetzungen für die individuelle Nutzung der möglichen Vorzüge von Streßreduktionsprogrammen sind subjektive Bereitschaft, bewußtes Interesse und die Schärfung der eigenen Wahrnehmung für die subjektiven psychophysischen Reaktionsprozesse.

Streßmanagement bedeutet, die Aufmerksamkeit auf die subjektive Reaktion zu lenken. Solche Konzeptionen können nur sehr begrenzt verordnet werden, denn ihr konstituierendes und entscheidendes Moment ist die aktive, persönliche Wahrnehmungs- und Veränderungsbereitschaft der Betroffenen. Die verschiedenen Komponenten dieses Konzeptes lassen sich in etwa wie folgt umreißen: die persönliche Belastung festzustellen und einschätzen zu können; Informationen über die Bedeutung der verschiedenen Stressoren zu sammeln; Entspannungsmöglichkeiten zu prüfen; kognitive Strategien der Neudefinition von Zielen und Lernprozessen vorzunehmen; Problemlösungsmöglichkeiten zu prüfen; Zeitpläne und -abläufe zu überdenken; Änderungen in den Ernährungs- und Bewegungsgewohnheiten bewußt anzugehen.

Die Benennung der verschiedenen Komponenten deutet darauf hin, daß es sich nicht nur um das Erlernen einer spezifischen Technik der Streßverminderung handelt, sondern um die bewußte Änderung der Arbeits- und Lebensweisen insgesamt. Darin mag oft auch die mangelnde Akzeptanz solcher Konzepte begründet sein. Horn (1983) hat darauf hingewiesen, daß individuelle Gesundheitsförderung erst dann ihren emanzipatorischen Sinn bekommt, wenn sie in eine soziokulturelle Reflexion und Veränderung der

Art der gesellschaftlichen Verwertung menschlicher Leistungsfähigkeit eingebettet ist.

Eine sinnvolle Analyse von Arbeitsbelastungen ist erst im Rahmen der Rekonstruktion der individuellen Reproduktionsformen, einschließlich des soziokulturellen Hintergrundes möglich.

Lazarus hat 4 generelle Reaktionsmöglichkeiten auf die Dis-Streßerfahrung (Selye 1976) benannt:

- direkt-aktiv (Veränderung);
- direkt-inaktiv (Vermeidung);
- indirekt-aktiv (Kommunikation) und
- indirekt-inaktiv (z. B. durch Erkrankung).

Streßmanagementstrategien beziehen sich auf die 3 erstgenannten Reaktionen. Ein Begriff, der dabei häufig Verwendung findet, ist nicht unproblematisch – „ocus of control“ (Assagioli 1982). Er soll darauf verweisen, daß bei einer Stärkung des persönlichen Bewußtseins („consciousness“) und der Aufmerksamkeit („awareness“) eine mögliche Verlagerung der Kontrolle von außen („external locus of control“) hin zur inneren, stärker selbstbestimmten Kontrolle des eigenen Lebens („internal locus of control“) erreicht werden kann. Ohne den möglichen Beitrag solcher Konzepte schmälern oder leugnen zu wollen, so bleiben sie doch humanistisch-idealistische Strategien, wenn es ihnen an sozialkritischen und ökologischen Bezugspunkten mangelt. Dies ist ein Phänomen, dem man häufig bei der Betrachtung verschiedener Modelle der „Holistic Health“- bzw. „Holistic Medicine“-Bewegung in den USA begegnet.

8.2 Entwicklung von Selbstbewußtsein

Wenn man eine Zielbeschreibung von Streßreduktionsprogrammen versucht, dann sind Begriffe wie Förderung des Selbstwertes und Selbstvertrauens, der Selbstkontrolle, Selbstbeobachtung und Selbstwahrung zentral.

Sie alle beziehen sich auf einen persönlichen, individuell unterschiedlich geprägten Lernprozeß, der Vielfalt und die Erforschung von Optionen unter bewußter Einbeziehung der Erfahrung von Fehlern fördern soll. Die Betonung des Lern*prozesses* wird als vorrangig gegenüber einer vorschnellen Zielorientierung propagiert. Damit wird deutlich, daß gewisse Strategeme oder Techniken zur Streßreduzierung vereinheitlicht werden können, daß das Ziel aber nicht in der Normierung persönlicher Reaktionen, sondern in der Förderung der individuellen Eigenheiten und Vielfalt liegt.

Das „Selbst“ ist Ausdruck der psychophysischen Ganzheit des menschlichen Organismus, die diesem bewußt wird. Dabei ist dieses Bewußtwerden kein rein analytisch-intellektueller oder nur wertender Prozeß, sondern auch ein Prozeß der propriozeptiven Wahrnehmung und Gewahrwerdung. Er beinhaltet beide Momente, die in der dualen Organisation des menschlichen Neokortex entwickelt sind: die linkshemisphärische, ichorientierte Analyse und die rechtshemisphärische, selbstorientierte Wahrnehmung der ganzheitlichen Gestalt und Intuition (Sperry 1968).

Selbstbewußtsein und Selbstvertrauen entwickeln bedeutet In-Kontakt-mit-sich-kommen und Bei-sich-sein, sowohl seine biologische als auch seine psychische Existenz sowie das Wechselspiel zwischen beiden zu entdecken und zu beobachten. Es zielt darauf hin, daß sich der einzelne möglichst autonom und flexibel an die Anforderungen seiner Umwelt anpassen kann, verschiedene Möglichkeiten des Handelns lernt, prüft und bewußte Veränderungen initiieren kann.

Den Möglichkeiten von Selbstwahrnehmung und Selbstentfaltung im Arbeitsprozeß sind bisher sicherlich enge Grenzen gesetzt. Hinzu kommt, daß diese Dimensionen angesichts ökonomischer Probleme und Interessen, erst recht in der Situation von hoher Arbeitslosigkeit, bisher kaum ernsthaft wahrgenommen und geprüft worden sind. Der Begriff der „Humanisierung der Arbeitswelt" hat zwar seit einigen Jahren Eingang in die gewerkschaftlichen Forderungen gefunden, aber er bezieht sich fast ausschließlich auf die Gestaltung des äußeren Arbeitsprozesses oder auf Arbeitszeitregelungen.

8.3 Amerikanische Erfahrungen mit Streßmanagement: was können wir daraus lernen?

In den USA hat sich, wesentlich bedingt durch die dortigen Sozial- und Krankenversicherungsstrukturen, eine vorsichtige Öffnung für Strategien entwickelt, die sich mehr an der allgemeinen Gesundheitsförderung orientieren. Eine wachsende Zahl großer Konzerne und einige mittelständische Unternehmen haben „stress management programs" organisiert. Die Initiativen solcher Programme sind bisher hauptsächlich in den Reihen von Einzelpersonen des Top- und mittleren Managements sowie bei Betriebsärzten und Sicherheitsbeauftragten der Unternehmen zu suchen. Gesundheitsinitiativen aus den Reihen der Beschäftigten sind bisher nur spärlich vertreten (Fielding u. Breslow 1983). Mehr als 500 Unternehmen beschäftigen zur Zeit „full-time fitness directors" unter der Parole „vom Krisenmanagement zur Prävention und Gesundheitsförderung".

Pelletier (1984) verweist darauf, daß auch in den USA erst das ökonomische Desaster von davonlaufenden Kosten in der medizinischen Versorgung die Forderungen nach Humanisierung der Arbeit und Förderung der allgemeinen Gesundheit hörbar gemacht hat. Die aus Entfremdung und Unzufriedenheit mit der Arbeitssituation erwachsenden zusätzlichen Belastungen schlagen sich in steigendem Krankenstand und Fehltagen der Beschäftigen immer deutlicher nieder.

Gesundheitsförderung im Arbeitsprozeß muß sich für beide Partner lohnen. Verbesserte Arbeitszufriedenheit und gesteigerte Produktivität gehen Hand in Hand. Gesenkte Beiträge für Betriebskrankenkassen und konzerneigene medizinische Versorgungseinrichtungen (Health Maintenance Organization, HMO) sollen ökonomischer Anreiz für die Beschäftigten sein; höhere Produktionszahlen, niedrigere Ausfallzeiten und sinkende Soziallasten bringen Vorteile für die Unternehmen. Ohne Organisationsstrukturen oder Besitzverhältnisse in Frage zu stellen, hat sich in den USA der Beginn eines gesundheitsfördernden, sozialpartnerschaftlichen Übereinkommens entwickelt.

Die Zufriedenheit mit der Arbeit soll erhöht werden, die *Hilflosigkeit* und fehlende Anerkennung der geleisteten Arbeit vermindert werden. „Quality circles", Problemlösungsgruppen und Planungskomitees, die menschliche und technologische Bedürfnisse bzw. Notwendigkeiten aufeinander abstimmen (Pelletier 1984), sollen diese Ziele aufgreifen. An die Stelle der kollektiven Konfrontation und der individuellen Manifestation von Arbeitsüberlastung in ansteigenden Krankheitsfällen sollen Kommunikation und der Geist der Kooperation zwischen weiterhin ungleichen Partnern treten. Eine schöne, sanfte, neue „Arbeitswelt", eine idealistische, weltfremde Konzeption, könnte man aus europäischer Sicht denken – wenn nicht handfeste ökonomische Interessen auf beiden Seiten dahinterstehen würden.

Um ein Beispiel zu zitieren, das allen sozialorientierten Kritikern Wasser auf die Mühlen schüttet: Eines der hervorstechenden und bekanntesten Programme ist das „Quality of Worklife Program", das General Motors in 95 seiner 130 Zweigbetriebe durchführt. Der Präsident des Konzerns, F. J. McDonald, ist ein begeisterter Förderer des Programms, das sowohl die Beziehungen zwischen Management und Gewerkschaften als auch die Moral der Beschäftigten verbessert hat.

In einem Interview merkte McDonald kürzlich an: „In unserem ‚Quality of Worklife Program' haben wir einige große Erfolge erreicht, die anzeigen, daß wir die Haltungen der Arbeiter verändern können. Ich bin von diesen Möglichkeiten begeistert" (Witzenburg 1981).

Wie in anderen Gesundheitsförderungsprogrammen steht hier die Haltungs- bzw. Einstellungsänderung und die Verbesserung der Arbeitsmoral im Vordergrund. Wenn aber verbesserte Profite das einzige Ziel der „quality groups" sind, dann werden die Programme zwangsläufig scheitern. Erst durch größere Mitbestimmung der Arbeiter entwickelt sich ein anderer Respekt für alle Beschäftigten.

Hinsichtlich der dringenden Aufgaben der Gesundheitsförderung der Beschäftigten scheint es notwendig, die amerikanischen Entwicklungen ebenfalls für die europäischen Strategien offen und sorgfältig zu prüfen. Die unterschiedlichen sozialpolitischen Verhältnisse in Europa erfordern einige wesentliche „Übersetzungen" und Modifikationen.

Bisher sind die eingerichteten Programme noch von der Gesamtentwicklung innerhalb des Konzerns weitgehend isoliert. Eine Auswirkung davon ist beispielsweise, daß die Kaffeepausen und die schädlichen Auswirkungen von großen Mengen Coffein auf das zentrale Nervensystem und die Herz-Kreislauf-Funktionen Seite an Seite existieren mit Joggingprogrammen; oder in den Speisesälen und Automaten der Firma werden große Mengen an konzentrierten Kohlenhydraten verkauft, welche sowohl die Diät- als auch Bewegungsprogramme unterlaufen usw. (Pelletier 1984).

Aufgrund solcher Widersprüche sind viele partialisierte und isolierte Programme bisher wenig effektiv und kostspielig. Sie resultieren in weniger Ersparnissen und Gewinnen als dies mit komplexen, ganzheitlich orientierten Programmen möglich wäre, die behutsam die gesamte Organisationsstruktur in verschiedenen Dimensionen ändern wollen.

Die absolute Freiwilligkeit der Teilnahme an solchen Programmen muß gesichert und die unbedingte Verhinderung möglicher Repressionen oder Diskriminierungen derjenigen Beschäftigten, die nicht an solch einem Programm teilnehmen, gewährleistet werden. Jede von außen verordnete oder nur von oben gemanagte Gesundheitsförderung ist zum Scheitern verurteilt, da ihr die entscheidenden Momente des individuellen Interesses und Lernens auf Seiten der Betroffenen fehlen.

8.4 Bewegung in und außerhalb der Arbeitswelt: ein Gegenmittel gegen Streß

Regelmäßige körperliche Übungsprogramme finden in den öffentlichen Debatten zur Gesundheitsförderung wachsende Aufmerksamkeit. Innerhalb der Ebene des mittleren und höheren Managements ist, v. a. in den USA, eine wahre Fitneßwelle ausgebrochen. Sowohl vom körperlichen Gesichtspunkt her als auch im Hinblick auf die Förderung von Entspannung sind solche Aktivitäten sicher sinnvoll. Im Freizeitbereich hat sich dies vor allem in der wachsenden Popularität von Dauerläufen (Jogging) oder rhythmischer Gymnastik (Aerobics) niedergeschlagen. Solche Übungsprogramme, die in der Lage sind, die Sauerstoffversorgung der Gewebe, Herz- und Lungenfunktionen, verschiedene Stoffwechselprozesse usw. wesentlich zu verbessern, erfordern zumeist eine zeitlich ausdauernde sportliche Tätigkeit. Damit kann bei einer gewissen Regelmäßigkeit ein erheblicher Abbau der durch Dis-Streß angestauten Spannung und Energien gefördert werden und der Organismus sowohl in neues physisches als auch psychisches Gleichgewicht zurückfinden.

Die Planung betriebseigener Sportanlagen oder die verstärkte Nutzung öffentlicher Einrichtungen durch Betriebssportgruppen zur körperlichen Betätigung steht bei den Gesundheitsförderungsprogrammen in den USA oben an. Ausdauernde sportlich-körperliche Betätigungen sind aber nur innerhalb der Freizeitaktivitäten möglich. Sie können keine Antwort bieten für das Problem, wie innerhalb des Arbeitsprozesses die schädliche Kumulation von Spannungen und nicht genutzten Energien verhindert werden kann.

Die arbeitsorganisatorischen Pausen sind hauptsächlich zur Nahrungsaufnahme bestimmt. Sie werden kaum zur sinnvollen Entspannung genutzt. Unter physiologischen Gesichtspunkten betrachtet müßte nach der Nahrungsaufnahme eine notwendige Pause für die einsetzenden Verdauungsprozesse folgen. Statt dessen werden aber alle Kräfte wieder voll für den Arbeitsprozeß mobilisiert. Unter diesen Bedingungen ist keine sinnvolle

Ausnutzung der zugeführten Nahrungsenergien möglich. Es ist eher wahrscheinlich, daß auf die kurzfristige Zufuhr der meist kohlenhydratreichen Nahrungsmittel eine kurzfristige Phase überschießender Energie mit einer anschließenden Phase der unterenergetischen Versorgung (z. B. reaktive Hypoglykämie) folgt (Williams 1971). Diese beeinträchtigt die psychophysische Leistungsfähigkeit, bedingt Konzentrationsmängel und kann das Unfallrisiko erhöhen. Damit kann die Situation einer Doppelbelastung durch Anpassungsstau und reaktiver Hypoglykämie eintreten.

Es gilt die Frage zu klären, ob andere Pausenregelungen, die ein Unterbrechen des Arbeitsprozesses in kürzeren und flexibleren Abständen erlauben, wesentliche Momente der Gesundheitsförderung bieten können. Bei der hohen Komplexität der Arbeitsorganisation in vielen Betrieben gestaltet sich diese Veränderung allerdings sehr schwierig und bedarf komplexer Planungen.

Hinsichtlich der Zunahme von degenerativen Erkrankungen des Muskel- und Skelettsystems, insbesondere der chronisch- rheumatischen Erkrankungen und Wirbelsäulenleiden, kommt im präventiven Bereich auch der bewußteren Bewegungsanalyse und Bewegungsschulung im Arbeitsprozeß große Bedeutung zu. Einseitige Überlastungen einzelner Bewegungssysteme haben dabei sowohl lokale Folgen des Verschleißes als auch allgemeine Folgen der Haltungs- und Strukturänderungen des gesamten Körpers (Barlow 1983; Feldenkrais 1949).

Jede Einzelbewegung eines Körperteils hat die konsekutive Umorganisation anderer Körperteile zur Folge. Jede Handbewegung setzt sich in Arm, Schulter, Nacken, Wirbelsäule, Becken usw. fort. Wer die meiste Zeit seiner Arbeit sitzend verbringt, belastet seine Wirbelsäule, beeinflußt die Beweglichkeit des Brustkorbes und des Zwerchfells, seine Atmung usw.

Allgemeine Gesundheitsförderungsprogramme müssen diese Gesamtorganisation der menschlichen Bewegung in den Mittelpunkt stellen. Die Schulung der Bewegung und der Koordinationsmöglichkeiten ist wesentlich. Es macht einen Unterschied, wie ich eine Bewegung ausführe, z. B. wie ich einen schweren Gegenstand oder einen Menschen (im Fall von Krankenschwestern) hochhebe. Es macht einen Unterschied, ob ich bei stundenlanger Tätigkeit vor Schreibmaschinen oder Computerterminals in der Lage bin, die Anspannungen im Schulter-Nacken-Bereich zu spüren, loszulassen, andere Bewegungsmöglichkeiten nutzen kann, meinen gesamten Körper in kürzeren Abständen dehnen oder entspannen kann – wenn die Arbeitsorganisation und Pausen dies gestatten.

Wie reagiert ein Mensch, der vor einem Computerterminal sitzt, dort plötzlich einen Fehler zu lösen oder eine wichtige Entscheidung zu treffen hat – also einen aktuellen Streß erfährt mit der gesamten, geschilderten Streßreaktion – auf dieses Geschehen? Welche Möglichkeiten des „fight or flight“ bleiben ihm? Einzig die intellektuelle Reaktion und auf minimale Fingerbewegungen reduzierte Handlungen sind in dieser Situation verlangt und gestattet. Für die Nutzung der bereitgestellten Energien bleibt keine Möglichkeit, ihr Abbau durch körperliche Aktivität findet nicht statt, die körperlichen Regelmechanismen müssen andere, oft pathologische Formen des Energieabbaus finden oder Energie und Spannungen stauen sich an.

Die Förderung der allgemeinen körperlichen Bewegung, die kurzfristige Möglichkeit der Bewegung bei einseitigen Überlastungen und die Schulung der Bewegungswahrnehmung (z. B. durch die hervorragende Methode des israelischen Physikers Feldenkrais) sind wesentliche Faktoren sowohl zur Verminderung der Gesundheitsgefährdung als auch zur Förderung besserer Gesundheit am Arbeitsplatz. Ein lückenlos genutzter Arbeitstag, bei dem jede Minute voll gearbeitet wird, dient nicht der Förderung der Produktivität, sondern mindert diese eher. Was unter dem Gesichtspunkt der Gesundheit wesentlicher ist: eine solche Arbeitsorganisation gefährdet in erheblichem Maß die Gesundheit.

8.5 Entspannung – aber wie?

Jeder kennt diese stereotypen Werbespots: „Erst mal entspannen, erst mal ...": Konsum, Ablenkungen, aufregende Erlebnisse, Alkohol, Drogen usw. – Entspannung ist ein breites Angriffsfeld der Freizeitindustrie geworden. Diese unterbreitet ein Angebot, das meist auf Menschen trifft, die die historische Aktualisierung Charly Chaplins aus seinem Film *Moderne Zeiten* darstellen. Sie sind eingesperrt in vorgegebene Zeit- und Bewegungsabläufe, relativ hilflose Teile eines größeren Ganzen von Produktions- und Dienstleistungsbetrieben, deren Gesamtgefüge die einzelnen kaum überschauen, geschweige denn mitbestimmen können. In ihnen werden die modernen Chaplins nach Schule und Militär genormt – funktionieren, ohne sich selber ernst- und wahrzunehmen.

Entspannung ist erst einmal ein mechanischer Begriff – verbunden mit der notwendigen Handlung des Abkoppelns, Trennens, Loslösens von Situationen, Belastungen und Gewohnheiten, die eine innere Spannung erzeugt haben. Der wichtigste Weg zur Entspannung bleibt derjenige, der die äußeren Auslöser gesundheitsbedrohlicher und dauerhafter Anspannungen (Stressoren) so niedrig wie menschlich möglich gestaltet. Aber Streß wird nicht nur objektiv erzeugt, sondern auch subjektiv empfunden. Dieses subjektive Erleben der Anspannungen kann entweder geleugnet oder verdrängt werden, kann dann schließlich in spezifischen Krankheiten kumulieren; ebenso kann es aber auch zur Schulung der eigenen, sensiblen Wahrnehmung geübt und entwickelt werden, welche sich beizeiten gegen Überanspannung (Dis-Streß) zur Wehr setzt. Gemeinsamer Widerstand der Betroffenen ist die Basis für die notwendigen äußeren, organisatorisch-strukturellen, kommunikativen, sozialen und/oder ökologischen Veränderungen.

Die Schulung der eigenen Wahrnehmung kann dazu genutzt werden, zu lernen, sich selber besser kennenzulernen, um andere Möglichkeiten der subjektiven Reaktion und des eigenen Handelns zu erforschen, Überanspannung zu vermeiden und bewußt nach Entspannung zu streben.

Der Unterschied zwischen Anspannung und Entspannung ist für jeden leicht nachzuvollziehen. Wir können einen Muskel bewußt anspannen, aber wir können ihn nicht willkürlich entspannen, d. h. auf einen Befehl hin. Wenn wir einen Muskel entspannen wollen, dann müssen wir loslassen – also aktiv einen passiven Prozeß in Gang setzen. Man kann niemandem Entspannung von außen verordnen. Oder: nicht ganz, denn mit Hilfe des ständig steigenden Alkohol- und Tranquilizerkonsums gelingt es, Anspannung auf Befehl zu senken, um den Preis der Nichtsteuerbarkeit für die Betroffenen, die dumpf und apathisch, bestenfalls distanziert und unbeteiligt reagieren (Sichrovsky 1984).

Um den Begriff Entspannung innerhalb der Debatte zur Gesundheitsförderung im Arbeitsleben mehr Sinn zu verleihen, könnte man eine Bemerkung von Gerda Alexander beherzigen. Sie verwies darauf, daß Entspannung nicht die völlig amorphe, schlaffe Unfähigkeit jeglichen Handelns bedeutet, sondern das Zu-sich-Finden, Mit-sich-selber-wieder-in-Kontakt-Kommen, das Zulassen und Erleben eines der Situation angemessenen psychophysischen „Tonus" (Alexander 1976).

Unter psychophysiologischen Gesichtspunkten bedeutet Entspannung die Suche nach Möglichkeiten, dem Körper wieder die Möglichkeit zur homeostatischen Balance, zum freien Energiefluß zu ermöglichen. Dabei ist das vordergründige Ziel die Rückkehr zur Ausgangssituation vor der Anspannung.

Aber dies ist nicht alles, denn neben die Homöostase tritt bei lebenden Systemen auch das der *Heterostase,* das Streben nach neuen und ungefestigten Zuständen, d. h. das Werden.

„Gesundsein setzt ein gewisses Maß an Geordnetsein im Ganzen voraus" (Jacobi 1983) und dieses Ganze ist das Wechselspiel zwischen kognitiven, autonomen und motorischen Prozessen in unserem Körper. Die neueren Kenntnisse der Forschungen, v. a. im Bereich der Neurophysiologie, zeigen uns, daß zwischen den unbewußten, insofern autonom ablaufenden vegetativen Prozessen und unseren kognitiven, dem Lernen und bewußten Handeln zugänglichen Prozessen eine enge Beziehung besteht. Daraus ergeben sich, wie v. a. die Forschungen aus dem Bereich des Biofeedback gezeigt haben, erhebliche Möglichkeiten der bewußten Beeinflussung der lange Zeit als autonom angesehenen vegetativen Körperfunktionen. Schädigungen dieser Körperfunktionen bedingen den überwiegenden Teil psychosomatischer Erkrankungen. Hier kann der Begriff der erhöhten Selbstkontrolle einen positiven Sinn gewinnen. Aber er läuft Gefahr, bei unreflektierter Verwendung nach der Beherrschung und Unterwerfung der äußeren Natur, jetzt auch die inneren Abläufe der menschlichen Natur mechanistisch kontrollieren und beherrschen zu wollen.

„Das Schwergewicht der abendländischen Kultur liegt auf der Beherrschung des somatischen Nervensystems und der quergestreiften Muskulatur, steht in deutlichem Gegensatz zu fernöstlichen Praktiken, die großen Wert auf die Kontrolle autonomer Funktionen einschließlich der Schmerzkontrolle legen" (Birbaumer 1977). Entspannung kann als eine Metapher für eine Neuorientierung in der Erziehung dienen, die neben die Dominanz der analytisch-sprachlichen linken Hirnhemisphäre die Förderung der rechten, nonverbalen, kontemplativ-kreativen Hirnhemisphäre entwickelt.

Solche Erziehungsmodelle würden verstärkt auf die Förderung der bewußten Wahrnehmung äußerer Reize und innerer Emotionen abzielen. Entspannung hat das Ziel, Aufmerksamkeit und Interesse zu fördern sowie die Sinne zu schärfen. Bewußtes Zulassen und Erlauben sind die Voraussetzungen, um mit sich selbst mehr in Kontakt zu kommen und die eigene Auseinandersetzung mit den vielgestaltigen, sich ständig wandelnden Anforderungen der Umwelt gesünder zu gestalten. Selbständigkeit heißt im bildlichen Sinne, ohne fremde Stütze stehen zu können. Um dies zu können, muß man sich auch bewußter darüber werden, wie man selber steht und dabei möglichst wenig überflüssige Energie verschwendet. Heinrich Jacobi sah in der Förderung der Entspannung die Entwicklung eines „antennigen Verhaltens". Ein solches Verhalten bedeutet, so mit einer Aufgabe und sich selbst in Verbindung zu gelangen, daß sie uns belehren. Dieser Lernprozeß kann uns andere Möglichkeiten von zweckmäßigen Fragestellungen und zweckmäßigem Verhalten im Alltag und in der Arbeitswelt ermöglichen.

Die Einbeziehung von Entspannungsübungen in die Arbeitspausen kann unter dem Gesichtspunkt der allgemeinen Gesundheitsförderung sicher bedeutsam sein. Aus China wissen wir, daß die Belegschaften ganzer Betriebe vor dem Arbeitsbeginn oder in den Pausen gemeinsam T'ai-Chi-Übungen als konzentrative Bewegungsmeditation durchführen. Einen ähnlichen Wert dürften auch Entspannungsübungen haben, die nach der Arbeit dazu dienen, still zu werden und zu versuchen, die Belastungen und Erfahrungen des Tages auftauchen und bewußter werden zu lassen – und sich dann von ihnen zu lösen.

Welche spezifische Technik (autogenes Training, Entspannung nach Jacobsen, Yoga, T'ai-Chi, Meditation usw.) im einzelnen angewendet wird und wo die Unterschiede, Vor- und Nachteile liegen, kann an dieser Stelle nicht differenziert erörtert werden. Dies unterliegt weitgehend subjektiven Besonderheiten und Vorlieben derjenigen, die diese Techniken üben. Kontinuierliche und beharrliche Übung ohne falsche bewußte Anstrengungen und Erwartungen bezüglich unmittelbarer Erfolge sind generelle Voraussetzung für die Wirksamkeit aller verschiedenen Techniken.

Als mögliche Vorteile von Entspannungsübungen kann man in Abwandlung dessen, was Birbaumer für Therapien beschreibt, an möglichen Lerneffekten für Gesundheitsförderung nennen: Modifikation von erhöhter autonomer Erregung, von Reaktionsstereotypien, Selbstwahrnehmung und -kontrolle, von störungsspezifischen Einstellungen und sozialen Interaktionen (verbal und nonverbal) (Birbaumer 1977).

IV. Ansätze zur Gesundheitsförderung in der Arbeitswelt

Einführende Bemerkungen

Gesundheitsförderung im traditionellen Bereich der Arbeitsmedizin beschäftigt sich insbesondere mit der Behebung von Versorgungsdefiziten, einer effizienteren Organisation von arbeitsmedizinischen Zentren und den strukturellen Voraussetzungen der Gesundheitsversorgung der Arbeitnehmer durch die Betriebsärzte.

Während auf der theoretischen Seite die Programmatik einer betrieblichen Gesundheitsförderung der Zukunft in Umrissen erkennbar ist, muß festgestellt werden, daß die betriebliche Praxis noch sehr entwicklungsbedürftig ist, ja vielfach erst das Bewußtsein dafür bei Experten und Arbeitnehmern hergestellt werden muß.

Die vorgetragenen Projektbeispiele und die Vorschläge zur Gestaltung der Programme zur Gesundheitsförderung lassen erkennen, daß die sich abzeichnenden Kernpunkte dieser Programmatik: Ganzheitlichkeit, sozialökologischer Ansatz, positiver Gesundheitsbegriff, selbstbestimmte Gestaltung der Arbeitssituation, bisher nur in Teilbereichen abgedeckt werden.

Die Beschäftigten sind noch zu oft Objekte von medizinischen Untersuchungen, Belehrungen und Verhaltensmaßregeln. Auch wird das Kausalitätsverständnis der Arbeitsmedizin noch zu sehr von einem eindimensionalen Ursache-Wirkung-Begriff bestimmt. Dies erfordert eine Überwindung ausschließlich medizinisch- naturwissenschaftlich orientierter Ansätze, die z. B. im Konzept spezifischer Risikofaktoren ihren Ausdruck finden und meist zu präventiven Maßnahmen führen, die nur auf die Ausschaltung spezifischer Risikofaktoren oder Noxen abzielen.

Ganzheitliche, systemische und sozialökologische Modelle der Gesundheitsförderung im Arbeitsprozeß sollen die Verknüpfungen zwischen den verschiedenen allgemeinen Stressoren, den besonderen Reaktionslagen der Individuen und deren Bewältigungsverhalten herstellen.

1 Erfolgserfahrungen

Malcolm S. Weinstein

Die Ansätze zur Veränderung von Lebensweisen in der Arbeitswelt reichen von politischen und legislativen, die die Gesellschaft als Ganzes betreffen, bis zu Programmen zur Verhaltensänderung des einzelnen am Arbeitsplatz (Weinstein 1985):

Gesetzgebungsmaßnahmen
- Norwegens Politik der paritätischen Mitbestimmung (Emery u. Thorsund 1976; Gardell u. Johansson 1981),
- Maßnahmen zur Verbesserung der Qualität des Arbeitslebens (Trist 1981),
- Ziele für die amerikanische Nation (U.S. Government 1979);

Gemeindeorientierte Gesundheitserziehung (Kickbusch 1981);
Organisationsentwicklung
- Programme zur Effektivitätssteigerung („excellence programs") (Peters u. Waterman 1982),
- Kultureller Wandel in den Unternehmen (Deal u. Kennedy 1982);

Gesundheit und Sicherheit im Betrieb (Levi 1978; Cox u. McKay 1981);
Programme für das Wohlbefinden am Arbeitsplatz
- Control Data, Johnson & Johnson (Naditch 1981; Fielding 1984),
- Beurteilung von Gesundheitsrisiken – Risikofaktorenreduzierung (Milsum 1984).

1.1 Eine dynamische Interdependenz

Bei einigen Ansätzen zur Veränderung von Lebensweisen in der Arbeitswelt werden gesundheitsrelevante Gewohnheiten des einzelnen direkt angegriffen, so z. B. durch das Rauchverbot in der gesamten Firma oder Programme, die zu körperlicher Ertüchtigung anregen sollen (Fielding 1984). Andere sind eher indirekt wie Maßnahmen, die den Arbeitnehmer zur Beteiligung an ihn selbst unmittelbar betreffenden Entscheidungen im Hinblick auf die Arbeitsplanung ermutigen und ihn dafür belohnen (Trist 1981).

Historisch gesehen waren zumindest 3 Bereiche an der Gesundheit am Arbeitsplatz interessiert: Gesundheit und Sicherheit im Betrieb, Programme für das Wohlbefinden am Arbeitsplatz und Programme zur Qualität des Arbeitslebens. Diese Bereiche laufen zu einem gemeinsamen Paradigma zusammen, das den arbeitenden Menschen und seine Tätigkeiten als dynamische Wechselbeziehung innerhalb eines ökologischen Bezugsrahmens interpretiert (Weinstein 1985).

Im allgemeinen weitet jeder Bereich sein Interessenspektrum aus. Systemorientierte Ansätze wie Organisationsentwicklung legen das Schwergewicht nicht mehr nur, wie bisher, auf Gruppenentwicklung und -verhalten, sondern beziehen auch Streßbewältigung mit ein; Programme zur Gesundheit in der Arbeitswelt und zur Unterstützung von Arbeitnehmern, bei denen das Individuum im Mittelpunkt steht, entdecken gegenwärtig die Notwendigkeit primärer und sekundärer Prävention durch Erziehungs- und Ausbildungsprozesse.

In den USA werden die Versicherungskonzerne allmählich zu einer treibenden Kraft bei der Diskussion über Lebensweisen. Sie sind selbstverständlich daran interessiert, die Ansprüche auf Krankengeld zu reduzieren. Die Gesellschaft Blue Shield bietet deshalb einen „Bleib-gesund-Plan“ an, der den Versicherungsnehmern einen Teil ihrer Beiträge zurückzahlt, wenn sie keine ärztlichen Leistungen in Anspruch nehmen. Darüber hinaus bietet sie den Versicherten Verbraucherinformationen über medizinische Versorgung sowie auf den neuesten Stand gebrachte Ratschläge im Umgang von jahreszeitlichen Krankheitsbedingungen. Ähnliche Projekte werden von Krankenhäusern und Gesundheitssicherungseinrichtungen angeboten. Das „Midpeninsula Health Program“ in der Nähe von San Francisco bietet seinen Abonnenten ausführliche Programme zur Gesundheitserziehung im Kontext von Selbsthilfe und Lebensweisenänderung an, damit sie so ihre Gesundheit verbessern und gleichzeitig Krankheitskosten senken. Eine kürzlich in Ohio durchgeführte Untersuchung an 300 Familien und einer entsprechenden Kontrollgruppe ergab, daß die an solchen Programmen teilnehmenden Familien ihre Inanspruchnahme von medizinischen Diensten gegenüber der Kontrollgruppe erheblich reduziert haben.

In einer Ansprache auf der Konferenz „Jenseits der Gesundheitsversorgung“ 1984 in Toronto machte Fred Emery deutlich, daß nur der Arbeitsplatz gesund sei, der ein Gefühl von Würde und Stolz vermittelt, während ein ungesunder Arbeitsplatz Scham und Demütigung erzeuge. Emery würde es auch bei jedem Antrag auf Errichtung einer Fabrik erforderlich machen, daß eine Erklärung über die gesundheitlichen Auswirkungen der Firma und ihrer Arbeitsplätze vorgelegt werden müsse („health impact statement“).

1976 änderte Norwegen seine Arbeitsgesetzgebung, indem es Gesundheit und Sicherheit in der Arbeitswelt integrierte. Artikel 12 des Gesetzes gibt den Arbeitnehmern das Recht, Beschwerden über unwürdige Behandlung am Arbeitsplatz vor ein Arbeitsgericht zu bringen. Bislang sind lediglich 2 Fälle zur richterlichen Entscheidung gebracht worden.

Abschließend noch ein Wort zu Lebensweisen und Gesundheitsförderung außerhalb der Arbeitswelt. Hohe Arbeitslosenzahlen mindern offenbar die Bereitschaft von Arbeitnehmern zur Teilnahme an Gesundheitsförderungsprogrammen in der Arbeitswelt. Untersuchungen belegen allerdings, daß Arbeitslose für gesundheitliche Gefährdungen v. a. dann sehr anfällig sind, wenn die finanziellen Folgen der Arbeitslosigkeit sehr ernst werden und der

Betreffende Probleme hat, seine Zeit sinnvoll zu strukturieren (Kirsch 1983).

Auch wenn die Arbeitswelt im Mittelpunkt steht, bleibt es doch wichtig, nicht die Bedürfnisse von denjenigen zu vernachlässigen, die einmal zu dieser Arbeitswelt gehörten und denen infolge der Arbeitslosigkeit oder Pensionierung weniger Mittel zur Verfügung stehen, um gesundheitsfördernde Lebensweisen aufrechtzuerhalten (Moss u. Lawton 1982; Roadburg 1985).

1.2 Erfolgserfahrungen

Gesundheitsförderung und Programme zur Veränderung von Lebensweisen erlangen in der Welt von Konzernen eine immer größere Bedeutung. Sind diese Programe effektiv? Lohnen sie die Kosten?

Die Literatur zur Evaluation von Gesundheitsförderungsprogrammen in der Arbeitswelt nimmt ständig zu – und ihre Ergebnisse sind positiv (Weinstein 1983; Fielding 1984). In einer Zusammenfassung der Ergebnisse heißt es (herausgegeben von der amerikanischen Firma Metropolitan Life Insurance Company):

- Programme zur Kontrolle von Bluthochdruck am Arbeitsplatz sind effektiv hinsichtlich der Überwachung von Bluthochdruck bei Arbeitnehmern. Gemeindeorientierte Raten zur Bluthochdruck-Kontrolle liegen gegenwärtig bei 30%, während die Kontrollraten bei Westinghouse Electric Company und den Universitäten von Maryland und Michigan bei 68% bzw. 98% liegen.
- Raucherentwöhnungsprogramme in der Arbeitswelt zeigen beeindrukkende Ergebnisse. Bei Owen Corning Fiberglass Technical Center wurde ein Rückgang des Raucheranteils von 70% auf 12% erzielt; die Upjohn Company erzielte eine Rate von 40 % an Nichtrauchern; bei Metropolitan Life Insurance Company gaben innerhalb eines Jahres 35% der Raucher das Rauchen auf, wobei für jeden ehemaligen Raucher schätzungsweise $ 345 eingespart wurden.
- Aufgrund von Programmen zur Cholesterin- bzw. Gewichtsreduzierung konnte bei Metropolitan Life eine Senkung des Cholesterinspiegels bei 680 Teilnehmern um 10% und eine durchschnittliche Gewichtsabnahme bei 130 Teilnehmern von 11 Pfund erreicht werden.
- Ein Fitneßprogramm im kanadischen Büro von Metropolitan Life führte zu einer Verringerung der jährlichen Ausfalltage durch Krankheit bei 100 Teilnehmern (4,8 Tage krankheitsbedingter Ausfall bei Teilnehmern und 6,2 Tage bei Nichtteilnehmern), obwohl ein Auswahlbias für diese Ergebnisse relevant sein könnte.

Zwei der bekanntesten Programme sind das „Bleib-gesund-Programm“ von Control Data und das „Fürs-Leben-leben“-Programm von Johnson & Johnson. Einige Bemerkungen dazu:

Gesundheitsförderungsprogramme sind nur dann erfolgreich, wenn die Betriebleitung, die Gewerkschaften und die Arbeitnehmer es gemeinsam unterstützen. Ich kenne kein Programm, das ohne diese Unterstützung erfolgreich gewesen ist. Es ist deshalb unabdingbar, die Betriebs- und Gewerkschaftsleitungen bei der Planung und Durchführung dieser Programme rechtzeitig zu beteiligen.

In den USA und Kanada führen Gesundheitsförderungsprogramme zunächst einmal eine Erhebung durch, die es den Arbeitnehmern ermöglicht, ihre Erfahrungen mit Risikofaktoren darzustellen, um ihre Bedeutung anschließend zu diskutieren. Risikofaktoren bedeuten hier vor allem: Ernährung, Fitneß, Streßmanagement, Rauchen und eine ganze Zahl anderer Faktoren. Diese Untersuchungen können im Rahmen der regulären körperlichen Untersuchungen oder bei Bluthochdruckuntersuchungen sowie im Rahmen von Arbeits- und Gesundheitsschutzprogrammen durchgeführt werden. Sie finden während der Arbeitszeit statt.

Als zweiter Schritt werden Einzelpersonen mit hohen Risikofaktorenraten verschiedene Lernangebote gemacht, deren Absolvierung freiwillig ist und die alle Themen für die jeweilige Gruppe abhandeln. Bei Control Data sind diese Angebote gruppenzentriert bzw. computergesteuert, d. h. man kann computergesteuerte Formen von Selbsthilfe durchlaufen. Manager und leitende Angestellte scheinen die Gruppenprogramme nicht zu mögen, aber jeder hat eben Wahlfreiheit. Die Programme werden im übrigen sowohl dem einzelnen als auch seiner Familie angeboten; bislang haben etwa 25000 Angestellte von Control Data an diesen Programmen teilgenommen.

Drittens ist es schließlich wichtig, daß die einzelnen Arbeitsgruppen direkt an der Verbesserung der Arbeitswelt teilhaben können, um auch einen nur individuellen Ansatz zu überwinden. Die einzelnen Mitarbeiter haben dadurch die Chance, ihren Arbeitsplatz neu zu gestalten, die Nahrungsmittelqualität der Kantinen zu verbessern und generell Vorschläge zu machen, wie die Qualität der Arbeit zu verbessern wäre.

John C. Creedon, Chef von Metropolitan Life, hat darauf hingewiesen, daß die Entscheidungsträger der Unternehmen Gesundheitsförderungsprogramme unterstützen, die die Arbeitnehmer zur Selbstvorsorge anhalten und gemeindeorientiert sind, um dort ähnliche Aktivitäten in Gang zu setzen. Trotz aller Erfolge darf man nicht den Schluß ziehen, daß durch gute Gesundheitsförderungsprogramme ein gutes Management zu ersetzen sei. Ganz im Gegenteil: Ohne das Engagement und die ständige Unterstützung des Topmanagements werden diese Programme die an sie gestellten Erwartungen nicht erfüllen und statt dessen eher die Arbeitsmoral unter den Beschäftigten senken (vgl. Brennan 1981).

1.3 Wie steht es mit den Arbeitsstilen?

Es besteht gegenwärtig eine tiefe Kluft zwischen den Behauptungen der Gesundheitsförderungsindustrie und den soliden wissenschaftlichen Daten, die die Gültigkeit ihrer „Produkte“ (Gewichtskontrolle, Fitneßprogramme,

Streßbewältigung) untermauern sollen (Kasl 1986). Ich glaube, daß dies immer der Fall sein wird, wenn man die bestehende Nachfrage nach solchen Programmen und die Notwendigkeit, sie in großem Umfang zu implementieren, berücksichtigt. Warum sollte auch bei der Gesundheitsförderung die Forschungskluft kleiner sein als bei früheren Neuerungen in der Medizin und im Gesundheitswesen (z.B. Computertomograph, Pasteurisierung, Impfung, Bypassoperationen usw.)?

Ansätze zur Veränderung von Lebensweisen in der Arbeitswelt beruhen auf der Annahme, daß man Lebensweisen eindeutig definieren kann und daß sie die Gesundheit beeinflussen. Meistens konzentriert man sich nur auf die gesundheitsbezogenen, nicht aber auf die arbeitsbezogenen Lebensweisen. Das heißt, meistens bezieht man sich nur darauf, Individuen und Gruppen beizubringen, wie man sich gesünder ernährt, weniger raucht und trinkt, Streß bewältigt, fit wird und bleibt, doch selten wird das Augenmerk auf die Arbeit selbst gelegt.

Sicher gibt es einige Ansätze, die darüber hinausgehen und Gruppen ermutigen, die Veränderung ihrer Arbeitsbedingungen unter Berücksichtigung der Risikofaktoren selbst in die Hand zu nehmen. Die Arbeitnehmer von Control Data haben beispielweise erreicht, daß ihre Kantine bessere Nahrungsmittel anbot und Raucherzonen eingerichtet wurden. In anderen Firmen haben die Beschäftigten gemeinsame Fitneßschulungen abgehalten und dabei mehr und mehr gelernt, Verantwortung zu übernehmen, ihre eigenen Gruppenleiter und Planer der Schulungen zu werden.

Die Technologie ist mittlerweile in der Lage, individuelle und/oder kollektive Risikofaktoren festzustellen. Darüber hinaus kann die gegenwärtige Technologie Programme zur Risikofaktorenreduzierung, Lebensweisenerziehung und Gesundheitsförderung in einem interaktiven Modus unter Verwendung von Laser- und Videodisks bereitstellen, aber auch maßgeschneiderte individuelle Programme oder Änderungen der Programme aufgrund ihrer Ergebnisse, Kosten und Effektivität des Programms analysieren und kontinuierliche Programmanpassungen durchführen. Ein Kollege von mir arbeitet in Vancouver an der Entwicklung von Software für diese Produkte mit; ein anderer hat eine Gesellschaft für Produkte gegründet, die Menschen helfen sollen, gesundheitsgefährdende Verhaltensweisen zu beobachten und zu verändern. Die Bandbreite seiner Angebote ist groß: Warnung vor ultravioletten Sonnenstrahlen, Selbsthilfe bei Brustuntersuchungen usw. Leider bleibt bei den meisten High-Tech-Programmen die Arbeitswelt außen vor.

1.4 Ein weiter Ansatz ist effektiver

Eine kürzlich durchgeführte Studie über betriebliche Gesundheitsförderungsprogramme in den USA hat auf verschiedene wichtige Entwicklungen hingewiesen, die im folgenden Beitrag von Pelletier ausführlicher diskutiert werden. Für mich ist von Bedeutung:

- im Vergleich zu Fitneßprogrammen steigen Streßmanagementprogramme gegenwärtig um das 4fache pro Jahr;
- gesundheitsförderndes Verhalten der Beschäftigten wird zunehmend mit Vergünstigungen wie z. B. geringere Krankenversicherungskosten belohnt;
- bezüglich Raucherentwöhnungskursen, Streß- und Gewichtsreduktionsgruppen sowie Gruppen zur Verbesserung der Arbeitsmoral zeigt die Forschung, daß sie bessere Erfolge als die Kontrollgruppen zeigen.

Aber von besonderer Bedeutung: multiple Risikofaktorenansätze sind erfolgreicher als solche, die sich auf einen einzelnen Faktor konzentrieren; Programme, die Ernährung, Streßmanagement usw. integrieren sind erfolgreicher als solche, die eine schrittweise Strategie verfolgen.

2 Ein Parcours für Gesundheitsförderungsprogramme in der Arbeitswelt

Kenneth R. Pelletier

Die Kosten für das Gesundheitswesen in den USA belaufen sich z. Z. auf über 1 Mrd. $ pro Tag – und sie steigen weiter an. Schätzungen zufolge werden diese Kosten bis 1990 auf über 1 Billion $ im Jahr anwachsen. Diesen Zahlen wurden viele verblüffend ähnliche Faktoren unterlegt, so daß die 1 Billionen- Schätzung eher konservativ aufzufassen ist. Vorrangig beziehen sich diese Kosten auf die Behandlung von Krankheiten, d. h. die sog. chronischen Zivilisationskrankheiten oder die „modernen Plagen" wie Herzkrankheiten, Krebs, Lungenerkrankungen und mehr als 90% aller Behinderungen und Todesfälle.

Da die Zahl der älteren Menschen ansteigt und somit auch diese Krankheiten, wird dies in den USA mit besonderer Sorge betrachtet, denn hier wird die Zahl der Menschen über 65 Jahre in den nächsten 50 Jahren auf über das Doppelte ansteigen, und die Zahl der Menschen über 85 Jahren wird sich in der nächsten Dekade verdreifachen. Wenn die Kosten für das Gesundheitswesen jetzt schon übermäßig hoch sind, so wird die „Ergrauung" der USA in naher Zukunft in einer kaum überwindbare Sackgasse führen. Zweitens sind diese Kosten per se medizinische Ausgaben, denn nur 5% der gegenwärtigen Beträge werden für die Gesundheitsförderung ausgegeben. Die Bezeichnung „Gesundheitswesen" ist deshalb ein falsches Etikett, da das System tatsächlich als „Krankheitsmanagementindustrie" funktioniert, das Bedingungen behandelt, nachdem sie aufgetreten sind. Schließlich kann kein Zweifel daran bestehen, daß die Zivilisationskrankheiten durch Gesundheitsförderungsprogramme substantiell reduziert oder vielleicht sogar abgeschafft werden können, da das Auftreten dieser chronischen Erkrankungen eher von Lebensweisen, Ernährung, Streß und Umwelt als von medizinischen Interventionen beeinflußt wird (Goldberg 1978; Health Works Northwest 1984; McLean 1979; O'Donnell 1984; O'Donnell u. Ainsworth 1984; Parkinson et al. 1982; Pascale 1981; Pelletier 1977, 1979, 1984; Shostak 1980; Warshaw 1979). Diese Tatsachen unterstellt, macht es wenig Sinn, daß in den USA ein überproportionaler Teil der Ressourcen zur Behandlung von Krankheiten ausgegeben wird, die mit geringeren Kosten in Form von Dollars und menschlichem Leid verhütet werden könnten.

Der italienische Arzt Bernadino Ramazzini, der als Begründer der Arbeitsmedizin gilt, bemerkte einmal: „Es ist ein schmutziger Profit, der mit der Zerstörung der Gesundheit einhergeht. Viele Handwerker haben ihr

Handwerk als Mittel angesehen, ihren Lebensunterhalt zu verdienen und ihre Familien zu unterstützen; aber alles, was sie bekommen haben, ist irgendeine tödliche Krankheit." Dies wurde 1705 geschrieben. In jüngster Zeit haben sich die individuellen Sorgen um die Gesundheit zu einer bedeutenden kulturellen und ökonomischen Bewegung entwickelt, die sich in einem bemerkenswerten Anstieg von Programmen zur Gesundheitsförderung in der Arbeitswelt ausdrückt. Die besten Möglichkeiten, ein wirkliches Gesundheitswesen einzuführen, bestehen natürlich bei den Unternehmen und ihren speziellen Beziehungen zu den Mitarbeitern.

2.1 Studie über 200 betriebliche Gesundheitsförderungsprogramme in den USA

Trotz der wachsenden Anzahl von Programmen zur Gesundheitsförderung in Betrieben – von weniger als 20 Programmen in den späten 70er Jahren bis zu mehr als 500 gegenwärtig – gibt es praktisch keine Anstrengungen, ihre Wirksamkeit zu prüfen oder ihre zukünftige Entwicklung festzulegen. Um die Entwicklungen zu untersuchen, haben 3 nationale Stiftungen eine 3jährige Studie (1981–1983) finanziert, um 200 laufende Programme zu analysieren. Sie wurde von der Abteilung für allgemeine innere Medizin an der Fakultät für Medizin der Universität of Kalifornien (San Francisco) unter Leitung des Autors durchgeführt. Die Studie wurde zusammen mit Willis Goldbeck (Präsident der Washington Business Group on Health) und Jonathan E. Fielding (Universität von Kalifornien, Los Angeles und Präsident von U.S. Corporate Health Management) geplant, um eine Reihe von grundsätzlichen Fragen zu beantworten:

1) Welche Unternehmen beteiligen sich aktiv an Gesundheitsförderungsprogrammen?
2) Gibt es Daten, die die Wirksamkeit der Gesundheitsförderungsprogramme betreffen?
3) Wie hoch waren die Kosten des Programms und welche Finanzierungsquellen gab es?
4) Welches sind die wahrscheinlichsten Bereiche für Gesundheitsförderung in der kommenden Dekade?

An der Studie waren u. a. beteiligt Xerox, IBM, Johnson & Johnson, General Mills, Pepsico, General Dynamics, Wells Fargo Bank und andere Programme mittlerer Größe wie das ausgezeichnete Vorhaben von Scherer Brothers Lumber Company in Minneapolis und das innovative Schulsystem von Mendocino County in Nordkalifornien. Auf der Grundlage dieser Studie sind einige allgemeine Erkenntnisse deutlich hervorgetreten:

1) Es gibt ungefähr 125 Projekte, die vorgeben, ihr Kosten-Wirksamkeits-Verhältnis nachzuweisen, obwohl nur die Hälfte von ihnen über ein ausreichendes Design bzw. eine aussagefähige Datenlage verfügen. Zur Zeit gibt es nur in begrenztem Umfang Kosten-Wirksamkeits-Untersu-

chungen; es bestätigen sich aber Anzeichen, daß die Programme Geld einsparen, Ausfallzeiten reduzieren, Arbeitsunfähigkeit und darauf bezogene Forderungen zurückschrauben, die Arbeitsmoral der Mitarbeiter steigern und als Elemente bei der Personalrekrutierung positiv wirken.

2) Begrenzte oder unifaktorielle Programme (d. h. auf Bluthochdruck oder auf die physische Gesundheit bezogene Untersuchungen sowie jeder auf einen Risikofaktor gerichteter Ansatz) sind teurer und weniger effektiv als multifaktorielle oder gar ganzheitliche Gesundheitsförderungsprogramme.
3) Praktisch alle Klein- und Mittelbetriebe, aber auch eine zunehmende Anzahl an Großbetrieben, orientieren sich daran, existierende Einrichtungen (Gesundheitsklubs, Schulen, CVJM, Kureinrichtungen) zu nutzen, anstatt eigene Einrichtungen zu bauen und dafür Personal einzustellen.
4) Folgende Gruppen initiieren und organisieren Gesundheitsförderungsprogramme: a) Personalabteilung 35%, b) Topmanagement 20%, c) Sicherheitsabteilung 18%, d) medizinische Abteilung 14%, e) Krankenversicherung 7.4%, f) Mitarbeiter: 1.3% und g) Gewerkschaften 0.2%.
5) Die wesentlichen Bereiche, in denen in der künftigen Dekade Programme entwickelt werden, sind a) Streßmanagement, das 4mal häufiger genannt wurde als der nächstfolgende Bereich; b) Fitneß, das an erster Stelle in den vergangenen Jahren stand aber gegenwärtig an Bedeutung verliert; c) Blutdruckkontrolle und Verhaltenskontrolle; d) Alkohol- und Medikamentenmißbrauch; e) Rauchen; f) Ernährung und Gewichtskontrolle; g) Krebsuntersuchungen und h) Programme, die sich auf Gefahren spezieller Arbeitsplätze richten wie Rückenleiden, Asthma oder allgemeine Unfallverhütung.

Insgesamt ist ein Trend feststellbar, daß die Mitarbeiter Unterstützung, Erziehung und „Gesundheitsanreize“ brauchen, die vom zusätzlichen Gehalt bis zu „Gesundheitsfehltagen“ reichen können, wenn Krankheitsfehltage nicht genommen worden sind. Außerdem besteht die Entwicklung, die Krankenversicherungskosten zwischen Arbeitgeber und Arbeitnehmer aufzuteilen – und zwar entsprechend des Vorhandenseins von bekannten Risikofaktoren wie z. B. Rauchen, so daß Personen mit geringen Risikofaktoren auch geringere Beiträge zu entrichten haben. Obwohl es bereits Präzedenzfälle für dieses Verfahren bei einigen Versicherungskonzernen gibt, stellt es doch einen umstrittenen, wenn auch zunehmenden Entwicklungstrend dar. Gesunde Personen werden belohnt. Jene allerdings, die trotz der Gesundheitsprogramme und der mit ihnen verknüpften Anreize ihre gesundheitsgefährdenden Verhaltensweisen beibehalten, sollen demnach auch höhere Eigenbeiträge zu ihren höheren medizinischen Kosten leisten.

Mit dieser Entwicklung wird eine Verschmelzung von Gesundheitsförderung und der optimalen Nutzung medizinischer Einrichtungen durch Individuen und Organisationen beschrieben. Gesundheitsförderungsprogramme zeigen die Verbindung von Prävention und daraus entstehenden Kosten auf – sowohl im Hinblick auf den Nutzen für die Beschäftigten als auch bezüglich der Kosten für jedes Produkt, das in einer Firma hergestellt wird. In diesen Zahlen liegt ein erheblicher Optimismus, weil mit ihnen gezeigt werden kann, daß Gesundheitsförderung sowohl menschliche als auch ökonomische Vorteile bringt. Die Ergebnisse unserer Studie sind in dem Buch *Healthy People in Unhealthy Places: Stress and Fitness at Work* (Pelletier 1984) veröffentlicht worden; dort sind auch Hintergrundinformationen über die Untersuchung, detaillierte Ergebnisse, Informationsquellen und Teilnehmer sowie verschiedene Modellprojekte von Xerox bis Scherer Brothers dargestellt. Die Untersuchung anderer Firmen wird gegenwärtig durchgeführt.

Im Moment gehen wir einen Schritt weiter, indem wir die Fragebögen verbessern, die Datensammlung fortführen, unsere Datenbasis ausbauen, um neue Programme eingeben zu können und indem wir als Berater für Firmen und Organisationen arbeiten, die Interesse an der Entwicklung bzw. Verbesserung ihrer Gesundheitsförderungsprogramme haben. Ein langfristiges Ziel ist die Einrichtung eines Zentrums für Gesundheitsförderung in der Arbeitswelt an der medizinischen Fakultät der Universität von Kalifornien, das von 2 der uns unterstützenden Stiftungen finanziell getragen wird. Dieses Zentrum kann Einzelpersonen, Arbeitsgruppen und Arbeitgebern objektive Informationen zur Planung und Implementation von Programmen zur Verfügung stellen. Wenn auch primär das Individuum für seine optimale Gesundheit und Lebensdauer verantwortlich ist, bleibt es dennoch in gleicher Weise wichtig, die Bedeutung der ökologischen, sozialen, ökonomischen und arbeitsplatzbezogenen Determinanten für die Gesundheit zu unterstreichen, wenn wir uns in Richtung auf „gesunde Menschen an gesunden Orten“ bewegen.

2.2 Drei Projekte weisen auf Defizite hin

Während unserer 3jährigen Studie wurde zunehmend deutlich, daß es erhebliche Schwierigkeiten bei der Entwicklung und Evaluation von nachprüfbar effektiven Gesundheitsförderungsprogrammen gibt.

Diese Schwierigkeiten liegen in folgendem:

1) Es gab keinen Kontakt zwischen den Firmen, die Gesundheitsförderungsprogramme anboten, und einer Einrichtung, die verläßliche Informationen über den Entwicklungsstand von Programmen bereitstellte.
2) Sofern Bedürfnisanalysen überhaupt durchgeführt wurden, waren sie unzulänglich und nichtstandardisiert; die Programme wurden also auf der Grundlage von beobachteten und nicht etwa tatsächlichen Bedürfnissen entwickelt; die erhobenen Daten waren unter den Programmen nicht vergleichbar.
3) Es gab keine systematischen Leitfäden zur Entwicklung und Evaluation der Programme.

Um diese Sachverhalte verändern zu können, wurden von uns folgende Arbeitsschritte unternommen:

1) Gegenwärtig befindet sich ein 3 Jahre laufendes Programm der medizinischen Fakultät der Universität Kalifornien in Erprobung, an dem 13 Firmen, die ihren Hauptsitz im Umkreis der Bucht von San Francisco haben, beteiligt sind. Dies Programm wird weiter unten beschrieben.
2) Die Firma Health Works Northwest, Teil von Puget Sound Health Systems Agency in Seattle hat ein ausgezeichnetes „Manual zur Bedürfnisanalyse in Gesundheitsförderungsprogrammen" im Februar 1984 vorgelegt. Es handelt sich um ein standardisiertes Verfahren, das in Zusammenarbeit mit Arbeitgebern in Seattle entwickelt wurde und das als integrierter Bestandteil des Planungsleitfadens „Parcours", der in diesem Artikel beschrieben wird, sehr zu empfehlen ist.
3) Da es bislang keinen angemessenen Planungsleitfaden gab und weil Manager nur wenig Zeit zum Lesen haben, beschlossen wir, einen kurzen, praktischen Leitfaden zu entwickeln. Um ihn so akzeptabel wie möglich zu machen, traf ich mich mit Richard Cunningham, Präsident einer Firma, die einen Übungskurs mit 18 Abschnitten anbietet. Auf der Grundlage dieser Gespräche wurde es gestattet, daß wir den Ansatz der 18 Abschnitte als Grundlage für unsere Planungsschritte benutzen konnten, denn in ihnen sind die wesentlichen Charakteristika eines erfolgreichen Gesundheitsförderungsprogramms enthalten. So lautet z.B. ein Abschnitt oder eine Station „7. Finanzen", in dem 15 Möglichkeiten aufgezeigt werden, wie ein Gesundheitsförderungsprogramm finanziert werden kann. Ein Programmplaner hätte vielleicht nur an 5 oder 6 Möglichkeiten gedacht, d. h. diese Station zeigt ihm weitere Möglichkeiten auf. Dieser schrittweise vorgehende Leitfaden für die einzelnen Planungsabschnitte bildet praktisch die Essenz des „Parcours für Gesundheitsförderung", wie ich ihn in diesem Artikel beschreiben werde.

Da der Leitfaden „Parcours" ein wesentliches Element des gegenwärtig laufenden Programms an der medizinischen Fakultät der Universität von Kalifornien in San Francisco ist, scheint es sinnvoll zu sein, zunächst das Programm selbst zu beschreiben, bevor auf den „Parcours" eingegangen wird. Die Sektion für Verhaltensmedizin in der Abteilung für allgemeine innere Medizin an der medizinischen Fakultät der Universität von Kalifornien in San Francisco hat für die 3jährige Entwicklung und Erprobung eines Gesundheitsförderungsprogramms in der Arbeitswelt finanzielle Unterstützung erhalten. Unter Leitung von Albert R. Martin und mir wird in dem Forschungsprojekt erstmals die Zusammenarbeit zwischen der Fakultät für Medizin und 13 Firmen, die in San Francisco beheimatet sind, erprobt.

Das Projekt dauert 3 Jahre (Beginn: 1. Januar 1985):

1. JAHR: Entwicklung einer „Koalition" zwischen Universität und Firmenvertretern im Zuge einer kontinuierlichen Bedürfnisanalyse und strukturierten Planungsschritten.

2. JAHR: Implementierung und Evaluation von beiderseits akzeptierten Gesundheitsförderungsprogrammen unter dem Kriterium, daß sie in jeder Branche und bei jeder Organisationsstruktur funktionieren und daß die Ergebnisse auf nationaler Ebene anwendbar sind – wobei das Selbsthilfemodell, das das Engagement der Beschäftigten unterstreicht, zur Grundlage genommen wird.

3. JAHR: Durchführung von umfassenden Langzeitstudien. Schwerpunkt bleibt die Entwicklung und Evaluation von praktischen Gesundheitsförderungsprogrammen für die Geschäftswelt, Industrie und andere Organisationen (staatliche Verwaltung, Bildungswesen).

Insgesamt handelt es sich bei dem Projekt um eine Weiterführung meiner früheren Untersuchung über Gesundheitsförderungsprogramme in mehr als 200 Firmen, wobei eine Analyse zukünftiger Aktivitäten durchgeführt wurde. In der laufenden Studie werden folgende Bereiche bearbeitet: verhaltensmedizinisches Management von Hypertonie, Diät- und Ernährungsberatung, Streßmanagement, Kontrolle der Emission von giftigen Substanzen und Raucherentwöhnung.

An unserem Projekt nehmen unter anderem teil: Bank of America, Safeway, Levi-Strauss, McKesson Corporation, Crown Zellerbach, Pacific Telesis, Shaklee Corporation, Pacific Gas and Electric, Bechtel, Wells Fargo Bank, Chevron und Hewlett-Packard. Die Ergebnisse des Projekts werden pragmatisch aufzeigen, welche Gesundheitsförderungsprogramme am effektivsten in der Arbeitswelt sind und wie solche Programme praktisch, effektiv und kostengünstig entwickelt werden können. Schließlich werden wir die Ergebnisse unserer Studie an Firmen und andere nationalen Organisationen weitergeben. Einmal implementiert, sollen diese Programme sich selber tragen, aber auch eine Finanzierungsquelle für die begleitende Forschung und Evaluation zur Verbesserung der Implementation und Effektivität von Gesundheitsförderungsprogrammen sein.

2.3 Ein „Parcours“ für Gesundheitsförderung

Der „Parcours“ ist ein wertvolles Planungsinstrument für die Entwicklung von effektiven, erfolgreichen Gesundheitsförderungsprogrammen, die gleichzeitig eine maximale Kosten-Effektivitäts-Relation besitzen. Es wird im folgenden als ein praktischer Leitfaden vorgestellt, der aus 18 Planungsschritten oder „Stationen“ besteht, wobei jede Station eine Checkliste von Richtlinien enthält, die bei erfolgreichen Programmen Anwendung finden. Folgende 18 Stationen sind Inhalt des „Parcours“:

1) Ausgangslage – Gesundheitsförderungsprogramm;
2) Organisatorische Faktoren und Firmenkultur;
3) Topmanagement;
4) Mittleres Management;

5) Programmziele und Bedürfnisanalyse;
6) Finanzierungsstrategien;
7) Finanzen;
8) Verwaltung und Management;
9) Elemente des Gesundheitsförderungsprogramms;
10) Evaluation und Zeitplan;
11) Methoden und Medien;
12) Eignung;
13) Einrichtungen und Ressourcen;
14) Implementation;
15) Erfolgreiche Gesundheitsförderungsprogramme;
16) Anreize;
17) Nutzen für die Arbeitnehmer;
18) Nutzen für die Arbeitgeber.

2.3.1 Ausgangslage – Gesundheitsförderungsprogramm

Führe Gespräche mit Organisationen und Firmen, die bereits Gesundheitsförderungsprogramme haben. Untersuche die Beteiligung der Arbeitnehmer, die Kosten, Ergebnisse und die Bereiche, die verändert würden, wenn das Programm noch einmal gestartet würde. Analysiere aktuelle medizinische und Krankenversicherungsausgaben anhand von Statistiken. Definiere gegenwärtige und geplante Ausgabenschwerpunkte für die medizinische Versorgung. Identifiziere Bereiche mit hohen Kosten. Definiere, welche (wenn überhaupt) Bedingungen durch ein Gesundheitsförderungsprogramm wirksam beeinflußt werden könnten. Unterscheide solche Bedingungen, die nicht von der Gesundheitsförderung beeinflußt werden können.

Stelle realistisch fest, ob die Organisation überhaupt ein Gesundheitsförderungsprogramm beginnen sollte. Spezifiziere die Ziele und Motive der Firma bezüglich solch eines Programmes. Antizipiere, daß einige Manager vom Nutzen der Gesundheitsförderungsprogramme für Arbeitnehmer und Arbeitgeber nicht überzeugt sind. Spezifiziere die vorläufigen Schlüsselfaktoren, die bei der Programmentwicklung zu berücksichtigen sind. Suche in begrenztem Umfang Beratung. Erkenne das Problem der „regulierenden Kontrolle“ und daß Gesundheitsförderungsprogramme von externen Personen oder Organisationen dazu mißbraucht werden können, der Firma vorzuschreiben, was sie für sich selbst oder ihre Beschäftigten tun oder nicht tun kann. Sei so spezifisch wie möglich bei der Bestimmung der Sachverhalte und beziehe sie in angemessener Weise auf die speziellen Arbeitsbedingungen.

Gründe für den Beginn eines Programms

1) Begrenzung der hohen Ausgaben für die medizinische Versorgung;
2) Richtlinien der Arbeitssicherheit und des Gesundheitsschutzes;
3) Verbesserung des öffentlichen Image der Firma;

4) Erhöhung der Attraktivität der Firma für Beschäftigte;
5) Interesse eine bestimmten Managers;
6) hohe Inzidenzrate von bestimmten Gesundheitsproblemen in der Firma;
7) frühzeitiger Verlust von Schlüsselpersonen im Management;
8) Verbesserung der allgemeinen Gesundheit der Beschäftigten;
9) Konkurrenz mit vergleichbaren Firmen;
10) gesundheitlicher Nutzen für Schlüsselpersonen im Management;
11) Nebeneffekte;
12) Reduktion von frühzeitigen Herz-Kreislauf-Erkrankungen;
13) Verbesserung der Arbeitsmoral;
14) Verbesserung der Produkte (z. B. ein „gesundes" Produkt);
15) Reduktion bzw. Eliminierung von Schadstoffexposition;
16) Reduzierung der Arbeitsplatzprobleme der Angestellten (d. h. Lärm, schlechte Beleuchtung, Fehlen einer Privatsphäre, angemessene Benutzung von Bildschirmarbeitsplätzen usw.);
17) Reduktion von Arbeitsunfällen;
18) Reduktion der Fluktuation von Mitarbeitern;
19) Begrenzung der Ansprüche auf Arbeitsunfähigkeit und der Ausfallzeiten.

Vorteile von Gesundheitsförderungsprogrammen in der Arbeitswelt

1) Geringere Kosten im Hinblick auf die medizinischen Einrichtungen;
2) Zugang zu Menschen und Zeit;
3) Stabilität der Beschäftigten;
4) Bereitschaft der Beschäftigten, an firmenfinanzierten Programmen mitzuarbeiten;
5) Existenz von Management- und Organisationsstrukturen;
6) Fähigkeit zur parallelen Durchführung verschiedener Interventionen;
7) Ausgebaute Netzwerke zur sozialen Unterstützung.

Details für Arbeitnehmer und Arbeitgeber werden in Station 17 und 18 des „Parcours" dargestellt.

2.3.2 Organisatorische Faktoren

Definiere die mitgeteilte oder tatsächliche Philosophie der Organisation im Hinblick auf die Gesundheitspolitik und ihre Praktiken für Arbeitgeber und Arbeitnehmer. Formuliere die „Firmenkultur" und ihre Implikationen für die Entwicklung eines Gesundheitsförderungsprogramms. Suche die Bewilligung und Unterstützung des Aufsichtsrates.

Der Programmentwurf muß konsistent sein, wenn die relevanten organisatorischen Ziele erreicht werden sollen. Initiiere, modifiziere und weite die Planung des Gesundheitsförderungsprogramms zur angemessenen Zeit im Rahmen des Zeit- und Arbeitsrhythmus der Organisation aus. Minimiere negative Auswirkungen auf den Geschäftsverlauf der Firma.

Entscheidungen zur weiteren Orientierung

1) Untersuche verschiedene Bereiche der Firmenkultur wie physikalische Umwelt, Politiken und soziale Einstellungen, sofern sie einen Einfluß auf den Gesundheitsbereich haben.
2) Ziehe Veränderungen in der Firmenpolitik, wie z. B. eine Nichtraucherpolitik in Betracht; unterrichte Manager, sich an den Aktivitäten des Gesundheitsförderungsprogramms zu beteiligen oder versuche, flexible Arbeitspläne zu entwickeln, die es den Beschäftigen erlauben, während der Arbeitszeit am Programm teilzunehmen oder auch nicht.
3) In welchen Teil der Organisationsstruktur kann das Programm eingebunden werden?
4) Wie wird es mit anderen Abteilungen verknüpft?
5) Wie wird es finanziert?
6) Wieviel externe „Experten" werden benötigt?
7) Durchführungsmaßnahmen für das Programm.
8) Wer ist geeignet, am Programm teilzunehmen?
9) Festlegung des speziellen Ausmaßes und des Schwerpunktes notwendiger Unterstützung;
10) Messung bzw. Schätzung des gegenwärtigen Umfangs an Unterstützung;
11) Festlegung der besten Ansätze, die benötigte zusätzliche Unterstützung zu entwickeln;
12) Abschätzen der größten Schwierigkeiten und Widerstände, die bei der Entwicklung des Programms überwunden werden müssen;
13) Auswahl der geeignetsten Abteilungen und Personen für die Programmentwicklung;
14) Festsetzen der Bedeutung von Veränderungen in der physikalischen Umwelt wie z. B. Reduktion von Gefahrenquellen, Eliminierung von Schadstoffexposition, Lärmverringerung, Entfernen von Zigarettenautomaten und „Junk-Food"-Automaten, oder aber auch: Bau von Einrichtungen für das Gesundheitsförderungsprogramm wie Duschen oder Entspannungsräume.
15) Zieh die verschiedenen Möglichkeiten in Betracht, Ressourcen der Gemeinde und der Organisation zu verknüpfen, welche für die Belange des Programms genutzt werden können.

2.3.3 Topmanagement

Unterstützung auf allen organisatorischen Ebenen ist wichtig; die Unterstützung des Topmanagements ist allerdings am wichtigsten, wenn das Programm effektiv durchgeführt werden soll. Das Topmanagement muß das Programm mittragen, es muß sich daran beteiligen und es muß es „verkaufen" können. Der Zusammenhang zwischen der Akzeptanz des Programms beim Topmanagement und seinem Erfolg sollte nachgewiesen werden. Wenn die Manager der Firma das Programm bereitwillig unterstützen, werden das mittlere Management und die Arbeiter ihrem Beispiel folgen.

Beziehe Mitglieder des Topmanagements, die sich gegenwärtig in Aktivitäten der Gesundheitsförderung engagieren, entweder persönlich oder innerhalb ihrer organisatorischen Position in die Programmplanung ein.

Rolle des Topmanagements

1) Vorstellung eines Beispiels für adäquate Finanzierung;
2) Entwicklung einer effektiven Beurteilung bzw. Kontrolle des Programmdirektors und des Personals;
3) Förderung des Programms durch formelle und informelle Unterstützung auf gegebener Grundlage;
4) Bereitstellung von finanzieller Unterstützung für das Programm;
5) Bereitstellung von administrativer Hilfe durch Unterhalt der Einrichtungen, finanzielles Management, Zugang zu Kommunikationseinrichtungen wie „Newsletters“ und Aktivitäten bei der Programmsupervision;
6) Ermutigung der Beschäftigten zur Beteiligung am Programm durch flexible Arbeitszeiten, Freizeiten während der Arbeit, Gruppenaktivitäten wie „Gesundheitslauf“ oder andere Methoden, die den Zugang zum Programm erleichtern;
7) enge Zusammenarbeit mit der Personalabteilung, Abteilung für Krankenversicherung, medizinischen Abteilung oder anderen Gruppen, die sich bereits in Aktivitäten der Gesundheitsförderung engagiert haben.
8) Handle als Rollenmodell durch die Teilnahme am Programm!

Unterstützung sollte auf drei Ebenen gemessen werden

1) Topmanagement;
2) Mittleres Management;
3) Arbeiter.

2.3.4 Mittleres Management

Das mittlere Management entscheidet letzten Endes darüber, ob sich die Beschäftigten an dem Programm beteiligen. Definiere, wie die Manager der mittleren Ebene die Beteiligung der Arbeitnehmer ermöglichen, verstärken und überwachen können. Das mittlere Management steht buchstäblich in der Mitte: das Topmanagement, das einerseits die Beteiligung am Programm unterstützt, aber andererseits von den Beschäftigten eine höhere Produktivität oder andere Resultate abfordert.

Die Programmentwicklung kann erhebliche Auswirkungen auf das mittlere Management haben, das operational mit dem Programm verbunden ist: Versicherungsmanager, Manager für die Verwaltung der Betriebseinrichtungen, Ausbildungsleiter, Manager für die Gesundheit der Beschäftigten. Neue Programme können ihre Machtbasis verbessern, können ihnen aber auch den Boden unter den Füßen entziehen, können ihre Arbeitsbelastung steigern oder die Qualität ihrer Arbeit offenlegen.

Die Beteiligung aller Beschäftigten bei der Planung und Implementation sollte so früh wie möglich erfolgen. Analysiere, ob und ggf. welche Aktivitäten der Gesundheitsförderung die Beschäftigten wünschen. Welche anderen Bereiche des Nutzens sind für die Beschäftigten von größerer Bedeutung? Stelle sicher, daß die Arbeiter am Programm teilnehmen, sobald es ihnen angeboten wird.

Potentielle Problembereiche

1) Kontrolle der Effekte des Gesundheitsförderungsprogramms hinsichtlich: Gruppenbildung, Vertrauensebenen, Kommunikation, Produktivität, Verantwortlichkeit, Zusammenarbeit, Konkurrenz und Macht;
2) Budgeteinschränkungen oder: „Ist das Programm zu teuer?";
3) Die Verwalter schwanken in ihrem Engagement für Programme, die zu viel Zeit beanspruchen;
4) Bürokratismus kann das Gesundheitsförderungsprogramm behindern, da einige Firmen verschiedene Ebene der Entscheidungsfindung erforderlich machen, um Beteiligung am Programm zu ermöglichen;
5) Die Organisation glaubt nicht, daß das Programm Geld einspart;
6) Es fehlt an Klarheit des Topmanagements, wie alle Mitglieder der Organisation das Programm unterstützen sollen;
7) Die Gewerkschaften sind gegen Gesundheitsförderungsprogramme und konzentrieren sich auf traditionelle medizinische Vorgehensweisen;
8) Die Belegschaft arbeitet dezentralisiert und verstreut;
9) Hohe Fluktuation der Mitarbeiter;
10) Widersprüchlichkeit des Engagements der Organisation, langfristige positive Veränderungen, die sowohl systematisch als auch durch das Gesundheitsförderungsprogramm erzeugt werden, zu unterstützen;
11) Unvorhersehbare Arbeits- und Managementprobleme, die die Notwendigkeit des Programms, kontinuierlich durchgeführt zu werden (und damit seine Ergebnisse), beeinflussen;
12) Die Beschäftigten wünschen kein Programm oder beabsichtigen nicht, in größerer Zahl am Programm teilzunehmen;
13) Andere (zu spezifizierende) Bereiche.

2.3.5 Programmziele und Bedürfnisanalyse

Die meisten Ziele für Gesundheitsförderungsprogramme können unter 2 Überschriften subsumiert werden: 1) Ziele des Managements; und 2) Gesundheitsziele. Die Ziele des Managements können z. B. lauten: Reduzierung der Kosten für die gesundheitliche Versorgung, Verbesserung des Firmenimage, Verbesserung der Produktivität (siehe 2.3.18 „Nutzen für die Arbeitgeber"). Gesundheitsziele beziehen sich auf die gewünschten Ebenen und Bereiche der Veränderung der Gesundheit wie z. B. Streßmanagement (siehe 2.3.17 „Nutzen für die Arbeitnehmer"). Ziele des Managements und Gesundheitsziele können manchmal nicht mit demselben Programm erreicht werden. Die Art der Ziele und ihre Priorität beeinflußt in erheblichem Maß den Schwerpunkt des Programms.

Plane das Gesundheitsförderungsprogramm sowohl im Hinblick auf individuelle als auch organisatorische Bedürfnisse, Ziele und Aufgaben. Führe eine umfassende Bedürfnisanalyse der Belegschaft durch. Diejenigen, die vom Programm vor allen Dingen angesprochen werden, müssen eine wesentliche Rolle bei der Planung und Implementation spielen. Programmziele müssen realistisch und erreichbar sein.

Management der Programmziele

1) Steigerung der Produktivität;
2) Reduktion der Fehlzeiten;
3) Reduktion der Erkrankungen;
4) Senkung der Kosten zur gesundheitlichen Versorgung;
5) Senkung der Krankenversicherungskosten;
6) Verbesserung der gesundheitlichen Versorgung;
7) Andere (zu spezifizierende) Ziele.

Planungsszenario

1) Das Topmanagement legt die Ziele für das Gesundheitsförderungsprogramm sowie die verfügbaren finanziellen und organisatorischen Ressourcen fest. Probleme und Grenzen werden klar festgehalten.
2) Das Programm benennt bestimmte Bereiche, die aufgrund der Bedürfnisanalyse festgestellt worden sind und bezieht sich auf die übereinstimmenden Bereiche aller Beschäftigten auf allen organisatorischen Ebenen (Health Works Northwest 1984).
3) Die Elemente des Programms werden speziell zusammengestellt, um die Programmziele zu erreichen.
4) Bildung einer Planungsgruppe, die aus Beschäftigten von allen Ebenen besteht, die von dem Programm betroffen sind.
5) Es werden Verfahren vereinbart, wie Beschäftigte, die nicht der Planungsgruppe angehören, Planungsbeiträge leisten können.
6) Es werden Berater benannt, die für einzelne Programmbereiche sowie für die allgemeine Beratung der Planungsgruppe zuständig sind.
7) Ein Pilotprojekt wird durchgeführt.
8) Das Vertrauen aller Beschäftigten (ob sie Teilnehmer sind oder nicht) muß gewonnen werden.
9) Aussagen, die Schuldzuweisungen („blame the victim") enthalten, sollen nicht im Programm enthalten sein. Unterstützung der Beschäftigten zur Übernahme einer verantwortlichen, bewußten Rolle im Hinblick auf ihre eigene Gesundheit, aber andererseits auch gleichzeitig die Grenzen der individuellen Bemühungen und Verantwortlichkeiten erkennen.
10) Evaluation des Pilotprogramms mit ständiger Rückmeldung an das Topmanagement.

11) Revision des vorgeschlagenen Programms und Darstellung der spezifischen Inhalte des Gesundheitsförderungsprogramms, Zeitplanung und Evaluationsverfahren für das tatsächliche zu implementierende Programm.

2.3.6 Finanzierungsstrategien

Neue Gesundheitsförderungsprogramme bedeuten nicht notwendigerweise eine Erhöhung der Kosten für die gesundheitliche Versorgung. Deshalb: zunächst Analyse der existierenden Kosten für die gesundheitliche Versorgung und die Krankenversicherung sowie der entsprechenden Rückvergütungen. Suche nach alternativen Deckungsmöglichkeiten. Es ist häufig möglich, finanzielle Mittel von der Gesundheitsversorgung in Gesundheitsprogramme zu transferieren.

1) Neue Versorgungspläne;
2) Bevorzugte Anbieterprogramme;
3) Unabhängige Praxisgemeinschaften;
4) Überblick über medizinische Forderungen;
5) Ambulante Versorgung (z. B. 1-Tages-Chirurgie);
6) Arbeits-, Krankenhaus- und Verbraucherbeziehungen;
7) Selbstversicherte Programme;
8) Mitarbeit in Aufsichtsgremien der Krankenhäuser;
9) Aufbau von Agenturen zur Gesundheitsplanung;
10) Gewinne aus Gesundheitsprogrammen an die Gewerkschaften;
11) Steigerung der Arbeitnehmeranteile zur Krankenversicherung;
12) Finanzielle Vergütung für Arbeitnehmer, die gesund bleiben;
13) Medizinische Selbstversorgungsprogramme;
14) Erweiterung der Versorgungseinrichtungen/Krankenheime;
15) „Second Opinion Programs“;
16) Übersicht über unangemessene Nutzung von Einrichtungen;
17) Häusliche Gesundheitsversorgung;
18) Psychologische und Streßmanagementprogramme;
19) Prüfung der Organisation für professionelle Dienste;
20) Einrichtungen des Gesundheitssystems;
21) Einrichtungen zur Erhaltung der Gesundheit;
22) Programm zur Prüfung von Krankenhausaufnahmen;
23) Bilanz der medizinischen Ausgaben;
24) kontinuierliche Analyse der Daten über medizinische Ansprüche;
25) Mitglied in Gremien zur Einsparung von Kosten im Gesundheitswesen;
26) Andere (zu spezifizierende) Schritte.

2.3.7 Finanzen

Wer finanziert das Programm? Arbeitgeber müssen nicht davon ausgehen, daß zur Finanzierung des Programms ausschließlich betriebsinterne Mittel herangezogen werden; sie sollten dies allerdings in Rechnung stellen, falls nicht andere Finanzierungsquellen gewonnen werden können. Die primäre finanzielle Unterstützung sollte schließlich aus den Einsparungen kommen, die das Programm in seinem Verlauf erwirtschaftet.

Programme benötigen eine finanzielle Basis, um ihre Effektivität zu sichern. Deshalb: Aufstellung eines Budgets, in das einbezogen sind: Kapitalausgaben, gelegentlich anfallende Kosten, Allgemeinkosten und Personalkosten für das erste Jahr. Die finanziellen Leitlinien sollten realistisch sein. Ein schrittweises Vorgehen dürfte besser sein als ein von Beginn an zu anspruchsvolles Programm.

Finanzierungsquellen

1) Arbeitgeber übernimmt alle Kosten;
2) Arbeitgeber und Arbeitnehmer teilen sich die Kosten nach einem zu vereinbarenden Plan;
3) Direkte Beiträge des Arbeitgebers;
4) Direkte Bezahlung durch die Verbraucher (z. B. Mitgliedsbeiträge für die Dienstleistungen);
5) „Cafeteriaansatz" – die Arbeitnehmer wählen aus einer Reihe von Angeboten, die nach Alter und Bedürfnis strukturiert sind;
6) Beiträge der Versicherung aus Gewinnen oder Spendenaktion;
7) Einsparungen aus den Mitteln zur Gesundheitsversorgung;
8) Beiträge der Gewerkschaften;
9) Versicherungsgesellschaften;
10) lokales Gesundheitsamt;
11) Forschungs- und Entwicklungseinheit der Universität;
12) Arbeitnehmer;
13) Prozentuale Beteiligung von den Löhnen und Gehältern;
14) Andere (zu spezifizierende) Quellen.

Allgemein- und Durchführungskosten des Programms

1) Während der Arbeitszeit verbrachte Zeit im Programm;
2) Kontinuierliche Supervision durch das Management;
3) Effektive Programme zu entwickeln, erfordert sowohl Zeit als auch Geld, auch wenn das benötigte Geld und die erforderliche Planungszeit der Beschäftigten ausbalanciert sind;
4) Programmaufbau;
5) Aufbau der Einrichtungen;
6) Bau der Einrichtungen;
7) Umbaukosten – Arbeitgeber haben kein Budget, um die Arbeitsplätze und ihre Umgebung so zu modifizieren, daß sie gefahrlos werden, oder aber Fitneß- und Duscheinrichtungen zu bauen;
8) Kauf der technischen Ausstattung;
9) Zusätzliche Programme;
10) Verbesserung der Programms;
11) Mieten;
12) Personal;

13) Versorgungsgüter;
14) Instandhaltung;
15) Programminfrastruktur;
16) Andere (zu spezifizierende) Kosten.

2.3.8 Verwaltung und Management

Die Abteilung, die für das Gesundheitsförderungsprogramm verantwortlich ist, sollte ein positives Image haben. Anbindung des Programms an die Abteilung, die am meisten verantwortlich für die Erreichung der organisatorischen Ziele ist, die mit dem Programm erreicht werden sollen. Andere Abteilungen wie Kommunikation, Öffentlichkeitsarbeit oder Betriebsmanagement sind wichtig für die kontinuierliche Durchführung des Programms und sollten deshalb auch an das Programm angebunden werden. Die Beteiligung der Beschäftigten in allen Abteilungen ist erforderlich, um das Programm am Leben zu erhalten. Verbindungen zu Linienmanagern und zu Gruppen der Beschäftigten müssen ebenfalls hergestellt werden. Der Manager, der den Programmdirektor beaufsichtigt, sollte allgemein akzeptiert sein, das Konzept unterstützen, ein gutes Vorbild sein und genügend Zeit besitzen, während der Programmentwicklung genügend Unterstützung zu leisten.

Definition der organisatorischen Verantwortlichkeit für Gesundheitsförderungsprogramme

1) Schlüsselpersonen des Managements;
2) betriebsmedizinische Abteilung;
3) spezielle zu definierende Einheit;
4) irgend jemand in der allgemeinen Verwaltung der Firma;
5) Sozial- oder Personalabteilung;
6) Spezielle Interessengruppen, z. B. Programme zur frühzeitigen Pensionierung;
7) Unterstützungsprogramme für Arbeitnehmer;
8) Sicherheitsabteilung;
9) Medizinische Abteilung;
10) Direktor für Gesundheit in der Firma bzw. Gesundheitsförderung;
11) Direktor für Personalentwicklung;
12) Andere (zu spezifizierende) Stellen.

Die meisten Programme werden organisiert von

1) Topmanagement;
2) Personalentwicklung (unabhängige Abteilung, Sozialabteilung, Ausbildungsabteilung, medizinische Abteilung);
3) Management der Betriebseinrichtungen;
4) Arbeitnehmerorganisation.

Charakteristika von erfolgreich organisierten Gesundheitsförderungsprogrammen

1) Angemessene finanzielle Ausstattung;
2) Kompetenter Programmdirektor;
3) Unterstützendes mittleres Management;
4) Verfügbarkeit von guten Vorbildern;
5) Angemessene Allokation von Zeit und Geld für die einzelnen Programmteile;
6) Schrittweise, vernünftige Programmentwicklung;
7) Verpflichtung zur Evaluation;
8) Umfassende Programmplanung;
9) Bei der Programmentwicklung Zugang zum Topmanagement;
10) Kontinuierliche Beteiligung der Teilnehmer an Programmaktivitäten;
11) Programmkoordination mit anderen Organisationseinheiten;
12) Verknüpfung mit erfolgreichen Programmen in anderen Bereichen;
13) Anpassung an sich verändernde Bedürfnisse und Umstände;
14) Klarheit und Öffentlichkeit.

2.3.9 Elemente des Gesundheitsförderungsprogramms

Entwickle Gesundheitsförderungsprogramme, die die größte Wirkung auf die Kosten zur Gesundheitsversorgung haben. Solche Programme haben zum Inhalt: Streßmanagement, Alkoholkontrolle, Raucherentwöhnung, Hypertoniekontrolle und Prävention von Rückenerkrankungen. Es muß sichergestellt sein, daß alle Programme die persönlichen, beruflichen, familiären, sozialen und ökologischen Determinanten der Gesundheit berücksichtigen. Umfassende oder ganzheitliche Programme, die gut in die Organisationsstruktur integriert sind, kosten weniger und sind effektiver als Allheilmittelprogramme, die nur auf einer Komponente beruhen. Es muß entschieden werden, ob ein bereits vorliegendes Programm benutzt werden kann oder ob ein spezielles Programm für die spezifischen organisatorischen Bedingungen entwickelt werden muß.

Auf „standespolitische Eifersüchteleien" muß geachtet werden. Die Professionellen stehen untereinander in Konkurrenz in Hinblick auf die besten Qualifikationen zur Planung und Durchführung von Programmen: Psychologen, Pflegepersonal, Sozialarbeiter, Ärzte, Personal der Sozialabteilungen, Öffentlichkeitsarbeiter, Gesundheitserzieher und Physiologen. Keine Gruppe oder Person hat die Lösung. Experten geben widersprüchliche Ratschläge, wie man die Gesundheit optimieren kann – was meist zu reichlicher Verwirrung führt. Empfehlungen für wirkliches Gesundheitsverhalten unterscheiden sich von Experte zu Experte. Deshalb: Ihre Expertise muß den Bedürfnissen der Planer angepaßt werden – und nicht umgekehrt.

Programm-Elemente

1) Allgemeine Gesundheitserziehung;
2) Raucherentwöhnungstraining;

3) Ernährungsberatung;
4) Gewichtskontrolle;
5) Streßmanagement;
6) Psychologische Beratung;
7) Physische Fitneß;
8) Allgemeinmedizinische Untersuchung;
9) Gesundheitsuntersuchungen für bestimmte Leiden;
10) Prävention bestimmter Krankheiten;
11) Immunisierung;
12) Feststellung von Gesundheitsgefährdungen;
13) Arbeitssicherheit und Gesundheitsschutz;
14) Hypertonieuntersuchung;
15) Sicherheit außerhalb der Arbeitswelt für Arbeitnehmer und Angehörige;
16) Rückenprobleme;
17) Physische Rehabilitation für langfristig Erkrankte;
18) Drogen-/Alkoholmißbrauch;
19) Erziehung bezüglich Krebsrisiken;
20) Asthma;
21) Verbesserung des funktionalen Status trotz Erkrankungen (Asthma, Rückenschmerzen, Herzerkrankungen, chronischer Schmerz);
22) Persönliche Finanzen;
23) Nutzung von Personalcomputern;
24) Medizinische Selbstuntersuchung wie Brust- und Hodenuntersuchung und Versorgung der Kinder;
25) Angemessener Gebrauch der Einrichtungen der Gesundheitsversorgung, um ihre exzessive und unberechtigte Nutzung zu begrenzen;
26) Gebrauch von Sicherheitsgurten und Kindersicherheitssitzen sowohl in Privat- als auch Firmenautos;
27) Augen- und Augendruckkontrolle;
28) Gesundheitsbezogene Erholungsprogramme für Fußball, Softball, Bowling, Aerobic;
29) „Parcours“ Gymnastik oder Übungseinrichtungen;
30) Andere (zu spezifizierende) Themen.

2.3.10 Evaluation und Zeitplan

Erstelle einen Plan zur Evaluation und Programmsteuerung. Wissenschaftliche Erkenntnisse und Daten über den Nutzen des Programms für Arbeitgeber und Arbeitnehmer werden die Annahme des Programms erleichtern. Die Messung des Umfangs, wie die Programmziele erreicht worden sind, ist notwendig, um den Nutzen des Programms für Arbeitgeber und Arbeitnehmer begründen zu können. Erfolgsstandards und -kriterien werden benötigt, um den Programmentwicklern zu helfen, den Wert ihres Programms zu definieren.

Entwickle Methoden, um die Programmwirkungen auf die Kosten der Gesundheitsversorgung nachweisen zu können. Realistische Zeitpläne müssen erstellt werden. Definiere, wann den Beschäftigten Zeit zur Teilnahme am Programm gegeben werden muß. Kontinuierliche Evaluation des Programms, um es an die Bedürfnisse der Firma anzupassen. Die ständige Prüfung des Programms stellt sicher, daß das Gesundheitsförderungsprogramm die Prioritäten der Arbeitnehmer und des Managements reflektiert.

Das größte Problem effektiver Gesundheitsförderungsprogramme ist das „Schnelle-Ergebnisse-Syndrom". Sowohl Arbeitgeber als auch Arbeitnehmer tendieren dazu, von dem Programm innerhalb kürzester Zeit einschneidende Ergebnisse zu erwarten. Dies ist jedoch nicht realistisch.

Schrittweise Messung der Ergebnisse:

a) Kurzfristig (3–6 Monate)
- primärer Nutzen liegt bei den einzelnen Teilnehmern;
- physiologische Messungen (reduzierter Blutdruck, Gewichtsverlust, Aufgabe des Rauchens, verbesserte Diät und Ernährung);
- koronare Risikofaktoren sind gesenkt;
- Prüfung der Gesundheitsgefährdungen (Lebensweisenfragebogen);
- Fallstudien;
- Muskeltonus und Flexibilität sind gesteigert.

b) Mittelfristig (1 Jahr)
- primärer Nutzen liegt beim Management der Abteilungsebene, die beteiligt ist;
- Verknüpfung des Gesundheitsförderungsprogramms mit den Produkten der Firma, insbesondere den gesundheitsbezogenen Gütern;
- Rückgang der Ausfallzeiten;
- Verbesserungen bei der Rekrutierung von wichtigem Personal;
- Arbeitseinstellung und -moral des Personals verbessert;
- Selbstvertrauen und Selbstbild der Teilnehmer gesteigert;
- Verbesserung des funktionalen Status der Arbeitnehmer, die an Erkrankungen leiden wie Rückenschmerzen, Asthma sowie Verbesserung anderer (nicht krankheitsbezogener) Bedingungen;
- sowie längerfristige Effekte auf die oben beschriebenen kurzfristigen Messungen.

c) Langfristig (mindestens 3–5 Jahre)
- primärer Nutzen beim Management der Firma (lang genug, um statistische Auswirkungen auf die Kosten der Gesundheitsversorgung zu haben);
- reduzierte Renten- bzw. Versicherungsansprüche;
- Kosten-Nutzen-Analyse;
- Prüfung der Kosteneinsparungsmaßnahmen;
- Anstieg der Produktivität;
- organisatorische Effektivität;
- reduzierte Kranken- und Lebensversicherungsprämien;
- Integration in und Einfluß auf die Firmenkultur.

Für weitere Messungen vgl. 2.3.17 und 2.3.18 des „Parcours".

Es ist nicht realistisch

1) zu erwarten, daß es keine Rückfälle in frühere, gesundheitsgefährdende Verhaltensweisen gibt;
2) bedeutende gesundheitsgefährdende Bedingungen innerhalb von fünf Jahren grundsätzlich abzubauen;
3) wesentliche Verbesserungen der Gesundheitsbedingungen zu erwarten, ohne daß man sich darum ständig bemüht;
4) größere Senkungen der Kosten für die Gesundheitsversorgung innerhalb weniger Jahre zu erhalten;
5) zu erwarten, daß Ausfallzeiten oder langsames Arbeiten völlig verschwinden;
6) zu erwarten, daß die Produktivität aller Teilnehmer des Programms gesteigert wird;
7) eine 100 %ige Teilnahme und keine Ausfälle zu erwarten.

2.3.11 Methoden und Medien

Es besteht kein Anlaß, „das Rad neu zu erfinden". Zahllose öffentliche Einrichtungen, nationale Vereinigungen, private Organisationen und andere Institutionen haben leicht zugängliches Material für die Gesundheitsförderung entwickelt.

Methoden und Materialien, die in diesen Programmen benutzt werden

1) Poster, „Newsletter", Flugblätter;
2) Faltblätter oder Inserate;
3) Vorlesungen;
4) Beteiligungsprogramme oder „Schulunterricht";
5) Individuelle Beratung;
6) Gruppensitzungen;
7) Vorträge;
8) Nachfolgeuntersuchungen;
9) Gesundheitsuntersuchungen;
10) Filme/Dias;
11) Spezielle Vorträge von bekannten Gesundheitsexperten;
12) Gesundheitsmessen;
13) Wochenendveranstaltungen;
14) Freiwillige Gesundheitstests ohne Rückmeldung und Nachfolgeuntersuchungen;
15) Firmeninitiierte Aktionen wie „Schluß mit dem Rauchen" oder Nichtraucherwettbewerbe bzw. -tage;
16) Aktivitäten, die von den Betroffenen selbst durchgeführt werden (z. B. gemeinsames Laufen) unter Zuhilfenahme der oben beschriebenen Materialien;
17) Andere (zu spezifizierende) Materialien.

2.3.12 Eignung

Es gibt die Befürchtung, daß Beschäftigte, die als wenig gesund eingestuft werden oder die nicht an den Programmen teilnehmen, diskriminiert werden könnten oder andere Nachteile am Arbeitsplatz in Kauf nehmen müßten. Alle Daten müssen vertraulich sein. Informationen, die als Teil des Programms gesammelt werden, dürfen unter keinen Umständen Teil der Personalakte werden. Ethische und rechtliche Sachverhalte müssen angesprochen werden.

Angemessenen Aktivitäten für alle Beschäftigten, die am Programm teilnehmen möchten (z. B. Behinderte, ältere Arbeitnehmer oder chronisch Kranke), wird wenig Aufmerksamkeit geschenkt. Einige Arbeitgeber bieten das Programm nur dem oberen Management oder den Angestellten an; Arbeiter können an solch einem Programm nicht teilnehmen.

Die mögliche Prüfung individueller Mortalitäts- und Morbiditätsrisiken bezüglich Herz-Kreislauf-Erkrankungen, Schlaganfall, Krebs oder anderer Risiken mit Hilfe eines Prüfleitfadens für Gesundheitsrisiken oder anderer Untersuchungsinstrumente, die anschließend in Bezug zu einem Risikoreduzierungsprogramm gesetzt werden, ist in Erwägung zu ziehen. Alle medizinischen Untersuchungs- und Testergebnisse sollten mit dem Hausarzt des Beschäftigten besprochen werden. Die Beschäftigten sollten diesem Verfahren schriftlich zustimmen.

Geeignete Teilnehmergruppen für diese Programme

1) alle dauerhaft Beschäftigten;
2) nur bestimmte Arbeitnehmer;
3) Angehörige;
4) im Ruhestand befindliche Personen;
5) andere (zu spezifizierende) Gruppen.

Beschäftigte, die als Teilnehmer geeignet sind

1) Männer;
2) Frauen;
3) unter 30jährige;
4) 30- bis 50jährige;
5) über 50jährige;
6) vorzeitig in den Ruhestand versetzte Arbeitnehmer;
7) nur rassische bzw. ethnische Minderheiten;
8) Aufsichtsrat;
9) oberes und mittleres Management;
10) Sekretärinnen und Sachbearbeiter;
11) Arbeiter;
12) andere (zu spezifizierende) Personen.

2.3.13 Einrichtungen und Ressourcen

Feststellen, welche Einrichtungen die Teilnehmer benötigen. Prüfen, was die Gemeinde anbietet. Gemeinderessourcen so weit wie möglich benutzen. Gesundheitsförderungsprogramme müssen nicht in der Firma realisiert werden oder teuer werden. Der örtliche YMCA, die Sportabteilungen von Schulen oder der Universität, Parks, Schulhöfe, Strände sowie private Gesundheitsclubs verfügen oft über die Ressourcen, die zur Ausbildung der Beschäftigten benötigt werden. Lokale Gruppen der amerikanischen Krebsgesellschaft, der amerikanischen Herzgesellschaft und des Roten Kreuzes besitzen andere wertvolle Einrichtungen. Die Unterstützung der lokalen Industrie- und Handelskammer, regionaler Arbeitgeberverbände, des Gesundheits- und Fitneßbeirates des Regierungspräsidenten bzw. Gouverneurs, der lokalen Ärzteschaft sollte angestrebt werden. Lokale Gesundheitseinrichtungen sollten am Planungsprozeß beteiligt werden. Für Männer und Frauen sollten in gleichem Maße Einrichtungen und Zeit zur Verfügung stehen.

Arbeitgeber erkennen nicht die Notwendigkeit, Programmkoordinatoren für die Entwicklung von Erziehungsprogrammen, ihre Implementation und Evaluation sowie für andere technische und gesundheitsbezogene Fachbereiche auszubilden. Diejenigen, die das Programm durchführen, müssen eine angemessene Ausbildung in Gesundheitserziehung und in Techniken der psychosozialen Entwicklung von Menschen vorweisen können. Teure Experten sollten möglichst nicht eingestellt werden; statt dessen sollten Gesundheitsfachleute, die nicht in vollem Umfang eingespannt sind, wie Krankenschwestern, Bewegungstherapeuten und Sportlehrer zur Mitarbeit am Programm gewonnen werden. Die Programmgestalter müssen qualifiziert und verbraucherorientiert sein. Die Aktivitäten sollten nicht konkurrenzorientiert sein. Die einzelnen Teilnehmer können mit ihrem Verhalten in Konkurrenz treten, nicht aber mit anderen Teilnehmern.

Einrichtungen

Feststellen der Vor- und Nachteile von Einrichtungen:

1) Externe Einrichtung – Programm wird extern organisiert;
2) externe Einrichtung – Programm wird von Beschäftigtengruppe organisiert;
3) interne Einrichtung – Programm wird extern organisiert;
4) interne Einrichtung – Programm wird von Beschäftigtengruppe organisiert;
5) lokale Gesundheitseinrichtungen, die einen Auftrag erhalten;
6) lokale Ärzte, die einen Auftrag erhalten;
7) lokale YMCA oder YMCW;
8) „Non-profit"-Organisationen wie amerikanische Herzgesellschaft, amerikanische Krebsgesellschaft, Rotes Kreuz;
9) Gesundheitsamt oder andere staatliche Einrichtungen;

10) lokale Krankenhäuser oder private Anbieter von Gesundheitsförderungsleistungen;
11) andere (zu spezifizierende) Einrichtungen;
12) Bezahlt die Firma für externe Dienstleistungen?
    - Ja.
    - Wenn ja, wieviel Prozent der Gesamtkosten?
    - Nein.
13) Keine internen Einrichtungen, aber Raum zur Durchführung von Seminaren und Fitneßaktivitäten, der die Teilnahme der Beschäftigten ermöglicht.

Einfacher Zugang für die Teilnehmer

1) Attraktiver Ort;
2) günstige Zeit;
3) leicht zu erkennende Programme;
4) unterstützende Arbeitsbedingungen;
5) Verkaufsautomaten oder Cafeteria mit gesundheitsfördernden Produkten und Diätinformationen.

2.3.14 Implementation

Das Ziel der Implementation besteht darin, das geplante Programm erfolgreich in die Realität umzusetzen. Gute Marketingstrategien sind dazu erforderlich. Das Personal muß dem Ziel entsprechend qualifiziert sein. Das Programm muß voller Aktivitäten stecken. Organisierte Aktivitäten erreichen 50–80 % mehr Teilnehmer als locker gestaltete.

Das Programm muß auf freiwilliger Basis sein. Gutes gesundheitliches Verhalten darf nicht zur Auflage gemacht werden. Die Koordinatoren benötigen eine Menge Kreativität, um Entwicklungsprobleme bei der Programmimplementation zu lösen. Langweilige, uninspirierte Programme sind eines der häufigsten Probleme bei der Implementation.

Eine effektiv geplante und organisierte Implementation ist für den Gesamterfolg des Programms genauso wichtig wie ein effektives Programm an sich.

1) Entscheidung treffen, welche Komponenten implementiert werden sollen;
2) Definition der erforderlichen Schritte, mit denen jedes Element implementiert werden soll;
3) Spezifizierung der größeren Arbeitsabschnitte und des Zeitplanes für jeden Schritt und wie diese in Beziehung zu den anderen entwickelten Komponenten stehen;
4) Feststellung der Ressourcen inklusive Finanzierung, Räume, technische Hilfsmittel und Personal, die für jeden Schritt erforderlich sind;
5) Veröffentlichung der Programmfortschritte und -erfolge.

2.3.15 Erfolgreiche Gesundheitsförderungsprogramme

Man muß sicher sein, daß das Programm die Gesundheitsprobleme behandelt, die für die Teilnehmer bezüglich ihres Arbeitsplatzes und ihrer persönlichen Bedürfnisse relevant sind. Feststellen, wie das Programm die einzelnen Teilnehmer dazu motivieren kann, die Verantwortung für einen langfristigen Wandel ihrer Einstellungen und Verhaltensweisen zu übernehmen. Es muß ausdrücklich beschrieben werden, wie das Programm das Prinzip der freien Wahl, Mitbestimmung, offene Kommunikation, Vertrauen und direkte Erfahrungen realisieren will. Die Partizipation der Beschäftigten muß aufrechterhalten werden, denn Arbeitnehmer, die sich nicht mehr am Programm beteiligen, sind schlechte Argumente, wenn man die Arbeitgeber von der Notwendigkeit des Programms und seiner Finanzierung überzeugen will.

Charakteristika erfolgreicher Programme

1) Unterstützung und Verpflichtung des Managements;
2) Bereitschaft der Organisation, das Programm zu unterstützen;
3) politische und wirkliche Sachverhalte werden angemessen ausgesprochen;
4) Beteiligung der Teilnehmer an Programmgestaltung und -implementation;
5) vernünftige Programme;
6) adäquate Finanzierung;
7) kompetentes Personal und Management;
8) kreative und innovative Programmentwicklung;
9) umfassender oder ganzheitlicher Ansatz mit vielfältigen Interventionen;
10) kontinuierliche Überprüfung und klares Feedback hinsichtlich seiner Ergebnisse und Fortschritte;
11) Gelegenheit zur Teilnahme für alle Beschäftigten, gleich welchen Gesundheitsstatus sie haben;
12) eine unterstützende und spaßmachende Umwelt;
13) unterstützende Firmenkultur.

2.3.16 Anreize

Die Anreize müssen klar beschrieben und ausreichend sein, zur Teilnahme am Programm zu motivieren. Feststellen, warum welche Anreize geboten werden. Die Programmaktivitäten veröffentlichen, denn ein erfolgreiches Programm braucht das Interesse und den Enthusiasmus der Beschäftigten. Nutzung von Firmen-„newsletters“ und -magazinen, um Artikel über das Programm zu publizieren; um Interesse am Programm aufzubauen, sind Poster und öffentliche Ankündigungen angemessene Mittel.

Einbeziehung der Familien der Beschäftigten, wo immer dies möglich ist. Dies trägt zu einem gesteigerten Interesse an Wochenend- oder Freizeitaktivitäten bei. Da die meisten Familien an der Gesundheitsversorgung der Firmen angebunden sind, wird sich ihre verbesserte Gesundheit auch auf die

Gesundheitsausgaben der Firma auswirken. Die Beschäftigten und ihre Angehörigen sollten rechtzeitig auf den Beginn des Programms vorbereitet werden. Die Benutzung einer Vielfalt von Medien inklusive Kleingruppendiskussionen ist empfehlenswert.

Repräsentative Anreize

1) Anerkennung in der Firma–Veröffentlichung der Fotos und Namen von Teilnehmern im Firmen-„newsletter";
2) Ausbildung in Selbsthilfetechniken;
3) finanzielle Vergütungen bezüglich spezifischer Programme;
4) Freizeit, um an Gesundheitsförderungsaktivitäten teilzunehmen;
5) „Gesundheitstage" zur freien Verfügung;
6) gesonderte Vergütung für die Nichtabwesenheit vom Arbeitsplatz;
7) Bezahlung für die Teilnahme am Programm während des Arbeitstages;
8) Reduktion bzw. Rückvergütung von Versicherungsprämien;
9) Freistellungsmaßnahmen – Beschäftigte nehmen eher während der Arbeitszeit am Programm teil als vor oder nach der Arbeit;
10) Mitgliedschaft im Gesundheitsclub;
11) risikobezogene Versicherungsprämien – Arbeitnehmer mit geringem Gesundheitsrisiko zahlen weniger als solche mit hohem Risiko;
12) risikobezogene Lebensversicherungen;
13) Belohnungen, wenn man andere Kollegen zur Teilnahme am Programm motiviert;
14) Preise, wenn man an bestimmten Programmen teilnimmt;
15) Zertifikate oder Anerkennungsurkunden;
16) Sportkleidung oder andere Sportgeräte sowie Kleidung mit dem Firmenemblem;
17) andere (zu spezifizierende) Anreize.

2.3.17 Nutzen für die Arbeitnehmer

Es sind dieselben Faktoren, die die Qualität und Quantität der Gesundheit einer Person ausmachen, welche auch für die Organisation als solche gelten. Gesundheitsförderungsprogramme nutzen sowohl dem Individuum als auch der Organisation. Wenn Gesundheitsförderung als gewinnbringend angesehen wird, sind Verhandlungen nötig, wie dieser Nutzen im Gesamtpaket der Erträge plaziert wird.

Nachweisbarer Nutzen für die Teilnehmer

1) Beschäftigte konnten ihren Arbeitsplatz behalten, den sie vielleicht anderweitig verloren hätten;
2) größere körperliche Fitneß;
3) bessere Möglichkeiten, mit Streß umzugehen;
4) glücklicher und erhöhtes Selbstwertgefühl;
5) Fähigkeit, mit spezifischen Problemen (Übergewicht, Rauchen) besser umzugehen;

6) Entdeckung bestimmter Krankheiten, z. B. Hypertonie;
7) größere Arbeitszufriedenheit;
8) besseres geistiges und physisches Wohlbefinden;
9) verbesserte Arbeitsmoral;
10) größere Klarheit im Denken und in der Kreativität;
11) finanzielle Vergütungen oder höheres Einkommen;
12) Reduzierung des Konkurrenzdrucks am Arbeitsplatz;
13) Verbesserung der Zusammenarbeit unter den Beschäftigten und den Abteilungen;
14) Verbesserung der Arbeitsleistungen ohne außergewöhnliche Anstrengungen;
15) Reduzierung von arbeitssüchtigem („workaholic“) Verhalten;
16) geringere Erschöpfung („burnout“) und reduzierter Zynismus;
17) Reduzierung des Gebrauchs der medizinischen Einrichtungen;
18) weniger Erkrankungen/Behinderungen und Krankheitstage und Erhöhung von „Gesundheitstagen“;
19) andere (zu spezifizierende) Vorteile.

2.3.18 Nutzen für die Arbeitgeber

Es gibt noch wenig definitive Studien; die Prüfung des Nutzens ist kostenaufwendig und kann die Programmkosten insgesamt übersteigen. Allerdings werden zunehmend Nutzenanalysen von Gesundheitsförderungsprogrammen in der Arbeitswelt durchgeführt. 1979 wurde eine Untersuchung von 34 Firmen, die Fitneßprogramme organisiert hatten, durchgeführt; 60% glaubten, daß der Programmnutzen die Programmkosten übertroffen hat, während 40% sich nicht in der Lage sahen, eine Aussage zu machen. Eine Reihe von Firmen hat vorläufige Programmgewinne berichtet, wie weiter unten aufgeführt wird. Details dieser Studien können in Pelletier (1984) nachgelesen werden.

Nachweisbarer Nutzen für die Arbeitgeber

1) Reduzierung gesundheitlicher Risiken;
2) Verbesserung der gesundheitlichen Bedingungen und Verhaltensweisen;
3) Reduzierung der Gesamtkosten für Gesundheitsversorgung;
4) Steigerung der Produktivität der Firma;
5) Rückgang der Fehlzeiten;
6) Rückgang der Fluktuation bei den Beschäftigten;
7) geringere Versicherungsprämien für die Gesundheitsversorgung;
8) Besseres Firmenimage und Darstellung als verantwortungsbewußtes Unternehmen;
9) Bessere öffentliche Beziehungen zur Gemeinde;
10) Reduzierung von Ansprüchen wegen Berufskrankheiten und Reduzierung von Arbeitszeitverlusten;
11) Reduzierung der medizinischen bzw. Krankenhauskosten;

12) Reduzierung der Kosten für Berufskrankheiten;
13) Geringere Kompensationszahlungen an Beschäftigte;
14) Größere Arbeitszufriedenheit der Beschäftigten;
15) Verbesserte Arbeitsmoral;
16) Rückgang der Arbeitsunfälle;
17) Verbesserung der Beziehungen zwischen Arbeitgeber/Arbeitnehmer;
18) Höhere Attraktivität für besser qualifiziertes Personal;
19) Besseres Wettbewerbsprofil;
20) Verbesserung der Personalrekrutierung;
21) Reduzierung von Dienst nach Vorschrift;
22) Publizität für Produkte, die mit dem Firmenimage in Beziehung stehen;
23) Reduzierung von Erkrankungen und frühzeitigem Tod bei Schlüsselpersonen;
24) Angemessenerer Gebrauch der medizinischen Einrichtungen;
25) Andere (zu spezifizierende) Vorteile.

2.4 Ausgewählte Kosten-Nutzen-Studien

2.4.1 New York Telephone

1) Brustkrebsuntersuchungen bei 23482 Frauen brachten eine Einsparung von $ 269000;
2) Dickdarmuntersuchungen sparten $ 85000;
3) Streßmanagement und Meditation erbrachten $ 268000;
4) ein kardiovaskuläres Fitneßprogramm erbrachte $ 103000;
5) Alkoholismus hatte eine 85%-Rehabilitationsrate und erbrachte $ 1560000;
6) Raucherentwöhnung erbrachte $ 645000 bei kardiovaskulären und $ 1400000 bei Lungenerkrankungen.

Im Jahr 1980 wurden insgesamt $ 2700000 durch Reduzierung der Fehlzeiten, Berufskrankheiten und kurativer Behandlung eingespart.

2.4.2 Canada Life

1) Studie aus dem Jahr 1981 der Universität von Toronto mit einem Vergleich mit North American Life Insurance, Inc.;
2) Einsparung von $ 35975 bei medizinischen Ausgaben;
3) Einsparung von $ 231000 durch Reduzierung der Fluktuation bei Mitarbeitern von 15% auf 1,5%;
4) Reduzierung der Fehlzeiten um 22%.

2.4.3 Johnson & Johnson

„Live for life". 9 Firmendependancen nehmen an diesem Johnson & Johnson Programm teil, während 4 Filialen als Kontrollgruppe dienen. Die vorläufigen Resultate des „Live-for-life"-Programms zeigen eine grundsätzlich Verbesserung bzw. positiven Wandel bei den Beschäftigten, die am

Programm teilnehmen. Der Rückgang an Rauchern bei der Teilnehmergruppe war fast viermal höher als bei der Kontrollgruppe. Alkoholprobleme und Fehlzeiten nahmen in der Teilnehmergruppe merklich ab, während sie in der Kontrollgruppe sogar anstiegen.

2.4.4 Kennecott Copper und Equitable Life Assurance

Kennecott Copper berichtet über ein Kosten-Nutzen-Verhältnis von 5,5 : 1, Equitable Life Assurance von 6 : 1 pro eingesetztem Dollar für die Bereitstellung von Dienstleistungen bezüglich Alkoholprobleme und psychische Gesundheit.

2.4.5 Campbell Soup Company

Campbell Soup Company schätzt die Kostenersparnis eines über 10 Jahre dauernden Programms zur Prävention von Dickdarmkrebs auf $ 245 000.

2.4.6 General Motors

- 1972 Beginn eines Programms für Arbeitnehmer mit einer Einsparungsrate von 3 : 1;
- Reduzierung von Arbeitszeitverlust auf 40 %;
- Ansprüche auf Krankengeld und Berufskrankheiten reduziert um 60 %;
- Beschwerden reduziert um 50 %;
- Arbeitsunfälle um 50 %;
- Einsparungen pro Jahr: $ 280 Mio.

Die Einsparungen ergeben sich aus der reduzierten Inanspruchnahme von Versicherungsleistungen, Berufskrankheiten, Fehlzeiten, Krankheitstagen, Personalfluktuation, sowie dem Produktivitätsanstieg, der verbesserten Arbeitseinstellung der Mitarbeiter und der ihnen gebotenen Anreize.

2.4.7 Chrysler Corporation und Campbell Soup Company

Beide Firmen haben festgestellt, daß ihre Gesundheitskosten um 2/3 fielen, nachdem sie ein firmeninternes Hypertoniekontrollprogramm begonnen hatten.

2.4.8 Kimberly Clark

Zwei Jahre nachdem Kimberly Clark ein Gewichtskontrollprogramm eingerichtet hatte, reduzierten sich die Krankenversicherungsprämien pro Teilnehmer um $ 160.

2.4.9 Northern Gas

Teilnehmer an einem Fitneßprogramm bei der Northern Gas Company in Nebraska brauchten nach 6 Monaten 80 % weniger Krankheitstage als Nichtteilnehmer.

2.4.10 Scherer Brothers

Bei Scherer Brothers Lumber sank die Fehlzeitenrate von 2,7% auf 0,7%, nachdem zwei Jahre ein Anreizsystem zur Teilnahme an einem Gesundheitsprogramm praktiziert worden war.

2.4.11 Kanadische Versicherungsfirma

Eine Versicherungsfirma in Toronto (Kanada) sparte etwa $ 175000 an Gehältern, nachdem mehrere Male pro Woche ein 30-min-Fitneßprogramm eingeführt worden war. Die Raten für Fehlzeiten reduzierten sich um 60% bei Männern und 38% bei Frauen.

2.4.12 Health Research Institute

Nach einer Studie über Fitneß und präventive Gesundheit des Health Research Institute konnten bei einer Firma, die ihren Beschäftigten vier und mehr Gesundheitsförderungsprogramme angeboten hatte, 1500 Beschäftigte ihre Kosten für die Gesundheitsversorgung von $ 1115 auf $ 806 reduzieren.

2.4.13 Johns Hopkins Universität

Nach einer Studie der Johns Hopkins Universität haben 12 Firmen, die $ 1 in Programme für Arbeitnehmer investierten, $ 1,36 zurückerhalten.

2.5 Zusammenfassung

Damit ist der „Parcours" für Gesundheitsförderungsprogramme in der Arbeitswelt bezüglich seiner Planungs- und Evaluationsleitfäden beschrieben. Gesundheitsförderungsprogramme in der Arbeitswelt werden eine grundsätzliche Veränderung der medizinischen Kosten bewirken; sie müssen in die Firmenkultur integriert werden, sie benötigen ein hohes Maß an Verpflichtung und Unterstützung durch das Management; sie brauchen eine breite Basis bei den Beschäftigten im Hinblick auf ihren funktionalen Status, damit Personen mit Erkrankungen dennoch von den Programmen profitieren und ihr tägliches Arbeiten und Leben verbessern können; und diese Programme benötigen eine Reihe von Programmkomponenten. Nicht ein Element ist ausreichend, sondern alle sind notwendig, um ein Gesundheitswesen zu entwickeln, das die Gesundheit der wachsenden und älter werdenden Bevölkerung ins 21. Jahrhundert und darüber hinaus fördert und sicherstellt.

3 Aktivierung am Arbeitsplatz über pädagogische Prozesse

Heinz Leymann

In diesem Beitrag stelle ich die Behauptung auf, daß der Versuch, Arbeitnehmer zu aktivieren, nur geringen Erfolg hat, wenn ihre Arbeitssituation nicht gleichzeitig mit Möglichkeiten zur Partizipation angereichert wird. Wir werden im Laufe der Darstellung sehen, daß es sich bei diesen notwendigen Reformen der Organisation der Arbeit keineswegs nur um geringfügige, kosmetische Veränderungen handeln kann.

Die empirischen Beispiele stammen von Projekten, deren Schwerpunkt die Aktivierung im Bereich des Arbeitsmilieus in Schweden war. Theoretisch hat jedoch jegliche Aktivierung zur Voraussetzung, daß Partizipation möglich ist. Es spielt da keine Rolle, ob das Implementationsziel die Verbesserung des Arbeitsmilieus oder die Mitbestimmung ist (in der Bundesrepublik Deutschland sind diese Ziele im Begriff „Humanisierung der Arbeitswelt" zusammengefaßt, in Schweden stellen sie 2 unterschiedliche Verhandlungsgegenstände der Tarifparteien dar).

Eine Verbesserung von Arbeitsbedingungen nur unter Aspekten des Arbeitsschutzes bewirkt durchaus nicht den Abbau z. B. von psychischem Streß, wenn Partizipation dabei ausgeklammert wird. Man kann deshalb annehmen, daß ein Aktivieren nur sehr geringen Erfolg haben wird, wenn es darum geht, Methoden zu erfinden, die die Befolgung von Arbeitsschutzregeln zum Ziel hat. Im schwedischen Arbeitsschutzwesen ist man sich dieser Problematik bewußt geworden.

Beispiel 1: Die Notwendigkeit von Partizipation

In einem Projekt, bei dem die zentrale Ausbildungsabteilung des schwedischen Gewerkschaftsbundes (LO) mit dem pädagogischen Institut der Universität Stockholm zusammenarbeitete, wurden die Erfahrungen von Arbeitern in ihrem Arbeitsleben untersucht (Sköld 1979; Stockfelt 1983).

Welche Erkenntnisse gewinnen Arbeiter aus ihrem Arbeitsleben? Es zeigte sich, daß diese Art von Lernresultaten bzw. von „Einsichten" keineswegs das Ergebnis gezielter pädagogischer Arbeit von Seiten der Betriebe oder der Gesellschaft zu sein braucht. Sie ist vielmehr das Resultat von Erfahrungen, die Menschen machen, wenn sie in bestimmte Lebenslagen geraten. Menschen ziehen logische Schlüsse auch aus sehr negativen Lebens- und/oder Arbeitsverhältnissen. Diese logischen Erkenntnisse schlagen sich als Lernresultate nieder.

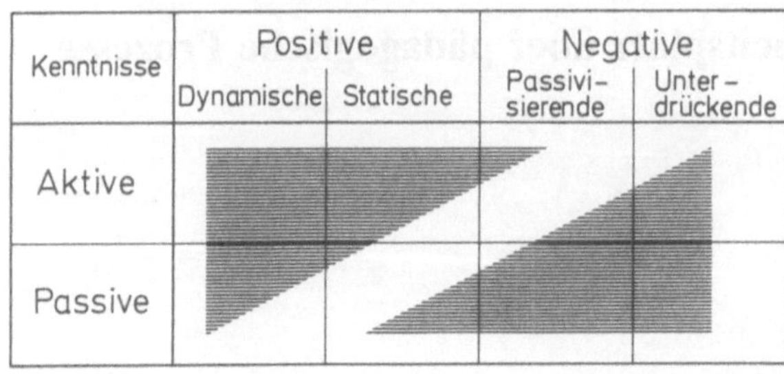

Abb. 1. Schematische Übersicht über Erkenntnisformen des täglichen Arbeitslebens

Sköld und Stockfelt bezeichnen Kenntnisse als „positiv", wenn der Arbeiter sie für Zwecke verwenden kann. Sie bezeichnen sie als „negativ", wenn Erfahrungen zur Passivität verleiten und der Arbeiter durch diesen Prozeß zum Objekt für die Einflüsse anderer wird. „Dynamisch" sind solche Erkenntnisse des Arbeitsnehmers, die er selbst durch aktives Erforschen seiner Umwelt gewinnt. Kenntnisse dieser Art, meint Sköld, sind veränderbar und können jederzeit auf ihre Realitätsangemessenheit hin geprüft werden. „Statistische" Erkenntnisse sind dagegen solche, die sich fest verankert haben, die z. B. eine Art Dogma geworden sind.

„Passivisierende" Kenntnisse sind die Resultate von Situationen, in denen der Arbeitnehmer sich gezwungen sieht, sich anzupassen, um sich vor den Einflüssen der Organisation zu schützen. Sköld nennt sie „unterdrückend", wenn diese Arbeitserfahrung dazu führt, daß man sich mit diesen negativen Einflüssen identifiziert und dies an Arbeitskollegen weitervermittelt. „Aktiv" sind solche Erkenntnisse, die direkt und jederzeit auf eigenes Handeln einwirken können. „Passiv" (oder latent) sind solche, die diesen Effekt nur unter gewissen Bedingungen haben. Abbildung 1 zeigt Skölds Modell über „Alltagslernen" im Arbeitsleben.

Sköld behauptet, daß eine große Zahl von Arbeitern solchen Arbeitsverhältnissen ausgesetzt ist, wie sie in diesem Modell aufgeführt sind: passiv, statisch und passivisierend (in Abb. 1 das rechte schraffierte Feld). Das Arbeitsleben selbständig arbeitender Beschäftigter, meint er, ist dagegen durch andere Kennzeichen bestimmt: die Erkenntnisse sind aktiv und dynamisch (in Abb. 1 linkes schraffiertes Feld). Im Hinblick auf die psychischen Auswirkungen von passivisierenden Arbeitsverhältnissen stellte Seligman (1975) ähnliche Prozesse fest und nannte sie „erlernte Hilflosigkeit".

Organisatorische Strukturen und ein ständiger Mangel an Möglichkeiten, auch an den geringfügigsten Beschlüssen teilzunehmen, erzeugen Passivität. Versuche, Menschen zu aktivieren, müssen aus dieser sozialpädagogischen Sicht heraus beurteilt werden. Es erscheint aussichtslos, Programme zur Aktivierung anlaufen zu lassen, ohne daß man sich darüber im klaren ist, ob diese sozialen Strukturen unüberwindliche Hindernisse darstellen. Aktivierungsprogramme müssen mit Veränderungen in der Organisation der Arbeit verknüpft werden, mit denen die Partizipationsmöglichkeiten erweitert werden. Ich werde auf die Gründe dieser Behauptung zurückkommen.

Beispiel 2: Hindernisse bei der Aktivierung

Einer der Aktivierungsversuche, die das Forscherteam der Universität Stockholm und die LO durchführten (Sköld et al. 1978), galt Straßenarbeitern. Wie auch in mehreren anderen Projekten ergaben sich Schwierigkeiten, Diskussionen über die Notwendigkeit von Veränderungen durchzuführen. Der Grund hierfür ist gewöhnlich, daß „Blue-collar"-Arbeiter viel weniger als „White-collar"-Arbeiter gewohnt sind, intellektuelle Problemanalysen durchzuführen, weil es ihnen an der täglichen Übung fehlt und/ oder weil ihnen ihre Arbeitsaufgaben dafür zu wenig Übung gewähren.

Bei diesem Versuch wurden Methoden erprobt, deren Aufgabe es war, den Arbeitern die Problemwahrnehmung zu erleichtern, und ihnen gleichzeitig Strukturierungshilfen für die Problemanalyse zu geben. Es zeigte sich, daß so einfache Mittel wie z. B. die Verwendung einer Polaroidkamera von großem Nutzen war. Probleme wurden dadurch visualisiert und konnten in den Diskussionsgruppen leichter zur Sprache gebracht werden.

Als partizipatorische Ziele einer Aktivierung wurden die folgenden Punkte genannt:

- die persönlichen Arbeitserfahrungen der Arbeiter stellen den Ausgangspunkt für Analysen ihrer eigenen Arbeitsumwelt dar;
- ein Ziel ist es, daß die Diskussionsteilnehmer selbst zu der Einsicht gelangen müssen, daß sie tatsächlich dazu beitragen können, ihr Arbeitsmilieu zu verbessern;
- ein weiteres Ziel ist es, daß die Arbeiter zu der Erkenntnis gelangen, daß sich ein systematischer, kollektiver Erfahrungs- und Gedankenaustausch lohnt;
- erwachende Aktivität bei den Arbeitern in Richtung der Entwicklung eigener Veränderungsideen muß sehr aktiv durch den Betrieb unterstützt werden.

In solchen Projekten zeigt es sich immer wieder, daß die Rolle des Forschers (zugleich Pädagoge und Projektleiter) sehr zentral für den Verlauf des Projektes ist. Nähert er sich zu sehr der Rolle des „Bosses", kann er durch Übereifer bei den Arbeitern Lernprozesse und Aktivität behindern. Die Rolle, die z. B. Einar Thorsryd bei seinen Projekten in Norwegen einnahm, nämlich die des anspornenden Chefs, hatte oft den Nachteil, daß es niemanden gab, der Thorsryds Rolle übernehmen konnte, sobald sich die Wissenschaftler aus dem Projekt zurückzogen.

Tatsächlich wird die Bedeutung einer sensibel angepaßten pädagogischen Einflußnahme in vielen Partizipationsprojekten verkannt. Menschen, die große Zeitabschnitte ihres Lebens in untergeordneter – wenn nicht sogar in unterdrückter – Stellung gearbeitet haben, haben gewöhnlich auch eine Überlebensstrategie entwickelt, die darauf hinausläuft, sich zu ducken und mit Passivität zu reagieren. Dann ist es schwierig, von ihnen Aktivität zu verlangen.

Beispiel 3: Die Veränderung bestimmt die Art der Aktivität

Die Struktur einer pädagogischen Methode, die auf Aktivierung ausgerichtet ist, kann man auch bei Wrenes (1979) Versuch in Finnland beobachten. Wrene machte es sich zum Ziel, Arbeitern zu helfen, Kompetenzen zu entwickeln, damit sie gewisse Risiken in ihrer Arbeitssituation selbst kontrollieren und verbessern konnten. Dafür entwickelte er u. a. einfache Meßgeräte, die weniger kompliziert abzulesen waren und mit deren Hilfe die Arbeiter persönliche Belastungsprofile erarbeiten konnten. Folgende pädagogische Effekte waren das Ziel von Wrenes Projekt:

- man entwickelte Methoden, um die Resultate von Untersuchungen über das Arbeitsmilieu so darzustellen, daß auch in meßtechnischen Verfahren ungeschulte Arbeiter die Ergebnisse selbst ablesen und deuten konnten;
- Vorschläge für Verbesserungen wurden als Vollskalenexperimente vorgeprüft, damit die Beschäftigten bessere Voraussetzungen erhielten, den für sie besten Vorschlag auszuwählen;
- die Arbeiter wurden ermuntert, sich für ihren eigenen Arbeitsplatz Verbesserungen auszudenken – die Absicht war, diese Art von „Detailverbesserungen" als Training für kompliziertere, die Gesamtanlage des Betriebes betreffende Vorschläge zu benutzen;
- Meßgeräte wurden so gebaut, daß sie einfacher zu handhaben und leichter abzulesen waren;
- Möglichkeiten wurden geschaffen, damit die Arbeiter während ihrer Arbeitszeit miteinander kommunizieren konnten, um Probleme in ihrem Arbeitsmilieu zu besprechen;
- eine weitere Methode bestand darin, in kleinem Maßstab (z. B. mit den Arbeitsplätzen der einzelnen Mitarbeiter) zu beginnen, damit die Arbeiter mit der Art und Weise struktureller Veränderungsarbeit vertraut wurden; erst nach diesen Erfahrungen nahm man größere und gemeinsame Probleme in Angriff.

Wie man sieht, zielt die pädagogische Arbeitsweise der Aktivierung darauf ab, Lernsituationen zu schaffen. Zeit wurde zur Verfügung gestellt, damit die Arbeiter Möglichkeiten hatten, Ideen und Erlerntes im Dialog kognitiv zu verarbeiten. Verbesserungen in kleinem Maßstab am eigenen Arbeitsplatz erhöhten das Selbstvertrauen. Vorher Erlerntes wurde dadurch schrittweise praktisch genutzt.

Es muß auch erwähnt werden, daß Wrenes Arbeit nach ungefähr 1 Jahr auf Anweisung der Betriebsleitung abgebrochen wurde, weil sie das zunehmende Selbstvertrauen und -bewußtsein der Arbeiter mit Unbehagen wahrnahm.

3.1 Der sozialpädagogische Ansatz: befreiendes Lernen

In den erwähnten Projekten kann man einen gemeinsamen Nenner erkennen: Von pädagogischen Hilfsmitteln angeregt, ergaben sich Gruppensituationen, in denen Erfahrungen ausgetauscht wurden. Es ist dieser kollektive

Prozeß des Dialogs, dem ein Bewußtwerden folgen kann – und zwar in dem Sinne, daß der Austausch von Erfahrungen ein Erkennen und Benennen von gemeinsamen Problemen bedeutet.

Von diesem Bewußtwerden ausgehend, diskutierten die Arbeiter dann regelmäßig Möglichkeiten der Einflußnahme auf ihre Arbeitsbedingungen, um Veränderungen anzustreben. Aus dieser Situation kann der Wille zur Eigenaktivität entstehen. Sie kann jedoch auch leicht verhindert werden, wenn ihr seitens des Betriebes kein Spielraum zugestanden wird.

In einer Studie zur Aktivitätsforschung auf dem Gebiet des Arbeitsschutzes in Schweden habe ich aufgezeigt (Leymann 1982 b, 1985 b), daß das Entstehen von Aktivität keineswegs ausreicht. Verschiedene Evaluationsberichte z. B. über Sicherheitskampagnen zeigen, daß sich Eigenaktivität totläuft, wenn Arbeiter häufig miterleben müssen, daß ihr Wille zur Einflußnahme auf den Widerstand von Vorgesetzten stößt. Das Problem des Aktivierens besitzt demnach 2 Dimensionen: 1) das Problem des Aktivierens selbst und 2) die Aufrechterhaltung des Aktivitätsniveaus durch Maßnahmen des Betriebes, damit eine Umsetzung in konkrete Handlungen möglich wird, d. h. echte Mitbestimmung bei Entscheidungssituationen.

Faktoren, die zur Aktivierung führen und diese aufrechterhalten, können wie folgt beschrieben werden:

- Der kognitive Prozeß des Erkennens und Aufbaus von Begriffen ist die psychologische Grundlage des Bewußtwerdens.
- Diese kognitiven Prozesse können durch kommunikative Gruppenprozesse gefördert werden (Leymann 1982 a oder Skölds oben genannten Ansätze).
- Andere Menschen, zu denen man Vertrauen hat, können beim Entdekken (Erlernen) behilflich sein durch den gegenseitigen Austausch von Erfahrungen („social support").
- Die sozialpsychologischen Umweltstrukturen können diesen Prozeß vorantreiben, aber auch ersticken lassen (Argyris 1982).
- Ein Pädagoge bzw. ein „change agent" kann wichtige Vermittler dieser Prozesse sein (Rogers 1961; Argyris 1982; Schein 1969).

Es wird deutlich, daß man unterscheiden muß zwischen dem „Aktiv- sein", das eine Eigenaktivität beschreibt, und jenem „Aktiv- sein", mit dem man als Vorgesetzter nichts anderes meint, als daß ein Untergebener Anweisungen ausführt. Der Unterschied ist wesentlich und beschreibt gleichzeitig verschiedene Arten, mit denen Menschen in einer Gesellschaft geformt werden können.

Wie könnten demnach die Ziele für die Suche nach dem Design einer Arbeitsorganisation beschrieben werden, die „befreiendes Lernen" erlaubt? Soziale Mikroprozesse, wie ich sie hier beschrieben habe, stellen hohe Anforderungen an solch ein Design und an die Bereitwilligkeit der Arbeitgeber, Partizipation nicht nur zu erlauben, sondern auch selbst aktiv zu fördern. Die Ausarbeitung eines solchen Designs setzt spezielles Wissen voraus. Bei Befragungen (Leymann 1981) von Sicherheitsingenieuren und Schutzbeauftragten darüber, wie sie sich ein Aktivieren von Arbeitnehmern vorstellen, zeigten die Antworten, daß man durch Informationen, Anleitungen bzw. Anweisungen Aktivierung erreichen könnte. Die Befragten unterschieden also nicht zwischen empfohlener oder befohlener Aktivität einerseits und einer internen Motivation zum Aktivsein andererseits. Ein sozialpädagogischer Veränderungsprozeß hat 2 Zielgruppen: einmal die Arbeitnehmer, die man gern aktiv sehen möchte und zum anderen jene Gruppe von Personen (Vorgesetzte, Ausbilder usw.), deren Auffassung von Aktivierung und den dazu nötigen Mitteln man verändern muß. Dieses Problem möchte ich an einem empirischen Beispiel aus der schwedischen Arbeitslebenforschung veranschaulichen.

3.2 Ein Projekt in Zusammenarbeit mit den Arbeitsschutzbeauftragten der schwedischen Bauarbeitergewerkschaft

Unser Forschungsteam führte in Zusammenarbeit mit der schwedischen Gewerkschaft der Bauarbeiter ein landesumfassendes Projekt durch, um Arbeitsformen zu entwickeln, die den theoretischen Erörterungen über Aktivieren konsequent folgen (Leymann et al. 1985).

Die „regionalen Schutzbeauftragten der Gewerkschaften" (RSO), die dem Gesetz nach Betriebe mit weniger als 50 Arbeitnehmern überwachen, haben 3 Aufgaben: 1) sie sollen das Arbeitsmilieu überwachen und auf dem Verhandlungsweg Verbesserungen bewirken; 2) sie sollen darauf hinwirken, daß man in den Betrieben regelmäßig und systematisch an Problemen der Arbeitsumwelt arbeitet; und 3) sie sollen die Arbeitnehmer so weit aktivieren, daß diese im Prinzip Besuche eines RSO überflüssig machen. Die Situation in den kleinen Betrieben ist so beschaffen, daß die Arbeitszeit der RSO fast ausschließlich mit Kontrollaufgaben ausgefüllt ist.

Unser Projekt ging darauf hinaus, a) systematische Arbeitsformen zu entwickeln und b) Formen für eine Aktivierung der Arbeitnehmer zu finden. Es zeigte sich, daß es für die RSO nicht weiter problematisch war, an der Entwicklung und Durchführung systematischer Untersuchungsverfahren mitzuwirken. Da sie gewerkschaftlich sehr erfahren und in bezug auf Probleme der Arbeitsumwelt sehr gut ausgebildet sind, war dies ein leichtes für sie. Schwieriger war es, Formen der Aktivierung zu erarbeiten. Ein Grund dafür war natürlich, daß sie selber Herr der Situation waren, wenn es galt, systematische Verfahren anzuwenden und diese zu propagieren. Wie wir weiter oben sahen, ist ein Aktivieren jedoch ganz entscheidend mit Partizipation verbunden; und hier ergaben sich in den einzelnen Kleinbetrieben Einschränkungen, die nur auf den Einfluß des Arbeitgebers zurückzuführen sind.

Die Schwierigkeit, Aktivität zu entfalten, ist von verschiedenen Ebenen her beeinflußt. Ein wichtiger Grund, der einer Aktivierung im Wege steht, ist ja auch die mangelnde Erfahrung der Arbeiter, an Entscheidungen teilzunehmen, sowie ihre ständige Erfahrung, daß ihre Meinungen weniger gefragt sind. Haben aber Menschen keine Möglichkeiten, Einfluß zu nehmen und zu handeln, dann stellt sich bei ihnen im Laufe der Zeit Passivität ein. Hier entdeckten wir jedoch schließlich einen Spielraum, bei dem die RSO die Situation beherrschen konnten, ohne das Recht des Arbeitgebers anzutasten, den Umfang an Partizipation zu bestimmen. Dieser Spielraum bestand in der Tatsache der Zusammenarbeit zwischen den Arbeitern der einzelnen Betriebe und den RSO. Aufgrund ihres Auftrages zeigten die RSO die Tendenz, ihrerseits die Verantwortung für Überwachung und die Verhandlungen zu übernehmen, um die Arbeitsumwelt zu verbessern. Welche Möglichkeiten zur Partizipation hatten hier die Arbeiter hinsichtlich des Arbeitsauftrages der RSO?

So leicht es für die RSO war, systematische Verfahren zu entwickeln und anzuwenden, so schwer fiel es ihnen, sich in die Rolle des Pädagogen zu versetzen, damit sich Eigenaktivität bei den Arbeitern entwickeln kann. Auch die RSO neigten dazu, davon auszugehen, daß Aktivität das Resultat von bloßer Information sei.

Ein weiterer Umstand, der sich abzeichnete, lag auf einer organisationsstrukturellen Ebene. Wir fanden, daß der Erfolg unseres Ansatzes weniger von Diskussionen über pädagogische Inhalte abhing, die zwischen uns und den RSO geführt wurden. Eher hing er von einer in der Bauarbeitergewerkschaft institutionalisierten Arbeitsweise ab: Der Hauptverantwortliche für Fragen der Arbeitsumwelt führte jährlich mit den RSO Konferenzen durch, bei denen aktuelle Fragen gemeinsam erörtert und Beschlüsse gefaßt wurden. Die Form dieser Zusammenkünfte entsprach genau dem, was ich in diesem Bericht als einen sozialpädagogischen Prozeß bezeichnet habe: Dialog, Austausch von Erfahrungen, gemeinsames Benennen von Problemen, Partizipation bei Entscheidungen und: Selbstaktivierung und Handeln. Einen gleichwertigen „Lerneffekt" aufgrund einer „Lernsituation" gab es jedoch auf den unteren gewerkschaftlichen Ebenen nicht.

Hätten die lokalen Schutzbeauftragten (dem schwedischen Gesetz nach müssen Betriebe mit mehr als 5 Arbeitnehmern einen solchen haben) an ihren Arbeitsplätzen die gleiche Möglichkeit, an solchen „Lernsituationen" teilzunehmen, könnte man von ihnen auch größere Aktivitäten erwarten. Und hätte der einzelne Bauarbeiter die Möglichkeit, auch in diesen Prozeß integriert zu werden, so würde er auch aktiver werden und sich mehr um Probleme der eigenen Arbeitsumwelt kümmern (vorausgesetzt, daß diese Bereitschaft nicht durch die Hartnäckigkeit von Arbeitgebern unterlaufen wird).

Eine Kette von pädagogisch ausgerichteten Partizipationsvorgängen sähe dann so aus, wie in Abb. 2 schematisch beschrieben. Sie wird in der nächsten Phase unseres Projektes erprobt werden.

In Abbildung 2 bezeichnet A die Gewerkschaft mit dem Verantwortlichen für Fragen des Arbeitsmilieus (1) im Vorstand, B die Versammlung der RSO (2), C die Zusammenkünfte der lokalen Schutzbeauftragten (3), mit denen der einzelne RSO in seinem Distrikt Kontakt hält, und D die Baustelle, auf der der lokale Schutzbeauftragte mit seinen Arbeitskollegen (4) diskutiert.

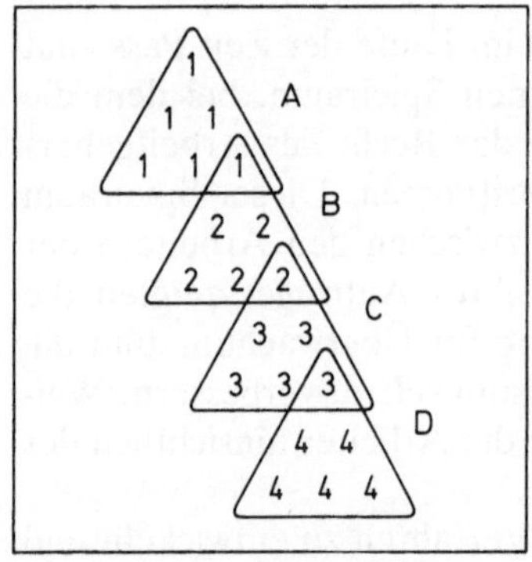

Abb. 2. Die sozialpädagogisch ausgerichtete Partizipationskette

3.3 Drei Schlüsselfaktoren der Aktivierung

Die Auswertung des Projekts, das z. Z. (Herbst 1985) vor seinem Abschluß steht, hebt folgende notwendige Aspekte einer sozialpädagogisch ausgerichteten Partizipation hervor:

1) Es sind Methoden der Wahrnehmung notwendig, die Arbeitnehmern das Erkennen von Milieurisiken erleichtern. Um Lerneffekte zu erreichen, müssen diese Methoden Arbeitern zugänglich sein, was jedoch nicht bedeuten soll, dies ersetze die Arbeit von Spezialisten der Betriebsgesundheitsdienste.
2) Erfahrungen und Wissen können am besten vertieft werden, wenn sie in kollektiven Prozessen und in Gruppensituationen zur Sprache gebracht werden. Das *Erarbeiten* von Kenntnissen (und dies ist eine allgemeine Erkenntnis der Erwachsenenpädagogik) geschieht mit Erfolg im gleichberechtigten Dialog. Damit dieser zustande kommen kann, ist es jedoch erforderlich, daß ein Teil der Arbeitszeit dafür verwendet werden darf.
3) Aktivität und Interesse an Mitarbeit können nur durch reale Partizipation am Leben erhalten werden. Diese Partizipation muß gekennzeichnet sein durch Möglichkeiten der Einflußnahme bei der Durchführung von Verbesserungen in der Arbeitsumwelt. Eine wichtige pädagogische Phase ist also die der *Umsetzung*.

Aktivieren zeigt sich in dieser Analyse als ein schwieriges Unterfangen, weil es Partizipation auf verschiedenen Ebenen voraussetzt.

4 Ein aktionsorientiertes Programm in der Holzindustrie

Raija Kalimo

Eine der größten holzverarbeitenden Firmen Finnlands bat das Institut für Gesundheit in der Arbeitswelt, ein Gesundheitsförderungs- und Streßpräventionsprogramm durchzuführen. Diese Bitte traf sich mit den Plänen des Instituts, verstärkt aktionsorientierte Projekte im Bereich Arbeitspsychologie in Angriff zu nehmen.

Verhandlungspartner bei der Firma war der Leiter des arbeitsmedizinischen Dienstes, der seine Aufgabe in enger Zusammenarbeit mit dem Management, der Vertretung der Mitarbeiter und dem Arbeitssicherheitssektor erfüllte. Es wurde ein aktionsorientiertes Programm entwickelt, das gegenwärtig noch läuft. Im folgenden sind die strategischen Schritte des Programms beschrieben.

4.1 Analyse der Notwendigkeit und Machbarkeit eines aktionsorientierten Projekts: Pilotstudie

Als 1. Schritt wurde eine Pilotstudie durchgeführt, um potentielle Probleme der Arbeitsbedingungen und streßbezogene Gesundheitsprobleme bei den Beschäftigten identifizieren zu können. Ergebnis der Untersuchung war, daß Probleme bestanden und Maßnahmen notwendig waren. Außerdem wurde festgestellt, daß Betriebsorganisation und -klima für das geplante Vorhaben günstig einzuschätzen waren.

4.2 Strategische Planung: ein Mitbestimmungsansatz

Bei den Verhandlungen waren das Management, die Vertretung der Mitarbeiter und die Gewerkschaften vertreten. Die Beteiligung aller Gruppen wurde als unabdingbar angesehen. Es wurde ein Koordinationsgremium gebildet und das technische Forschungsteam wurde zusammengestellt. Zusätzliche Finanzmittel wurden von der nationalen Sozialversicherungsanstalt und dem Fond für Arbeitssicherheit zur Verfügung gestellt.

4.3 Zunehmende Bereitschaft zur Beteiligung am Projekt

Das Personal für Gesundheits- und Arbeitssicherheit wurde in einem 2tägigen Kurs auf die Projektarbeit vorbereitet. Die wesentlichen Vorträge sowie andere projektbezogenen Informationen wurden im Mitteilungsblatt der Mitarbeitervertretung publiziert.

4.4 Datenerhebung vor Beginn der Projektaktivitäten

Es wurden 3 Informationsquellen benutzt, um Daten über die Arbeitsbedingungen zu erhalten: ein Fragebogen, Arbeitsplatzbeschreibungen und Firmenstatistiken. Der Fragebogen behandelte Themen wie Beschäftigungsbedingungen, Abwechslung in der Arbeit, Autonomie und Verantwortlichkeit, Zeitstreß, Kooperation, Vorgesetze, Organisationsklima, Wertschätzung der Arbeit und Kompetenz. Darüber hinaus wurde nach Einstellungen zur Arbeit, Motivation, Arbeitszufriedenheit, Streßreaktionen und Gesundheitszustand gefragt.

Alle Vollzeitbeschäftigten (etwa 12000 Arbeitnehmer einschließlich des Managements) nahmen an dieser Umfrage teil. Die Firmenleitung hielt es für notwendig, daß alle Mitarbeiter – unter dem Gesichtspunkt möglicher Änderungen in den Arbeitsbedingungen – Gelegenheit haben sollten, an der Befragung teilzunehmen.

4.5 Vorgeschlagene Maßnahmen für den Arbeitsplatz

Ausbildung des Managements. Eine notwendige Voraussetzung zur Durchführung eines aktionsorientierten Programmes liegt darin, ob sich das Management bewußt ist hinsichtlich:

a) der Auswirkungen von psychologischen und sozialen Faktoren auf die Gesundheit der Arbeitnehmer;
b) der Bandbreite möglicher Maßnahmen und der jeweils dahinter stehenden Prinzipien.

Deshalb wurden das Management und die Vorgesetzten in einem 1tägigen Kurs auf diese Themen vorbereitet.

Maßnahmen zur Veränderung der Situation. Vor Durchführung der Pilotstudie wurden nur die allgemeinen Grundlagen der Aktivitäten vorgestellt, die mit dem Programm angestrebt waren. Diese Aktivitäten beinhalten: Entwicklung von optimalen Arbeitsbedingungen im Laufe eines langfristigen Prozesses und die Verbesserung des Gesundheitsdienstes im Betrieb.

Die endgültige Programmplanung findet im Anschluß an die Pilotstudie in Zusammenarbeit mit den Mitarbeitervertretungen, dem Management und dem Personal für Arbeitssicherheit und Gesundheit im Betrieb statt. Die Forscher nehmen daran als Berater teil. Die Hauptzielgruppen, d. h. Betriebsabteilungen und Mitarbeitergruppen werden nach Abschluß der Pilotstudie definiert; dabei sollen „experimentelle“ und Kontrollgruppen gebildet werden.

4.6 Evaluation

Maßnahmen zur Verbesserung von Arbeitsbedingungen und zur entsprechenden Anpassung der Firmenpolitik kosten Zeit und Geld – und lösen bei Mitarbeitern und Management große Erwartungen aus. Bisher gibt es kaum Informationen über die Effektivität solcher Maßnahmen. Deshalb stellt die Evaluation vermutlich das größte Problem von aktionsorientierten Projekten dar. Während der Projektdurchführung können unvorhersehbare und unkontrollierbare Ereignisse im Betrieb geschehen, die es für die Evaluation schwierig machen dürften, die korrekten Schlußfolgerungen zu ziehen. Im Rahmen unseres Projektes werden die Ergebnisse der Aktivitäten mit Hilfe von Fragebögen direkt bei den Teilnehmern abgefragt: Themen sind direkte Veränderungen im Hinblick auf Gesundheitsindikatoren und -verhalten, Bewertung des Programms sowie ein Vergleich zwischen „experimentellen“ und Kontrollgruppen.

5 Ein Ort, wo man arbeiten möchte

Colonia Versicherung AG

Ein Haus muß wie eine kleine Stadt sein, oder es ist kein Haus.

Aldo van Eyck (holländischer Architekt)

Die Colonia Versicherung AG in Köln hat sich für ihre Verwaltung eine neue kleine Stadt gebaut – nicht im Stadtzentrum, sondern am Stadtrand, mitten in einem Grüngebiet, das Erholungsmöglichkeiten bietet. Die Büros der Verwaltung waren vor diesem Bau auf unterschiedliche Gebäude über die ganze Stadt Köln verteilt.

Nach Ansicht der Geschäftsleitung sollte das neue Gebäude deshalb alle Mitarbeiter der Verwaltung (2000 Beschäftigte) unter einem Dach vereinen. Unter Berücksichtigung der Interessen des Unternehmens und der Bedürfnisse der Mitarbeiter im Hinblick auf die Qualität ihrer Arbeitsplätze entschied der Aufsichtsrat der Colonia, Architekten um dementsprechende Baupläne zu bitten, die den Erwartungen des Unternehmens und der Mitarbeiter entgegenkommen sollten. Die Entscheidung, die schließlich getroffen wurde, spiegelt die Philosophie von Aldo van Eyck wider. Das neue Gebäude ist kein neuer Wolkenkratzer, der mehr oder weniger nur das Selbstbild des Unternehmens bezüglich Macht, Reichtum und Einfluß repräsentiert, sondern eine kleine Stadt oder ein Dorf, in das die Beschäftigten morgens zum Arbeiten und Leben fahren. Das architektonische Ensemble dokumentiert die Philosophie, Arbeit und Leben zu verknüpfen, anstatt sie auseinanderzudividieren.

Dies betrifft auch die Einbindung des Gebäudes in die natürliche Umwelt des Gebietes. 23 000 qm^2 (von insgesamt 63 000 qm^2) sind Grünflächen und 12 000 qm^2 sind öffentliche Wege und Plätze. Die Grünflächen sind für die Bevölkerung des in der Nähe liegenden Vorortes Holweide zugänglich, d. h. die Beziehungen zwischen dem Unternehmen und der Gemeinde sind relativ eng. Das Unternehmen verschließt sich nicht dem öffentlichen Leben der Gemeinde. Die Autos der Beschäftigten sind in einem Parkhaus untergebracht, das unterhalb des Gebäudes eingerichtet wurde; die Umwelt wird deshalb nicht durch Parkplätze belastet.

Die Fassade und das Dach des Gebäudes sind mit Materialien gebaut worden, die die Idee der kleinen Stadt widerspiegeln, d.h. rote Klinkersteine und Kupfer; aggressive Materialien wie z.B. Aluminium, so die Einschätzung der Architekten, wurden nicht verwendet.

Der Gesamtkomplex besteht aus 5 identisch gestalteten Gebäuden und einem sechsten, größeren Bau; alle sind maximal 4 Stockwerke hoch und um einen Innenhof gruppiert. Die Gebäude sind untereinander verbunden, auch wenn sie unabhängig voneinander funktionieren. Die Lichtverhältnisse und die Belüftung der Räume sind im wesentlichen natürlich gestaltet.

Die Gestaltung der Gebäude reflektiert die Unternehmensphilosophie: Integration der Beschäftigten in die Firma, Ermöglichung von sozialer Kommunikation auf und zwischen allen Ebenen der Verwaltung, Arbeitsplätze von hoher Qualität auf allen Ebenen, Intensivierung der Informationskanäle zwischen allen Beschäftigten und Abteilungen, Förderung der persönlichen Kommunikation anstatt der Papierkommunikation (Vermerke, Stellungnahmen usw.) zwischen den Beschäftigten. Man hofft, daß durch das architektonische Ensemble die Identifikation der Beschäftigten mit dem Unternehmen verbessert wird.

Während die äußere Gestaltung der Gebäude bezüglich ihrer Integration in die Umwelt und der sozialen Wahrnehmung der Anlage durch die Beschäftigten und Öffentlichkeit angelegt wurde, muß die innere Architektur im Hinblick auf die Qualität der Arbeitsplätze gesehen werden. Colonia entschied sich dafür, daß die Gestaltung der Arbeitsplätze vorwiegend unter Gesundheitsgesichtspunkten erfolgen sollte. Der Begriff „Gesundheit“ wird hier im weiten Sinn der WHO-Definition als physisches, psychisches *und* soziales Wohlbefinden verstanden. Die Reduzierung von arbeitsbezogenem Streß, die Gestaltung der Büromöbel, die Ausstattung der Räume mit Blumen bzw. Pflanzen, Teppiche, die Farbe der Wände usw. wurden sehr sorgfältig im Hinblick auf die Verbesserung des Gesundheitszustandes der Mitarbeiter in Betracht gezogen.

Die Fenster sind klein, mit weißen Rahmen und können von innen geöffnet werden. Kein Arbeitsplatz der Gebäude ist mehr als 6,5 m von einem Fenster entfernt, sodaß natürliches Licht extensiv genutzt und künstliches Licht auf ein Minimum beschränkt werden kann.

Obwohl die Räume sog. Gruppenräume sind mit Größen zwischen 393 qm^2 (= 29 Arbeitsplätze) und 430 qm^2 (= 31 Arbeitsplätze), sind sie so sorgfältig gestaltet, daß jeder Arbeitsplatz seine Intimität behält. Dies wurde durch flexible Wände und durch Materialien erreicht, die den Lärmpegel auf ein Minimum senken. Die Arbeitsplätze sind zu gewissen Arbeitszonen gruppiert, die innerhalb eines Gruppenraumes verknüpft sind. Die Kommunikation zwischen den Beschäftigten eines Gruppenraumes verläuft eher direkt als über Telefon oder Vermerke. Dies wird auch dadurch unterstützt, daß kein Arbeitsplatz mehr über eine persönliche Sekretärin verfügt; für jedes Gebäude gibt es ein Zentralsekretariat, das alle Dienstleistungen (z. B. Schreiben, Ablage, Post, Aktentransport, Computer usw.) übernimmt. Mit anderen Worten: Die Organisation des Unternehmens wurde aufgrund ökonomischer, organisatorischer und sozialer Überlegungen vollständig verändert – und die Gestaltung der Gebäude reflektiert diese neue Organisationsstruktur.

Auf jedem Stockwerk der Gebäude gibt es eine Erholungszone und Räume zur Entspannung. Ein zentrales Restaurant, eine Cafeteria und einen Laden (mit 800–1000 „Food"- und „Non-food"-Produkten) stehen für alle Gebäude zur Verfügung. Außerhalb des Verwaltungskomplexes gibt es darüber hinaus eine Sporthalle, die auch für Betriebsversammlungen genutzt werden kann. Auf dem Dach der Halle gibt es eine Kneipe und einen Gruppenraum, die wochentags am Nachmittag geöffnet sind und die Beschäftigten einladen, nach der Arbeit oder anderen Aktivitäten (z. B. Bowling, Tennis, Gymnastik usw.) noch eine Weile zu entspannen.

6 Gesundheitsförderung im Betrieb durch das Kursprogramm „Abnehmen – aber mit Vernunft“

Reinhard Mann-Luoma

Seit 1984 führen die Betriebskrankenkasse der Triumph-Werke in Heubach, die Kritische Akademie Inzell und die Betriebsleitung der Triumph-Werke in Heubach in Zusammenarbeit mit dem Ernährungsreferat der Bundeszentrale für gesundheitliche Aufklärung ein Übergewichtstraining für Firmenangehörige der Triumph-Miederwaren durch. Dieses Projekt steht in Verbindung mit Projekten zur Ausgleichsgymnastik und zur Veränderung der Ernährungssituation im Betrieb (Kantine).

Im Projektverlauf wurden Betriebsangehörige zu Kursleitern des Übergewichtskurses „Abnehmen – aber mit Vernunft“ ausgebildet. Mit Unterstützung der Betriebskrankenkasse führen diese Kursleiter Übergewichtstrainingkurse für Betriebsangehörige und deren Familien durch. Das Projekt ist mittlerweile so gut angekommen, daß es ohne weitere Unterstützung der Bundeszentrale selbständig läuft.

6.1 Die Kooperationspartner

Das Projekt wurde für Arbeitnehmer aus dem Miederbereich durchgeführt, und zwar in 4 verschiedenen Werken der Fa. Triumph- Miederwaren. Es wurde durch die Betriebsleitung voll unterstützt.

Die Initiative für das Projekt ging von der Kritischen Akademie Inzell aus. Sie ist eine Bildungs- und Erholungseinrichtung, die 1963 auf der Grundlage einer Tarifvereinbarung zwischen der Gewerkschaft Textil-Bekleidung und der Arbeitsgemeinschaft der Miederindustrie e. V. entstand. Nach dieser Vereinbarung zahlt der Arbeitgeberverband einen Teil der Bruttolohn- und Gehaltssummen in die „Stiftung zur Förderung von Bildung und Erholung der Arbeitnehmer der Miederindustrie“ ein. Diese Stiftung hat 1977 zur Erfüllung ihrer satzungsmäßigen Aufgaben ein eigenes Haus in Betrieb genommen: die Kritische Akademie Inzell.

Die Kritische Akademie zahlte die berufliche Freistellung der auszubildenden Kursleiter und übernahm deren Fahrtkosten.

Das Fachreferat Ernährung der Bundeszentrale für gesundheitliche Aufklärung (BZgA) in Köln lieferte die Konzeption, den pädagogischen Ansatz, die Schulungsfachkräfte, das Kursprogramm und die Kursmaterialien. Die BZgA trug die Kosten der Ausbildung für die Kursleiter und die für die Kursmaterialien.

Die Betriebskrankenkasse der Triumph-Werke beteiligte sich an der Konzeption des Modells und übernahm die Organisation, die Werbung und die Finanzierung der Übergewichtskurse, einschließlich eines Entgeltes für die Kursleiter.

6.2 Ziele des Projektes

Die Triumph-Miederwaren beschäftigen zum größten Teil Frauen, die vorwiegend eine sitzende Tätigkeit ausüben (Näherinnen). Die häufigste Schulbildung ist die Hauptschulbildung mit oder ohne Abschluß. Untersuchungen belegen, daß bei Frauen mit Hauptschulbildung eine deutliche Tendenz zur Überschreitung des Normalgewichts erkennbar ist (vgl. Deutsche Gesellschaft für Ernährung 1980). Es ist deshalb nicht erstaunlich, daß Übergewicht ein sehr häufig vertretenes Merkmal bei der Belegschaft der Triumph-Werke ist.

Die Reduktion dieses Übergewichts war das primäre Ziel aller Kooperationspartner. Die Firmenleitung wollte auf diesem Weg den Krankenstand reduzieren und ihre soziale Verantwortung für die Mitarbeiter dokumentieren. Die Betriebskrankenkasse wollte die Folgekosten, die sich aus dem Risikofaktor Übergewicht ergeben, reduzieren (vgl. Henke et al. 1986). Die BZgA wollte für die oben beschriebene Gruppe die Schwelle herabsetzen, an solch einem Kurs teilzunehmen – haben doch entsprechende Evaluationsuntersuchungen der Kurse „Abnehmen – aber mit Vernunft" ergeben, daß dort eine mittlere Schulbildung überrepräsentiert ist (IMW 1983; Bertenburg u. Mann-Luoma 1985).

6.3 Das Kursprogramm „Abnehmen – aber mit Vernunft"

Bereits 1980 führt die BZgA das Kursprogramm „Abnehmen – aber mit Vernunft" ein. Es handelt sich um ein Trainingsprogramm für übergewichtige Erwachsene, die nicht nur ihr Gewicht reduzieren möchten, sondern auch ihre Ernährungsgewohnheiten verbessern wollen. Das Gruppentrainingsprogramm basiert auf verhaltenstherapeutischen Methoden und Techniken und wird bundesweit von Institutionen angeboten, die im Bereich der öffentlichen Gesundheitsvorsorge tätig sind. Bis heute wurden etwa 10000 Kurse (mit durchschnittlich 10 Teilnehmern) durchgeführt.

Das Kursprogramm wurde auf der Grundlage umfangreicher wissenschaftlicher Untersuchungen entwickelt (vgl. Reiss et al. 1975, 1976; Ferstl et al. 1978):

- Es beruht auf Methoden zur Verhaltensänderung, die in der Verhaltenstherapie mit Erfolg angewendet werden.

- Es ist ein Gruppentrainingsprogramm, das von eigens dafür geschulten Leitern betreut wird, und gruppendynamische Aspekte zur Verhaltensänderung nutzt.
- Es fördert in besonderem Maße die Eigenverantwortlichkeit des Kursteilnehmers, indem es ihm Möglichkeiten und Wege aufzeigt, die eigenen Eßgewohnheiten kennenzulernen und zu verändern. Außerdem wird besonderer Schwerpunkt gelegt auf eine vielseitige, ausgewogene Ernährung.

Die Struktur des Kursprogramms ist sehr genau festgelegt. Sie folgt dem verhaltenstherapeutischen Prinzip von Verhaltensbeobachtung, Verhaltensanalyse, Verhaltensänderung, Kontrolle der Veränderung und Stabilisierung des geänderten Verhaltens. Der Kurs dauert für den Teilnehmer ein halbes Jahr. Dieser Zeitraum wurde gewählt, da bei kürzerer Zeit dauerhafte Erfolge sehr fraglich sind. Die stabile Reduktion des Übergewichts ist aber Hauptziel des Programms.

Da die Eigenverantwortung des Teilnehmers im Vordergrund steht, bestimmt der Teilnehmer seine Verhaltensänderung selbst: wieviel will er abnehmen, auf welchen Wert wird die Energieaufnahme beschränkt, welche verhaltensändernden Schritte werden eingehalten, und wie unterstützt er sich dabei. Die Gruppe und der Kursleiter übernehmen dabei eine unterstützende Funktion.

Mit einem speziellen, den persönlichen Ernährungsbedingungen angepaßten Ernährungsfahrplan teilt sich der Kursteilnehmer seine Nahrungsenergie auf die verschiedenen Lebensmittelgruppen auf. Dadurch wird sichergestellt, daß der Teilnehmer trotz weitreichender Individualität in der Ernährung (spezielle Ernährungsgewohnheiten wie Vollwertkost oder laktovegetabile Ernährung sind möglich) eine im Sinne der Ernährungswissenschaft ausgewogene Ernährung bekommt.

Die Kursleiter werden in einem 4tägigen Seminar auf ihre Aufgabe vorbereitet. Diese Seminare werden von 2 Schulungsleitern moderiert. Dabei stehen die Lernerfahrungen der Gruppenteilnehmer im Vordergrund; sie werden durch gruppendynamische Intervention, Anleitung zum Rollenspiel und gestalttherapeutische Elemente stimuliert (vgl. Bertenburg u. Mann-Luoma 1985).

6.4 Das Konzept: eine kooperative Methode

Bereits seit 1982 wurden von der Kritischen Akademie Inzell in Zusammenarbeit mit der Triumph-Betriebskrankenkasse und einem kommerziellen Anbieter sogenannte Gesundheitswochen durchgeführt. „Ziel der Gesundheitswochen war die Beeinflussung der Lebensweise, um Gesundheitsstörungen gezielt vorzubeugen. Über Informationen und Aufklärung sollte gesundheitsbewußtes Verhalten und die Aufdeckung und Ausschaltung von Risikofaktoren erreicht werden“ (Kritische Akademie Inzell o. J.).

In diesen Gesundheitswochen wurden insbesondere die Risikofaktoren Rauchen, Streß, Körpergewicht und mangelnde sportliche Bewegung angegangen. Nach diesen Kriterien wurden auch die Teilnehmer für die Gesundheitswochen in den Betrieben der Firma Triumph gezielt ausgewählt.

Die Gesundheitswochen wurden stark kritisiert. Die Belegschaft bemängelte die Stigmatisierung der Teilnehmer und den Zwang, der hinter den Maßnahmen stand. Über einen längeren Zeitraum betrachtet, war der Erfolg der Maßnahmen sehr bescheiden – besonders in Relation zu ihren jeweiligen Kosten. Auf dem Hintergrund dieser Erfahrungen wandte sich der Leiter der Akademie an die BZgA.

6.5 Beschreibung des Modells

In einem gemeinsamen Gespräch zwischen allen Kooperationspartnern wurde das Projekt geplant:

1) Die Maßnahmen wurden zunächst auf den Risikofaktor Übergewicht begrenzt. Die Entscheidung fiel aus zwei Gründen:
   - Übergewicht stellt ein großes Interesse in der Belegschaft dar;
   - das Trainingsprogramm „Abnehmen – aber mit Vernunft" hat bei den Kursteilnehmern eine so hohe Akzeptanz, daß erhofft wurde, daß diese Maßnahme langfristig zum Selbstläufer würde (vgl. IMW 1983).
2) Hauptmaßnahme sollte die Ausbildung von etwa 20 Betriebsangehörigen zu Kursleitern des BZgA-Programms sein. Diese Personen sollten in enger Anbindung an die Firma die Kurse „Abnehmen – aber mit Vernunft" durchführen. Solche Kurse sollten in möglichst allen Zweigwerken angeboten werden.

   Während der Kursdurchführung sollten die Kursleiter betreut werden. Die organisatorische Betreuung sollte über Betrieb und Betriebskrankenkasse erfolgen, die inhaltliche und fachliche durch die BZgA.

Die BZgA hatte damit die Aufgabe, ein Trainingskonzept zu entwickeln, das den besonderen Bedingungen angepaßt war:

- Die angehenden Kursleiter hatten keine Erfahrungen in Psychologie, Erwachsenenpädagogik und Ernährungslehre. Üblicherweise haben die Kursleiter zumindest in einem Bereiche eine entsprechende Ausbildung oder Erfahrungen.
- Die angehenden Kursleiter kannten ihre Teilnehmer vorher und hatten häufig auch eine zumindest kollegiale Beziehung zu ihnen.
- Die Teilnehmer kannten sich untereinander.

Dennoch sollten die Grundprinzipien des Schulungskonzeptes erhalten bleiben:

- Selbstbestimmung der Lerninhalte der Schulung im festgelegten Rahmen;
- Befähigung der Kursleiter, die Teilnehmer anzuleiten, eigenverantwortlich an ihrem Problem als Einzelner und als Gruppe zu arbeiten.

Um dies zu erreichen, wurde die Schulung um 2 Tage verlängert und die Zahl der Schulungsleiter wurde verdoppelt (von 2 auf 4). Die Schulungsleiter wurden so ausgewählt, daß sie über Erfahrungen in folgenden Bereichen verfügten: Ernährungswissenschaft, Verhaltenstherapie, Rollenspieltraining, Gestalttherapie, systemische Familientherapie, Familientherapie, Bewegungstherapie und Betriebspsychologie.

Die Schulungsleiter einigten sich auf ein sehr handlungsorientiertes Konzept, das davon lebte, den Stoff, die Konflikte und die Gemeinsamkeiten auszuagieren und auf diesem Weg Modelle für den späteren Kursverlauf zu bieten.

6.6 Verbindung zu anderen Projekten

Obwohl mit diesem Projekt zunächst nur ein Risikofaktor angegangen wurde, sollten Verbindungen zu 2 anderen Projekten hergestellt werden:

- *„Gymnastik am Arbeitsplatz"*. Hierbei handelt es sich um ein Projekt zur Ausgleichsgymnastik, das an der Kritischen Akademie Inzell entwickelt wurde und seit geraumer Zeit mit Erfolg in den betrieblichen Ablauf integriert worden ist.
- *„Außer-Haus-Verpflegung für Berufstätige"*. Ein Projekt der BZgA, mit dem Hilfen für die Verbesserung der Verpflegung von Berufstätigen erarbeitet und in die Praxis umgesetzt werden.

6.7 Projektdurchführung

6.7.1 Kursleiterschulung

An der Schulung nahmen 18 Betriebsangehörige aus den Werken Heubach, Ahlen, Nördlingen, Regensburg und Ellwangen teil (13 Frauen und 5 Männer). Die Teilnehmer waren von der Kritischen Akademie und der Betriebskrankenkasse gemeinsam ausgewählt worden. Sie waren vorwiegend gewerkschaftlich aktiv und lassen sich als „Meinungsbildner" im Betrieb bezeichnen.

Anfängliche Probleme aufgrund falscher Erwartungen und Informationen sowie Ängste bezüglich der neuen Rolle als Kursleiter bestimmten zunächst den Verlauf der Schulung. Das Konzept der Schulung erwies sich aber als flexibel genug (ebenso wie Schulungsleiter und -teilnehmer), um mit diesen Problemen umzugehen. Es entwickelte sich ein sehr vertrauensvolles Verhältnis zwischen allen Beteiligten. Der spätere Erfolg des Projekts ist sicher auch auf diesen positiven Ausgang der Schulung zurückzuführen.

6.7.2 Kursdurchführung

Zur Erleichterung der Kursdurchführung wurden im Schulungsverlauf noch einige Absprachen getroffen:

- Die Kursleiter sollten den Kurs jeweils zu zweit anbieten. Sie suchten sich deshalb während der Schulung einen Partner.
- Eine freigestellte Betriebsrätin wurde zur Koordinatorin dieses Projektes bestellt.
- Jeweils ein Schulungsleiter unterstützte die Kursleiter bei der Vorstellung des Kursangebotes auf Betriebsversammlungen in den Zweigwerken.
- Ein gemeinsamer Erfahrungsaustausch für die Zeit nach der ersten Kursphase wurde abgesprochen.

Anfang 1985 konnten dann zunächst 5 Kurse beginnen. Der Kursverlauf zeigte, daß die Kursleiter durchaus in der Lage waren, die Gruppen zu leiten und die Teilnehmer zu motivieren. Wichtig war aber auch die häufige Rückkopplung mit den Schulungsleitern, um anstehende Probleme und Fragen abzuklären. Die Schulungsleiter übernahmen deshalb in dieser Phase auch die Betreuung der Kursleiter. Nach Abschluß der ersten Kurse im September 1985 wurden die Ergebnisse der Presse vorgestellt. Das Echo war erstaunlich groß. Dadurch und durch die Mund-zu-Mund-Propaganda in den einzelnen Werken wurde ohne besonderen Aufwand auch die nächste Hürde genommen: Es kamen in fast allen Orten neue Kurse zustande. Es war also gelungen – das zeigten auch die folgenden Jahre – dieses Kurssystem zu einem Selbstläufer zu machen.

6.8 Ergebnisse

In den zweieinhalb Jahren seit Projektbeginn wurden insgesamt 31 Kurse abgehalten. Von 18 ausgebildeten Kursleitern sind heute noch 9 aktiv. Ein Kursleiter hat bereits 8 Kurse abgehalten; die anderen 2 bis 3 Kurse. Dies entspricht den Erwartungen, wenn man bedenkt, daß die Durchführung der Kurse neben der normalen beruflichen Tätigkeit erfolgt.

Leider gibt es keine genauen Verlaufs- und Erfolgsanalysen der Kurse. Aus den Erfahrungsberichten der Kursleiter (ein halbstandardisierter Erfahrungsbericht pro Kurs) läßt sich aber entnehmen, daß der Erfolg der Kurse nicht schlecht ist:

- Die Zahl der Abspringer im Kurs ist geringer als bei anderen Kursen.
- Die erreichte Gewichtsreduktion liegt mit 9–10 kg etwas unter der durchschnittlichen Abnahme bei anderen Kursen.
- Die Teilnehmer selbst äußerten ein hohes Maß an Zufriedenheit mit dem Kurs und ihren erreichten Ergebnissen. Nach Aussage der Kursleiter nehmen auch viele Teilnehmer nach Kursende weiter ab. Da die Kursleiter – im Gegensatz zu anderen Kursen – ihre Teilnehmer weiterhin im Betrieb sehen, scheint diese Aussage durchaus glaubwürdig zu sein.

Besonders hervorgehoben werden sollte, daß die Teilnehmerstruktur dieser Kurse deutlich anders ist: Es gibt keine Überrepräsentanz der höheren Schulbildung; die Teilnehmer (überwiegend Frauen) sind fast ausschließlich durch Beruf und Haushalt doppelt belastet.

6.9 Diskussion und Ausblick

Insgesamt können die Kooperationspartner mit den bisherigen Projektergebnissen zufrieden sein. Zumindest ist es gelungen, eine betriebsnahe Gesundheitsvorsorge im Übergewichtsbereich in einem Unternehmen anzusiedeln, das mit der Übergewichtigkeit seiner Beschäftigten mehr Probleme als andere Industriezweige hat. Das Projekt wurde von der Betriebsleitung und der Gewerkschaft gleichermaßen gefördert. Es ist mit diesem Angebot sicher gelungen, den Personenkreis zu erweitern, der durch dieses Programm angesprochen wird.

In den Diskussionen mit den Kursleitern zeigte sich aber auch sehr häufig, daß es an der Unterstützung im mittleren Management fehlt. So wurden den Kursleitern häufig unnötige Schwierigkeiten vor Ort gemacht. Dies gipfelte darin, daß einigen Kursleitern die Teilnahme am letzten Erfahrungsaustauschseminar im Januar 1986 verweigert wurde. Die Kursleiter stehen diesen Tendenzen machtlos gegenüber. Hier sollte die Gesamtbetriebsleitung auf Drängen der anderen Kooperationspartner aktiv werden.

Die Zahl der ausgebildeten und aktiven Kursleiter im Betrieb ist sicher nicht ausreichend. Es müßten weitere Kursleiter ausgebildet werden, zumal durch eine natürliche Fluktuation die Zahl der Kursleiter im Laufe der Zeit weniger wird.

Ebenso ist festzustellen, daß sich im Laufe der Zeit dieses Kursangebot mehr und mehr von der Firma löst. Einige Kursleiter suchten aufgrund der innerbetrieblichen Schwierigkeiten andere Institutionen, um den Kurs anbieten zu können. Dies ist eine Tendenz, die zumindest den Kooperationspartnern auf betrieblicher Ebene nicht recht sein kann.

Positiv anzumerken ist, daß die Einbeziehung des Projekts „Gymnastik am Arbeitsplatz“ sehr gut möglich war und von vielen Kursleitern auch genutzt wurde.

Eine Verbindung zum Projekt „Außer-Haus-Verpflegung für Berufstätige“ blieb bereits in den Anfängen stecken. Gründe dafür liegen in anderen als den Projektbereichen.

Besonders positiv ist, daß nach ähnlichem Konzept jetzt auch der Risikofaktor Rauchen von den gleichen Kooperationspartnern angegangen wird.

Es ist zu wünschen, daß die gute Kooperation der letzten Jahre fortgeführt wird. Deshalb sollte versucht werden, die Möglichkeiten und die Notwendigkeit innerbetrieblicher Gesundheitsvorsorge gerade auch dem mittleren Management zu verdeutlichen. Dies könnte durch Kooperationsseminare geschehen.

Da die BZgA zur Zeit versucht, das Konzept „Abnehmen – aber mit Vernunft“ auf den Kurbereich anzuwenden und die Kritische Akademie Inzell eine anerkannte Kureinrichtung ist, ergibt sich hier die Möglichkeit einer neuen Kooperation.

7 Eine Studie zur Erforschung der Durchführbarkeit und Wirksamkeit von Gesundheitsförderung in der Arbeitswelt

Horst Noack

7.1 Einleitung

Im Frühjahr 1986 wird eine interdisziplinäre Arbeitsgruppe[1] im Institut für Sozial- und Präventivmedizin der Universität Bern mit Unterstützung des Schweizerischen Nationalfonds die 1. Phase (Pilotstudie) eines längeren Forschungsprogramms über Gesundheitsförderung in der Arbeitswelt beginnen. Dieses Programm verfolgt 2 Ziele: 1) will es in der Belegschaft zweier Industrie- und Dienstleistungsbetriebe Veränderungen des kardiovaskulären Risikos und des Gesundheitszustandes sowie die damit zusammenhängenden individuellen, sozialen und Umweltfaktoren untersuchen; 2) will diese Pilotstudie als wichtiges Element eines Gesundheitsförderungsprogramms Gesundheitskurse in Betrieben einführen und deren Akzeptanz und Wirksamkeit evaluieren. Ziel der 2. Projektphase (Hauptstudie), mit der etwa 1988 begonnen werden soll, wird es sein, strukturelle Änderungen der Arbeitsbedingungen und -prozesse anzustreben und deren Ergebnisse genauer zu evaluieren. Der vorliegende Beitrag gibt eine Übersicht über die wichtigsten Forschungsfragen, den Forschungsplan und die Forschungsmethoden. Er beschreibt das zugrundeliegende Arbeitsmodell, erörtert wichtige theoretische Überlegungen und stellt die in der 1. Projektphase verwendeten Konzepte und Variablen dar.

7.2 Forschungsfragen, Forschungsplan und Forschungsmethoden

Das Forschungsvorhaben befaßt sich mit 2 Hauptfragen:

1) In welchem Maße erklären körperliche und physiologische Faktoren, Lebensstilmerkmale, psychischer Dis-Streß und Copingverhalten wie auch deren Wandel in der Folgezeit zu beobachtende Veränderungen im kardiovaskulären Risiko und im Gesundheitszustand?
2) Wieweit ist Gesundheitsförderung in der Arbeitswelt durchführbar und in welchem Umfang beeinflussen Interventionen in Betrieben das kardiovaskuläre Risiko, die Morbidität und den wahrgenommenen Gesundheitszustand?

---

* Der Forschungsgruppe gehören an: Dr. Horst Noack, Dr. Roland Lüthi, Dr. Ueli Grüninger, Peter Küng, Ursula Neuenschwander, Elisabeth Niemeyer, Martin Werner, Fredy Zulauf.

Entsprechend diesen 2 Fragen umfaßt der Forschungsplan der 1. Projektphase zwei miteinander zusammenhängende Studien:

a) eine Beobachtungsstudie von ungefähr 1000 Männern und Frauen zwischen 20 und 65 Jahren, die einem breiten Berufsspektrum angehören. Sie wird in verschiedenen Abteilungen von 2 Betrieben durchgeführt, einem Elektrizitätswerk und einem Großverteiler mit eigener Lebensmittelherstellung. Diese Abteilungen befinden sich zur Hälfte in oder in der Nähe der Stadt Bern und zur Hälfte in vorwiegend ländlichen Bereichen außerhalb dieser Agglomeration;
b) eine Interventionsstudie, welche 40–50 % der Beschäftigten dieser Abteilungen umfaßt.

Die Datenerhebungen wie auch die Interventionen werden während der Arbeitszeit stattfinden.

In der Beobachtungsstudie werden verschiedene Herz-Kreislauf- Parameter und biologische Variablen gemessen (z. B. Serumlipide, Blutdruck, Gewicht, Größe). Eine Reihe von Lebensstilmerkmalen, Streß- und Copingvariablen, sozialen und soziokulturellen Faktoren werden in einem Interview und mittels Fragebogen erfaßt. Für die Datenerhebung sind 4 Zeitpunkte vorgesehen: zu Beginn der Studie, ungefähr nach 8 Monaten (nur Interventions- und Kontrollgruppe) sowie nach 2 und nach 4 Jahren. Diplomierte Krankenschwestern konnten für die Datenerhebung gewonnen werden. Sie werden für diese Aufgabe speziell ausgebildet.

Die an der Studie teilnehmenden Beschäftigten werden in einem persönlichen Brief über wichtige Untersuchungsergebnisse, insbesondere über kardiovaskuläre Risikofaktoren, informiert. Sie sollen eine Anleitung erhalten, um diese Informationen interpretieren zu können. Konkrete Empfehlungen sollen ihnen helfen, mögliche Risiken abzubauen. Falls angezeigt, wird ihnen empfohlen, einen Arzt aufzusuchen. Die Betriebe werden statistische Informationen über den Gesundheitszustand und über gesundheitsbezogene Faktoren ihrer Belegschaft erhalten. Es werden alle notwendigen Vorkehrungen getroffen, um persönliche und Betriebsdaten zu schützen.

Zusätzlich zur Information über wichtige gesundheitsbezogene Variablen sollen einer Zufallsstichprobe der Beschäftigten Gesundheitskurse angeboten werden. Sie stellen das wesentliche Element der Interventionsstudie in der Pilotphase dar. Drei derartige Kurse – ein allgemeiner Gesundheitskurs, ein Ernährungskurs und ein Entspannungs- und Streßbewältigungskurs (jeweils mit 8 Sitzungen von 75 min Dauer) – werden an Freiwilligen (Angestellte eines kleinen Betriebes, Patienten von Allgemeinpraktikern und Hausfrauen) erprobt. Sie werden von Andragoginnen, Ernährungsberaterinnen und Psychologen geplant und gehalten. Für die Supervision dieser Arbeit ist ein erfahrener Gruppendynamiker und Gesundheitserzieher verantwortlich.

Zu den Gesundheitskursen werden sowohl Beschäftigte mit erhöhtem („hohem") kardiovaskulärem Risiko als auch Beschäftigte mit „niedrigem" kardiovaskulärem Risiko eingeladen. Der Hochrisikogruppe sollen Personen angehören, die einen Risikowert oberhalb des 60. Perzentils einer Risikoindexverteilung haben. Ein kumulativer Risikoindex soll den gemessenen Gesamtcholesterinwert, den diastolischen Blutdruck und die im Interview erfragte, pro Tag gerauchte Tabakmenge einbeziehen. Der Niedrigrisikogruppe sollen alle Beschäftigten unterhalb dieses Risikowertes angehören. Die Personen der Hochrisikogruppe und 30–40% der Personen der Niedrigrisikogruppe werden je zur Hälfte zufällig auf die Interventionsgruppe und auf die Kontrollgruppe verteilt. Jeweils ein Drittel der Interventionsgruppe wird zu einem der 3 Gesundheitskurse eingeladen, wobei die Zuordnung ebenfalls zufällig erfolgt. Beschäftigte mit einem erhöhten Herz-Kreislauf-Risiko werden eine 2- bis 3mal höhere Chance haben, einen Gesundheitskurs zu besuchen als Personen mit einem niedrigen Herz-Kreislauf-Risiko. Dieses etwas komplizierte Vorgehen wurde gewählt, um Beschäftigte mit einem hohen Risikoprofil davor zu schützen, identifiziert und etikettiert zu werden.

Mit der Hauptphase des geplanten Forschungsprogramms soll 1988 begonnen werden. Eines ihrer Ziele wird es sein, „Interventionsbetriebe“ und „Vergleichsbetriebe“, die der Kontrolle dienen, miteinander zu vergleichen. Zusätzlich zur Durchführung von Gesundheitskursen sollen die Interventionsbetriebe angeregt werden, strukturelle Änderungen (z. B. der Arbeitsbedingungen oder des Arbeitsprozesses) vorzunehmen. Während in den Vergleichsbetrieben nur die üblichen Datenerhebungen geplant sind, sollen in den Interventionsbetrieben auch die Aktivitäten der Betriebe auf dem Gebiet der Gesundheitsförderung erfaßt werden, d. h. zusätzlich zur Messung von kardiovaskulären Risikofaktoren, subjektivem gesundheitlichem Befinden, Morbidität und psychosozialen Variablen.

7.3 Das zugrundeliegende Arbeitsmodell

Auf der Grundlage der relevanten Forschungsliteratur wurde ein Arbeitsmodell entwickelt, das biologische, psychologische, Verhaltens- und soziale Faktoren und Prozesse zu integrieren versucht.

Diesem Modell zufolge stellen kardiovaskuläre Risikofaktoren oder Risikokonstellationen – beispielsweise ein bestimmtes Muster von erhöhtem Gesamtcholesterin, erhöhtem Blutdruck, hohem Körpermassenindex und psychosozialem Dis-Streß – wichtige Ergebnisvariablen der Studie dar. Es wird angenommen, daß sich Risikokonstellationen im Verlaufe spezifischer „Gesundheitskarrieren“ innerhalb einer relativ langen Zeit entwickeln, die häufig in der Kindheit beginnt. Weiterhin wird angenommen, daß Gesundheitskarrieren und kardiovaskuläre Risikokonstellationen verändert werden können.

Ergebnisse der epidemiologischen, psychosomatischen und sozialwissenschaftlichen Forschung zu den hier aufgeworfenen Fragestellungen weisen darauf hin, daß verschiedene körperliche Faktoren, Lebensstilmerkmale, Dis-Streß- und Copingvariablen wie auch soziale und soziokulturelle Faktoren zur Entwicklung kardiovaskulärer Risikokonstellationen beitragen. Dabei können die gleichen Faktoren und ähnliche Entstehungsprozesse durchaus unterschiedliche Gesundheitszustände zur Folge haben, beispielsweise unterschiedliche Zustände subjektiver oder selbst wahrgenommener Gesundheit.

Die folgenden Aussagen bzw. Hypothesen sollen das verwendete Arbeitsmodell eingehender beschreiben und illustrieren:

1) Das Modell geht von der Annahme aus, daß die individuelle Prädisposition („Vulnerabilität") eine wichtige Rolle bei der Entwicklung kardiovaskulärer Risikokonstellationen spielt. Bestimmte körperliche und physiologische Faktoren, wie z. B. erhöhte Cholesterin- und Blutzuckerwerte, erhöhter Blutdruck und Körpermassenindex, weisen auf kardiovaskuläre Vulnerabilität hin. Diese Vulnerabilität kann bedingt sein durch genetische Faktoren (z. B. familiäre Belastung) oder durch eine erworbene Verminderung der Schranke für belastende psychosoziale Stimuli, hervorgerufen beispielsweise durch synergistische Aktivierung zweier Streßachsen, des sympatikoadrenomedullären Systems und des hypophysäradrenokortikalen Systems.
2) Lebensweisen, die als potentielle Gefahren für das Herz-Kreislauf-System und für die Gesundheit allgemein gelten, sind gekennzeichnet durch eine hohe Kalorienzufuhr, einen großen Nahrungsanteil an gesättigten Fettsäuren, Cholesterin und Kochsalz, durch hohen Alkoholkonsum sowie unzureichende körperliche Bewegung, Erholung und Entspannung. Diese negativen gesundheitsbezogenen Verhaltensweisen stellen häufig soziale Handlungsmuster dar, die innerhalb bestimmter sozialer Systeme geformt und aufrechterhalten werden und die spezifischen soziokulturellen Verhaltensregeln entsprechen.
3) Nicht angepaßte Bewältigungsmuster, welche die Schranke für potentiell gesundheitsschädigende Stimuli herabsetzen, können sowohl einen aktiven Modus der Bewältigung von belasteten Situationen (z. B. „Kampf-Flucht-Reaktion") als auch einen passiven Bewältigungsmodus („Konservierung-Rückzug-Reaktion") einschließen. Während der aktive Bewältigungsmodus häufig mit Gefühlen wie Wut, Feindseligkeit und Angst einhergeht, korrespondiert der passive Bewältigungsmodus mit Gefühlen wie Depressivität, Hilflosigkeit und Unterwürfigkeit. Dieses zweidimensionale Bewältigungsmuster wird allgemein als aktiver Dis-Streß bezeichnet.
4) Bewältigungsmuster, die mit negativen Emotionen und insbesondere mit aktivem Distreß einhergehen, finden sich häufig in Situationen, welche für Individuen besonders hohe subjektive Anforderungen – in psychischer, physischer wie auch in sozialer Hinsicht – darstellen und die sie kaum kontrollieren können. Derartige Situationen sind sowohl im Beruf wie auch im außerberuflichen Lebensbereich anzutreffen. Je größer die Diskrepanz zwischen situativen Anforderungen und Bewältigungsmöglichkeiten erscheint, desto häufiger werden solche Situationen nicht

angepaßte Bewältigungsmuster auslösen. Ausgeprägte soziale Netze und angemessene soziale Unterstützung wie auch ein positives Selbstwertgefühl und Lebenszuversicht können wirksame Puffer gegen nicht angepaßtes Bewältigungsverhalten darstellen. „Bewältigungskarrieren", welche durch chronischen Dis-Streß, erfolglose Anpassungen, ungenügende soziale Unterstützung und ein negatives Selbstwertgefühl charakterisiert sind, dürften häufig mit einem erhöhten kardiovaskulären Risiko und einem eingeschränkten Gesundheitszustand einhergehen.

5) Veränderungen des sozialen Status oder sozialer Rollen (z. B. infolge akuter bedrohlicher Lebensereignisse) oder soziale Statusbedrohung (z. B. aufgrund erwarteter Arbeitslosigkeit oder Auflösung der Partnerbeziehung) können als exzessive soziale Anforderung erlebt werden und das Bewältigungspotential des Individuums überfordern, insbesondere wenn ausreichende soziale Unterstützung und ein angemessenes Selbstkonzept fehlen.
6) Weiterhin wird angenommen, daß das Arbeitsmodell – neben kardiovaskulären Risiken und Morbidität – Unterschiede im allgemeinen Gesundheitszustand erklären kann, beispielsweise Unterschiede im allgemeinen Wohlbefinden, der wahrgenommenen Lebenskraft, der Lebenszufriedenheit oder im physischen, geistigen und sozialen Gleichgewicht. Eine gute Gesundheit – so die Hypothese – geht in der Regel mit einer hohen unspezifischen Widerstandskraft gegen gesundheitsschädigende Einflüsse und mit einer geringen Vulnerabilität einher. Gesundheit ist offensichtlich abhängig von bestimmten Konstellationen zahlreicher Faktoren: von physischen Faktoren, Lebensstilmerkmalen und angepaßtem Bewältigungsverhalten wie auch sozialen Anforderungen, sozialer Unterstützung und soziokulturellen Handlungsmustern.

Für die relativ umfassenden theoretischen Konzepte des Arbeitsmodells wurde eine Reihe von Variablen definiert. Wie bereits erwähnt, sollen Variablen wie Blutdruck, Körpergröße und Gewicht direkt gemessen und Parameter wie Serumcholesterin und Lipoproteine im Laboratorium bestimmt werden. Die meisten Variablen sollen jedoch mit Hilfe eines etwa halbstündigen Interviews und eines Fragebogens mit insgesamt 40 Einzelfragen oder Skalen erfaßt werden.

7.4 Abschließende Bemerkungen

Ziel der vor uns liegenden Arbeit ist es, die entwickelten Instrumente zu evaluieren und zu verbessern. Um ein standardisiertes Instrument zur Kursevaluation zu entwickeln, sollen die Teilnehmer der Gesundheitskurse befragt werden. Wir erwarten, daß aus diesem Forschungsvorhaben viele praktische Hinweise für die Gesundheitsförderung in der Arbeitswelt hervorgehen werden.

8 Gesundheitszirkel in einem Stahlwerk: ein erfolgreicher Ansatz*

Wolfgang Slesina

Psychosoziale Stressoren und statische körperliche Anforderungen gewinnen in der Arbeitswelt zunehmend an Bedeutung.

Es gibt zahlreiche Hinweise darauf, daß psychosoziale Belastungen wie Zeitdruck, Verantwortung für die Sicherheit anderer, Konflikte mit Kollegen und Vorgesetzten das psychosomatische Wohlbefinden und die Gesundheit von Arbeitnehmern beeinträchtigen können. Solche Faktoren können zu chronischen Erkrankungen wie Herz-Kreislauf-, Magen-Darm-, aber auch rheumatischen Erkrankungen beitragen. Doch psychosoziale Arbeitsbelastungen und die mit ihnen verbundenen Gesundheitsrisiken werden bisher im Arbeitsschutz wenig beachtet.

Es ist einzuräumen, daß hierbei einige grundlegende methodische und praktische Probleme bestehen. Chronische Erkrankungen, wie die oben erwähnten, ergeben sich in der Regel aus dem Zusammenspiel mehrerer Faktoren wie erblicher Disposition, Verhaltensweisen, Arbeitsbedingungen etc. Die Arbeitsbelastungen bilden lediglich eine Gruppe von Risiken unter anderen. Daher ist es schwierig zu ermitteln, welche Arbeitsbedingungen für solche Erkrankungen bedeutsam sind und welche präventiven Maßnahmen geeignet sein könnten.

Um diese Schwierigkeiten zu überwinden, hat das Institut für Medizinische Soziologie der Universität Düsseldorf 2 Verfahrensansätze entwickelt: Das 1. Verfahren bezweckt, Hinweise auf möglicherweise gesundheitsschädliche psychosoziale und physische Arbeitsbedingungen im Betrieb zu gewinnen (betriebliche Epidemiologie). Das 2. Verfahren hat eine praktische Ausrichtung und strebt eine gesundheitsgerechte Arbeitsgestaltung an (Gesundheitszirkel).

8.1 Betriebliche Epidemiologie

Die betriebliche Epidemiologie zeigt jene Arbeitsbereiche in einem Betrieb auf, wo hohe Arbeitsbelastungen vorliegen und zugleich bestimmte Krankheitsraten erhöht sind. Es handelt sich also um ein Verfahren, um auf jene

[1] Das Verfahrenskonzept wurde gemeinsam von Prof. Dr. C. von Ferber, Prof. Dr. W. Pöhler, der Forschungsgruppe und dem Werk erarbeitet. Projektleitung: Dr. med. L. von Ferber, Priv.-Doz. Dr. W. Slesina; Projektmitarbeiter: Dipl.-Soz. F.-R. Beuels, Dr. med. I. Lorenz, Dipl.-ök. R. Sochert.

Tabelle 1. Prävalenzraten chronischer Krankheiten für ausgewählte belastungshomogene Tätigkeitsgruppen (altersstandardisierte Werte)

Tätigkeitsgruppen	n	Herz-Kreislauf-Kranke [%]	Magen-Darm-Kranke [%]	Halte-/Stützapparat-Erkrankte [%]
Deutsche Arbeitnehmer	2831	3,5	4	5
Schmelzer	39	0	2	14
Kranfahrer	137	5	6	4
Meister	95	14[a]	2	1
Stationsschlosser	91	0	8	3
Fahrer	72	3	9	4
Kaltwalzer	42	2	12[a]	3

* $P < 0.05$

Arbeitsplätze aufmerksam zu machen, wo Arbeitnehmer einem erhöhten Gesundheitsrisiko unterliegen.

Hierzu im folgenden einige Ergebnisse aus einer Untersuchung in einem Stahlwerk (Tabelle 1). Nur deutsche Arbeiter, die mindestens 2 Jahre dem Werk angehörten, wurden berücksichtigt. In dieser Population wiesen (gemäß den zugrundegelegten Kriterien) 3,5 % der Arbeiter chronische Herz-Kreislauf-Erkrankungen auf, 4 % chronische Magen-Darm-Erkrankungen und 5 % chronische Erkrankungen des Halte- und Stützapparates.

- Bei der Gruppe der *Schmelzer* war die Rate chronischer Erkrankungen des Halte- und Stützapparates signifikant höher als im Durchschnitt des gesamten Werkes. Die Arbeitsbedingungen der Schmelzer sind durch starke körperliche und einige psychosoziale Anforderungen charakterisiert, aber auch durch Einflüsse wie Hitze, Zugluft etc.
- In der Gruppe der *Meister* war die Rate chronischer Herz- Kreislauf-Erkrankungen signifikant höher als im Werksdurchschnitt. In der Gruppe der *Kranfahrer* fanden sich leicht erhöhte Raten chronischer Herz-Kreislauf- und Magen-Darm-Erkrankungen. Beide Gruppen, Meister und Kranfahrer, unterliegen bei ihrer Arbeit starken psychosozialen Stressoren in Verbindung mit körperlicher Inaktivität bzw. sitzender Arbeitshaltung.
- Erhöhte Raten an chronischen Erkrankungen des Magen-Darm-Traktes wurden ferner in den Gruppen der *Fahrer*, *Kaltwalzer* und *Stationsschlosser* gefunden. In allen 3 Gruppen lagen u. a. starke psychosoziale Arbeitsanforderungen vor.

Doch wie ist es möglich, von solchen Risikoindikatoren zu praktischen Maßnahmen der Prävention fortzuschreiten? Hierzu haben wir ein Verfahren mit Gesundheitszirkeln entwickelt, das gegenwärtig in dem gleichen Stahlwerk erprobt wird. Das Verfahren könnte allerdings auch ohne vorherige betriebliche Epidemiologie praktiziert werden.

Abb. 1. Arbeitsformen der Gesundheitszirkel

Zirkel	*Schriftliche Befragung*
1. Definition beanspruchender Arbeitssituationen im Gesundheitszirkel	2. Befragung aller Beschäftigten über Belastungs-Beschwerden-Zusammenhänge

3. Ergebnisse der Befragung

Die Beziehungen zwischen Streß, Stressoren und psychosomatischen Beschwerden werden im Gesundheitszirkel diskutiert und spezifiziert.

4. Entwicklung von Vorschlägen

Diskussion von Vorschlägen zur gesundheitsgerechten Arbeitsgestaltung.

5. *Realisierung* der Vorschläge.

8.2 Gesundheitszirkel – der Schlüssel für die Beteiligung

Die grundsätzliche Idee unseres Interventionsansatzes besteht darin, das verfügbare Wissen aller Gruppen eines Betriebes zu nutzen, die direkt oder indirekt mit Arbeitsbelastungen und arbeitsbedingten Gesundheitsproblemen befaßt sind. Im Zentrum des Verfahrens stehen Gesundheitszirkel, die normalerweise aus 8–9 Mitgliedern bestehen: 3 Arbeitern (z. B. 2 Kranfahrern und einem Mitarbeiter der Bodenmannschaft), dem Meister, dem Betriebsarzt oder einem anderen Arbeitsschutzexperten (Sicherheitsingenieur, Ergonom), dem örtlichen Betriebsrat, dem Betriebsleiter sowie Mitgliedern unserer Forschungsgruppe, die die Zirkelsitzungen leiten.

Für 2 Tätigkeitsgruppen, und zwar die Kranfahrer des Schmelzbetriebes und die Stationsschlosser des Schmiedebetriebes, wurden Gesundheitszirkel gebildet: 4 Zirkel mit Kranfahrern und 3 Zirkel mit Stationsschlossern. Wie bereits erwähnt, wiesen beide Gruppen erhöhte Raten chronischer Erkrankungen auf. Jeder Zirkel kam alle 3–4 Wochen zu einer einstündigen Sitzung zusammen. Insgesamt absolvierte jeder Zirkel 12 solcher Treffen. Die Aufgaben der Gesundheitszirkel waren zweifach:

- Zum einen sollten die spezifischen Arbeitssituationen beschrieben werden, die mit bestimmten psychosomatischen Beschwerden verknüpft sind,
- zum anderen sollten für solche Arbeitssituationen mögliche Präventionsmaßnahmen erörtert und entwickelt werden.

Den 12 Sitzungen jedes Zirkels lag folgendes Programm zugrunde (Abb. 1):

1) Im ersten Schritt wurden einige *Regeln der Zusammenarbeit* im Zirkel vereinbart, um für jedes Zirkelmitglied gleiche Teilnahmebedingungen

zu schaffen. Solche Regeln sind wegen der sehr heterogenen Struktur eines Gesundheitszirkels (Laien und Experten, Arbeiter und Vorgesetzte) erforderlich. Nach der Regelvereinbarung wurden die Arbeiter gebeten, jene Arbeitssituationen zu beschreiben, die sie als beanspruchend und für sich als problematisch einstufen. Dabei waren jene Situationen von besonderem Interesse, die von mehreren Arbeitern, z. B. von mehreren Kranfahrern, als stark beanspruchend bezeichnet wurden.

2) Im nächsten Schritt wurden Beziehungen zwischen beanspruchenden Arbeitssituationen und psychosomatischen Beschwerden ermittelt. In einer *schriftlichen Befragung* wurde alle Kranfahrer und Stationsschlosser der ausgewählten Betriebe befragt. Die Arbeitnehmer wurden um Mitteilung gebeten, welche Beschwerden sie in welchen Arbeitssituationen verspüren.
3) Die *Ergebnisse* der Untersuchung wurden in aggregierter Form in die Zirkel rückübermittelt, wo sie als Grundlage weiterer, vertiefender Diskussionen dienten. Jene arbeitsbedingten Beschwerden waren von besonderem Interesse, die sowohl in der schriftlichen Befragung als auch im Zirkelgespräch gehäuft genannt wurden.
4) Darauf folgte die *Suche nach Änderungsmöglichkeiten* im Sinne präventiver Maßnahmen.
5) Abschließend wurden die *Vorschläge* des Gesundheitszirkels zur *gesundheitsgerechten Arbeitsgestaltung* unter dem Gesichtspunkt der finanziellen, technischen und organisatorischen Machbarkeit *beurteilt.* Es folgte – soweit möglich – die *Realisierung der Vorschläge.*

8.3 Welche Ergebnisse gibt es?

In jedem Zirkel wurden durchschnittlich 100 Arbeitsaspekte als stark beanspruchend oder als anderweitig problematisch eingestuft. Von ungefähr 60 Situationen der Kranfahrer und 50 Situationen der Stationsschlosser läßt sich sagen, daß sie für die Gruppe als ganze, nicht nur für das Individuum, beanspruchend sind. Beispielsweise gaben die Kranfahrer gehäuft a) die Konzentrationsanforderungen und b) Konflikte mit Kollegen als sehr beanspruchend an.
Starke Konzentrationsanforderungen sind beispielsweise mit folgenden Arbeitssituationen verbunden:

- Der Kranfahrer hat u. a. den geschmolzenen, glühenden Stahl in den Konverter umzufüllen. Dies ist aufgrund von Sichtproblemen mit Risiken verbunden. Der Kranfahrer kann beim Umfüllen den Konverter verfehlen und den unten stehenden Kollegen verletzen.
- Sichtschwierigkeiten bestehen bei Rückwärtsfahrt des Krans oder wenn der Kranfahrer größere Behälter anhebt, die die Sicht verdecken, oder wenn er durch starkes Sonnenlicht geblendet wird.

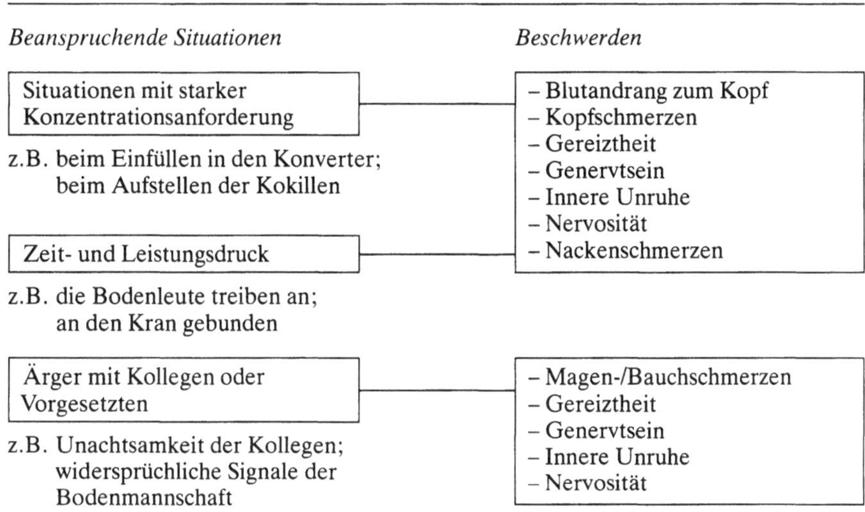

Abb. 2. Zuordnung von beanspruchenden Arbeitssituationen zu psychosomatischen Beschwerden bei Kranführern (n = 23)

- Eingeschränkte Sichtbedingungen können ferner vorliegen, wenn der Kranfahrer in Zusammenarbeit mit seiner Bodentruppe die Kokillen aufstellt bzw. abräumt.

Konflikte mit Kollegen ergeben sich beispielsweise, wenn die Bodenmannschaft dem Kranfahrer unterschiedliche oder widersprüchliche Zeichen gibt. Mitunter erhält der Kranfahrer gleichzeitig von 5 oder 6 Kollegen widersprüchliche Signale.

In der schriftlichen Befragung ordneten die Kranfahrer des Schmelzbetriebes den Arbeitsbelastungen die Beschwerden zu, die sie in solchen Arbeitssituationen verspüren (Abb. 2), z. B.:

- Die *Konzentrationsanforderungen* und der *Zeitdruck* führen häufig zu Blutandrang im Kopf, Kopfschmerzen, Nervosität, Gereiztheit, Nackenschmerzen;
- Probleme mit Kollegen oder Vorgesetzten führen häufig zu Magenschmerzen, Nervosität, Gereiztheit.

Anschließend wurden diese Ergebnisse in den Zirkeln eingehend besprochen. Schrittweise wurde geklärt, welche konkreten konzentrationsintensiven Arbeitsphasen typischerweise mit welchen Beschwerden einhergehen, und es wurde untersucht, aufgrund welcher Konstellationen sich Konflikte ergeben, die ihrerseits zu bestimmten Beschwerden führen.

Jeder Zirkel entwickelte 30–60 Verbesserungsvorschläge. Im folgenden einige Beispiele für Vorschläge der Kranfahrer, wie ihre Arbeitssituation zu verbessern sei:

- Anbringen von Spiegeln, Monitoren, bessere Ausleuchtung, Verwendung von nichtreflektierendem Glas, um Unfallrisiken sowie Konzentrations- und Verantwortungsprobleme zu verringern.
- Andere Vorschläge lauteten z. B., die Sicherheitsinstruktionen für die Mitarbeiter der Bodenmannschaft zu verstärken, um riskante Verhaltensweisen und die sich aus ihnen ergebenden Konflikte zu reduzieren. Ferner solle den Kollegen der Bodenmannschaft die Möglichkeit gegeben werden, gelegentlich im Kran mitzufahren, damit sie ein besseres Verständnis und eine größere Empathie für die Probleme des Kranfahrers gewinnen.

Bisher wurden einige Verbesserungsvorschläge bereits verwirklicht, die Umsetzung weiterer Vorschläge ist geplant.

8.4 Ein positives Ergebnis

Die Gesundheitszirkel vermitteln die Möglichkeit, jene Arbeitsbedingungen in einem Betrieb herauszufiltern, die für gesundheitliche Beschwerden bedeutsam sind und die längerfristig ein Gesundheitsrisiko für die Arbeitnehmer darstellen können. Ferner sind die Zirkel in der Lage, präventive Maßnahmen zu entwickeln und damit zur gesundheitsgerechten Arbeitsgestaltung beizutragen. Das Verfahren erscheint grundsätzlich auf andere Betriebe übertragbar.

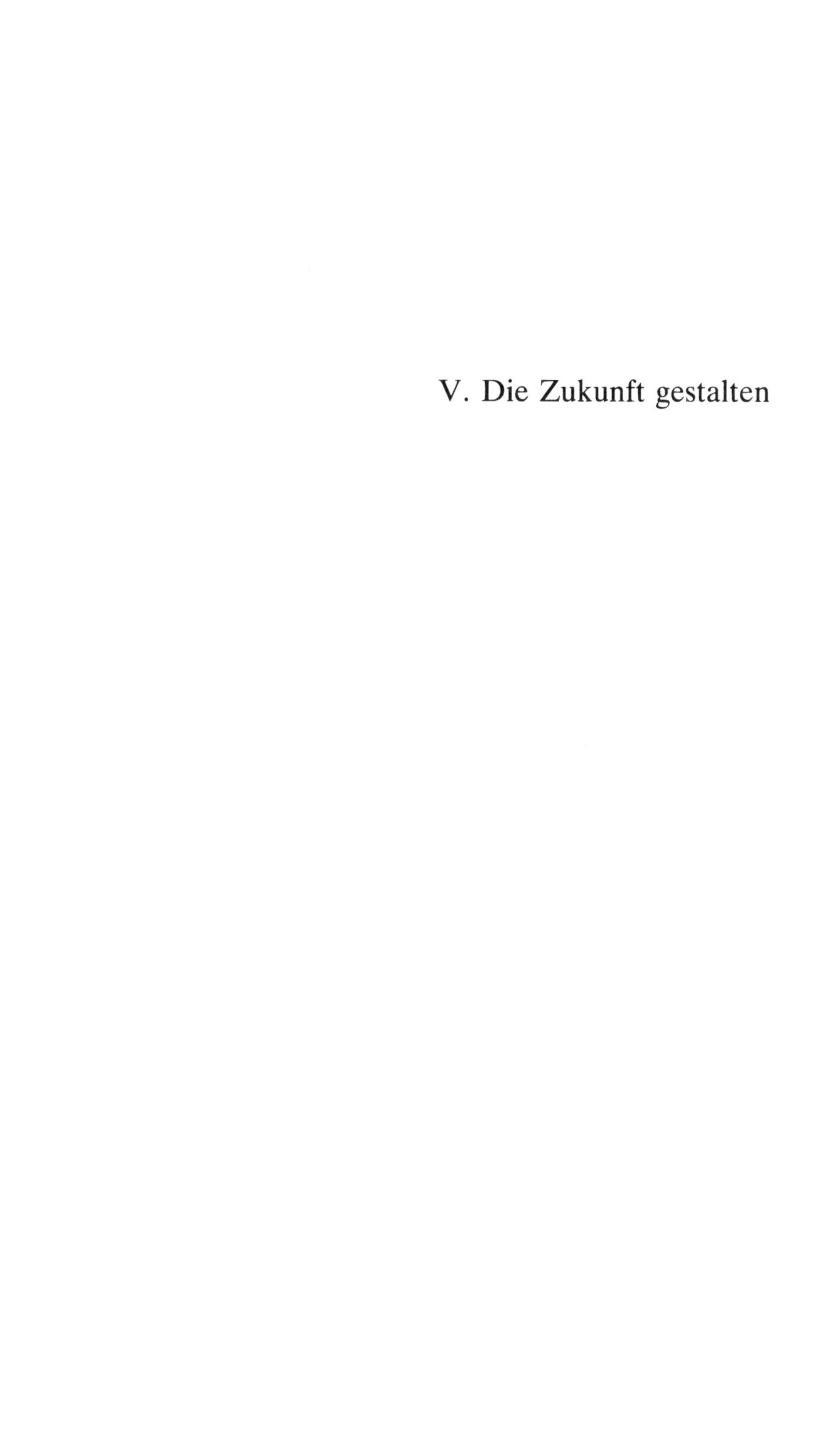

V. Die Zukunft gestalten

Einführende Bemerkungen

Welches Bild kann man sich von der Zukunft der Arbeit im Jahr 2000 machen? Die Abkehr von der Arbeitsgesellschaft als langfristiger Trend wird für wahrscheinlich gehalten. Dieser Trend wird flankiert durch eine zunehmende Technisierung und Computerisierung der Arbeit und beherrscht durch die Spaltung der Gesellschaft in 2 Gruppen: Erwerbstätige und Erwerbslose.

Dabei wird der Anteil der Erwerbslosen an der Gesamtbevölkerung steigen. Die Erwerbstätigen werden zunehmend eine Elite der Gesellschaft darstellen, die ein hohes Einkommen erzielt. Die Erwerbslosen dagegen werden über ein garantiertes Einkommen abgesichert. Eine Neuorganisation des Arbeitslebens wird für wahrscheinlich gehalten. Sie umfaßt folgende Punkte: Dezentralisierung und eine Reintegration von Wohnen und Arbeiten. Neben hochspezialisierten, zentralisierten Großorganisationen werden deshalb zunehmend auch kleine, dezentralisierte Arbeitsformen wie Arbeitsgemeinschaften in der Nachbarschaft oder Heimarbeit an Bedeutung gewinnen. In diesem Zusammenhang werden die Arbeitnehmer in Zukunft mehr Kontrolle über die Arbeit gewinnen; eine Demokratisierung der Wirtschaft insgesamt wird möglich werden. Alles in allem ist abzusehen, daß in Zukunft unkonventionelle Arbeitsformen (Nachbarschaftshilfe, Selbsthilfe, unbezahlte Arbeit), dezentralisierte Arbeitsstätten (Heimarbeit) und der Dienstleistungssektor zunehmend wichtiger werden.

Wie können Modelle zur Gesundheitsförderung in der Arbeitswelt diese Entwicklungslinien berücksichtigen? Welche Schritte, die die alternativen Zukünfte der Arbeit betreffen, müssen *jetzt* überlegt werden – und welche bezüglich der Zukünfte von den vielen anderen Aspekten des Lebens, und wie sind die wiederum auf die Arbeitswelt bezogen?

Wie könnte eine gesündere Zukunft aussehen – und was kann getan werden, die wesentlichen Fragen immer wieder aufzuwerfen, und wie können diese Probleme bei der Entwicklung von Strategien zur Gesundheitsförderung Berücksichtigung finden?

1 Szenarien für Lebensweisen und Gesundheit

James Robertson

Wie kann man Menschen helfen, ihre Lebensweisen zu ändern und damit ihre Gesundheit zu verbessern? Welche Probleme müssen dabei gelöst werden und von wem? Wie kann man den einzelnen und die Gemeinschaft unterstützen, daß für sie die gesündere Alternative auch die einfachere Alternative wird? Bei der Erarbeitung einer langfristigen Strategie zur Förderung der Gesundheit müssen die Antworten auf diese Fragen in einem zeitlichen Rahmen von mindestens 15 Jahren gesehen werden.

In einem derartigen Zeitraum kann sich vieles ändern und niemand weiß sicher, was sich ändern wird, bzw. in welche Richtung eine mögliche Änderung gehen wird. Manche meinen, daß die Periode raschen Wandels bereits begonnen hat, die in 20–30 Jahren zu einer ebenso großen Transformation der Gesellschaft und der Wertsysteme sowie der Lebensweisen führen wird wie die industrielle Revolution. Doch gleichgültig welcher Ansicht man sein mag, werden sich Vorschläge, durch welche Menschen befähigt und ermutigt werden sollen, gesündere Lebensweisen anzunehmen, die aber die Möglichkeit von Veränderungen unberücksichtigt lassen, wahrscheinlich als wirkungslos oder irreführend erweisen. Hier können Szenarien weiterhelfen.

In diesem Beitrag werde ich beschreiben, was man unter Szenarien versteht und welche Bedeutung ihnen in bezug auf Lebensweisen und Gesundheit zukommt. Ich werde 3 Szenarien für die Zukunft der industrialisierten Gesellschaft aufstellen, auf Veränderungen in den persönlichen Werten hinweisen, die Lebensweisen und Gesundheit beeinflussen können, und 3 Szenarien für die zukünftige gesundheitliche Versorgung daraus ableiten. Schließlich möchte ich die Rolle von Szenarien in einer Strategie zur Gesundheitsförderung beschreiben und spezielle Vorschläge dazu machen.

Zuerst müssen jedoch noch 2 Punkte geklärt werden. *Erstens* definiere ich „Lebensweisen" ausschließlich als die Art und Weise, wie Menschen leben. Sie können auf mehr oder weniger gesunde Art leben, und unser Ziel ist es, ihnen zu einer gesünderen Lebensweise zu verhelfen. *Zweitens* beschränkt sich dieser Beitrag auf die Zukunft der heute hochindustrialisierten Gesellschaften und die Lebensweisen der Menschen in diesen Gesellschaften. Das Konzept der Szenarien ist zwar auch für andere Gesellschaften, z. B. jene der 3. Welt, anwendbar, doch müßten andere Szenarien, als die hier beschriebenen, verwendet werden.

1.1 Szenarien

Ein Szenario ist die Beschreibung einer zukünftigen Entwicklungsmöglichkeit. Es ist eine „mögliche Zukunft" und kann entweder aus einer rein qualitativen Beschreibung der Zukunft in Worten und Bildern bestehen oder auch quantitative Fortschreibungen umfassen, wobei zu gewissen Zeitpunkten bestimmten Schlüsselvariablen Zahlen zugeordnet werden. Da die Zukunft unendlich unsicher ist, kann theoretisch eine unendliche Zahl von Szenarien erstellt werden, und einige Futurologen benutzen daher auch Computer zur Erstellung einer Vielzahl möglicher Zukunftsmodelle.

In der Praxis wird jedoch eine weitaus geringere Zahl von Szenarien zur Abdeckung aller relevanten Möglichkeiten verwendet. So genügen z. B. Wirtschaftskonzernen meistens 3 verschiedene Entwürfe, basierend auf starkem, mittlerem und geringem Wirtschaftswachstum; diese begrenzte Anzahl von Möglichkeiten hilft ihnen bei der Prüfung der für sie voraussichtlich wichtigstens Eventualitäten. Eine neuere Untersuchung über die Zukunft der Gesundheitspolitik (Bezold u. Carlson 1984) basiert auf 4 möglichen Varianten der Zukunft für die USA: „Rückschritt und Stagnation", „Disziplinierte Gesellschaft", „Kontinuierliches Wachstum" und „Transformation". Diese Kategorien entsprechen ziemlich genau den letzten 4 der 5 Szenarien, die ich an anderem Ort dargestellt habe (Robertson 1982): „Die Alles-wie-gehabt-Version", „Katastrophe", „Totalitäre Kontrolle", „Hyperexpansion (HE)" und eine „Vernünftige, menschliche und ökologische Zukunft (SHE)".[1] Im folgenden Abschnitt werden 3 dieser Szenarien erläutert: Die Alles-wie-gehabt-Version, HE und SHE.

Abgesehen von der Alles-wie-gehabt-Versaion basieren Szenarien dieser Art häufig auf der Möglichkeit, daß ein bestehender Trend (bzw. eine Reihe von Trends) dominierender wird als die anderen. Die hyperexpansionistische Version projiziert z. B. die existierende Tendenz zu immer größerer Abhängigkeit von einflußreichen Technologien, Organisationen und Spezialisierung. Das SHE-Szenario projiziert andererseits den Trend, auf diese wachsende Abhängigkeit mit Gegenmaßnahmen zu reagieren und Selbsterfüllung in Selbstversorgung und gegenseitiger Hilfe zu suchen. Das „Katastrophenszenario" greift die ebenfalls immer ausgeprägteren Anzeichen für den Zusammenbruch dieses abhängigen Lebens auf.

Es ist unwahrscheinlich, daß eines dieser Szenarien in all seinen Aspekten eintritt. Die tatsächliche Zukunft wird eher einige Trends aus allen Szenarien aufweisen. Szenarien sind bloß ein mehr oder weniger systematischer Weg, sich mögliche Herausforderungen, Chancen sowie andere möglicherweise relevante Entwicklungen in der Zukunft vorzustellen bzw. zu erarbeiten und bilden den Hintergrund für Entscheidungen über die verschiedensten Anliegen des Menschen, wie z. B. Gesundheit, Nahrung, Verkehr,

[1] Die Abkürzungen der beiden letzten Zukunftsmodelle Robertsons bedeuten im Englischen HE = ER (männliche Denkweise) und SHE = SIE (weibliche Denkweise). Diese Abkürzungen lassen sich leider nicht ins Deutsche übertragen.

Arbeit, Wirtschaft, Politik oder andere Aspekte des menschlichen Lebens. Szenarien zeigen nicht nur die verschiedenen Möglichkeiten auf, sie helfen auch zu klären, welche der heutigen Trends und Tendenzen dem entsprechenden Ziel – in unserem Fall der Verbreitung gesunder Lebensweisen – dienlich sind.

1.2 Werte

Ein Szenario ist also eine mögliche Zukunft. Es ist nicht unbedingt eine Prognose oder eine wahrscheinliche Zukunft, noch ist es unbedingt die erwünschte Zukunft.

Dennoch dürfen Wünsche und Werte nicht ignoriert werden. Erstens beinhalten verschiedene Szenarien einen höheren bzw. niedrigeren Grad der Veränderung der heute dominierenden Werte. So wurden z. B. in einer neueren Untersuchung (Martin u. Mason 1984) über die Zukunft von Freizeit und Arbeit soziale Einstellungen als eine Variable und Wirtschaftswachstum als zweite Variable verwendet. Dadurch ergaben sich 4 Szenarien:

Konventioneller Erfolg = hohes Wirtschaftswachstum + konventionelle Werte
Frustration = geringes Wirtschaftswachstum + konventionelle Werte
Transformiertes Wachstum = hohes Wirtschaftswachstum + transformierte Werte
Selbstbeschränkung = geringes Wirtschaftswachstum + transformierte Werte

Bei der Diskussion möglicher Zukunftsvarianten für Gesundheit müssen, ebenso wie bei der Arbeit, mögliche Änderungen der derzeitigen Werte berücksichtigt werden. Die Gesundheit ist mit den Werthaltungen der Menschen verbunden. Es besteht aber auch ein Zusammenhang zwischen Gesundheit und der Frage, ob und in welchem Umfang diese Werte der Menschen mit ihrem Leben und ihrer Umgebung harmonieren.

Ein zweiter wichtiger Aspekt in bezug auf Werte ist die bekannte Tatsache, daß wir, wenn wir an die Zukunft denken, sicher von unseren eigenen Wertvorstellungen beeinflußt werden. Das heißt, jeder von uns hat wahrscheinlich größeres Interesse an bestimmten Zukunftsalternativen und steht diesen positiver gegenüber als anderen. Leute, die behaupten, der Zukunft objektiv gegenüberzustehen, versuchen entweder ihre Voreingenommenheit zu verbergen oder sind sich ihrer überhaupt nicht bewußt. Das gilt besonders für Personen, deren Voreingenommenheit die dominante Kultur einer Zeit reflektiert – d. h. heute Wissenschaftler, Experten und Regierungsvertreter. In diesem Zusammenhang ist wahrscheinlich vielen von uns nicht bewußt, in welchem Ausmaß unsere heutigen Wertvorstellungen unsere Vorstellungen über die Möglichkeit einer gesünderen Zukunft und deren Realisierung begrenzen. Diskussionen über die Erwünschtheit und Durchführbarkeit der verschiedenen Szenarien können dazu beitragen, unsere Wertvorstellungen zu verdeutlichen und uns mögliche andere Werte und Alternativen näherzubringen, deren wir uns früher nicht bewußt waren.

1.3 Soziale Umwelt, Werte und Gesundheit

Um die Aussichten auf gesündere Lebensweisen zu beleuchten, müssen wir mögliche Veränderungen in 3 wichtigen Bereichen berücksichtigen: Die Umwelt, in welcher die Menschen leben; die ihre Lebensweisen beeinflussenden Werte; und den Stellenwert der Gesundheit in ihrem Leben und im Leben ihrer Gesellschaft. Die 3 folgenden Abschnitte beschäftigen sich mit jedem dieser 3 Bereiche gesondert, doch ist ihre Trennung teilweise artifiziell, weshalb hier einige Worte über die zwischen ihnen bestehenden Zusammenhänge angebracht scheinen.

Die Umwelt, in der man lebt, spielt eine große Rolle bei der Bestimmung der Lebensweisen. Gleichzeitig sind aber die eigenen Werte und Präferenzen bis zu einem gewissen Grad ausschlaggebend für die Lebensweisen und leisten so ihren Beitrag zur Ausformung der Umwelt, in der man selbst mit anderen Leuten lebt. Das Verhältnis dieser Wechselbeziehung, also das Ausmaß, in dem die Umwelt die Lebensweisen der Menschen bestimmt, und das Ausmaß, in dem Leute aktiv ihre Umwelt formen, kann von Person zu Person variieren. Wir unterscheiden hier ein subjektives und ein objektives Element; einige Leute *verspüren* größere Freiheit in bezug auf ihre Umwelt als andere. Die in diesem Zusammenhang von ihnen gemachten Erfahrungen ind bis zu einem gewissen Grad für ihre Gesundheit relevant.

Dieses Aktiv-passiv-Verhältnis zwischen den Menschen und ihrer Umwelt ist auch abhängig von der jeweiligen Gesellschaft. Es ist einer der vielen Faktoren, die sich ändern oder gleichbleiben können. Daher wird es auch in verschiedenen Szenarien für die Zukunft in verschiedenen Formen auftreten. Besteht z. B. die Massenkonsumgesellschaft des spätindustriellen Zeitalters weiter, werden die meisten Menschen wahrscheinlich weiterhin das Gefühl haben, die Gesellschaft erlege ihnen vergleichsweise einheitliche Lebensweisen auf; eine andere Alternative für die Zukunft wäre hingegen, daß die Gesellschaft eine größere Normenvielfalt als heute anbietet und die Leute sowmit mehr Freiheit in der Wahl ihrer Lebensweisen bekommen.

In ganz ähnlicher Weise kann der Platz, den die Gesundheit im Vergleich mit anderen Anliegen in unserem Leben einnimmt, von Person zu Person variieren; ebenso kann die Gesundheit auch von ganzen Gesellschaften unterschiedlich bewertet werden. In spätindustriellen Gesellschaften erhält die gesundheit meistens einen sekundären Platz und ist passiv. Persönliche Besorgnis um die Gesundheit ist normalerweise eine Reaktion auf Krankheit; und unsere sog. Gesundheitsdienste und -berufe beschäftigen sich hauptsächlich mit Verletzungen und mehr oder weniger schweren Krankheiten. In einer geänderten Gesellschaft und einem geänderten persönlichen Wertsystem könnte die Gesundheit eine führende Rolle erhalten und die Erlangung und Erhaltung von Gesundheit zur obersten Priorität werden. Eine Verschiedbung in diese Richtung wäre eine der Möglichkeiten für die Zukunft. In diesem Szenario hätte die Erlangung von Gesundheit höhere Priorität als heute. Gesundheitliche Überlegungen würden bei Entscheidun-

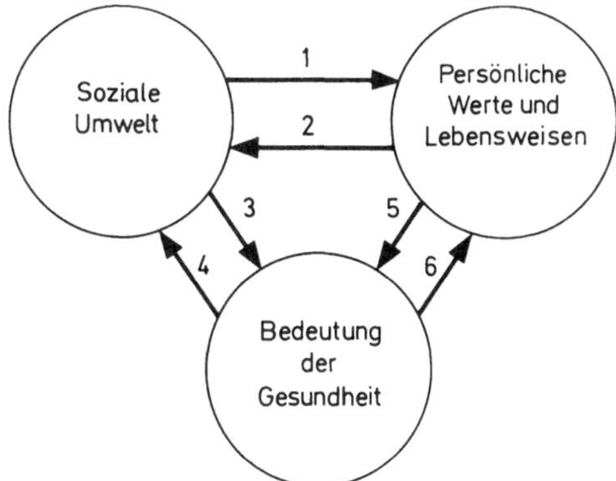

Abb. 1.

gen über Arbeit, Wohnen, Planung, Energiepolitik, Wirtschaftspolitik und andere Aspekte des Lebens eine aktive Rolle spielen.

Die 3 folgenden Abschnitte müssen daher in dem in Abbildung 1 aufgezeigten Zusammenhang verstanden werden, wobei die *Pfeile* die Richtung des Einflusses zwischen den einzelnen Bereichen angeben.

In den heutigen Industriegesellschaften sind die *Pfeile 1, 3* und *5* stark und die *Pfeile 2, 4* und *6* schwach. In einer Gesellschaft der Zukunft, in der persönliche Lebensweisen und die soziale Umwelt stark von gesundheitlichen Erfordernissen beeinflußt werden und in welcher persönliche Werte die soziale Umwelt stark beeinflussen, wären die *Pfeile 2, 4* und *6* stärker und die *Pfeile 1, 3* und *5* schwächer.

1.4 Soziale, physische und ökonomische Umwelt

Im folgenden werden zusammenfassend 3 Szenarien für die Zukunft von Industriegesellschaften besprochen: Das „Alles-wie-gehabt"-Szenario; die „Hyperexpansion (HE)"; und die „vernünftige, menschliche und ökologische Zukunft (SHE)". Sie repräsentieren nicht nur verschiedene Möglichkeiten, sondern auch verschiedene Werte, wobei die Werte des HE- und des SHE-Szenarios in starkem Gegensatz zueinander stehen. Von seinem eigenen Standpunkt aus gesehen, besitzt jedes dieser 3 Szenarien eine optimistische Zukunftsperspektive. Ihre jeweiligen Anhänger meinen, daß jedes von ihnen vielen Menschen Möglichkeiten für gesündere Lebensweisen bieten. Proponenten der HE- und SHE-Szenarien behaupten jeweils – im Gegensatz zur Meinung ihrer Kontrahenten –, daß ihr Szenario in Übereinstimmung mit ihren Gesundheitskonzepten die besten Aussichten für eine gesündere Zukunft biete. Viele Versionen des hyperexpansionistischen Szenarios sind in der Literatur vorhanden. Die Mehrheit der Wissenschaftler, Industriellen, politischen Kommentatoren und beruflich mit der Zukunft befaßten Akademiker gibt diesem Szenario noch immer den Vorzug.

Wie ich bereits angedeutet habe, basieren die HE- und SHE- Szenarien auf 2 starken, jedoch gegenläufigen Trends in den Industriegesellschaften von heute. HE vertritt die Akzentuierung des ausgeprägten Trends zu größerer Abhängigkeit von Organisationen, Technologien und Fachwissen, während das SHE- Szenario einen Richtungswechsel in Übereinstimmung mit dem wachsenden Trend der Betonung persönlicher Werte, Selbsthilfe und gegenseitiger Hilfe auf lokaler Ebene (Familie und Gemeinde) repräsentiert. Das Szenario „Alles-wie-gehabt" geht davon aus, daß diese beiden entgegengesetzten Trends zwar zweifellos weiterbestehen werden, jedoch keiner von ihnen stark genug ist, um das heutige Leben grundlegend zu ändern.

Die tatsächliche Zukunft wird zweifellos Elemente aus allen 3 Szenarien enthalten. Will man aber gesündere Lebensweisen fördern, wird man sich dennoch fragen müssen, welche wichtigen Chancen und Gefahren jedes dieser Szenarien für gesündere Lebensweisen beinhaltet. Welche Einstellung zur Gesundheitsförderung wird in den einzelnen Stenrien vertreten? Welches von ihnen ist voraussichtlich für gesunde Lebensweisen am besten geeignet? Welchem sollte daher der Vorzug gegeben werden?

Es ist unmöglich, hier umfassende Antworten auf diese Fragen zu geben. Zu Illustrationszwecken wollen wir uns jedoch kurz überlegen, was in jedem der 3 Szenarien mit der Arbeit passieren wird. Stellen wir uns einige Unterschiede in den Lebensweisen und Aktivitäten vor, die diese verschiedenen Arten der Arbeit in der Zukunft für Männer und Frauen, für Alte und Junge enthalten, und betrachten wir die gesundheitlichen Folgerungen, die sich daraus ergeben könnten. So werden z. B. in der Alles-wie-gehabt-Version Vollbeschäftigung – und sollte diese nicht erreicht werden – Sondereinrichtungen für die Gesundheitsbedürfnisse Arbeitsloser und ihrer Familien die Priorität in bezug auf gesunde Lebensweisen darstellen; im HE-Szenario wird dem Angebot gesunder Freizeitaktivitäten für nichtarbeitende Menschen Priorität gegeben; und im SHE-Szenario erhalten das Vorhandensein von Arbeitsraum und Arbeitseinrichtungen im eigenen Heim und auf lokaler Ebene Priorität.

Es ist nicht notwendig, die negativen Szenarien „Katastrophe" bzw. „Rückschritt und Stagnation" oder „Frustration" hier im Detail zu erläutern. Die gesundheitlichen Implikationen eines negativen Szenarios sind ganz offensichtlich. Man würde von immer schlechter werdenden Gesundheitsdiensten verlangen, die immer gravierenderen Probleme von immer kränkeren Gesellschaften zu bewältigen. Diese Möglichkeit kann natürlich nicht ausgeschlossen werden. Doch für unsere gegenwärtigen Zwecke genügt es, zu erkennen, daß wir eine positivere Zukunft brauchen, wenn wir gesündere Gesellschaften und ein gesünderes Leben für die Menschen schaffen wollen.

Es scheint mir auch nicht notwendig, hier im Detail über die Szenarien „Totalitäre Kontrolle" oder „Disziplinierte Gesellschaft" zu berichten, in welchen die Versorgung mit Gütern und Dienstleistungen direkt durch den Staat eine zentrale Rolle in der Gesellschaft einnimmt. Die Folgerungen für

Gesundheit und Lebensweisen in einer derartigen Gesellschaft sind leider nicht vorstellbar. Es gibt aber auch Beispiele aus der Realität für solche Gesellschaften, und für unsere Zwecke scheint es besser, dieses Szenario als eine Variante der „Alles-wie-gehabt"-Version anzusehen. Ob die dominierende Rolle in der Gesellschaft von kommerziellen Organisationen im sog. Privatsektor oder von staatlichen Organisationen im sog. öffentlichen Bereich eingenommen werden soll, ist eines der zentralen Anliegen der Politik der heutigen industrialisierten Welt, die – wie das Szenario „Alles-wie-gehabt" annimmt – weiterhin von einer dieser beiden Organisationen dominiert werden muß.

1.5 Lebensweisen und sozialer Wandel: 3 Szenarien

Siehe nachstehende Tabellen

1.6 Werte und Lebensweisen

Szenarien für Werte und Lebensweisen sind belastet mit konzeptionellen Problemen: Was verstehen wir unter Werten, welchen Zusammenhang haben sie mit Ansichten, Wahrnehmungen, Annahmen, Einstellungen, Meinungen, Vorlieben, Hoffnungen und Ängsten? Wie beeinflussen Werte das Verhalten der Menschen? Obwohl es auf diese Fragen keine einfachen Antworten gibt, sind Zukunftsplaner in Wirtschaft und Politik, ebenso wie Sozialwissenschaftler der Ansicht, daß ein gewisses Verständnis der persönlichen und gesellschaftlichen Werte zur Untersuchung der Möglichkeiten sozialen Wandels erforderlich ist. Einige Beispiele für Ergebnisse aus letzten Untersuchungen auf diesem Gebiet:

„SRI International" hat über einen viele Jahre umfassenden Zeitraum die Werte und Lebensweisen der Amerikaner im Zusammenhang mit der Kosumwirtschaft untersucht (Mitchell 1983). Die dabei erstellten 3 Hauptkategorien für Konsumenten lauten: *bedürfnisgesteuert, von außen gesteuert* und *von innen gesteuert.* Die Konsumgewohnheiten der 1. Kategorie werden von ihren Grundbedürfnissen und ihrem Geldmangel bestimmt; jener der 2. Kategorie werden von dem Bedürfnis geleitet, zu den Ersten zu gehören, mit ihnen zu wetteifern und als Erfolgsmensch zu gelten; die Konsumgewohnheiten der 3. Kategorie werden von dem Bedürfnis gelenkt, sich selbst auszudrücken, zu erfahren, zu partizipieren und gesellschaftliches Bewußtsein zu besitzen – indem man z. B. Dinge wie Erhaltung und Schutz der Umwelt und Konsumentenschutz unterstützt. (Eine vierte, integrierte Kategorie wurde für „die seltenen Leute" eingerichtet, „die alle Merkmale in sich vereinen. Sie beherrschen die Kraft des Einflusses von außen durch das Feingefühl der Steuerung von innen." Es gibt jedoch nur weniger dieser Musterexemplare und man kann sie empirisch nicht nachweisen.)

Ein wichtiges Ergebnis dieser Studien ist die Verlagerung der von außen gelenkten zu von innen gelenkten Werten. Die folgenden Aufzählungen sollen die Art dieser Verlagerung erläutern:

Tabelle 1. Lebensweisen und sozialer Wandel: Drei Szenarien

Alles-wie-gehabt	HE (Hyperexpansion)	SHE (Vernünftig, menschlich, ökologisch)
Arbeit		
Vollbeschäftigung kann wiederhergestellt werden und Anstellung bleibt die dominierende Arbeitsform. Andere Tätigkeiten (z. B. Hausarbeit, Familie, freiwillige Arbeit) behalten ihren niedrigen Status. Es besteht weiterhin eine scharfe Trennung zwischen Ausbildung für Jugendliche, Arbeit für Erwachsene und Pensionierung für Alte, aber auch zwischen Arbeit und Freizeit.	Vollbeschäftigung wird nicht hergestellt. Alle erforderlichen Arbeiten werden von einer geschulten Elite von Fachleuten und Experten, unterstützt von Automatisation, anderen kapitalintensiven Technologien und Fachwissen, ausgeführt. Die übrigen Menschen arbeiten nicht. Sie konsumieren bloß die von der arbeitenden Minorität hergestellten Güter und Dienstleistungen – einschließlich Freizeit-, Informations- und Bildungseinrichtungen. Die Gesellschaft zerfällt in Arbeiter und Drohnen (Kahn 1977; Bell 1976).	Vollbeschäftigung wird nicht hergestellt. Arbeit wird neu definiert und umfaßt – abgesehen von bezahlter Arbeit – viele Arten nützlicher und hochbewerteter Tätigkeiten. Bezahlte und unbezahlte Arbeit wird gleichmäßiger – z. B. zwischen Männern und Frauen – aufgeteilt. Teilzeitbeschäftigung ist die Regel. Viele verschiedene Arbeitsformen sind je nach Umständen und Präferenzen der Arbeitenden möglich. Haushalt und Nachbarschaft werden zu anerkannten Arbeitsplätzen und Produktionsstätten. Sowohl alte als auch junge Menschen haben angesehene Arbeiten. Arbeit und Freizeitaktivitäten überschneiden sich (Robertson u. Pritchard 1981).
Geld – Einkommen		
Bezahlte Arbeit bleibt die Haupteinkommensquelle. Die Gesellschaft zahlt weiterhin Leuten, die aus dieser Norm herausfallen, ein Mindesteinkommen, doch werden diese Personen, wenn sie im „arbeitsfähigen Alter“ sind, auch in Zukunft als Ausnahmefälle stigmatisiert.	Die geschulte, arbeitende Elite wird gut bezahlt. Vertreter dieses Szenarios können noch nicht sagen, auf welche Art und Weise alle anderen ein Einkommen beziehen werden. Vielleicht aus Dividenden, nach der Verstaatlichung aller Produktionsmittel? Oder aus Beihilfen, die durch hohe Steuern finanziert werden? Oder aber als Löhne für minderwertige Arbeiten?	Die Gesellschaft zahlt jedem ein gesetzlich festgelegtes Basiseinkommen und ermöglicht es den Leuten, sich die Zeit zwischen bezahlter und unbezahlter Arbeit selbst aufzuteilen. Personen, die nicht auf dieses Extraeinkommen angewiesen sind, weil sie mehr verdienen, bekommen es automatisch von der Steuer abgezogen, und zwar entweder von der Einkommensteuer oder von der Aufwandsteuer oder von einer Kombination beider Steuern.

Technologie		
Auch in der Zukunft werden neue Technologien um ihrer selbst willen entwickelt, weil Wissenschaftler und Techniker sie als Herausforderung empfinden und Industrie und Staat hoffen, daß sie Profite bringen und so die Leute dazu überredet werden können, sie zu benutzen. Es wird auch weiterhin Opposition gegen viele neue Technologien geben, weil angenommen wird, sie könnten gefährlich, ausbeutend, verschwenderisch, umweltgefährdend bzw. gesellschaftlich unerwünscht oder unnötig sein.	Noch mehr Anstrengungen und Ressourcen als heute werden für die Entwicklung neuer Technologien aufgebracht. Man ist der Meinung, daß es für alle Probleme technische Lösungen gibt und daß Technik immer Priorität haben soll. Dies gilt auch für die Entwicklung neuer Form von Gutachten und für das Vertrauen auf die Entscheidungen und Ratschläge von Experten. Opposition gegen diese Einstellung wird schwächer. Die Technik wird zum Herrn und Meister.	Die Entwicklung und Verbreitung bestimmter Arten neuer Technologien und Fertigkeiten bekommt hohe Priorität. Es handelt sich dabei um Technologien und Fertigkeiten, die es den Menschen ermöglichen, mehr für sich selbst bzw. für andere zu tun und ihre Abhängigkeit von externen Systemen, Organisationen und Fachleuten zu reduzieren. Besonders fortgeschrittene Kleintechnologie (einschließlich Mikroprozessoren) erweitert die Fähigkeit der Menschen, daheim und auf lokaler Ebene für sich selbst und für andere zu arbeiten (McRobie 1981; Toffler 1980). Dieses Szenario ist nicht antitechnologisch. Die Technik spielt eine wichtige Rolle, doch ist sie den Menschen untertan.
Wirtschaft		
Das Wirtschaftswachstum kann wieder hergestellt werden. Der von Industrie und kommerziellen Unternehmen erzielte Reichtum wird weiterhin zur Unterstützung staatlich finanzierter sozialer Dienste verwendet. Die industrialisierte Wirtschaft bleibt zentralisiert und große Firmen und staatliche Unternehmen behalten ihre dominierende Position. Institutionelle wirtschaftliche Tätigkeit ist die einzig wichtige, während informelle Tätigkeiten bedeutungslos sind.	Wirtschaftswachstum wird nur durch Konzentration auf hochtechnisierte Produktion und Vermarktung professioneller Dienstleistungen erreicht. Der dadurch entstandene Reichtum erfüllt die Bedürfnisse der Gesellschaft. Institutionelle wirtschaftliche Tätigkeit wird noch dominierender. Multinationale Konzerne nehmen eine noch wichtigere Stelle ein.	Die wichtigsten Bereiche des Wirtschaftswachstums und sozialen Fortschritts liegen in der informellen Wirtschaft (Robertson 1982; Robertson u. Pritchard 1981). Die Energien der Menschen werden zur Schaffung von Wohlstand und Wohlfahrt für sich und andere im eigenen Haushalt, in der Nachbarschaft und auf lokaler Ebene freigesetzt. Dabei finden viele Menschen eine befriedigende Beschäftigung, wodurch viele bestehende Hemmnisse für ein effizientes Funktionieren der institutionellen Wirtschaft beseitigt werden können. Im institutionellen Wirtschaftsbereich wird besonders bei Kleinunternehmen auf lokaler Ebene ein Zuwachs verzeichnet. Die Gemeinden werden durch Selbstversorgung wirtschaftlich von externen Unternehmern und Lieferanten unabhängiger.

Tabelle 1. Fortsetzung

Alles-wie-gehabt	HE (Hyperexpansion)	SHE (Vernünftig, menschlich, ökologisch)
Stadtplanung und Wohnen		
Städtisch-industrialisierte Formen von Lebensweisen, Arbeit und Mobilität werden weiterhin aufrechterhalten. Wohn- und Arbeitsstätten befinden sich weiterhin in getrennten Gebieten. Bei der Planung wird immer noch davon ausgegangen, daß der Wohnraum ausschließlich in der Freizeit und zu Konsumzwecken genutzt wird. Daher bleiben die Hausentwürfe unverändert. Land, Gebäude und Material für die Arbeit werden weiterhin vom Arbeitgeber zur Verfügung gestellt.	Durch die Entwicklung in Richtung Freizeitgesellschaft und Informationszeitalter wird die gebaute Umwelt neu gestaltet. Die Menschen verbringen mehr Zeit zu Hause, in regionalen Freizeiteinrichtungen (Schwimmbäder, Sportzentren etc.) und auf Reisen. Die neuen Freizeiteinrichtungen (einschließlich Ausbildungsstätten) erfordern viel Platz. Welche Auswirkungen das z.B. auf alte Stadtkerne haben wird, ist noch unklar.	Da ein Großteil der Arbeit, der Freizeit, des Lernens und der Versorgung im eigenen Heim, in der Nachbarschaft oder auf lokaler Ebene abgewickelt wird, benötigt man mehr Platz und mehr Einrichtungen. Haus- und Stadtpläne von heute, ebenso wie Planungsvorschriften, sind nicht mehr adäquat. Immer mehr Menschen beteiligen sich an der Planung und Errichtung ihrer eigenen Häuser und ihrer Umwelt. Es gibt mehr gemeinsame Mehrfamilienhaushalte und Häusergruppen, ebenso wie Wohngemeinschaften. Viele Leute brauchen Land, Gebäude und Geräte für ihre Arbeit. Die Besiedlungsdichte nimmt in alten Stadtkernen und ganz allgemein ab und es ergibt sich ein Trend zu einer gleichmäßigeren Besiedlung des ganzen Landes.
Verkehr		
Verkehr und Transport bleiben ziemlich unverändert zur heutigen Situation.	Fahrten zwischen Wohnstätte und Arbeitsplatz werden abnehmen, dafür gibt es mehr Reisen in der Freizeit.	Ein Abnehmen der Fahrten zwischen Wohn- und Arbeitsstätte wird nur teilweise durch verstärkte Reisetätigkeit in der Freizeit kompensiert (Adams 1981).

Energie		
Nutzung und Erschließung von Energie folgen den heutigen Trends. Veränderungen sind hauptsächlich durch Anpassung an Preisänderungen und das Gleichgewicht zwischen Angebot und Nachfrage zurückzuführen.	Der Energiebedarf steigt weiter, ebenso die Abhängigkeit von kapitalintensiven, zentralen, hochtechnisierten Energiequellen (z. B. Atomkraft). Einige wenige Kraftwerkzentren werden die Massen der Energiekonsumenten versorgen. Man verfolgt eine „harte" Energiepolitik.	Weniger energieintensive Arbeits-, Lebens- und Transportformen, verbunden mit Energiespeicherung und effizienterer Nutzung senken den Energiebedarf. Energieproduktion ist dezentralisiert. Es besteht mehr Autonomie auf regionaler und lokaler Ebene – und bis zu einem gewissen Grad auch in den einzelnen Haushalten, wo durch Speicherung, Wärmepumpen, Sonnenkollektoren etc. der Bedarf an extern erzeugter Energie gesenkt wird. Man verfolgt eine „weiche" Energiepolitik (Lovins 1977).
Nahrung		
Erzeugung, Verarbeitung und Verteilung von Nahrungsmitteln sowie der Nahrungsmittelkonsum werden weiterhin von agrarischer Großindustrie, industrieller Verarbeitung und Verteilung der fertigen, verpackten Nahrungsmittel durch Supermarktketten an Standardkonsumenten charakterisiert.	Ähnlich wie beim Szenario „Alles-wie-gehabt", jedoch mit stärkerer Betonung neuer landwirtschaftlicher und ernährungswissenschaftlicher Technologien. So werden z. B. ertragreichere Tierrassen und Getreidesorten gezüchtet; bei der Herstellung und Verarbeitung der Nahrung routinemäßig wichtige Bestandteile (z. B. Vitamine) hinzugefügrt und schädliche (z. B. Fette) entfernt. Die Leute essen auch öfters außer Haus; Schnellimbißketten sind Teil einer als Reaktion auf den „Freizeitmarkt" expandierenden Nahrungsmittelindustrie.	Wie im Energiesektor, kommt es auch hier zu größerer Selbstversorgung. Mehr Leute züchten als Kleinbauern, Nebenerwersbauern und Kleingrundbesitzer oder (für den Eigenbedarf) in ihren Gärten und Grundstücken ihre Nahrung selbst. Die Nahrungsmittelproduktion ist dezentralisierter und die Verteilerketten werden kürzer. Es gibt mehr Nahrungsmittelkooperativen. Das Essen wird in der Regel zu Hause zubereitet. Gemeinsames Einkaufen und Kochen für mehrere Familien könnten zunehmen (Lappe u. Collins 1979).

Tabelle 1. Fortsetzung

Alles-wie-gehabt	HE (Hyperexpansion)	SHE (Vernünftig, menschlich, ökologisch)
Ausbildung und Lernen		
Wie schon heute, findet die Ausbildung in Ausbildungsstätten durch ausgebildete Lehrer statt. Unterrichtet werden hauptsächlich junge Leute vor Erreichen des Alters, ab welchem sie normalerweise eine Ganztagsbeschäftigung haben sollten. Hauptziel ist, den Jugendlichen die entsprechenden Bescheinigungen auszustellen, mit welchen sie eine Arbeit bekommen und diese auch behalten können, sowie sie in die Massenbeschäftigungs- und Massenkonsumgesellschaft zu integrieren. Die Hauptkriterien einer guten Ausbildung bleiben Zeugnisse und Diplome, die man dafür vorweisen kann, sowie die Arbeitsmöglichkeiten, die durch die Ausbildung eröffnet werden.	Die Ausbildung wird in 2 Hauptgebiete gegliedert sein. Das erste qualifiziert die Person für eine hochangesehene Arbeit als Mitglied der technokratischen und professionellen Elite. Diese Art der Ausbildung wird hohes Prestige genießen. Im zweiten Hauptgebiet werden Leute in der Nutzung ihrer Freizeit unterwiesen, diese Ausbildung hat einen etwas niedrigeren Stellenwert. Beide Ausbildungsarten dauern im Prinzip ein Leben lang. In der hochtechnisierten Freizeitgesellschaft des Informationszeitalters wird Ausbildung zu einer der Industrien mit größtem Zuwachs. Es wird große Nachfrage nach fachlich qualifizierten und erfahrenen Lehrern bestehen.	Die Ausbildung konzentriert sich auf die Entwicklung von Fertigkeiten. Sie hilft den Menschen, alle für das Leben erforderlichen – physischen, intellektuellen, zwischenmenschlichen, emotionale – Fertigkeiten zu erlernen. Die Ausbildung ist auf ein Leben abgestimmt, in dem die meisten Leute Teilzeitbeschäftigungen haben und zusätzlich einer Menge nützlicher, lohnender Tätigkeiten für sich selbst, ihre Familien und ihre Nachbarn nachgehen. Man erkennt, daß man oft besser lernt, wenn man Arbeiten mit erfahrenen Leuten gemeinsam ausführt, statt in einer Klasse von einem ausgebildeten Lehrer unterrichtet zu werden (Hemming 1980).
Prinzipien		
Massenbeschäftigung, Massenkonsum, Abhängigkeit von Institutionen in bezug auf Arbeit, Güter, Dienstleistungen. Verpflichtung zur Anstellung. Organisatorische, maskuline und anthropozentrische Wertorientierungen. Interventionistisches, instrumentales Handeln. Analystische, reduzierende Denkensart.	Massenfreizeit, Massenkonsum. Anhaltende Abhängigkeit von Institutionen. Vermehrte Abhängigkeit von Technologie und Experten. Eine schizophrene Gesellschaft: Die Elite arbeitet intensiv, ist verantwortungsbewußt und sehr motiviert; die Massen genießen müßig ihre Nichtverantwortlichkeit. Technokratische Werte dominieren, organisatorische, maskuline und anthropozentrische Werte werden noch stärker betont.	Eine Verlagerung zu Selbsthilfe und Dezentralisierung bei der Produktion von Gütern und am Dienstleistungssektor. Reintegration von Arbeit mit anderen Aspekten des Lebens. Daraus ergibt sich ein neuer Sinn des Lebens. Persönliche Werte, feminine Werte, ökologische Werte. Experimentelles Handeln. Intuitives Bewußtsein.

Ehemalige Symbole für Erfolg

Ruhm,
Eintragung in „Who's Who",
fünfstelliges Gehalt,
Abschluß einer höheren Schule,
schönes Haus,
führende Position,
im Haus wohnende Angestellte,
jedes Jahr ein neues Auto.

Heutige Symbole für Erfolg

Geheimnummer (Telefon),
Konto bei einer Schweizer Bank,
Kontakte mit berühmten Leuten,
Büro ohne Schreibtisch,
Zweit- und Drittwohnung,
Vizepräsident sein,
in den Medien aufscheinen,
häufige Weltreisen.

Zukünftige Symbole für Erfolg

jederzeit Freizeit,
Anerkennung als kreativer Mensch,
Einheit von Arbeit und Vergnügen,
Entlohnung nicht bloß durch Arbeit, sondern durch Anerkennung und Zuneigung,
großes soziales Engagement,
unbekümmertes Lachen, ungeniertes Weinen,
philosophische Unabhängigkeit,
Liebe und zu sich selbst gefunden haben.

Die Aussage ist klar, auch wenn ein auf Symbole des Erfolges gelegtes Schwergewicht etwas über die Werte jener Menschen aussagt, von denen und für die diese Untersuchungen durchgeführt wurden.

In einem vor einiger Zeit erschienenen Buch bestätigt Yankelovich (1982) vom Meinungsforschungsinstitut Yankelovich, Skelly and White diesen Trend weg von (in seiner Terminologie) instrumentalen, materialistischen, technologischen, selbstverleugnenden Werten und eine Verschiebung zu Werten, die sich auf Selbstverwirklichung konzentrieren. Seiner Meinung nach basieren diese neuen Werte auf dem Bedürfnis, etwas um seiner selbst willen zu tun, und auf der Idee, daß Menschen an und für sich wertvoll sind. In einem anderen Buch schreibt Elgin (1981), früher Forscher bei SRI, über „das gesamte System praktischer Veränderungen, die von einer wachsenden Anzahl von Leuten in ihrem Leben vorgenommen werden . . . Diese neue Form zu leben wird ‚freiwillige Rückkehr zur Einfachheit' genannt." Elgin schätzt, daß 1980 ca. 10 Mio. Amerikaner mit Enthusiasmus ein Leben in selbstgewählter Einfachheit führten und daß dies durchaus „der dominierende Trend für die Mehrheit der Erwachsenen vieler westlicher Industrieländer im Jahr 2000" werden könnte. Die sich aus dieser selbstgewählten Einfachheit ergebende „Weltanschauung", welche Elgin der industriellen Weltanschauung gegenüberstellt, ähnelt sehr dem Wertsystem des SHE-Szenarios.

Die von SRI, Yankelovich und Elgin identifizierte Entwicklung zu Werten der Selbstverwirklichung wird durch das Auftreten von Umweltwerten und feministischen Werten verstärkt. Neuere Studien über die Einstellung zur Umwelt und das Verhältnis des Menschen zur Natur deuten auf Veränderungen in vielen Industrieländern hin; wir bewegen uns weg von der dominierenden westlichen Weltanschauung, daß Lebensqualität abhängig ist vom Materialismus, Industrialisierung und der Beherrschung der Natur durch den Menschen und suchen die Werte eines „neuen Umweltparadigmas" (Dunlap 1980). Untersuchungen über Frauen und die immer stärker werdende Frauenbewegung (in der weitesten Bedeutung dieses Ausdrucks) deuten darauf hin, daß eine starke Verlagerung von einer männlichen Denkweise und von männlichen Wertsystemen, die bis vor kurzem nicht hinterfragt waren, zu einer eher femininen (oder vielleicht androgynen) Wahrnehmungsstruktur und Bewertung von Tätigkeiten stattfindet. Immer mehr Leute empfinden die derzeitige Krise der Menschheit – Wettrüsten, Armut in der 3. Welt, Ausbeutung der Bodenschätze, Zerstörung und Verschmutzung der Biosphäre, Massenarbeitslosigkeit, Zivilisationskrankheiten etc. – als ein Krise männlicher Werte. Auch sind heute in zunehmendem Maß Männer in westlichen Industrieländern nicht länger bereit, ihrem Arbeitsplatz und anderen Verpflichtungen und Zielen höhere Priorität einzuräumen als ihrer Rolle zu Hause in der Familie.

In den begüterten Klassen wurde diese Verlagerung der Werte zweifellos anfänglich durch ein Gefühl materieller Sicherheit begünstigt. In den USA der 60er Jahre waren die jungen Leute von damals – die heute mittleren Alters sind – eine Generation, die nach einer Zeit des Mangels aufwuchs. Für sie war die Erfüllung ihrer materiellen Bedürfnisse selbstverständlich und ihre Bestrebungen verlagerten sich auf die nichtmateriellen Aspekte des Lebens. Doch in den 70er Jahren wurden die grenzen eines fortgesetzten Wirtschaftswachstums im herkömmlichen Sinn sichtbar und bald sahen sich die Industrieländer, einschließlich der USA, mit den Aussichten auf eine neuerliche Periode des Mangels konfrontiert. Gehen wir davon aus, daß die Verschiebung von alten männlichen, technologischen, materialistischen Werten zu neuen weiblichen, ökologischen, nichtmaterialistischen Wertorientierungen andauert, so geschieht dies nur zum Teil deshalb, weil diese neue Sicht nun wünschenswert scheint. Zum anderen Teil ist diese Verschiebung jedoch darauf zurückzuführen, daß man sie als Notwendigkeit akzeptiert.

Ich persönlich glaube, daß diese Verlagerung der Werte andauern wird, doch wird es dabei wahrscheinlich zu Verzerrungen kommen. Halten nämlich die wirtschaftliche Depression und die gespannte Arbeitsmarktsituation an, kann es bei einigen Leuten zu einem erneuten Aufleben materieller Prioritäten kommen, und eine gut bezahlte Arbeit sowie die damit verbundene konsumorientierte Lebensweise wird noch höhere Priorität erhalten als früher. Ein unlängst herausgegebener europäisch-nordamerikanischer Bericht über die sich verändernden Erwartungen der Gesellschaft läßt vermuten, daß es voraussichtlich zu einer Diversifizierung in den Werten und Bestrebungen verschiedener Personen, Gruppen – und bis zu einem gewissen Grad – den verschiedenen Ländern kommen wird. Sicherlich wird die Entwicklung verschiedenster Formen von Kommunikationsmitteln dazu beitragen, im Gegensatz zu den dominierenden Werten, die heute von den Massenkommunikationsmitteln der Massenkonsumgesellschaft dargeboten werden, den Menschen viele mögliche Lebensweisen nahezubringen.

Naisbitt (1982) identifiziert „10 neue Trends, die unser Leben verändern", einige von ihnen (z. B. Hilfe durch Institutionen – Selbsthilfe) scheinen von Wertänderungen unterstützt zu werden, denen andere (z. B. nationale Wirtschaft – Weltwirtschaft) widersprechen.

Es könnte auch eine stärkere Polarisierung der Wertsysteme und eine deutlichere Spaltung zwischen Personen, die an den alten, maskulinen, technologischen, materialistischen Werten festhalten, und den Anhängern der neuen, feminineren, ökologischen, nichtmaterialistischen Werte auftreten. Mit anderen Worten, es wäre eine wachsende Opposition zwischen den Verfechtern des HE- und SHE-Szenarios denkbar.

Diese Abhandlung über zukünftige Werte und ihre möglichen Auswirkungen auf die Lebensweisen in den nächsten 15–20 Jahren ist verständlicherweise kurz und nicht schlüssig. Wichtig dabei ist, daß Wertänderungen auch gesundheitliche Implikationen besitzen. Ein möglicher Standpunkt ist, daß eine von Werten wie Selbstverwirklichung, Ökologie und weiblichem Bewußtsein dominierte Gesellschaft eher gesünderen Lebensweisen zuträglich ist als eine instrumental, technologisch und männlich orientierte Gesellschaft, doch kann zweifellos auch die gegenteilige Ansicht vertreten werden.

1.7 Gesundheit – Priorität und Praxis

In diesem Abschnitt werde ich 3 Szenarien für Gesundheit vorstellen und eine Verbindung mit den in den letzten beiden Abschnitten besprochenen Veränderungen der sozialen Umwelt und der Wertorientierungen herstellen.

Im Gesundheitsszenario „Alles-wie-gehabt" besitzt die Gesundheit weiterhin eine vergleichsweise niedrige Priorität sowohl für die Gesellschaft als Ganzes als auch für das Leben des einzelnen. Statt die Schaffung einer gesunden Gesellschaft und die Freude eines gesunden Lebens als größte Priorität anzusehen, werden wir uns auch weiterhin nur mit der Gesundheit befassen, wenn wir bereits krank sind oder wenn das Risiko, krank zu werden, deutlich wird (z. B. Gesundheitsrisiken). Mit anderen Worten, unser Gesundheitskonzept bleibt kurativ und bis zu einem gewissen Grad präventiv, jedoch nicht aktiv gesundheitsfördernd. Unsere sog. Gesundheitsdienste werden sich auch in Zukunft hauptsächlich mit Krankheiten befassen und Leuten mit einer positiven Einstellung zu ihrer persönlichen Gesundheit werden die Ausnahmen von der Regel sein.

Auch die Debatte und der Streit zwischen den Vertretern der beiden Varianten des Szenarios „Alles-wie-gehabt" werden weitergeführt – d. h. zwischen den Befürwortern einer staatlichen gesundheitlichen und medizinischen Versorgung und den Befürwortern einer privaten Versorgung, die großteils durch private Krankenversicherungen finanziert werden sollte. In diesem Szenario wird diese Diskussion weiterhin das zentrale Thema der Gesundheitspolitik darstellen.

Die Durchführbarkeit des Gesundheitsszenarios „Alles-wie-gehabt" wird jedoch immer häufiger in Frage gestellt. In einigen Ländern (z. B. in Großbritannien und Schweden) lassen neuere Entwicklungen und Untersuchungen Zweifel darüber aufkommen, ob es möglich und erstrebenswert ist, weiterhin öffentlich finanzierte Gesundheits- und medizinische Dienste auszubauen, um der unbegrenzten Nachfrage zu entsprechen. Eine wichtige Studie über „Care in society" vom Swedish Secretariat for Future Studies (1982) kommt zu dem Schluß, daß die gegenwärtige Betreuungskrise sowohl auf eine Krise der Resultate als auch auf eine Finanzierungskrise zurückzuführen und ein neuer Ansatz erforderlich sei – basierend auf guten Lebensbedingungen, für welche die aktive Mitarbeit der Menschen nutzbar gemacht wird und dies ihnen ermöglichen, persönliche Verantwortung für gegenseitige Hilfe zu übernehmen und die sie betreuenden Fachleute zu kontrollieren. In anderen Ländern (z. B. in den USA) konnte man sehen, daß bei einer Finanzierung des Gesundheitswesens durch die Krankenkasse die Kosteneskalation noch schwieriger unter Kontrolle zu bringen ist, als wenn der Steuerzahler die Finanzierung trägt. Teils aus finanziellen Gründen und teils, weil den Krankheitsursachen und kurierenden bzw. gesundheitserhaltenden Fähigkeiten des Menschen mehr Beachtung geschenkt wird, entstehen so alternative Szenarien zur „Alles-wie-gehabt"-Version. Ihre wichtigsten Vertreter entsprechen den HE- und SHE-Szenarien (vgl. Abschnitt 1.4).

Im HE-Szenario liegt die Betonung auf Fortschritt und Verwendung medizinischer Technologie zur Lösung von Gesundheitsproblemen. Das HE-Gesundheitsszenario entspricht dem auf „Routine utilisation of high technology medical care" basierenden Szenario (American Council of Life Insurance 1980).

Genetische Untersuchungen werden zur Eliminierung von Erbkrankheiten und Behinderungen führen und die Empfehlung von Berufen und Lebensweisen erleichtern, die der jeweiligen physischen Konstitution jedes Neugeborenen am besten entsprechen. Organverpflanzungen und Organbanken ermöglichen ein Reparieren des menschlichen Körpers und halten ihn zeit seines Lebens in gutem Zustand. Neue Medikamente sorgen für geistige Gesundheit, heilen Geisteskrankheiten und verhüten Krebs, Übergewicht, Sucht, Altersschwäche und Viruserkrankungen. Durch Computerüberwachung wird die Befolgung der ärztlichen Vorschriften sichergestellt. Computerisierte Aufzeichnungen enthalten alle physiologischen, emotionalen, sozialen und ökonomischen Angaben über den Patienten und ermöglichen es dem Arzt, dem Chirurgen und dem medizinischen und technischen Fachpersonal, die Probleme eines Patienten rasch und wirkungsvoll zu behandeln. Die Menschen können sich mit dem Bewußtsein entspannen, daß ihre Gesundheit in guten Händen ist, solange sie den Experten vertrauen und ihre Anweisungen befolgen – nicht nur in bezug auf Einnahme von Medikamenten und Behandlung, sondern auch in bezug auf Ernährung, Arbeit, Freizeitaktivitäten und andere Aspekte ihrer Lebensweise. In diesem Szenario wird, kurz gesagt, die Gesundheitsversorgung den Medizinern übergeben und eine immer größere Zahl von Problemen wird medizinisch behandelt. Gesundheitsförderndes Verhalten wird vielleicht etwas zunehmen, doch wird die gesteigerte Dominanz der professionellen medizinischen Einstellung zur Gesundheitsbetreuung dafür sorgen, daß der kurative und, in geringerem Ausmaß, der präventive Aspekt weiterhin dominieren.

Im SHE-Gesundheitsszenario werden hingegen die persönliche und gesellschaftliche Verantwortung und ein positives Gesundheitskonzept betont. Das SHE-Szenario entspricht der oben erwähnten, vom Swedish Secretariat for Future Studies propagierten Zukunftsvision für Gesundheit und Betreuung. Es entspricht auch ziemlich genau dem auf „Individual responsibility for personal health and wellbeing" basierenden Szenario (American Council of Life Insurance 1980) und dem Konzept der Gesundheitsförderung (WHO-EURO 1984).

Die Menschen übernehmen selbst die Verantwortung für ihre eigene Gesundheit; sie kommen dieser Verantwortung in Form individueller Selbsthilfe und kooperativer gegenseitiger Hilfe nach; und sie fordern aktiv von der Gesellschaft eine gesundheitsfördernde Umwelt für sich und ihre Mitmenschen. Es besteht großes Interesse an Ernährung und an einer gesunden Umwelt für die Allgemeinheit, auch die psychosomatischen Gesundheitsaspekte erhalten eine viel höhere Priorität. Die Ursachen von streßbedingten Krankheiten werden bekämpft. Die Fähigkeit der Menschen bezüglich Selbstverständnis, Selbstvertrauen und gegenseitiger Unterstützung, z. B. durch Meditation, Biofeedback, gegenseitige Beratung und Gruppentherapie, werden systematisch erschlossen. Die Menschen lernen, von Streß gekennzeichnete Übergangsperioden in ihrem Leben, einschließlich Midlifecrisis und Tod, besser als bisher zu bewältigen. Fortgeschrittene Kleintechnologie ermöglicht die Selbstdiagnose und Selbstüberwachung und überläßt den Menschen die Entscheidung, wann sie medizinische Beratung oder Hilfe von Fachleuten in Anspruch nehmen wollen. Die Betonung liegt auf Wohlbefinden und nicht auf Krankheit. Ein Wohlbefinden steigerndes Verhalten wird sowohl Einzelpersonen als auch Gruppen zur Gewohnheit. Die medizinische Forschung beschäftigt sich nicht mehr mit Krankheit, sondern mit Wohlbefinden, nicht mit Kranken, sondern mit Gesunden, und versucht zu ergründen, was Wohlbefinden ist und wie man es erreicht. Der Status der Frau in Gesundheitsfragen steigt. Das SHE-Gesundheitsszenario betont – im Gegensatz zum heroischen Interventionismus des HE-Szenario – Unterstützung und Pflege. Die Ausgewogenheit weiblicher und männlicher Elemente wird sowohl beim einzelnen als auch in den gesellschaftlichen Wertorientierungen als wichtiger Gesundheitsfaktor angesehen.

Auch für das Untergangsszenario „Katastrophe“ (bzw. „Rückschritt und Stagnation“) wurde in den letzten Jahren ein Gesundheitsszenario erarbeitet, ebenso für die „Totalitäre Kontrolle“ (bzw. „Disziplinierte Gesellschaft“) (vgl. American Council of Life Insurance 1980). Ich brauche jedoch hier nicht näher darauf einzugehen, denn ich habe bereits gezeigt, daß der Stellenwert, welchen wir unserer Gesundheit in der Zukunft geben werden, und unsere zukünftigen Ansichten über Gesundheitsbetreuung offene Fragen sind und daß wir die verschiedenen Möglichkeiten immer deutlich vor Augen haben müssen, wenn wir heute Vorschläge zur Förderung gesünderer Lebensweisen bis zum Jahr 2000 machen.

Ich möchte diesen Abschnitt in dankbarer Anerkennung McKnights (1982) mit einer historischen Perspektive, die an das SHE- Szenario für Gesundheit anschließt, beenden. Im 19. Jahrhundert wurden die größten gesundheitlichen Verbesserungen durch die Schaffung der physischen Infrastruktur für eine städtische Industriegesellschaft erzielt. Epidemien konnten durch die Versorgung der neuen Stadtbevölkerung mit Nahrungsmitteln und richtige Ernährung, aber vor allem durch die Versorgung mit Trinkwasser- und Abwassersystemen unter Kontrolle gebracht werden. Damals war die Rekonstruktion der physischen Umwelt in Übereinstimmung mit dem Mindeststandard öffentlicher Gesundheit der Schlüssel für Fortschritte in der Gesundheitsbetreuung. Es war das „Zeitalter der Ingenieure“, auf welches in den ersten zwei Dritteln des 20. Jahrhunderts das „Zeitalter der Medizin“ folgte, in dem die Gesundheitsbetreuung von der Schulmedizin auf der Basis von Massenimpfungem und extensiver Verwendung von Antibiotika dominiert wurde. Jetzt befinden wir uns jedoch im „postmedizinischen Zeitalter“. Die hauptdeterminanten des physischen Wohlbefindens, wie individuelles Verhalten (z. B. Rauchen, Bewegungsmangel), gesellschaftliche Strukturen (z. B. Streß), ökonomischer Status (z. B. Armut, Überkonsum) und physische Umwelt (z. B. Umweltverschmutzung) können von der allopathischen Medizin nicht mehr verbessert werden. Das soll nicht heißen, daß die Schulmedizin versagt hat. Ebenso wie die sanitären Einrichtungen wird sie zur Aufrechterhaltung der Gesundheit benötigt, doch sind ihre Möglichkeiten, weitere Verbesserungen des Gesundheitszustandes zu erzielen, nun begrenzt. Während sich im „Zeitalter der Medizin“ – und im „Alles-wie-gehabt“-Szenario – die Gesundheitspolitik hauptsächlich mit der Art und Finanzierung medizinischer Betreuung beschäftigte, wird sich die Gesundheitspolitik im neuen „postmedizinischen Zeitalter“ – wie im SHE-Szenario – hauptsächlich mit der Schaffung von Gesundheit und Wohlbefinden befassen. Wie Ferguson (1980) es formuliert, gehen wir von einem alten Paradigma der Medizin zu einem neuen Paradigma der Gesundheit über.

1.8 Rolle der Szenarien in einer Strategie zur Förderung der Gesundheit

Ich hoffe, die vorherigen Abschnitte konnten die Bedeutung der Szenarien für Lebensweisen und Gesundheit aufzeigen. Ein verstärktes, bewußtes Wahrnehmen der verschiedenen Zukunftsalternativen sowie die Erstellung und Verwendung von Szenarien zu ihrer Klärung sollten einen essentiellen Teil jener „kritischen Debatte um die Erstellung der den Zielen und Methoden der Gesundheitsförderung zugrundeliegenden Annahmen und Philosophien" ausmachen (WHO 1980). Dafür gibt es mehrere Gründe.

1) Durch das bewußte Wahrnehmen alternativer Möglichkeiten in der Zukunft wird die Wahrscheinlichkeit falscher Annahmen herabgesetzt. Nehmen wir nochmals Anstellung und Arbeit als Beispiele. In unserer heutigen Gesellschaft beziehen die Menschen ihr finanzielles Einkommen aus bezahlter Arbeit und Arbeitslose leiden unter Prestigeverlust. Daraus folgt, daß Arbeitslosigkeit das Krankheitsrisiko erhöht. Dennoch wäre es voreilig, daraus auf die Notwendigkeit der Wiederherstellung von Vollbeschäftigung zu schließen, um mehr Menschen zu einem gesünderen Leben zu verhelfen. Was wäre, wenn wir uns am Ende der Phase der Entwicklung (die – zumindest in den industrialisierten Ländern – die letzten 200–300 Jahre angehalten hat) befänden, in der die Arbeit für einen Arbeitgeber die dominierende Arbeitsform darstellte? Geht diese Entwicklungsphase – wie im SHE-Szenario angedeutet – zu Ende und kommt es zu neuen Formen der Arbeitsorganisation und Einkommensverteilung in der Gesellschaft, dann wäre eine die alten Ansichten über die Notwendigkeit bezahlter Arbeit verstärkende Gesundheitspolitik selbstvernichtend. Gesündere Lebensweisen könnten viel wirksamer gefördert werden, wenn man den Leuten begreiflich macht, daß andere Formen nützlicher und lohnender Arbeit genauso wertvoll sind wie eine Anstellung, und indem man für die Zahlung eines gewissen – von der Arbeit völlig unabhängigen – Mindesteinkommen für alle eintritt. Das Problem dabei ist, daß ein Versuch, die Lebensbedingungen der Menschen auf der Grundlage der Wertvorstellungen der derzeitigen Situation zu verbessern, auch die derzeitigen Werte und Erwartungen verstärkt und daher zu noch größerem Streß und zu noch mehr Frustration führt, wenn sich diese Annahmen der „Alles-wie-gehabt"-Version als falsch erweisen.

2) Szenarien sollten zu Diskussionen über mögliche Vorgangsweisen anregen. So werden z. B. in einer von der WHO Europa herausgegebenen Übersicht über Gesundheitsförderung (Anderson 1984) gesundheitsfördernde Aktivitäten in den 6 folgenden Kategorien aufgeführt:

- Fähigkeiten zur Bewältigung des Lebens und Vorbereitung auf das Leben,
- Umwelt und Unweltbewußtsein,
- Ernährung,
- Freizeit und Erholung,
- Ausruhen und Entspannen,
- gesellschaftliche und sexuelle Beziehungen.

Wie würden gesundheitsfördernde Aktivitäten in jeder dieser Kategorien, z. B. durch die erläuterten HE- und SHE-Szenarien beeinflußt? Betrachten wir als Beispiel die erste Kategorie; die für die HE-Zukunft benötigten Lebensfertigkeiten und Vorbereitung unterscheiden sich grundlegend von jenen, die für eine SHE- Zukunft erforderlich wären, aber auch von den für das Szenario „Alles-wie-gehabt" benötigten. Eine Untersuchung dieser Unterschiede könnte zur Klärung von Prioritäten für die jetzt einzuleitenden gesundheitsfördernden Aktivitäten beitragen.

3) Die erstellten Szenarien sollten genau angeben, wie eine die Gesundheit fördernde Gesellschaft aussehen und wie sie herbeigeführt werden könnte. Das „Alternative Health Futures Network" in Toronto ist auf diesem Gebiet tätig. Wie würden Menschen in einer gesunden Gesellschaft leben, in welcher Umwelt, mit welchen Werten würden sie leben? Durch welche Maßnahmen und als Resultat welcher Aktionen und Ereignisse könnte sich aus der heutigen Gesellschaft eine gesunde Gesellschaft entwikkeln? Diese Fragen werden von verschiedenen Leuten unterschiedlich beantwortet werden. Es wäre wichtig, das Ausmaß und die Art dieser Unterschiede sowie ihre Folgerungen für ein gesundheitsförderliches Handeln heute zu klären. Mit anderen Worten, die Erstellung von Szenarien für eine gesunde Zukunft könnte uns dabei helfen zu verstehen, wie eine solche Zukunft tatsächlich herbeigeführt werden kann.

Als Ausgangspunkt scheint das SHE-Szenario viele Eigenschaften einer gesundheitsfördernden Zukunft zu besitzen. Darauf wird z.B. von der „Unit for the Study of Health Police" in London hingewiesen, wo man in einer Beschreibung einer gesundheitsfördernden Wirtschaft meint, daß „größere nationale, regionale und lokale Selbstversorgung in der Landwirtschaft und ein geringeres Zurückgreifen auf kapital- und energieintensive Formen landwirtschaftlicher Produktion zu einem vermehrten Konsum von Getreide, Gemüse und Obst und zu einem geringen Konsum von hochraffinierten Nahrungsmitteln und Additiven führen würde". Auch das „Vanier Institute of the Family" in Ottawa ist der Ansicht, daß eine gesündere Gesellschaft eine neue Form der Entwicklung benötigen wird und zwar „in Richtung einer Ablösung, zu weniger Reichtum und zu erfüllteren und einfacheren, menschlicheren Formen des Lebens – d. h. zu familiär orientierten Gesellschaften". Die WHO Europaübersicht über Gesundheitsförderung (Anderson 1984) betont die Bedeutung von Heim und Familie als Orte, an welchen die Menschen ihre Gewohnheiten und Lebensweisen erwerben und sich die Gesundheit mitbestimmende Fertigkeiten und Wissen aneignen. Im SHE-Szenario wird die Rolle der Familie, des Haushalts und der Nachbarschaft als Produktions- und Arbeitsstätte, aber auch als Ort des Konsums und der Freizeit, noch erweitert, was wahrscheinlich zu einem noch größeren Einfluß auf die Ausformung der Lebensweisen und auf die Gesundheit führen wird.

4) Szenarien können dazu beitragen, einige der Schritte zu klären, durch welche die derzeitige Situation in eine andere Situation in der Zukunft übergeführt werden könnte. Eine Gesellschaft, die die Leute zu gesünderem

Leben ermutigt, ist wahrscheinlich grundverschieden von der heutigen. Auf den ersten Blick scheint dies ein Dilemma zu sein: Soll man den Menschen helfen, in der derzeitigen Situation gesünder zu leben, oder soll man sich auf die Schaffung einer neuen, gesünderen Gesellschaft in der Zukunft konzentrieren? (Es handelt sich hier um das im Zusammenhang mit der Sozialarbeit oft diskutierte klassische Dilemma.) Im Prinzip muß das Dilemma gelöst werden, indem man Mittel und Wege findet, den Leuten heute zu einem gesünderen Leben zu verhelfen, das auch dazu beiträgt, eine gesündere Gesellschaft in der Zukunft zu bilden. Szenarien für Lebensweisen und Gesundheit könnten aufzeigen, welche Wege für diese Zwecke geeignet sind.

5) Szenarien können auch die verschiedenen Möglichkeiten der Beeinflussung der Zukunft und die verschiedenen möglichen Entwicklungsrichtungen aufweisen. Viele glauben, die gewünschten Veränderungen würden hauptsächlich durch den Staat und staatliche Organisationen bewirkt werden. Dies entspricht dem Zukunftsbild von „Alles-wie-gehabt“. Andere wieder nehmen an, daß Veränderungen großteils durch neue Technologien hervorgerufen werden und der Mensch und die Gesellschaft einfach lernen müssen, sich ihnen anzupassen. Dies entspricht dem Zukunftsbild des HE-Szenarios. Die dritte Ansicht entspricht dem SHE-Szenario und besagt, daß eine gewünschte Änderung am wirkungsvollsten herbeigeführt werden kann, indem die Menschen selbst die Initiative ergreifen und ihr eigenes Leben im Wohn- und Arbeitsbereich ändern; durch die Veränderung ihrer Beziehungen zu Personen, deren Leben und Arbeit sie dadurch beeinflussen, tragen sie direkt zur Änderung der gesellschaftlichen Strukturen bei. Eine Strategie zur Förderung der Gesundheit sollte diese unterschiedlichen Ansätze des gesellschaftlichen Transformationsprozesses erkennen und ihre Folgerungen für die Gesundheitsförderung berücksichtigen.

6) Alternative Szenarien über die Zukunft der Gesundheit – wären sie ein regelmäßiger Bestandteil der öffentlichen Diskussion und der Gesundheitserziehung – können eine wertvolle erzieherische Rolle übernehmen. Sie könnten dazu beitragen, den heute von den Medien geförderten, Abhängigkeit erzeugenden Ansichten entgegenzuwirken, welche die wichtigsten Beeinflussungsmöglichkeiten der Gesundheit in der Zukunft dem Staat und der Medizin zuordnen.

1.9 Abschließende Empfehlungen

Es ist nicht leicht, Empfehlungen für die Vorgangsweise der WHO Europa in bezug auf Szenarien für Lebensweisen und Gesundheit abzugeben, da diese in bereits laufende Programme und Vorbereitungen eingefügt werden müssen – z. B. in das Programm „Gesundheit für alle bis zum Jahr 2000“. Ich möchte diese Arbeit jedoch mit einer spezifischen und einer eher allgemeinen Empfehlung abschließen.

Meine spezifische Empfehlung lautet, daß die WHO Europa als Teil ihrer derzeitigen Untersuchung der Lebensweisen und Gesundheit Diskussionsrunden organisiert und in der Folge Debatten über *alternative Zukunftsmodelle für Arbeit und deren Folgerungen für die Gesundheit* anregen sollte. Die Zukunft der Arbeit ist jetzt ein äußerst brisantes Thema in allen Ländern Europas, alternativen Möglichkeiten wurde bereits ein hohes Maß an Aufmerksamkeit geschenkt, und es wäre jetzt an der Zeit, die Diskussionen über dieses Thema mit jenen über die Zukunft der Gesundheit zu verbinden. Alternative Arbeitsmöglichkeiten in der Zukunft umfassen alternative Zukunftsmodelle für viele andere Bereiche – wie die Menschen ihre Zeit verbringen und nutzen; welche Beziehungen sie entwickeln; welche physische Umwelt, Ausbildung und Technologie sie benötigen und welche Werte von ihnen angenommen werden. Dieses Thema wird es ermöglichen, die Lebensweisen und Gesundheit betreffenden Faktoren viel detaillierter und konkreter aufzugreifen, als dies in diesem Beitrag möglich war.

Ganz allgemein empfehle ich, daß 2 Fragenkomplexe als Teil des Konzeptes und der Umsetzung von Strategien zur Gesundheitsförderung nicht aus den Augen verloren werden sollten. 1) Welche Veränderungen der Lebensweisen könnte die Zukunft bringen und wie könnten diese die Gesundheitsförderung beeinflussen? 2) Wie würde eine gesündere Zukunft aussehen, und was können wir tun, um sie herbeizuführen? Jede von der WHO ausgehende Anregung zu einer Diskussion dieser Fragen und alternativer Beantwortungsmöglichkeiten (d. h. alternativer Szenarien) – sowohl auf der Ebene von Gesundheitsexperten als auch im öffentlichen Bereich – wäre bereits ein wichtiger Beitrag zur Gesundheitsförderung.

2 Einundzwanzig mögliche Zukunftsperspektiven

Rüdiger Lutz

Die folgenden Szenarien sind qualitativ unterschiedliche Archetypen von Perspektiven für die Industriegesellschaften im globalen Kontext. Die Verknüpfung und Kombination dieser Szenarien führt zu weiteren, alternativen Zukünften; 21 davon sind in Tab. 2 beschrieben, während Tab. 1 eine Synopse der hier skizzierten 7 Szenarios bietet.

Szenario 1: Computopia

Dies ist das aktuelle Thema, das mit Orwells Buch „1984" so eng verbunden ist wie kein anderes Szenario. Allerdings geht es uns hier weniger um die Horrorvision einer elektronischen Diktatur, sondern um die Möglichkeiten und Chancen der Informationsgesellschaft. Offensichtlich hat die Entwicklung der Mikroelektronik zu neuartigen sozialen und wirtschaftlichen Implikationen geführt. Neben der Tatsache, daß heute jedes Industrieland sowie die Mehrzahl der Schwellenländer darum bangt, den „Anschluß zu verpassen" – bezüglich der Computerisierung und Digitalisierung von Industrie und Gesellschaft – gibt es die Hoffnung auf eine Befreiung durch die neuen Technologien. Gemeint ist damit der alte Traum des Sozialismus einerseits, daß nämlich die Produktivkräfte einen derart hohen Stand erreichen, daß die gesellschaftlich notwendige Arbeit auf ein Minimum zusammenschrumpft – und andererseits geht es um die Demokratisierung und „Vernetzung" der Menschen mittels der elektronischen Kommunikationstechnologien.

Entscheidungsprozesse lokaler wie globaler Reichweite könnten durch die „neuen Medien" basisdemokratisch gestaltet werden. Erste Ansätze dazu sind erkennbar in den „Bürgerkanälen", offenen Telefonen, „freien" Radios, Nachbarschaftsfernsehen, Computernetzen, Videogruppen und Medienkooperativen. Auch wenn diese Initiativen gegenwärtig noch marginal oder gar illegal sind, so deuten sie doch die zukünftige Tendenz zu einer neuen Informationsordnung an. Computopia mag heute noch in den Händen der Medienmultis liegen, ihre Instrumente und Medien werden jedoch immer allgemeiner zugänglich.

Szenario 2: Raumkolonien

Seit nunmehr 20 Jahren ist Raumfahrt eine Realität geworden, die nicht nur technisch-wissenschaftlich, sondern auch wirtschaftlich von zunehmender

Bedeutung ist. Erst durch die Erfordernisse der Raumfahrt wurden z. B. die Mikrochips entwickelt, die heute ein treibender Faktor der Industrie sind. Die Pläne für eine „Industrialisierung des Weltraums“, die seit ca. 10 Jahren bestehen, sind somit nicht Phantasterei, sondern durchaus ernst zu nehmende Vorhaben einer an ihre irdischen Wachstumsgrenzen stoßende Industrie.

Der Bau von gigantischen Stationen in Erdnähe zur Gewinnung von Energie und Rohstoffen sowie ihrer teilweisen Verarbeitung bietet daher eine Zukunftsinvestitionsmöglichkeit, die für die Wirtschaftsriesen (privater und staatlicher Art) von Interesse ist.

Der gegenwärtig tobende Kampf um Kommunikationssatelliten gibt einen kleinen Vorgeschmack auf diese Probleme der Zukunft.

Darüber hinaus und in etwas fernerer Zukunft (50–80 Jahre) werden die Raumstationen als menschliche Siedlungskolonien bedeutsam. Schon heute bestehen Konzeptionen für künstliche Planeten, die den Bevölkerungsmassen, welche nicht mehr auf der Erde zu ernähren und zu behausen sind, Raum bieten sollen.

Daß dieses durchaus wichtige Argument gegenwärtig als Alibi für ganz andere Zwecke genutzt wird, macht die „Star-war“-Konzeption amerikanischer und sowjetischer Machart der Militärs deutlich. Vor einer friedlichen Nutzung des Weltraums scheint wieder die militärische Ausbeutung dieser Idee zu stehen.

Szenario 3: Ökotopia

Namensgeber dieses Szenraios ist der Kalifornier Ernest Callenbach, der mit seiner Novelle „Ecotopia“ Mitte der 70er Jahre den Prototyp der ökologischen, nachindustriellen Gesellschaftsutopie schuf.

Gegenwärtig ist Ökotopia in Ansätzen in der Alternativkultur, in der Friedensbewegung, in der „neuen Sensibilität“ und den Umweltschutzinitiativen zu finden. Die Ökologisierung der Industriekultur ist eine wünschenswerte Zukunftsvorstellung, die hinsichtlich ihrer Grundwerte kaum bestritten wird. Der Streit beginnt erst bei der Frage der Machbarkeit einer solch positiven Utopie.

Gegenseitige ideologische Vorbehalte prägen daher sowohl die Lager der Industrialisten als auch der Ökologisten. Statt einer historischen Entwicklung werden Glaubenskämpfe durchgeführt, die in keinem Fall für die weitere Entwicklung fruchtbar sind. Darin drückt sich der Paradigmenstreit aus, der für unsere gegenwärtige Situation so typisch ist.

Ökotopia ist ein Wunschtraum mit großer Attraktivität. Als Alternative zur Industriegesellschaft bietet er nicht nur dem „Protestpotential“ in den westlichen Staaten Stoff zur Gegenoffensive. Vielmehr stellt Ökotopia inzwischen auch das verborgene Wunschbild der avancierten Wohlstandsbürger dar. Dies läßt sich sowohl an verschiedenen „Ökoprodukten“ als auch am Freizeitverhalten der Mittelschichten aufzeigen.

Szenario 4: Chinatown

Das ständig anhaltende Bevölkerungswachstum – v. a. auf der südlichen Hälfte unseres Planeten – ist der Ausgangspunkt für das Zukunftsszenario Chinatown.

Es ist abzusehen, daß die Internationalisierung und Heterogenisierung sämtlicher Kulturen der Erde zunimmt. Allein die Tatsache der steigenden Bevölkerungsdichte macht deutlich, daß eine komplexere und höhere Organisationsform des Zusammenlebens sich entwickeln muß. Besonders in den Metropolen und Ballungszentren ist dies heute schon erkennbar.

Chinatown nennen wir deshalb die neue Struktur hochkomplexer, gemischter, dichter und urbaner Zentren den Welt, die nicht nur eine Notwendigkeit, sondern auch eine neue Qualität darstellen. Die Wechselwirkungen zwischen verschiedenen Völkern, Rassen und Mentalitäten bieten nämlich den Nährboden für neue Erfahrungen, Entwicklungen und Lebensformen. Die existierenden Chinatowns der Welt in New York, Paris, Rio de Janeiro usw. sind dafür Beweis genug.

Chinatown muß nicht unbedingt Enge, Armut und Konflikt bedeuten, sondern kann auch Vielfalt, Innovation und Kooperation beinhalten. Offenheit und Flexibilität sind nicht nur Systemeigenschaften, sondern auch persönliche Qualitäten, die für Chinatown beste Voraussetzungen darstellen. Wohngemeinschaften, Kommuneprojekte, soziale Experimente aller Art sind Vorbereitungsmodelle für die komplexe Pluralität von Chinatown.

Szenario 5: Findhorn

Das schottische „New-age"-Zentrum Findhorn steht für die vielen spirituellen Gemeinschaften in aller Welt. Findhorn ist der manifestierte Wertewandel der industriellen Kultur. Nicht allein quantitative, materielle Ziele gelten, sondern die spirituellen, immateriellen Qualitäten treten immer mehr in den Vordergrund. Die materiell gesättigten Gemeinschaften streben nach innerem Wachstum und drücken dies erst einmal in veränderten Konsumgewohnheiten aus.

Auch die Okkultismuswelle, die neue „Körperlichkeit" (Jogging, Aerobic, Yoga) und die Popmusik spiegeln diesen Trend zur Spiritualität und inneren Suche wider.

Die Komplexität und der Werteverlust in den hochindustrialisierten Ländern führte zu dem verständlichen Wunsch nach absoluten und transzendentalen Orientierungen.

Diesem legitimen Bedürfnis stehen verschiedene ehrenhafte und auch weniger ehrenhafte Angebote gegenüber: Weltrettungsorden, Meditationszirkel, schwarze Magie usw. Doch die Vermarktung und Pervertierung kann nicht ablenken vom zugrunde liegenden Tenor, der Weiterentwicklung vom materialistischen Weltbild der Industriegesellschaft zum spirituellen und ganzheitlichen Verständnis der nachindustriellen Kultur. Deshalb sind die

Tabelle 1. Kurzcharakteristik der 7 Zukünfte

	Szenario 1: *Computopia*	Szenario 2: *Raumkolonie*	Szenario 3: *Ökotopia*
Wer?	T. Nelson, W. Norris, M. McLuhan, A. Toffler	G. K.O.'Neill, B. Hubbard, T. Leary, J. von Putkamer	E. Callenbach, E. F. Schumacher, A. Lovins
Was?	Allseits vernetzte computerisierte Kommunikations- und Produktionssysteme	Autonome Raumstationen in Erdumlaufbahn	Kleine, dezentrale und selbstversorgende Ökosiedlungen und -regionen
Warum?	Kommunikation, Demokratie, elektronische Heimarbeit, Automatisierung	Raumindustrialisierung, Energieversorgung, Umweltschutz, Produktion	Ökologisierung und naturangepaßte Produktion als umweltverträgliche Lebensweise
Wie?	Vernetzung bestehender Systeme und allgemeine Digitalisierung	„Space shuttle" zum Bau von Raumkolonien, Stufenplan zum Ausbau der *„Space platform"*	Dezentralisierung, Aufbau und Entwicklung naturgemäßer Lebens- und Produktionsformen
Wem nützt es?	Software- und Hardwareproduzenten; Computerfreaks	Raumfahrtindustrie und Militärsystem sowie den kapitalkräftigsten Konzernen	Den „Ökologisten" und denjenigen, die gelernt haben, sich selbst zu versorgen
Wem schadet es?	Der armen, südlichen Welt; Abstand zu Industrieländern wächst	Der Dritten und Vierten Welt, weil sie von dieser Entwicklung ausgeschlossen ist	Den multinationalen Konzernen, da eine freiwillige „Armut" gelebt wird

Findhorns der Welt als Experimentierlabor der neuen Gesellschaft zu sehen, die heute schon vorwegnehmen, was für die Gesamtgesellschaft in Zukunft relevant wird.

Szenario 6: Gaia

Die griechische Göttin der Erde und Natur ist Namensgeberin für dieses ganzheitlich-ökologische Szenario. Ausgehend von der Gaia-Hypothese des Kybernetikers Jim Lovelock und der Mikrobiologin Lynn Nargulis formulieren wir das Gaia-Szenario als Antithese zur Megamaschine, dem Raumschiff Erde als willenlosem Vehikel und Träger von Leben. Gaia bedeutet, daß die Erde mitsamt ihrer „Besatzung" ein intelligentes

Tabelle 1. Fortsetzung

Szenario 4: *Chinatown*	Szenario 5: *Findhorn*	Szenario 6: *Dallas*	Szenario 7: *Gaia*
P. Ehrlich, R. L. Meier, J. R. Platt	P. Caddy, M. Ferguson, D. Spranger	H. Kahn, N. Machiavelli, A. J. Wiener	J. Lovelock, S. Brand, D. Meadows
Multimillionen-metropolen als Schmelztiegel der Rassen und Völker	Spirituell orientierte Gemeinschaften als „New-age"-Kommunen	Wirtschaftsimperialismus, Vorherrschaft des „westlichen Systems", Marktorientierung	Ökosystem Erde als selbstorganisierendes intelligentes Lebewesen
Bevölkerungs-explosion, Planetarisierung und Internationalisierung der Nationen	Spiritualismus, innere Entwicklung und psychisches Wachstum	Profitmaximierung, Konkurrenzdenken, Sozialdarwinismus, „Win or lose"	Wechselwirkung und Interdependenz aller lebenden Systeme der Erde
Toleranz und Vermischung statt Ghettobildung	Spirituelle Disziplin und Hinwendung zu „inneren Werten"	Wirtschaftsförderung, Selbstregulation des „freien Marktes", Reindustrialisierung	Globale Koordinierung aller ökologisch relevanten Aktivitäten
Der sozialen Integration und damit dem interkulturellen Austausch	Den „Postmaterialisten" und „neuen Sensitiven"	Großkonzerne, Banken, Industrie, Kapitalaristokraten	Der „Menschheit" insgesamt, gegenwärtig v. a. den geschädigten Nationen
Den „Puristen" und Nationalisten, den Separatisten und Einsiedlern	Den Materialisten und Pragmatikern deren Werthaltungen obsolet werden	Den Besitzlosen und Idealisten, die den Kampf nicht aufnehmen wollen	Den Nationalisten und speziellen Industriezweigen

Lebewesen darstellt, welches seine Überlebenseigenschaften ständig optimiert.

Wir Menschen müssen deshalb im globalen ökologischen Zusammenhang denken und handeln, um unser eigenes Überleben zu sichern. Sämtliche Anstrengungen in Richtung Internationalisierung, grenzüberschreitende Aktivitäten, Globalsteuerung und -abstimmung sind somit isolierten, nationalistischen, separatistischen Tendenzen vorzuziehen. Ökologie ist nur in bezug auf die gesamte Ökosphäre machbar und nicht nur auf eingegrenzte Regionen.

Innerhalb der evolutionären Prozesse der Menschheitsgeschichte stellt Gaia somit eine Innovation dar, weil es die faktisch vorhandene Vernetzung von Wirtschaft, Natur und Kultur bewußtseinsmäßig anerkennt und respektiert. Das Erfordernis einer kooperativen, konsensualen Weltpolitik wird

Tabelle 2. Verknüpfung der 7 Szenarien zu 21 Kombinationen als möglichen Zukünften

	Dallas ▽	Findhorn ▽	Chinatown ▽
Chinatown ▷			
Findhorn ▷			Freiwillige Armut, statt materiellem geistiges Wachstum; Kultur der Einfachheit und Bedürfnislosigkeit
Dallas ▷		Spiritualität als Weiterentwicklung aus materiellem Überfluß; EST, Aerobics, Jogging, Trimming als reduziertes Körperbewußtsein für Wohlstandsbürger; Drogen, Unterhaltung	Schicke „Chinatowns" in den Zentren der westlichen Welt als kulturelle Extravaganz der Reichen
Gaia ▷	Globaler Umweltschutz durch die weltweit operierenden Konzerne (z.B. Shell, Esso usw.)	Gaia-Spiritualität; der planetare Erdmythos als Orientierungsrahmen für politische und soziale Entwicklungen	Weltweite Koordinierung der Ballungszentren und gesteuerte Entwicklung der Produktion und Industrieansiedlung

Diese Dreiecksmatrix zeigt die Verknüpfung der 7 Szenarien miteinander. Immer 2 Szenarien werden dabei koordiniert und mit Stichworten definiert. Aus Platzgründen sind lediglich einige Aspekte der resultierenden Möglichkeiten benannt. Diese stellen wiederum eigenständiges Ausgangsmaterial für neue Szenarios dar. Weitere Kombina-

Tabelle 2 (Fortsetzung)

Ökotopia	Raumkolonien	Computopia
		Satellitenfernsehen; Telekommunikationssysteme über geostationäre und „freie“ Satelliten; das „globale Dorf“ oder auch die Totalüberwachung
	„Archen“ wie jene vom New Alchemy Institute als autonome Überlebenssysteme; Recycling-Systeme als geschlossene Einheiten	Alternativ- und Ökoprojekte mit Computern und Telekommunikationssystemen zur besseren Koordination derartiger Projekte
Städtische Ökoprojekte als Kulturzentren u. Integrationsversuche wie beim Eleventh-Street-Projekt in New York und beim COOP Projekt in Bremen	Hochverdichtete irdische und extraterrestrische Kolonien als Lebensform der Zukunft; die Bevölkerungsbombe produziert viele Millionenstädte	Vermassung einerseits, Informations- und Kommunikationsvielfalt mittels Computermedien andererseits; Video- und Digitalkultur
Ökolandkommunen mit spiritueller religiöser Grundlage; teilweise historische Vorbilder: Hutterer, Amish, Shakers	Eroberung des Weltraums als Evolutionssprung; Raumkolonien als Vehikel zur kosmischen Spiritualität	Computer als Medium spiritueller Entwicklung; Biofeedbackkirche und quasitelepathische Vernetzungen
Bio- und Ökoprodukte zur Erweiterung des Konsums; Umwelttechnik als neuer Industriezweig; Biotechnologien bis hin zum „genetic engineering“	Imperialismus und Kolonialisierung des Weltalls; Produktionsstätten im All sowie stärkere Ausnutzung irdischer Ressourcen	Gesellschaft der elektronischen Arbeit, wo jeder von seinem Heimterminal aus seine Arbeitskraft auf dem computerisierten „Marktplatz“ anbietet
Dezentrale „Ökotopien“ als Grundbausteine einer globalen Revitalisierung toter Regionen	Gaia als die erste Raumkolonie mit der Möglichkeit, auf andere Planeten „auszuschwärmen“	Technische Medien als Hilfsmittel zur besseren ökologischen Planung und Steuerung, eventuell auch zur Überwachung

tionen sind vorstellbar und können vom „Leser nach diesem Verfahren erstellt werden. Damit ist ein Weg des multiple scenario approach“ (MSA) beschritten, welchem heute große Bedeutung in der Zukunftsforschung zukommt. (Vgl. J. Scott Armstrong, Long Range Forecasting – from Crystal Ball to Computer, New York 1978, und, zur Gesamtsicht, Alfred North Whitehead, Process and Reality, New York 1979) durch das Gaia- Szenario ausdrücklich herausgestellt. Daß diese Vorstellung illusorisch erscheint, mindert nicht ihre Notwendigkeit.

Szenario 7: Dallas

Der Traum vom „guten Leben“ als ein Privileg der materiell reichsten Schichten wird durch die Fernsehserie „Dallas“ populär symbolisiert. Für die Zukunftsforschung ist das Szenario Dallas eine Metapher für die Fortführung des Industriekapitalismus in Verbindung mit dem Mythos vom „American way of life“.

Derzeit noch vorherrschend, jedoch schon angekratzt ist das Bild von Dallas. Es stellt kein allgemein wünscheswertes Zukunftsszenario mehr dar, weil es nur noch wenigen den Aufstieg glaubhaft versprechen kann – es bleibt dessen ungeachtet immer noch wirksam. Die neuen Selbständigen, neue „Venture-capital“- Versuche und das Setzen auf Technologien wie Mikroelektronik und Gentechnik machen deutlich, daß Dallas eine Zeit lang noch eine große Rolle spielen wird.

Dallas repräsentiert auch die machiavellistische Betrachtung der Wirklichkeit als eine Kombination von Intrigen, Macht und Gewalt. Insofern ist Dallas kein hoffnungsfrohes Zukunftsszenario. Es ist innerhalb bestimmter Grenzen ein Optimum, welches für wirtschafts- und industriefixierte Betrachter offensichtlich erstrebenswert erscheint. Aufgrund seiner Machbarkeit (wenn auch nur für wenige) schafft sich Dallas seine Daseinsberechtigung innerhalb von Zukunftsszenarien: nicht die normative Kraft, sondern seine Faktizität bestätigt Dallas.

3 Neue Strategien für die Gesundheitsförderung in der Arbeitswelt*

Holger Pfaff

In der Konferenz über die betriebliche Praxis der Gesundheitsförderung wurden mehrere problematische Punkte angesprochen. Es wurde davor gewarnt, ausschließlich einen positiven Gesundheitsbegriff zugrunde zu legen. Dies könnte zur Folge haben, daß die bereits bekannten Gesundheitsrisiken in zukünftigen Projekten der Gesundheitsförderung vernachlässigt werden. Es müsse eine Balance gefunden werden zwischen dem Ziel, eine positive Gesundheit zu fördern und dem Ziel, Krankheiten zu vermeiden.

Bei der Frage, ob die Strategien zur Gesundheitsförderung mehr personen- oder mehr situationsbezogen ausgerichtet sein sollen, herrschte Einigkeit darüber, daß Gesundheitsprogramme in der Arbeitswelt auf beiden Ebenen ansetzen müssen. Auch bei der Frage, inwieweit Gesundheitsförderung selbstorganisiert oder „von oben" bzw. durch Experten initiiert werden sollte, erschien es der Mehrzahl sinnvoll, einen pragmatischen Weg einzuschlagen. Prävention sollte als langfristiger Lernprozeß aufgefaßt werden. Der Einsatz der Mittel sollte sich an den vorliegenden Problemen orientieren. So können z. B. Verbotsmaßnahmen bei den Problemen Rauchen und Alkohol am Arbeitsplatz durchaus geboten sein, während bei der Frage der Vermeidung von psychosozialem Streß und der Erhöhung der Bewältigungsressourcen die Mitbestimmung der Arbeitnehmer in Fragen der Arbeitsgestaltung im Vordergrund stehen sollte. Auch wurde betont, daß eine Integration der traditionellen Arbeitsschutzexperten in Programme zur Gesundheitsförderung anzustreben sei.

Vor einer unreflektierten Übertragung von Modellen aus anderen Ländern wurde gewarnt. Die kulturellen Unterschiede zwischen den Ländern seien dafür oft zu groß. Kritisiert wurde weiter, daß viele Gesundheitsprogramme den vorhandenen Grundkonflikt zwischen Arbeitgeber und Arbeitnehmer nicht berücksichtigen. Gleichzeitig wurde angeführt, daß anstelle von neuen Programmen politische Entscheidungen notwendig seien. Eine Zweiteilung der Praxis der Gesundheitsförderung in eine Förderung der Gesundheit des Managements auf der einen Seite und Untätigkeit bei der Beseitigung

* Der folgende Text wurde aus dem offiziellen Bericht über die Konferenz, der von der Weltgesundheitsorganisation, Regionalbüro für Europa veröffentlicht worden ist, zusammengestellt.

bekannter Gesundheitsrisiken der Arbeitnehmer auf der anderen Seite wird ebenfalls als Gefahr gesehen.

Es wurde auch darauf hingewiesen, daß in den bisherigen Programmen der Gesundheitsförderung der Frauenarbeit und dem Verhältnis zwischen dem Produktions- und Reproduktionsbereich zu wenig Beachtung geschenkt wurde. Die Behandlung dieser Probleme und die Frage nach den Risiken in Dienstleistungsberufen seien – gerade wegen des Trends zur Dienstleistungsgesellschaft und des Wandels der Arbeitsgesellschaft insgesamt – dringend geboten.

Seitens der Zukunftsforscher kam hierzu die kritische Anmerkung, daß die bisherigen Konzepte der Gesundheitsförderung generell zu sehr auf den gegenwärtigen Zustand der Gesellschaft abgestellt seien und zu wenig die zukünftigen Entwicklungen von Arbeit und Gesellschaft berücksichtigen. Konsens konnte dahingehend erzielt werden, daß ganzheitliche Strategien der Gesundheitsförderung Anwendung finden sollten, die verschiedene Ansätze der Gesundheitsförderung integrieren. Dabei sollte eine pragmatische Vorgehensweise gewählt werden, die langfristig auch zum Ziel hat, eine partizipative Arbeitsgestaltung und eine Verknüpfung von Laien- und Expertenhandeln sowie eine Verknüpfung von krankheits- und gesundheitsbezogenen Strategien zu gewährleisten.

3.1 Neuorientierung der arbeitsweltbezogenen Gesundheitspolitik

Als ein erstes Ergebnis der Konferenz kann festgehalten werden, daß die gesundheitsbezogenen Aktivitäten in der Arbeitswelt einer neuen Programmatik bedürfen. Im Verlauf der Konferenz wurde deutlich, welches die wichtigsten Elemente dieser neuen Programmatik sind. Es wurde jedoch auch deutlich, daß die bisherige betriebliche Realität der Gesundheitsförderung, gemessen an den neuen Zielen und Perspektiven, noch erhebliche Defizite aufweist.

Die Notwendigkeit einer neuen Programmatik ergibt sich aus 2 Punkten: *erstens* aus den Defiziten des klassischen Arbeitsschutzes, die in der Diskussion über das Risikofaktorenkonzept und der Kritik an der Arbeitsmedizin zutage traten und *zweitens* aus dem sich abzeichnenden Wandel der Arbeitswelt. Die Behebung bestehender Defizite und eine Anpassung an den Wandel der Arbeitswelt machen eine Neuorientierung betrieblicher Gesundheitsmaßnahmen notwendig. Der neue Ansatz ist gekennzeichnet durch eine Öffnung für Projekte, die an der allgemeinen Förderung der Gesundheit und weniger an der Prävention bestimmter Krankheiten orientiert sind. Dabei müssen Prävention und Gesundheitsförderung als 2 Endpunkte eines Kontinuums angesehen werden, auf dem sich die verschiedenen Gesundheitsprojekte verorten lassen. Die Neuorientierung der betrieblichen Gesundheitspolitik wird eine Verschiebung von der Prävention hin zu der allgemeinen Gesundheitsförderung mit sich bringen.

3.2 Typologie der Projekte

Ein zweites Ergebnis der Konferenz ist in einer sich abzeichnenden Typologie gesundheitsförderlicher Interventionen zu sehen. Aus den Hintergrundpapieren, Vorträgen und Diskussionen wurde deutlich, daß Programm der Gesundheitsförderung sich in 4 Dimensionen typisieren lassen:

1) Gegenstand und Zielsetzung (Krankheit vs. Gesundheit),
2) Ansatzpunkte (Person vs. Situation),
3) Organisation (Fremdorganisation vs. Selbstorganisation),
4) Zielgruppe (Risikopopulation vs. Gesamtpopulation eines Betriebes).

Auf der *Ebene von Gegenstand und Zielsetzung* können 2 Idealtypen von Projekten der Gesundheitsförderung unterschieden werden. Zum einen Programme, die das Thema „Krankheit“ zum Gegenstand und die Verhütung bestimmter Krankheiten zum Ziel haben und zum anderen Projekte, die das Thema „Gesundheit“ im Blickfeld haben und eine allgemeine Förderung der Gesundheit und des Wohlbefindens anstreben. Man kann davon ausgehen, daß zwischen beiden Gegenstandsbereichen (Krankheit vs. Gesundheit) ein Kontinuum besteht. Während dabei der Gegenstandsbereich „Krankheit“ dem Präventionsansatz zugeordnet werden kann, stellt das Thema „Gesundheit“ den Kernbereich des Gesundheitsförderungsansatzes dar. *Der zukünftige Trend hinsichtlich der Ziele arbeitsweltbezogener Gesundheitspolitik geht dabei in die Richtung des Gegenstandsbereiches „Gesundheit“.*

Auf der *zweiten Ebene*, der der Ansatzpunkte gesundheitsförderlicher Intervention, können ebenfalls 2 Typen von Maßnahmen ausgemacht werden: personenorientierte vs. situationsbezogene Programme. Aufgrund der bereits dargestellten Ergebnisse der Forschung ergibt sich das Ziel, die bestehenden traditionellen Gesundheitsprogramme, die in der Mehrzahl auf die Veränderung individueller Verhaltensweisen abzielen, in der Zukunft um Konzepte der Gesundheitsförderung in der Arbeitswelt zu ergänzen, die auf eine Verbesserung der Arbeitsbedingungen im Hinblick auf die Belastungs- und Ressourcensituation abzielen. Hierbei wird sich eine *Verschiebung des Schwerpunkts der betrieblichen Gesundheitspolitik von der Orientierung an Personen hin zur Orientierung an der Arbeitssituation* ergeben.

Die *dritte Ebene* bezieht sich auf die Organisationsform der Gesundheitsprogramme in der Arbeitswelt. Hier wurde festgestellt, daß man grundsätzlich die Form der Fremdorganisation von der Form der Selbstorganisation unterscheiden kann. Diese beiden Formen bilden jeweils Endpunkte eines Kontinuums, auf dem sich die verschiedenen Projekte zuordnen lassen. Es wird die Notwendigkeit gesehen, die Fremdbestimmtheit bisheriger Programme zur Gesundheitsförderung, die eng verbunden ist mit dem traditionellen Präventionsansatz und der Expertendominanz, durch eine selbstbestimmte Gesundheitsförderung, die bis hin zur Mitbestimmung in Fragen der Arbeitsorganisation gehen kann, zu ersetzen. Diese Notwendigkeit ergibt sich zum einen aus Forschungsergebnissen, die Befunde für die

Bedeutung von realen Partizipationschancen für Streßbewältigung und Gesundheitserziehung liefern können. Und sie ergibt sich zum anderen aus dem *zukünftigen Wandel der Arbeit, der eine zunehmende Dezentralisierung und Höherbewertung der Selbstbestimmung mit sich bringt.*

Gesundheitsfördernde Aktionen können auf der *vierten Ebene* danach unterschieden werden, an welche Zielgruppe bzw. welche Population sie sich richten. Dabei sind wiederum 2 grundsätzlich verschiedene Typen von Projekten unterscheidbar. Zum einen Programme, die an Risikopopulationen eines Betriebes wie z. B. Hypertonikern ansetzen, und zum anderen Projekte, die die Gesamtpopulation eines Betriebes in ihr Programm mit einbeziehen. Auch hier wird in Zukunft die *Neuorientierung der betrieblichen Gesundheitspolitik* eine *Schwerpunktverlagerung von der Versorgung der Risikopopulation eines Betriebes hin zur Gesundheitsförderung der gesamten Belegschaft* mit sich bringen. Dies nicht zuletzt deshalb, weil in der zukünftigen Gesundheitsförderung die Betonung auf der Gesundheit liegt und daher die Zielgruppe neben den Kranken und Gefährdeten *auch* die Gesunden sein werden. Neben dieser Unterscheidung von Zielgruppen auf der Mikroebene des Betriebes können auch auf der Makroebene verschiedene Zielgruppen ausgemacht werden. Im Gespräch waren: Großbetriebe vs. Kleinbetriebe; betriebliche vs. außerbetriebliche Arbeitsformen und Erwerbstätige vs. Nichterwerbstätige (z. B. Hausfrauen).

3.3 Gesundheitserziehung, Information und Partizipation

Ein drittes wichtiges Ergebnis der Konferenz liegt in der Herausarbeitung der engen Verbindung der Gesundheitserziehung mit der Partizipation in der Arbeitswelt. Es wurde betont, daß eine Mitbestimmung der Arbeitnehmer in Gesundheitsfragen ohne eine fundierte Wissensvermittlung über die Zusammenhänge zwischen den Lebens- und Arbeitsbedingungen und der physischen, psychischen und sozialen Gesundheit nur begrenzt möglich ist. Der Gesundheitserziehung fällt in diesem Rahmen die Aufgabe zu, diese Wissensvermittlung zu leisten.

Es wurde herausgearbeitet, daß es in der Gesundheitserziehung mit einer reinen Weitergabe von Wissen und Informationen über Zusammenhänge zwischen Arbeit und Gesundheit nicht getan ist. Notwendig ist zusätzlich, daß eine Möglichkeit besteht, dieses Wissen auch in der Arbeitswelt umzusetzen. Erst die Erfahrung konkreter Anwendbarkeit erlangten Wissens schafft jene Motivation, die nötig ist, um den Prozeß des Lernens und Anwendens von Gesundheitsinformationen in Gang zu halten. In die Gesundheitserziehung sollte immer auch das Element der Anwendung der Erkenntnisse fest eingebaut sein. Gesundheitsförderung durch Partizipation und eine fortschrittliche Gesundheitserziehung sollten in Zukunft eng miteinander verwoben werden.

3.4 Gesundheitsförderung und Zukunft der Forschung

Ein viertes Ergebnis der Konferenz beschäftigt sich mit der zukünftigen Aufgabe der Forschung auf dem Gebiet der Gesundheitsförderung in der Arbeitswelt. Die Forderungen an die Forschung der Zukunft beziehen sich sowohl auf die Grundlagenforschung als auch auf die Evaluation und Dokumentation der betrieblichen Gesundheitsförderung.

Hinsichtlich der *Grundlagenforschung* wurde betont, daß sich ihre Zielsetzung verändern müßte. Neben einer Epidemiologie der Krankheit sollte vermehrt eine Epidemiologie der Gesundheit betrieben werden. Nicht nur die Frage „Was macht krank?", sondern auch die Frage „Was macht gesund?" sollte im Zentrum der Forschung über die Gesundheitsförderung in der Arbeitswelt stehen. In diesem Zusammenhang wurden folgende Fragen aufgeworfen: Welche Faktoren fördern eine positiven Gesundheit im Sinne des Wohlbefindens? Welche Indikatoren der Gesundheitsförderung und der positiven Gesundheit gibt es?

Es wurde festgestellt, daß Arbeitsmediziner in Forschung und Praxis verstärkt mit Sozialwissenschaftlern zusammenarbeiten sollten. Auch sollte der subjektiven Bedeutung von Krankheit und Gesundheit eine größere Beachtung geschenkt werden und das subjektive Wohlbefinden als ein Indikator für Gesundheit auch von der medizinischen Lehrmeinung akzeptiert werden. Eine Erforschung der sozialen Determinanten von Gesundheit und von Verhaltensmodifikation sollte weiterhin betrieben werden.

Dabei sei zu beachten, daß eine ausschließliche Betrachtung der negativen Seite der Arbeitswelt (Gesundheitsrisiken, Unfälle, psychosozialer Streß) oft zu kurz greift und durch die Einbeziehung der positiven Seite (Kontrolle über die Arbeit, soziale Unterstützung, Herausforderung durch die Arbeit) ergänzt werden sollte. Ein weiterer wichtiger Punkt sei auch, Indikatoren zur Messung positiver Gesundheit zu entwickeln, um eine Grundlage für die Evaluation von Projekten der Gesundheitsförderung zu schaffen.

Auf dem Gebiet der *Erforschung der betrieblichen Praxis* der Gesundheitsförderung wurde ein Defizit hinsichtlich der Beschreibung und Dokumentation vorhandener Projekte und Programme festgestellt. Dieses Defizit zu beseitigen, sollte ein Schwerpunkt zukünftiger Forschungsarbeit darstellen. Neben der Dokumentation sollte zukünftig verstärkt eine Evaluation bestehender Projekte stattfinden. Eine Erforschung der betrieblichen Praxis der Gesundheitsförderung sollte folgende Schritte beinhalten: Analyse des konkreten Bedarfs an Gesundheitsförderung; Beschreibung, Dokumentation, Typisierung und schließlich sorgfältige Prozeß- und Ergebnisevaluation einzelner Gesundheitsförderungsprogramme. Es wurde vorgeschlagen, bestehenden oder neu zu gründenden Institutionen die Aufgabe zu übertragen, das vorhandene Wissen über Projekte der Gesundheitsförderung in der Arbeitswelt zu sammeln und zu verbreiten.

Weiter wurde betont, daß sich auch die Art und Weise der Forschung verändern müßte. Die Wissenschaft müsse sich in Zukunft mehr als Serviceinstitution verstehen, die sich neben der Initiierung v.a. der Begleitung und Auswertung von Projekten beschäftigt. In diesem Zusammenhang wurde immer wieder die Forderung gestellt, das Ziel der stärkeren Selbstbestimmung der Arbeitnehmer in Fragen der Gesundheitsförderung zu verfolgen. Auch war man sich weitgehend einig darüber, daß eine Verbindung des Arbeitnehmerwissens mit dem Expertenwissen anzustreben ist. Dies erfordere ein gewandeltes Verhältnis zwischen Gesundheitsexperten und Arbeitnehmern und eine verstärkte Partizipation der Arbeitnehmer an der Entwicklung und Durchführung einzelner Programme.

Während der Diskussion wurde auch auf ein mögliches Dilemma einer Forschungspolitik eingegangen, die sich an einem positiven Gesundheitsbegriff orientiert. Es wird die Gefahr gesehen, daß durch eine Umorientierung der Gesundheitsforschung die bereits bekannten Gefahren der Arbeitswelt vernachlässigt werden könnten. Auch wurde die Meinung vertreten, daß es bereits vielfach genug Wissen über die Gesundheitsgefährdungen in der Arbeitswelt gibt und daß das eigentliche Problem in der Umsetzung dieses Wissens in die betriebliche Praxis besteht.

3.5 Programmischung als Strategie

Ein abschließendes Ergebnis der Konferenz stellt die Erkenntnis dar, daß eine Strategie der Gesundheitsförderung in der Arbeitswelt, die auf verschiedenen Ebenen ansetzt und mit mehreren Zielen operiert, wirksamer ist als eine Strategie, die nur ein Ziel z.B. Blutdrucksenkung verfolgt. Ein solcher „Mix" aus verschiedenen Teilstrategien, die an unterschiedlichen Interventionspunkten, wie z.B. an der Person und der Situation zugleich ansetzen und sowohl die Verhütung bestimmter Krankheiten als auch das allgemeine Wohlbefinden zum Gegenstand haben, kann synergetische Effekte zeitigen und hat den Vorteil, den unterschiedlichen Bedürfnissen der Belegschaftsmitglieder gerecht zu werden.

Grundlage einer solchen Vorgehensweise sollte dabei ein holistischer Gesundheitsbegriff und eine sozialökologische Ausrichtung sein, die die Erkenntnis berücksichtigt, daß das Individuum in der Arbeitswelt Ressourcen (z.B. soziale Unterstützung, Handlungsspielraum, Wissen, Fertigkeiten) zur Verfügung haben muß, die es befähigen, psychosoziale Stressoren und andere Gesundheitsgefahren zu beseitigen oder mit ihnen besser umzugehen. Auch sollten nicht nur Konzepte der Gesundheitsförderung für Großorganisationen entwickelt werden, sondern auch Konzepte, die speziell auf Klein- und Mittelbetriebe und Formen der unbezahlten Arbeit (z.B. Hausfrauenarbeit) sowie der Doppelarbeit (inkl. Schwarzarbeit) zugeschnitten sind. Den spezifischen Problemen der Frauen (z.B. Doppelbelastung) und ihrer Arbeitsformen sollte ebenfalls besondere Beachtung geschenkt werden.

3.6 Empfehlungen

Die Absicht des Europabüros der WHO, die Gesundheitsförderung in der Arbeitswelt auf nationaler und internationaler Ebene voranzutreiben, ist von den Teilnehmern der Konferenz einhellig und nachdrücklich begrüßt worden. Dabei wurde betont, daß Gesundheitsförderung in der Arbeitswelt nicht nur Gesundheitserziehung und Arbeitssicherheit beinhaltet, sondern auch andere Elemente einschließt, wie z. B. Streßmanagementprogramme, partizipative Arbeitsplatzgestaltung, Prävention arbeitsbedingter Krankheiten und Förderung einer positiven Gesundheit. Für die zukünftige Entwicklung dieses Schwerpunktbereiches wurden folgende Empfehlungen ausgesprochen:

Netzwerk-Förderung. Die Entstehung nationaler und internationaler Netzwerke von Gesundheitsförderern (Praktikern und Wissenschaftlern) soll mit Hilfe verschiedenster Mittel (Mitteilungsblätter, Konferenzen, Follow-up-Rundrufe etc.) gefördert werden.

Dokumentation. Es sollten auf nationaler und internationaler Ebene Stellen eingerichtet werden, die Fallstudien zur Gesundheitsförderung in der Arbeitswelt sammeln, ordnen und an Interessierte aus Wissenschaft und Praxis weiterleiten. Das Regionalbüro für Europa der WHO könnte dabei eine Katalysatorfunktion für nationale Anstrengungen übernehmen.

Forschung. Im Bereich der Wissenschaft sollten folgende Punkte im Zentrum zukünftiger Bemühungen stehen: Gesundheitsindikatoren, Fallbeschreibungen sowie Prozeß- und Ergebnisevaluation einzelner Programme, soziale Determinanten von Gesundheit und von Verhaltensmodifikation, Bedürfnisanalysen der Gesundheitsförderung in der Arbeitswelt.

Weiterentwicklung praktischer Gesundheitsförderung. Erfolgreiche Projekte zur Gesundheitsförderung in der Arbeitswelt sollten durch Publikationen und andere Medien bekannt gemacht werden. Jeder sollte dabei helfen, die Idee der Gesundheitsförderung in den entsprechenden Medien zu verbreiten und nicht die Verantwortung hierfür an staatliche oder internationale Institutionen abzugeben.

4 Abschließende Bemerkungen

Bernhard Badura

Wenn Gesundheitsförderung am Arbeitsplatz heute zu einem zunehmend aktuellen Thema wird, so insbesondere aus 3 Gründen: wegen des gewandelten Krankheitspanoramas (Stichwort: Zunahme der Zivilisationskrankheiten), des sich wandelnden Technikpanoramas (Stichwort: Siegeszug der neuen Informationstechnologien) und des dadurch bedingten „Veraltens" des traditionellen Arbeitsschutzes. Ein zentraler Begriff in diesem Zusammenhang lautet „arbeitsbedingte Erkrankungen". Die Konkretisierung dieses Begriffs kann unter heutigen Bedingungen jedoch nur mit Hilfe des vorliegenden Forschungsstandes und des vorhandenen Laienwissens der jeweils betroffenen Erwerbstätigen sinnvoll vorgenommen werden.

4.1 Viele Aspekte sind zu berücksichtigen

Gesundheitsförderung setzt in der Regel eine Diagnose des jeweiligen Betriebes oder Arbeitszusammenhanges voraus, hinsichtlich der gegebenen Belastungen, Handlungsspielräume, physikalischen Risiken, sozialen Beziehungen usw. und ihrer Auswirkungen auf den Gesundheitszustand der Belegschaft. Ohne eine solche Grunduntersuchung lassen sich weder sinnvolle Prioritäten setzen noch die Wirksamkeit einzelner Maßnahmen oder Experimente überprüfen.

Die dabei erforderliche Synthese aus Expertenwissen (sozialepidemiologischem oder arbeitsmedizinischem) und den konkreten Erfahrungen, dem Laienwissen der Belegschaft, stellt alle Betroffenen – Arbeitnehmer, Arbeitgeber, Fachkräfte und Wissenschaftler – vor neue und nicht allein wissenschaftliche Probleme. Haben wir es doch hier nicht nur mit einem Aufeinandertreffen von Wissenschaft und Alltagswissen, sondern auch von unterschiedlichen Interessenlagen im Betrieb zu tun.

Gesundheitsförderung muß den jeweils spezifischen Bedingungen gerecht werden. Sie darf nicht zentralen Interessen des Gesamtbetriebes und dem Betriebsziel entgegenwirken. Sie muß von breiter Zustimmung der Belegschaft getragen sein. Zugleich muß sie aber auch wissenschaftlich abgesichert bzw. zumindest in ihrer Wirksamkeit prinzipiell überprüfbar sein.

Grundlagenforschung im Bereich der Sozialepidemiologie und der Sozio-Psychosomatik sowie praktische Erfahrungen mit Gesundheitsförderung lassen sich auf Dauer nicht mit einzelnen Projekten sichern, sondern nur mit einer wissenschaftlichen Infrastruktur.

Wir sind gegenwärtig Zeugen einer sehr spannenden Entwicklung, die uns erlaubt, sehr viel besser als früher zu verstehen, wie soziale Faktoren mit psychischen Faktoren und wie wiederum psychische Faktoren mit physiologischen Faktoren oder Prozessen zusammenhängen. Die moderne Psychobiologie ist gerade dabei, uns Epidemiologen unter die Arme zu greifen. Soziologie und Psychobiologie bzw. Psychophysiologie können mittlerweile einiges dazu beitragen, nicht nur kausale Zusammenhänge zu entziffern – das ist ja die Hauptarbeit der Epidemiologen – sondern auch kausale Mechanismen besser verständlich zu machen (Badura et al. 1987).

4.2 Ein neues Rollenkonzept für die Professionellen

Praktische Gesundheitsförderung setzt ein verändertes Selbstverständnis der Experten voraus, das sich vielleicht am ehesten mit den Begriffen initiieren, beraten, begleiten und evaluieren kennzeichnen läßt.

Der Experte regt Maßnahmen oder Aktivitäten zur Gesundheitsförderung an; er berät einzelne Gruppen oder Organisationen, begleitet einzelne Experimente und hilft schließlich den Betroffenen, die Ergebnisse dieser Experimente und Aktivitäten zu bewerten und daraus dann Schlußfolgerungen für zukünftige neue Programme oder Aktivitäten zu ziehen. Man kann also sagen, daß das ganze eigentlich ein permanenter Lernprozeß ist, an dem Experten und Betroffene gemeinsam beteiligt sind und nicht nur die Experten alleine bestimmen.

Gesundheitsförderung kann nicht verordnet werden, sondern sie muß stets vom Willen und der Motivation der Betroffenen selber getragen und auch von ihnen weitgehend selbst organisiert werden.

4.3 Der Schwerpunkt: Faktoren, die zur Gesundheit beitragen

Gesundheitsförderung ist einerseits eine neue Idee mit entsprechend neuen Impulsen für die Beschäftigung mit gesundheitlichen Problemen in der Arbeitswelt. Andererseits ist Gesundheitsförderung etwas sehr Altes, das die Medizin seit ihren Anfängen immer mitverfolgt, wenn heute auch eher verdrängt hat (Dubos 1959). Ihre praktische Umsetzung im Sinne eines weiten sozialökologischen Konzepts von Gesundheit ist allerdings keine leichte Aufgabe. Damit ist der systematische Versuch gemeint, diejenigen Faktoren in der Umwelt des Menschen zu lokalisieren, die nicht nur zur Entstehung von Krankheiten beitragen, sondern die dazu beitragen, daß ein Mensch gesund auf die Welt kommt, gesund lebt und eben mit einer gewissen hohen Lebensqualität sein Leben beendet. Von zentraler Bedeutung sind hier persönliche Ressourcen und soziale Unterstützung.

Diese 3 Elemente: ein positives Verständnis von Gesundheit, ein ganzheitliches Verständnis von Gesundheit und das zuletzt erwähnte sozialökologische Modell bilden die gedanklichen Grundlagen dessen, was wir heute unter Gesundheitsförderung verstehen.

Literatur

Abramson LY, Seligman MEP, Teasdale J (1986) Learned helplessness in humans. Journal of Abnormal Psychology 1/87:49–74

Adams J (1981) Transport planning. Vision and practice. Routledge & Kegan Paul, London

Albrecht K (1979) Stress and the manager. Make it work for you. Prentice-Hall, Englewood Cliffs NJ

Alexander G (1976) Eutonie. Kösel, München

American Council of Life Insurance (1980) Trend analysis programme. 1850 K Street NW, Washington/DC 20006

Anderson R (1984) Gesundheitsförderung: Ein Überblick. In: Österreichisches Bundesministerium für Gesundheit und Umweltschutz, Wien (Hrsg) Europäische Monographien zur Forschung in Gesundheitserziehung, Bd. 6, S 1–140

Antonovsky A (1979) Health, stress and coping. Jossey-Bass, San Francisco

Argyris C (1982) Reasoning, learning, and action. Jossey-Bass, San Francisco

Armstrong JS (1978) Long range forecasting. From crystal ball to computer. Academic Press, New York

Assagioli R (1982) Die Schulung des Willens. Methoden der Psychotherapie und der Selbsttherapie. Junfermann, Paderborn

Badura B (Hrsg) (1981) Soziale Unterstützung und chronische Krankheit. Zum Stand der epidemiologischen Forschung. Suhrkamp, Frankfurt am Main

Badura B (1983) Sozialepidemiologie in Theorie und Praxis. In: Bundeszentrale für gesundheitliche Aufklärung, Köln (Hrsg) Europäische Monographien zur Forschung in Gesundheitserziehung, Bd 5, S 29–48

Badura B, Kaufhold G, Lehmann H, Pfaff H, Schott T, Waltz M (1987) Leben mit dem Herzinfarkt. Eine sozialepidemiologische Studie. Springer, Berlin Heidelberg New York Tokyo

Bagnara S, Misiti R, Wintersberger H (eds) (1985) Work and health in the 1980s. Experiences of direct workers' participation in occupational health. Wissenschaftszentrum, Berlin

Bammé A, Feuerstein G, Genth R, Holling E, Kahle R, Kempin P (1983) Maschinen-Menschen, Mensch-Maschinen. Grundrisse einer sozialen Beziehung. Rowohlt, Reinbek

Barlow W (1983) Die Alexander-Technik. Kösel, München

Basaglia FO (1985) Gesundheit, Krankheit. Das Elend der Medizin. Syndikat, Frankfurt am Main

Beehr TA (1975) Platform for change. Croom Helm, London

Beehr TA, Walsh JT, Taber TD (1976) Relationship of stress to individually and organisationally valued states: higher order needs as a moderator. Journal of Applied Psychology 1/61:41–47

Behrend H, Pocock S (1976) Absence and the individual: A six-year study in one organization. International Labour Review 114:311–327

Bell I (1982) Clinical ecology. Common Knowledge Press, Bolinas

Bertenburg A, Mann-Luoma R (1985) Abnehmen – aber mit Vernunft. Prävention 4/8:115–119

Bezold C, Carlson R (1984) The future of work and health. Washington Business Group on Health, Washington/DC

Birbaumer N (1977) Psychophysiologie der Angst. Urban & Schwarzenberg, München

Blanchard K, Johnson S (1981) The one minute manager. William Morrow, New York

Brennan AJJ (1981) Health promotion in business: caveats for success. Journal of Occupational Medicine 23:639–642

Brizziarelli L, Mori M, Trepiedi Q (1977) La partecipazione dei tecnici della salute alla lotta dei lavoratori contro la nocivita del lavoro, in applicazione dello statuto dei lavoratori: aspetti metodologici ed operativi. Public Health Journal 38:453

Broadbent DE (1985) Multiple goals and flexible procedures in the design of work. In: Frese M, Sabini J (eds) Goal directed behavior: The concept of action in psychology. Erlbaum, Hillsdale NJ, pp 285–295

Caplan RD, Cobb S, French JR, Harrison R van, Pinneau SR (1975) Job demands and worker health: Main effects and occupational differences. U.S. Government Printing Office, Washington/DC

Caplan RD, Cobb S, French JR, Harrison R van (1982) Arbeit und Gesundheit. Streß und seine Auswirkungen bei verschiedenen Berufen. Huber, Bern Stuttgart Wien

Capra F (1983) Wendezeit. Bausteine für ein neues Weltbild. Scherz, Bern München Wien

Cassel J (1976) The contribution of the social environment to host resistance. American Journal of Epidemiology 104:1–25

Clegg CW (1983) Psychology of employee lateness, absence, and turnover: A methodological critique and an empirical study. Journal of Applied Psychology 1/68:88–101

Cobb S, ROSE RH (1973) Hypertension, peptic ulcer and diabetes in air traffic controllers. Journal of the Australian Medical Association 224:489–492

Cooper CL (1982) Stress research: Issues for the 80's. Wiley, New York Chichester

Cooper CL, Marshall J (1976) Occupational sources of stress: A review of the literature relating to coronary heart disease and mental ill health. Journal of Occupational Psychology 1/49:11–28

Cooper CL, Mallinger M, Kahn R (1978) Identifying sources of occupational stress among dentists. Journal of Occupational Psychology 51:227–234

Cooper CL, Payne R (eds) (1980) Current concerns in occupational stress. Wiley, New York Chichester

Cooper CL, Melhuish A (1980) Occupational stress and managers. Journal of Occupational Medicine 9/22:588–592

Cooper CL, Davidson MJ, Robinson P (1982) Stress in the police service. Journal of Occupational Medicine 1/24:30–36

Cox T (1978) Stress. Macmillan, London

Cox T, McKay C (1981) A transactional approach to occupational stress. In: Corlett EN, Richardson J (eds) Stress, work design, and productivity. Wiley, New York pp 91–113

Crump JH, Cooper CL, Maxwell VB (1981) Stress among air traffic controllers. Occupational sources of coronary heart disease risk. Journal of Occupational Behaviour 3/2:293–303

Cube F von, Alshut D (1986) Fordern statt Verwöhnen. Die Erkenntnisse der Verhaltensbiologie in Erziehung und Führung. Piper, München Zürich

Davidson MJ, Cooper CL (1983) Stress and the woman manager. Blackwell, Oxford

Davidson MJ, Veno A (1980) Stress and the policeman. In: Cooper CL, Marshall J (eds) White-collar and professional stress. Wiley, London, pp 131–166

Deal TE, Kennedy AA (1982) Corporate cultures: The rites and rituals of corporate life. Addison-Wesley, Reading/MA

Dean DG (1961) Alienation: Its meaning and measurement. American Sociological Review 26

Deutsche Gesellschaft für Ernährung (Hrsg) (1980) Ernährungsbericht 1980. DGfE, Frankfurt am Main

Dohrenwend BS, Dohrenwend BP (eds) (1974) Stressful life events. Their nature and effects. Wiley, New York

Dorion R (ed) (1981) Adapting to a changing world: A reader on quality of life. Labor Canada, Ottawa

Dubos R (1959) Mirage of health. Utopias, progress and biological change. Harper & Row, New York

Dunlap RE (1980) Ecology and the social sciences: An emerging paradigm. American Behavioral Scientist 9

Dürholt E, Facaoaru C, Frieling E, Kannheiser W, Wöcherl H (1983) Qualitative Arbeitsanalyse. Neue Verfahren zur Beurteilung von Tätigkeiten. Campus, Frankfurt am Main New York

Elgin D (1981) Voluntary simplicity. Morrow, New York

Ellinger S, Karmaus W, Kaupen-Haar H, Schäfer K-H, Schienstock G, Sonn E (1984) Arbeitsbedingungen, Gesundheitsverhalten und rheumatische Erkrankungen. Institut für Medizinische Soziologie, Universität Hamburg (BMFT-Forschungsbericht, HA 84–037)

Elo AL (1979) Seafarer's work and health. Työterveyslaitoksen tutkimuksia 155. (In Finnish with an English summary). Institute of Occupational Health, Helsinki

Emery F, Thorsrud E (1976) Democracy at work. The report of the Norwegian industrial democracy program. Nijhoff, Leiden

Erickson JM, Pugh WM, Gunderson KE (1972) Status congruency as a prediction of job satisfaction and life stress. Journal of Applied Psychology 56:523–525

Farquhar J, Maccoby N, Wood PD (1977) Community intervention for cardiovascular health. Lancet I:1192–1195

Feldenkrais M (1949) Body and mature behavior. International Press, New York

Ferguson M (1980) The aquarian conspiracy. Personal and social transformation in the 1980s. St. Martin, New York

Ferstl R, de Jong R, Brengelmann JC (1978) Verhaltenstherapie des Übergewichts. Ein Modellversuch zur Selbstkontrolle des Eßverhaltens. Kohlhammer, Stuttgart (Schriftenreihe des BMJFFG, Bd 45)

Fielding JE (1984) Health promotion and disease prevention at the worksite. Annual Review of Public Health 5:237–265

Fielding JE, Breslow L (1983) Health promotion programs sponsored by California employers. American Journal of Public Health 5/73:538–542

Folkman S, Lazarus RS (1980) An analysis of coping in a middle- aged community sample. Journal of Health and Social Behaviour 21:219–239

Frankenhaeuser M (1981) Coping with stress at work. International Journal of Health Services 4/11:491–510

Frankenhaeuser M, Gardell B (1976) Underload and overload in working life. Outline of a multidisciplinary approach. Journal of Human Stress 1/2:35–46

French JRP, Caplan RD (1972) Organizational stress and individual strain. In: Marrow AJ (ed) The failure of success. AMACOM, New York, pp 30–66

French JRP, Caplan RD, Harrison R van (1982) The mechanisms of job stress and strain. Wiley, New York

Frese M (1978) Partialisierte Handlung und Kontrolle. Zwei Themen der industriellen Psychopathologie. In: Frese M, Greif S, Semmer N (Hrsg) Industrielle Psychopathologie. Huber, Bern, S 159–183

Frese M (1982) Occupational socialization and psychological development. An underemphasized research perspective in industrial psychology. Journal of Occupational Psychology 1/55:209–224

Frese M (1984) Do workers want control at work or don't they? Some results on denial and adjustment. Technische Universität, Berlin (IfHA-Bericht)

Frese M (1986) Coping as a moderator and mediator between stress at work and psychosomatic complaints. In: Appley MH, Trumbull R (eds) Dynamics of stress. Physiological, psychological and social perspectives. Plenum, New York, pp 183–206

Frese M (1987 a) The industrial and organizational psychology of human-computer interaction in the office. In: Cooper CL, Robertson IT (eds) International review of industrial and organizational psychology. Wiley, London

Frese M (1987 b) A theory of control and complexity: Implications for software design and integration of the computer system into the work place. In: Frese M, Ulich E, Dzida W (eds) Psychological issues of human-computer interaction at the work place. North- Holland, Amsterdam

Frese M (1987 c) An action theory approach to software design. In: Frese M, Ulich E, Dzida W (eds) Psychological issues of human-computer interaction at the work place. North-Holland, Amsterdam

Frese M, Saupe R, Semmer N (1981) Streß am Arbeitsplatz von Schreibkräften. Vergleich zweier Stichproben. In: Frese M (Hrsg) Streß im Büro. Huber, Bern

Frese M, Ulich E, Dzida W (eds) (1987) Psychological issues of human-computer interaction at the work place. North-Holland, Amsterdam

Fricke W (1975) Arbeitsorganisation und Qualifikation. Ein industriesoziologischer Beitrag zur Humanisierung der Arbeit. Verlag Neue Gesellschaft, Bonn

Friczewski F (1984) Entstehung und Prävention arbeitsbedingter Erkrankungen – Ein ökologischer Ansatz. In: Naschold F (Hrsg) Arbeit und Politik. Campus, Frankfurt am Main, S 201–239

Friedman M, Rosenman RH (1974) Type A behavior and your heart. Knopf, New York

Fries JF (1980) Aging, natural death and the compression of morbidity. New England Journal of Medicine 7:130–135

Funke U, Tiller RE (1985) „Arbeitsbedingte Erkrankungen" in betriebsärztlicher Sicht. Arbeitsmedizin, Sozialmedizin, Präventivmedizin 6/20:144–148

Gardell B (1971) Alienation and mental health in the modern industrial environment. In: Levi L (ed) Society, stress and disease vol 1. Oxford University Press, New York

Gardell B (1976) Reactions at work and their influence on nonwork activities. Human Relations 29:885–897

Gardell B (1978) Arbeitsgestaltung, intrinsische Arbeitszufriedenheit und Gesundheit. In: Frese M, Greif S, Semmer N (Hrsg) Industrielle Psychopathologie. Huber, Bern, S 52–111

Gardell B (1979) Tjänstemännens arbetsmiljöer. Psykosocial arbetsmiljö och hälsa. Forskargruppen för Arbetslivets Socialpsykologi, Stockholm

Gardell B, Johansson G (eds) (1981) Working life. A social science contribution to work reform. Wiley, New York

Gensch RW (1985) Erwartungen an die Unfallverhütungsvorschrift „Arbeitsmedizinische Vorsorge". Sicher ist Sicher 12:702–705

Goldberg P (1978) Executive health. McGraw-Hill, New York

Greenberg HM (1980) Coping with job stress. A guide for employers and employees. Prentice-Hall, Englewood Cliffs/NJ

Greif S (1983) Abschlußbericht des Forschungsprojektes „Psychischer Streß am Arbeitsplatz – Hemmende und fördernde Bedingungen für humanere Arbeitsplätze. FB Psychologie, Universität Osnabrück

Gualandri E (1984) Tutto e progettato nei sistemi informativi . . . tranne la salute. AGORA 2000, Roma

Hackman JR, Lawler EE (1971) Employee reactions to job characteristics. Journal of Applied Psychology 55:259–286

Hancock T (1982) Beyond health care: Creating a healthy future. The Futurist 1:4–13

Hauß F (1986) Arbeitsbelastungen und ihre Thematisierung im Betrieb. Campus, Frankfurt am Main New York

Headey B, Homström E, Wearing A (1984) Well-being and ill-being: Different dimensions. Social Indicators Research 14:115–139

Health Works Northwest (1984) Health promotion needs assessment manual. Puget Sound Health Systems Agency, 601 Valley Street, Seattle, Washington 98109

Hemming J (1980) The betrayal of youth. Secondary education must be changed. Boyars, London

Henke K-D, Behrens C, Arab L, Schlierf G (1986) Die Kosten ernährungsabhängiger Krankheiten. Kohlhammer, Stuttgart (Schriftenreihe des BMJFFG, Band 179)

Hernberg S (1984) Arbeitsbedingte Erkrankungen. Arbeitsmedizin, Sozialmedizin, Präventivmedizin 12/19:285–289
Horn K (1983) Health education in relation to other socialising influences. The limitations of individuals' problem-solving capacity. In: Scottish Health Education Group (ed) European monographs in health education research vol 5. SHEG, Edinburgh, pp 51–76
House JS (1981) Work, stress and social support. Addison-Wesley, Reading/MA
Huber J (1985) Die Regenbogengesellschaft. Fischer, Frankfurt am Main
Hulin CL, Blood MR (1968) Job enlargement, individual differences, and worker responses. Psychological Bulletin 69:1–55
Institut für Markt- und Werbeforschung (1983) Wirksamkeitskontrolle des BZgA-Kurs „Abnehmen – aber mit Vernunft". Bundeszentrale für gesundheitliche Aufklärung, Köln
Ising H, Günther T, Handrock M, Michalak R, Schwarze J, Vormann J, Wüster G-A (1981 a) Magnesium und Lärmwirkungn. Magnesium- Bulletin 3:155–164
Ising H, Nawroth H, Günther T (1981 b) Accelerated aging of rats by mg-deficiency and noise-stress. Magnesium-Bulletin 2:142–145
Jacobi H (1983) Jenseits von Begabt und Unbegabt. Zweckmäßige Fragestellungen und zweckmäßiges Verhalten. Christian-Verlag, Hamburg
Jacobi U, Weltz F (1981) Zum Problem der Beanspruchung beim Maschineschreiben. In: Frese M (Hrsg) Streß im Büro. Huber, Bern, S 180–198
Jantsch E (1984) Die Selbstorganisation des Universums. dtv, München
Johansson G, Aronson G, Lindstrom BP (1981) Social, psychological and neuroendocrine stress reactions in highly mechanized work. Ergonomics 21:583–599
Kahn H (1977) The next 200 years. Associated Business Programmes, London
Kahn RL (1981) Work and health. Wiley, New York
Kahn RL, Hein K, House J, Kasl S, McLean A (1982) Report on stress in organizational settings. In: Elliot GR, Eisdorfer C (eds) Stress and human health. Analysis and implications of research. Springer, New York
Kalimo R, Mejman T (1985) Behavioural responses to stress at work. In: World Health Organization (ed) Psychosocial factors of workers' health. WHO, Geneva, pp 23–36
Karasek RA (1979) Job demands, job decision latitude and mental strain. Implications for job design. Administrative Science Quarterly 24:285–308
Kasl SV (1973) Mental health and work environment. An examination of the evidence. Journal of Occupational Medicine 15:506-515
Kasl SV (1978) Epidemiological contributions to the study of work stress. In: Cooper CL, Payne R (eds) Stress at work. Wiley, Chichester, pp 3–48
Kasl SV (1986) Stress and disease in the workplace: A methodological commentary on the accumulated evidence. In: Coates TJ, Cataldo MR (eds) Health and industry. A behavioral medicine approach. Wiley, New York
Kelly M, Cooper CL (1981) Stress among blue collar workers. Employee Relations 2/3:6–9
Kentner M, Hop W, Weltle D, Valentin H (1983) Frühinvalidität in der Bundesrepublik Deutschland und in West-Berlin von 1950 bis 1980. Ursachen, Entwicklung, Bedeutung. Deutscher Ärzte-Verlag, Köln-Lövenich
Kentner M (1985) Arbeitsbedingte Erkrankungen und Frühinvalidisierung. In: Valentin H (Hrsg) Aktuelle Aspekte in der Arbeits- und Sozial-Medizin. Junge & Sohn, Erlangen (Erlanger Forschungen Bd 15)
Kentner M et al. (1985) Arbeitsbelastungen und Frühinvalidisierung. In: Arbeitswelt und Frühinvalidität, Institut für empirische Soziologie, Nürnberg (Schriftenreihe des Instituts für empirische Soziologie, Bd 6)
Kentner M, Valentin H (1986) Arbeitsbedingte Gesundheitsschäden und Frühinvalidität. Arbeitsmedizin, Sozialmedizin, Präventivmedizin 2/21:25–32
Kickbusch I (1981) Involvement in health: A social concept of health education. International Journal of Health Education [Suppl] 24:3–15
Kirsh S (1983) Unemployment. Its impact on body and soul. Canadian Mental Health Association, Ottawa

Kohn ML, Schooler C (1982) The reciprocal effects of the substantive complexity of work and intellectual flexibility: A longitudinal assessment. American Journal of Sociology 1/84:2–52

Kotz HL, Fielding JE (eds) (1980) Health, education and promotion, agenda for the eighties: A summary report. Health Assurance Association of America, New York

Kritische Akademie Inzell (o J) Im Dienste der Gesundheit. Gesundheitsvorsorge, Familienurlaub, Kur und Erholung. Kritische Akademie Inzell, Inzell

Kroes WH (1976) Society's victim – the policeman. An analysis of job stress in policing. Thomas, New York

Kühlhorn E (1971) Spriten och jobbet. Alkoholfragan 65:222–230

Kühn H (1982) Betriebliche Arbeitsschutzpolitik und Interessenvertretung der Beschäftigten. Campus, Frankfurt am Main New York

Labisch A (1985) Soziologische Grundlagenprobleme der primären Prävention und das Konzept der „gemeinschaftlichen Gesundheitssicherung" der Weltgesundheitsorganisation. In: Rosenbrock R, Hauß F (Hrsg) Krankenkassen und Prävention. WZB, Berlin, S 51–75

Lalonde M (1974) A new perspective on the health of Canadians. Health and Welfare Canada, Ottawa

Lange-Rinast SR (1986) Selbsterkundung in der Arbeit mit Ton. Psychologisches Institut III, Diplomarbeit, Universität Hamburg

Lappe FM, Collins J (1979) Food first. Ballantine, New York

Lazarus RS (1966) Psychological stress and the coping process. McGraw-Hill, New York

Lazarus RS, Launier R (1978) Stress-related transactions between person and environment. In: Pervin L, Lewis N (eds) Perspectives in interactional psychology. Plenum, New York, pp 287–327

Levi L (1978) Quality of the working environment. Protection and promotion of occupational mental health. In: Swedish National Board of Health and Welfare (ed) Mental health protection and promotion – research, monitoring, documentation and information. Liber, Stockholm

Leymann H (1981) 24 skyddsingenjörer. Arbetarskyddsstyrelsen, Stockholm

Leymann H (1982 a) Kan arbetslivet demokratiseras? Management Media, Stockholm

Leymann H (1982 b) Risker i arbetsmiljön – kan information paverka? SOU, Stockholm

Leymann H (1985 a) Informationsproblem i företag och samhälle. University of Lund, Lund

Leymann H (1985 b) Bewußtseinsbildung in Schweden – das Problem der Aktivierung im Betrieb. Arbetarskyddsstyrelsen, Stockholm

Leymann H et al. (1985) Försök med annorlunda arbestformer för regionalala skyddsombud inom byggbranschen. Arbetarsskyddsstyrelsen, Stockholm

Lovins A (1977) Soft energy paths. Penguin, Harmondsworth

Lutz R (1984) Die sanfte Wende. Aufbruch ins ökologische Zeitalter. Kösel, München

Margolis BL, Kroes WH, Quinn RP (1974) Job stress: An unlisted occupational hazard. Journal of Occupational Medicine 16:654–661

Marri G (1972) Come difendersi dalla nocivita dell'ambiente di lavoro. INCA-CGIL, Roma

Marshall J, Cooper CL (1983) Coping with stress at work. Gower Press, Epping

Maslach C, Zimbardo P (1982) Burnout – the cost of caring. Spectrum, New York

Matteson MT, Ivancevich JM (1982) Managing job stress and health. The Free Press, New York

Matussek P (1979) Kreativität als Chance. Piper, München Zürich

McCrae RR, Costa PT, Bosse R (1978) Anxiety, extraversion and smoking. British Journal of Social and Clinical Psychology 17:269–273

McLean AA (1979) Work stress. Addison-Wesley, Reading/MA

McMichael AJ (1978) Personality, behavioural and situational modifiers of work stressors. In: Cooper CL, Payne R (eds) Stress at work. Wiley, New York, pp 127–147

McRobie G (1981) Small is possible. Cape, London
Menaghan E, Merves E (1978) Coping with occupational problems: The limits of individual efforts. Journal of Health and Social Behaviour 19:406–423
Menninger K (1974) Das Leben als Balance. Kindler, München
Miller SM (1979) Controllability and human stress: Method, evidence, and theory. Behavior Research and Therapy 17:287–304
Milles D, Müller R (Hrsg) (1985) Berufsarbeit und Krankheit. Gewerbehygienische, historische, juristische und sozialepidemiologische Studien zu einem verdrängten sozialen Problem zwischen Arbeitnehmerschutz und Sozialversicherung. Campus, Frankfurt am Main New York
Milsum JH (1984) Health, stress and illness. A systems approach. Praeger, New York
Milz H (1985) Ganzheitliche Medizin. Neue Wege zur Gesundheit. Athenäum, Königstein
Ministerium für Arbeit, Gesundheit und Sozialordnung (Hrsg) (1984) Frühinvalidisierung. Ergebnisse einer Untersuchung in Baden-Württemberg. Mögliche Ursachen der vorzeitigen Berentung wegen Berufs- und Erwerbsunfähigkeit in Arbeit, Umwelt und Lebensgewohnheiten. MAGS, Stuttgart
Mitchell A (1983) Who we are. The values and lifestyles of Americans. Macmillan, New York
Montagu A (1981) Growing young. McGraw-Hill, New York
Moreno, JL (1964) Psychodrama, 3rd edn, vol 1. Beacon House, New York
Moss MS, Powell Lawton M (1982) Time budgets of older people: A window on four lifestyles. Journal of Gerontology 1/37:115–123
Muchinsky PM (1977) Employee absenteeism: A review of the literature. Journal of Vocational Behavior 10:316–340
Müller R (1981 a) Arbeit in Kälte, insbesondere beim Löschen von Frost- und Frischfisch. Bundesanstalt für Arbeitsschutz und Unfallforschung, Dortmund
Müller R (1981 b) Die Möglichkeit des Nachweises arbeitsbedingter Erkrankungen durch die Analyse der Arbeitsunfähigkeitsdaten einer Ortskrankenkasse. In: Böhle F, Standfest F (Hrsg) Sozialpolitik und Produktionsprozeß. Bund, Köln, S 15–35
Müller R (1982) Zur Kritik der herkömmlichen Arbeitsmedizin. In: Schmidt M, Müller R, Volz F, Funke U, Weiser R (Hrsg) Arbeit und Gesundheitsgefährdung. Haag + Herchen, Frankfurt am Main, S 229–251
Müller R (1983) Prävention von arbeitsbedingten Erkrankungen? Zur Medikalisierung und Funktionalisierung des Arbeitsschutzes. In: Wambach M-M (Hrsg) Der Mensch als Risiko. Zur Logik von Prävention und Früherkennung. Suhrkamp, Frankfurt am Main, S 176–195
Müller R (1984) Arbeitsbedingte Erkrankungen, ihre Wahrnehmung, Thematisierung und Bewältigung als Aufgabe der betrieblichen und überbetrieblichen Arbeitssicherheit. In: Krause H, Pillat R, Zander E (Hrsg) Arbeitssicherheit. Handbuch für Unternehmensleitung, Betriebsrat und Führungskräfte. Lieferung Dezember 1984, S 161–194
Müller R, Milles D et al. (1984) Beiträge zur Geschichte der Arbeiterkrankheiten und der Arbeitsmedizin in Deutschland. Bundesanstalt für Arbeitsschutz, Dortmund
Naditch MP (1981) The Control Data Corporation's Stay-well program. Behavioral Medicine Update 1/2:9–10
Naisbitt J (1982) Megatrends. Warner, New York
Nitsch JR (Hrsg) (1981) Streß. Theorien, Untersuchungen, Maßnahmen. Huber, Bern Stuttgart Wien
Nyman K, Raitasalo R (1978) Absences from work and their determinants in Finland. (In Finnish). Research Institute for Social Security, Helsinki
O'Donnell MP (1984) Welcom's guide to workplace health promotion. Welcom, Omaha
O'Donnell MP, Ainsworth T (eds) (1984) Health promotion in the workplace. Collected essays. Wiley, New York
Oesterreich R (1981) Handlungsregulation und Kontrolle. Urban & Schwarzenberg, München

Otway JJ, Misenta R (1980) The determinants of operator preparedness for emergency situations in nuclear power plants. (Paper presented to workshop on procedural and organisational measures for accident management: Nuclear reactors. International Institute for Applied Systems Analysis, Laxenburg/Austria, 28–31 January, 1980)

Parkinson RS et al. (eds) (1982) Managing health promotion in the workplace. Guidelines for implementation and evaluation. Mayfield, Palo Alto/CA

Parsons T (1951) The social system. The Free Press, New York

Parsons T (1967) Definition von Gesundheit und Krankheit im Lichte der Wertbegriffe und der sozialen Struktur Amerikas. In: Mitscherlich A et al. (Hrsg) Der Kranke in der modernen Gesellschaft. Kiepenheuer & Witsch, Köln Berlin, S 57–87

Pascale RT, Athos AG (1981) The art of Japanese management. Simon & Schuster, New York

Payne R (1980) Organizational stress and social support. In: Cooper CL, Payne R (eds) Current concerns in occupational stress. Wiley, New York, pp 269–298

Pearlin L, Schooler C (1978) The structure of coping. Journal of Health and Social Behaviour 1/19:2–21

Pelletier KR (1977) Mind as healer, mind as slayer. A holistic approach to preventing stress disorders. Delacorte & Delta, New York

Pelletier KR (1979) Holistic medicine: From stress to optimum health. Delacorte & Delta, New York

Pelletier KR (1984) Healthy people in unhealthy places. Stress and fitness at work. Delacorte & Delta, New York

Peters TJ, Waterman RH (1982) In search of excellence: Lessons from America's best-run companies. Harper & Row, New York

Petzold H (Hrsg) (1979) Psychotherapie und Körperdynamik. Verfahren psychophysischer Bewegungs- und Körpertherapie. Junfermann, Paderborn

Petzold H, Heinl H (Hrsg) (1983) Psychotherapie und Arbeitswelt. Junfermann, Paderborn

Petzold H (1985) Leiblichkeit. Philosophische, gesellschaftliche und therapeutische Perspektiven. Junfermann, Paderborn

Pinchot G (1985) Intrapreneuring. Harper & Row, New York

Plant MA (1979) Occupations, drinking patterns and alcohol- related problems: Conclusions from a follow-up study. British Journal of Addiction 74:267–273

Porter LW, Steers RM (1973) Organizational, work and personal factors in employee turnover and absenteeism. Psychological Bulletin 2/80:151–176

Quick JC, Quick JD (1984) Organizational stress and preventive management. McGraw-Hill, New York

Raidt F (1985) Die Konstruktion der Wirklichkeit. management wissen 2:72-84

Ramsey JM (1982) Basic pathophysiology. Modern stress and the disease process. Addison-Wesley, Menlo Park

Reiss M, Bartling G, Fiegenbaum W, Müller E (1975) Untersuchung über die Determinanten, Therapie und Prophylaxe von Übergewicht. BZgA, Köln

Reiss M, Bartling G, Fiegenbaum W, Müller E (1976) Verhaltenstherapie bei Übergewicht. In: Bundeszentrale für gesundheitliche Aufklärung (Hrsg) Ernährung und Bewegung. BZgA, Köln, S 77–90

Rinast M (1986) Innovation & Kreativität. Joy & Profit, Hamburg (extra No 2)

Roadburg A (1985) Retirement, leisure and work in Canada. Methuen, Toronto

Robertson J (1982) Die lebenswerte Alternative. Fischer, Frankfurt am Main

Robertson J, Pritchard A (1981) The redistribution of work. Turning point. Spring Cottage, 9 New Road, Ironbridge, Shropshire TF8 7AU, England

Rogers CR (1961) On becoming a person. Houghton Mifflin, Boston

Rosenbrock R (1982) Arbeitsmediziner und Sicherheitsexperten im Betrieb. Campus, Frankfurt am Main New York

Rutenfranz J (1983) Arbeitsbedingte Erkrankungen – Überlegungen aus arbeitsmedizinischer Sicht. Arbeitsmedizin, Sozialmedizin, Präventivmedizin 11/18:257–267

Salonen JT, Pushka P, Kottke TE (1981) Changes in smoking, serum cholesterol and blood pressure levels during a community-based cardiovascular disease prevention program: The North Karelia project. American Journal of Epidemiology 114:81–94

Schacht R (1970) Alienation. Harper & Row, New York

Schar M, Reeder LG, Dirken JM (1973) Stress and cardiovascular health. An international cooperative study: II: The male population of a factory in Zürich. Social Science and Medicine 7:573–584

Schardt LP, Knepel W (1981) Psychische Beanspruchungen kaufmännischer Angestellter bei computergestützter Sachbearbeitung. In: Frese M (Hrsg) Streß im Büro. Huber, Bern, S 125–158

Schein EH (1969) Process consultation: Its role in organization development. Addison-Wesley, London

Schmidt RF (1983) Medizinische Biologie des Menschen. Piper, München

Schulz K-H, Raedler A (1986) Tumorimmunologie und Psychoimmunologie als Grundlagen für die Psychoonkologie. Psychotherapie – Medizinische Psychologie 36:114–129

Schuster M (1986) Kunsttherapie. Die heilende Kraft des Gestaltens. Dumont, Köln

Seamonds BC (1982) Stress factors and their effect on absenteeism in a corporate employee group. Journal of Occupational Medicine 24:393–397

Seligman M (1975) Helplessness. On depression, development, and death. Freeman, San Francisco

Selye H (1946) The general adaptation syndrome and the disease of adaptation. Journal of Clinical Endocrinology 6:117

Selye H (1976) Stress in health and disease. Butterworths, Boston London

Semmer N (1984) Streßbezogene Tätigkeitsanalyse: Psychologische Untersuchungen zur Analyse von Streß am Arbeitsplatz. Beltz, Weinheim Basel

Semmer N, Frese M (1987) Control at work as moderator of the effect of stress at work on psychosomatic complaints: A longitudinal study with objective measurement. Institut für Psychologie, Universität München

Shirom A, Eden D, Silberwasser S, Kellerman JJ (1973) Job stresses and risk factors in coronary disease among five occupational categories in Kibbutzim. Social Science and Medicine 7:875–892

Shostak AB (1980) Blue-collar stress. Addison-Wesley, Boston

Sichrovsky P (1984) Krankheit auf Rezept. Die Praktiken der Praxis-Ärzte. Kiepenheuer & Witsch, Köln

Sköld M (1979) Vuxenutbildning – vuxeninlärning. Brevskolan, Stockholm

Sköld M et al. (1978) Arbete i gatumiljö. Arbetarskyddsfonden, Stockholm

Sonntag P (1983) Die Zukunft der Informationsgesellschaft. Fischer, Frankfurt am Main

Sperry R (1968) Hemisphere disconnection and unity in conscious awareness. American Psychologist 23:723–733

Stockfelt T (1983) En modell för forskning om kunstkapsprocesser i vardagslivet. Stockholms Universitet

Stone G, Burlingham B (1986) Workstyle. INC. 1:45-54

Strayer R (1957) A study of employment and adjustment of 870 male alcoholics. Quarterly Journal for the Study of Alcohol 18:278–287

Swedish Secretariat for Future Studies (1982) Care in society. P.O. Box 6710, S–11385 Stockholm

Taylor H (1986) Prevention in America: Steps people take – or fail to take – for better health. Harris, Chicago (Study, No 834011)

Teegen F (1983) Ganzheitliche Gesundheit. Der sanfte Umgang mit uns selbst. Rowohlt, Reinbek

The Boston Women's Health Book Collective (1976) Our Bodies, Ourselves. Simon & Schuster, New York

Toffler A (1980) The Third Wave. Collins, London

Trist E (1981) The evolution of socio-technical systems: A conceptual framework and an action research program. Ontario Ministry of Labour, Toronto (Working paper 2)

Turkle S (1984) Die Wunschmaschine. Vom Entstehen der Computerkultur. Rowohlt, Reinbek

Udris I (1981) Streß in arbeitspsychologischer Sicht. In: Nitsch JR (Hrsg) Streß. Theorien, Untersuchungen, Maßnahmen. Huber, Bern Stuttgart Wien, S 391–440

Ulich E (1983) Präventive Intervention im Betrieb: Vorgehensweise zur Veränderung der Arbeitssituation. psychosozial 20/6:48–70

Ulich E, Grosskurth P, Bruggemann A (1973) Neue Formen der Arbeitsgestaltung. Möglichkeiten und Probleme einer Verbesserung der Qualität des Arbeitslebens. EVA, Frankfurt am Main

U.S. Department of Health, Education and Welfare (1979) Preventing disease/promoting health: Objectives for the nation. USDHEW, Washington/DC

U.S. Department of Health and Human Services (1981) Working paper on long term care. DHHS, Washington/DC

Valentin H unter Mitarbeit von Triebig G (1985) Bösartige Erkrankungen – verursacht durch Arbeit und Beruf. In: Valentin H et al. (Hrsg) Arbeitsmedizin, Bd 2: Berufskrankheiten. Thieme, Stuttgart, S 358–383

Volkholz V (1977) Belastungsschwerpunkte und Praxis der Arbeitssicherheit. Bundesminister für Arbeit und Sozialordnung, Bonn

Volkholz V, Fuchs K-D, Müller R (1980) Grundsätze zur menschengerechten Gestaltung der Arbeit. Bundesarbeitsblatt 10:5–14

Volpert W (1985) Zauberlehrlinge. Die gefährliche Liebe zum Computer. Beltz, Weinheim Basel

Warshaw LJ (1979) Managing stress. Addison-Wesley, Boston

Weinstein MS (1980) Health in the city. Environmental and behavioral influences. Pergamon, New York

Weinstein MS (1983) Health promotion and lifestyle change in the workplace. WHO-EURO, HED/HPR 1, Copenhagen (Technical paper prepared for the Regional Office for Europe of the World Health Organization).

Weinstein MS (1985) Health promoting work. Canadian Journal of Public Health [Suppl] 1/76:52–55

Weinstein MS, Neidhardt EJ, Conry RF (1982) Guided self- management series for stress-related disorders. Western Center Health Group, Vancouver

Weltgesundheitsorganisation, Regionalbüro für Europa (1980) Regionalstrategie zur Erreichung des Ziels Gesundheit für alle bis zum Jahr 2000. WHO-EURO, Kopenhagen (30. Sitzung des Regionalkomitees für Europa, EUR/RC30/8)

Weltgesundheitsorganisation, Regionalbüro für Europa (1984) Gesundheitsförderung. Eine Diskussionsgrundlage über Konzept und Prinzipien. WHO-EURO, Kopenhagen (ICP/HSR 602)

Weltgesundheitsorganisation, Regionalbüro für Europa (1985) Einzelziele für „Gesundheit 2000". WHO-EURO, Kopenhagen

Wenzel E (1982) Health promotion and lifestyles. Perspectives of the WHO Regional Office for Europe Health Education Program. Paper presented to the 11th International Conference on Health Education, Hobart, Tasmania, 15-20 August

White R (1959) Motivation reconsidered: The concept of competence. Psychological Review 66:267–333

Whitehead AN (1979) Process and reality. Academic Press, New York

Wilensky HL (1981) Family life cycle, work, and the quality of life: Reflections on the roots of happiness, despair, and indifference in modern society. In: Gardell B, Johansson G (eds) Working life. Wiley, New York, pp 235–265

Williams R (1971) Nutrition against disease. Bantam, New York

Wilson RA (1983) Prometheus rising. Falcon, Phoenix/AZ

Witzenburg G (1981) A management philosophy for the eighties. Mainliner, New York

World Health Organization (1978) Primary health care. (Report of the International Conference on Primary Health Care, Alma-Ata, USSR, 1978). WHO „Health for all" Series No 1, Geneva

World Health Organization, Regional Office for Europe (1980) Health aspects of well-being in working places. Copenhagen (WHO-EURO, Euro Reports and Studies No 31)
Wrene T (1979) Sättet att utveckla skyddskompetens är avgörande för arbetsmiljönupplevelsen och arbetsmiljöns utveckling. Stockholm Universitet
Yankelovich D (1982) New rules. Searching for self-fulfilment in a world turned upside-down. Simon & Schuster, New York